U0552744

中国社会科学院学部委员专题文集

中国社会结构与社会建设

陆学艺 ◎ 著

中国社会科学出版社

图书在版编目(CIP)数据

中国社会结构与社会建设/陆学艺著.—北京：中国社会科学出版社，2013.8

(中国社会科学院学部委员专题文集)

ISBN 978-7-5161-3101-5

Ⅰ.①中⋯ Ⅱ.①陆⋯ Ⅲ.①社会结构—研究—中国②社会管理—研究—中国 Ⅳ.①D6

中国版本图书馆 CIP 数据核字(2013)第 191824 号

出 版 人	赵剑英
责任编辑	王 茵
责任校对	韩天炜
责任印制	戴 宽

出　　版	中国社会科学出版社
社　　址	北京鼓楼西大街甲 158 号(邮编 100720)
网　　址	http://www.csspw.cn
	中文域名:中国社科网　010-64070619
发 行 部	010-84083685
门 市 部	010-84029450
经　　销	新华书店及其他书店

印刷装订	环球印刷(北京)有限公司
版　　次	2013 年 8 月第 1 版
印　　次	2013 年 8 月第 1 次印刷

开　　本	710×1000　1/16
印　　张	27.5
插　　页	2
字　　数	439 千字
定　　价	88.00 元

凡购买中国社会科学出版社图书，如有质量问题请与本社联系调换
电话:010-64009791

版权所有　侵权必究

《中国社会科学院学部委员专题文集》编辑委员会

主任 王伟光

委员 （按姓氏笔画排序）

王伟光　刘庆柱　江蓝生　李　扬
李培林　张蕴岭　陈佳贵　卓新平
郝时远　赵剑英　晋保平　程恩富
蔡　昉

统筹 郝时远

助理 曹宏举　薛增朝

编务 田　文　黄　英

前　言

哲学社会科学是人们认识世界、改造世界的重要工具，是推动历史发展和社会进步的重要力量。哲学社会科学的研究能力和成果是综合国力的重要组成部分。在全面建设小康社会、开创中国特色社会主义事业新局面、实现中华民族伟大复兴的历史进程中，哲学社会科学具有不可替代的作用。繁荣发展哲学社会科学事关党和国家事业发展的全局，对建设和形成有中国特色、中国风格、中国气派的哲学社会科学事业，具有重大的现实意义和深远的历史意义。

中国社会科学院在贯彻落实党中央《关于进一步繁荣发展哲学社会科学的意见》的进程中，根据党中央关于把中国社会科学院建设成为马克思主义的坚强阵地、中国哲学社会科学最高殿堂、党中央和国务院重要的思想库和智囊团的职能定位，努力推进学术研究制度、科研管理体制的改革和创新，2006年建立的中国社会科学院学部即是践行"三个定位"、改革创新的产物。

中国社会科学院学部是一项学术制度，是在中国社会科学院党组领导下依据《中国社会科学院学部章程》运行的高端学术组织，常设领导机构为学部主席团，设立文哲、历史、经济、国际研究、社会政法、马克思主义研究学部。学部委员是中国社会科学院的最高学术称号，为终生荣誉。2010年中国社会科学院学部主席团主持进行了学部委员增选、荣誉学部委员增补，现有学部委员57名（含已故）、荣誉学部委员133名（含已故），均为中国社会科学院学养深厚、贡献突出、成就卓著的学者。编辑出版《中国社会科学院学部委员专题文集》，即是从一个侧面展示这些学者治学之道的重要举措。

《中国社会科学院学部委员专题文集》（下称《专题文集》），是中国社会科学院学部主席团主持编辑的学术论著汇集,作者均为中国社会科学院学部委员、荣誉学部委员,内容集中反映学部委员、荣誉学部委员在相关学科、专业方向中的专题性研究成果。《专题文集》体现了著作者在科学研究实践中长期关注的某一专业方向或研究主题,历时动态地展现了著作者在这一专题中不断深化的研究路径和学术心得,从中不难体味治学道路之铢积寸累、循序渐进、与时俱进、未有穷期的孜孜以求,感知学问有道之修养理论、注重实证、坚持真理、服务社会的学者责任。

2011年,中国社会科学院启动了哲学社会科学创新工程,中国社会科学院学部作为实施创新工程的重要学术平台,需要在聚集高端人才、发挥精英才智、推出优质成果、引领学术风尚等方面起到强化创新意识、激发创新动力、推进创新实践的作用。因此,中国社会科学院学部主席团编辑出版这套《专题文集》,不仅在于展示"过去",更重要的是面对现实和展望未来。

这套《专题文集》列为中国社会科学院创新工程学术出版资助项目,体现了中国社会科学院对学部工作的高度重视和对这套《专题文集》给予的学术评价。在这套《专题文集》付梓之际,我们感谢各位学部委员、荣誉学部委员对《专题文集》征集给予的支持,感谢学部工作局及相关同志为此所做的组织协调工作,特别要感谢中国社会科学出版社为这套《专题文集》的面世做出的努力。

《中国社会科学院学部委员专题文集》编辑委员会
2012年8月

目 录

编者的话 ·· (1)

当代中国社会结构

21世纪中国的社会结构
  ——关于中国的社会结构转型 ·· (1)
建立城镇住房新体制的基本思路和对策研究 ······························· (16)
农村发展新阶段的新形势和新任务
  ——关于开展以发展小城镇为中心的建设社会主义新农村
   运动的建议 ·· (37)
加快改革现行的户籍管理制度 ·· (54)
调整城乡结构扩大内需,促进经济健康发展 ·································· (57)
江苏省新农村建设规划应该立即叫停 ·· (61)
城郊农村实现城市化的好模式
  ——宁波江东区调查 ··· (65)
30年来中国社会结构变迁的几个问题 ·· (78)
破除城乡二元结构实现城乡经济社会一体化 ································· (82)
研究当代中国社会结构的理论与方法 ·· (92)
城乡一体化的社会结构分析与实现路径 ·· (99)
着力破除城乡二元结构体制是解决"三农"问题的根本途径 ········· (109)

当代中国社会阶层

社会学要重视研究当今农民问题 ··· (120)
对我国现阶段个体、私营经济发展的再认识 ······························· (141)

中国私营经济、私营企业主阶层产生、发展的实践和理论演变……（148）
农民工问题要从根本上治理 ……………………………………（160）
当代中国社会阶层结构的演变 …………………………………（174）
当代中国社会流动研究 …………………………………………（188）
当代中国社会阶层的分化与流动 ………………………………（204）
中国社会阶级阶层结构变迁60年 ………………………………（216）

当代中国社会建设

走向全面、协调、可持续发展的中国社会 ………………………（240）
统筹经济社会协调发展是构建和谐社会的关键 ………………（253）
关于社会建设的理论和实践 ……………………………………（258）
新阶段社会建设的核心任务：社会结构调整 ……………………（276）
建设社会主义新城市应成为"十二五"规划的战略重点 ………（292）
当前中国经济社会形势与社会建设 ……………………………（297）
中国进入社会建设的新阶段 ……………………………………（314）
社会建设就是建设社会现代化 …………………………………（323）
中国未来三十年的主要任务是建设社会现代化 ………………（332）
社会建设时代已经来临 …………………………………………（341）

中国社会学建设与发展

中国社会学的重建与发展 ………………………………………（350）
中国现代化进程中的社会学 ……………………………………（360）
当代中国社会学要实现三项历史任务 …………………………（388）
要加快社会学的学科建设和队伍建设 …………………………（395）
做社会科学研究，要面向实践，要到实践中去 …………………（398）
构建和谐社会需要社会学有个大发展 …………………………（411）
社会学的春天和社会学家的任务 ………………………………（419）

编者的话

本文集汇聚了陆学艺先生20世纪80年代后期以来关于中国社会结构、社会分层、社会建设以及社会学发展的研究成果，从社会学角度对当代中国现代化建设事业进行了深入而广泛的思考，绝大多数为正式发表或公开讲话的内容。

陆先生不幸于2013年5月13日溘然辞世，还没来得及看到自己的第二部学部委员文集，不禁令人为之泫然叹惋。文集中多数文章由陆先生生前亲自选定，文集的基本元素和主题思想陆先生都已审阅过。

上个世纪70年代以来，陆先生倾注于中国"三农"问题研究，提出过许多真知灼见和政策主张，为解决"三农"问题做出了巨大的贡献。这些都很好地体现在他的第一部学部委员文集（2005）以及先后出版的《家庭联产承包责任制》（1989）、《"三农"论》（2002）、《"三农"新论》（2005）、《"三农"续论》（2013）等6部"三农"专著和文集之中，值得所有关心中国"三农"问题的人们认真体会。

陆先生担任中国社会科学院社会学研究所负责人后，用社会学理论和方法，对中国面临的社会现代化建设问题和挑战，开展了广泛的调查和研究，为中国的社会发展、社会建设以及社会学学科的发展做出了重要的贡献。他与全国广大社会学研究人员携手合作，发起组织了大规模的百县市和百村调查，出版了一批有相当价值的学术成果。他从研究当代中国农村社会阶层入手，不断拓展研究领域，提出当代中国十大社会阶层研究框架，在学术界和社会各界都引起了巨大反响。在此基础上，他进一步探究当代中国社会阶层流动及其对中国经济社会发展的影响，并系统地考察了当代中国社会结构体系及其发展变化，发现目前中国社会结构发展滞后于经济结构发展约15年，并深入分析了导致这种滞后的深层次原因。所有这些研究成果，不仅推动了中国社会学的研究和发展，而且更重要的是比较深入地厘清了当代中国的基本国情，为中国社会现代化建设提供了重要的科学理据。

陆先生晚年敏锐地认识到，进入21世纪以来，社会发展与经济发展不协调已经成为当前中国发展所面临的主要社会矛盾。有鉴于此，他深刻地指出，中国经济社会发展已经进入新的历史转折时期，今后二三十年内，加强社会建设应当成为中国社会现代化建设的主要战略重点。他认为，社会建设就是建设现代化的社会，或者就是社会现代化，其核心是调整和优化社会结构，不断壮大社会中间阶层，目的是使社会建设与经济建设协调发展，实现社会公平正义，促进社会和谐稳定。在他看来，加强社会建设要分阶段、有步骤、有组织地加以推进，为此，他提出当前中国亟需推进社会建设的九大主要任务内容，包括改善基本民生、发展社会事业、调节收入分配、统筹城乡发展、繁荣社会组织、创新社会管理、建设社会规范、改革社会体制以及调整社会结构。以上思想主要体现在他先后主编的四部研究专著之中：《当代中国社会阶层研究报告》（2002）、《当代中国社会流动》（2004）、《当代中国社会结构》（2010）、《当代中国社会建设》（2013）。

陆先生非常重视中国社会学学科建设，为推进社会学学科发展和人才队伍建设，不遗余力，奔走呼号。他为中国社会科学院社会学研究所千方百计引进人才，殚精竭虑完善学科体系布局，为社会学所的发展奠定了坚实的人才和学科基础。他开创了以项目合作方式为各地社会学研究机构和高校培养社会学人才的新思路，并为此精心策划，全力组织实施。他担任北京工业大学人文与社会科学学院院长期间，创建社会学学科，确定以社会建设为特色的办学方向，培养学术人才，组织科研攻关，服务社会实践。他联合国内知名专家学者向中央提出建议，加大对社会学建设发展的扶持力度，壮大社会学学科以推进和谐社会建设，得到中央主要领导同志的肯定和批转执行。他还自筹资金，率先在中国社会学界成立首个社会学发展基金会，奖励社会学优秀成果，奖掖社会学优秀人才，促进社会学学科发展。

本文集一共收集了陆先生的38篇文章，大体分为四大部分：当代中国社会结构研究 12 篇，当代中国社会阶层研究 9 篇，当代中国社会建设研究 10 篇，社会学学科建设与发展研究 7 篇。每个部分内容均按照文章发表的时间顺序进行编排。本文集的出版不只是为了缅怀陆先生的学术贡献，更重要的是为了汇集陆先生在这些重要学术领域的所思所想、所作所为，来激励中国社会学研究，为中国的社会现代化建设提供更多的学术思想和智慧。

编　　者
2013 年 8 月

21世纪中国的社会结构

——关于中国的社会结构转型

1840年以后的中国近现代史，实质上是中国人民为实现中国现代化而奋斗的历史。建成现代化社会，跻身于世界先进民族之林，这是中国几代人的理想。1978年以来，我国实行以经济建设为中心的方针，实行改革开放，这个理想正在逐步变为现实。20世纪80年代初，我国制定了实现现代化分三步走的发展战略。第一步，实现国民生产总值比1980年翻一番，解决人民的温饱问题，这个目标在1987年就基本达到了；第二步，到20世纪末，使民生产总值再增长一倍，人民生活达到小康水平；第三步，再奋斗30—50年，使人均国民生产总值达到中等发达国家的水平，人民生活比较富裕，基本建成现代化社会。现在，我们正在为2000年实现小康社会而建设着，21世纪的上半叶，将是我国全面建成有中国特色的社会主义现代化的历史时期。

1978年以来的改革开放，给中国社会带来了巨大的进步和深刻的变化。中国目前正处在社会转型时期，正在由传统社会向现代化社会转化，由农业社会向工业社会转化，由乡村社会向城镇社会转化，由封闭半封闭社会向开放社会转化。由传统社会向现代化社会转化的社会结构转型并不是社会主义社会发展中的特有现象，而是所有经济发达的现代化国家都经历过的现代化过程中的一个过渡性阶段。但是由于中国社会在历史背景、文化背景、经济背景、资源背景等方面的特殊性，中国社会结构转型表现出了若干不同于一般社会转型的特点。具有中国特色的一个重要方面是目前我们在实现向现代化社会转型的时候，同时要实现由计划经济体制向社会主义市场经济体制转变，这就要首先进行一系列的体制性的改革。

社会结构转型和经济社会体制改革如此密切地联系在一起,这在其他国家的现代化过程中是很少见的。从传统社会向现代化社会转变,从计划经济体制向社会主义市场经济体制转轨,结构转型和体制改革同时进行,转型过程中出现的结构冲突、体制摩擦、多重利益矛盾、角色冲突、价值观念冲突交织在一起,使得情况更加复杂,增加了转化的难度;何况,这场变革又是在拥有12亿人口、发展很不平衡的大国中进行,所以其困难、复杂、艰巨程度是可以想象的。这也是我们在实现社会结构转型、体制改革的过程中要特别强调稳定机制、协调机制和创新机制的作用的原因所在。1978年以来,我国实行的改革开放政策有力地推动了这一伟大的历史性转变的进程。实践证明,改革开放既是社会主义制度的自我完善,又是建设有中国特色的社会主义、实现中国社会现代化的必由之路。

1995—2010年是中国建设社会主义现代化国家最关键的时期。1978年以来,我们经过拨乱反正,把全国的工作重心转到以经济建设为中心的轨道上,确定了改革开放的方针,制定并推行了一系列新的政策,进行了卓有成效的大规模经济和社会事业的建设,为实现社会结构转型和经济体制转轨奠定了坚实的政治、经济、社会基础。到2000年我国的国民生产总值将比1980年翻两番,甚至还会超过,但人均国民生产总值还只有800—1000美元。到2000年,我国还只是建立社会主义市场经济的基本框架,所以,要到2010年,使国民生产总值在2000年的基础上再翻一番,那时,我们的综合国力就相当可观了。到2010年,社会主义市场经济体制将全面确立,并将逐步完善、成熟、定型,使我国的经济和社会事业的发展建立在更为有效的制度性基础上。不过在这期间,两种结构的冲突、两种机制的摩擦、多重利益的矛盾、新旧观念的冲突还将继续,国际和国内的一些难以预料的重大而突然事件的发生,都将对我国改革和发展的现代化事业产生影响,震荡跌宕,机会和风险并存。所以说,1995—2010年是我国建成现代化国家最关键的时期。我们现在已经登上了经济社会全面发展的台阶,正跨在进入现代化国家行列的大门槛上。

有利的条件是:第一,1978年以来已经打下了比较良好的基础,邓小平建设有中国特色社会主义理论已经深入人心,通过改革开放,建设社会主义现代化国家已经成为全国各族人民群众的共识,可以说,现在方向已经明确，道路已经打开，驶向现代化的中国巨轮正在前进。第二，国际环境于我有利。第二次世界大战后的美苏对峙冷战格局已经结束，世界新秩序的格局正在形成，世界的发展正处于新旧更替的交汇点上，在世纪之交的不寻常时刻，世界看好亚洲，很多有识之士认为："21世纪将是亚洲太平洋的世纪。"中国正处在亚洲太平洋的重要位置上，天时、地利、人和，地缘政治、地缘经济的优势给予中国大发展千载难逢的好机遇。第三，我国经济发展的势头良好。由于经济体制的改革、社会主义市场经济的导向，我国全面工业化的建设正在展开。有关部门预测，1991—2010年，将是我国经济增长的黄金时期。在这20年里，我国国内生产总值的年均增长率将为8.25%。到2010年我国的人均收入可望由低收入国家进入中等收入国家的行列，而我们又是一个人口大国，所以国民经济的整体规模将可能跃居世界的前列。国外的专家也有这样的预计："如果保持目前的发展势头，到2010年，中国将成为仅次于美国、欧洲、日本的第四经济大国。"

不利的因素是：第一，就改革和发展的总体而言，1978年以来发展方面的成绩要比改革大。虽然改革是发展的先导，改革带动发展，但是毕竟我们实行了近30年的计划经济体制，它已经深入经济、社会等各个领域，真可说是盘根错节，根深蒂固。开始我们对农业进行改革，比较顺利，得心应手，旗开得胜，增加了我们进行全面改革的信心。但进行城市改革、工业改革，问题就复杂了。原来，预计城市改革有3—5年会见成效，但10年过去了，我们的大中型国有企业的改革还没有找到像包产到户那样公认为有效的改革方略，改革还有很多困难的问题要解决。第二，社会发展与经济发展相比较，无论是社会体制的改革还是社会事业的发展都滞后于经济体制的改革和经济的发展。经济结构已经调整改变了，但社会结构却还没有相应的改变（例如，城乡结构未相应改变等），国家已经明确要建立社会主义市场经济体制，而在社会主义市场经济体制下，社会事业的发展和体制改革还处在探索试验阶段。第三，我们原来就是一个发展很不平衡的国家。这些年来，城乡之间、地区之间、行业之间的差距不是缩小，而是进一步拉大了，例如城乡居民的收入差距，1978年是2.37∶1，1984年缩小到1.7∶1，1985年以后反弹，1993年扩大到2.55∶1。东部、中部、西部之间的差距也拉大了。这对于像我们这个大多数居民历来有"不患寡而患不均"传统心理的国家来说，如果这些差距继续扩大而又得不到合理解决，就会潜伏着不安定的因素。我们现在执行的方针是，要在效率优先的条件下，适当照顾公平的原则，但这两者如何结合得好，还有很多问题需要解决。

当然，综观我国未来发展的大趋势，这些不利因素与有利条件相比较，有利条件占主导方面。我们现在的发展和改革的势头很好，国际环境于我们发展有利，又占有地缘政治和地缘经济的优势，特别是改革开放以来取得的巨大成绩，已奠定了今后持续发展的政治和经济的基础。政局是稳定的，亿万群众有改革和发展的积极性，蕴藏着巨大的潜力。所以，我们有理由相信，今后我们能继续深化改革，扩大开放，克服和改变前进中的障碍和不利因素，实现经济的持续增长和社会结构的转型。

实现了 1995—2010 年经济发展和社会进步的目标，我们就度过了建成现代化社会的最关键的时期，跨过了进入现代化国家行列的门槛，今后的发展道路就更加宽广了，回旋的余地也就更大了，就会进入比较平稳的发展时期。随着经济的高速增长，随着经济结构的调整，社会结构、社会关系也会发生很大的变化。前面讲过，中国现在正处在由传统社会向现代化社会转型时期，1978 年以后的改革开放大大加快了转变的速度。就传统社会结构向现代化社会结构的转型来说，有的方面已接近转化的临界点，有的方面则还要有一个较长的转变期。而我国是一个人口众多、地域辽阔，发展又很不平衡的国家，所以各个省、市、地区实现向现代社会结构转型将不是同步的，而是有先有后，呈梯度发展的形式。到 21 世纪中叶，中国将实现由传统社会结构向现代社会结构转型，全面建成有中国特色的社会主义现代化国家。以下是关于中国社会结构转型过程中若干重要方面变迁的分析和预测。

一 关于人口结构问题

1993 年底，中国人口为 11.85 亿，当年人口的自然增长率为 11.45‰，总和生育率为 2.16。专家们根据 1990 年全国人口普查资料按中位预测2000年中国的总人口将达到12.87亿人；预计到2033年，中国人口将达到峰值，那时的总人口是15.19亿人，以后中国的人口将逐步缓慢下降。

1990年全国共有15岁以上的文盲半文盲1.82亿人，占总人口的16.1%，比1982年第二次人口普查时的约22.8%下降6.7个百分点，平均每年下降0.84个百分点，这说明这8年中，我国的扫盲工作取得了较大的进展。据普查，1990年我国具有大学专科以上文化程度的人口有1576万人，比1982年大专以上文化程度的604万人增加972万人，增长160.1%。1990年具有高中和中专文化程度的人共8988万人，比1982年的6653万人增加2335万人，增长35%。总的来说，这10多年来，全国人口的文化素质有了很大提高，是历史上发展最好的。但纵向比，我国目前人口的文化构成还是比较低的。上述我国具有大学文化程度人口占全国总人口1.4%，而在1987年时，欧美等发达国家有大学文化程度的人口占总人口的比重均在10%以上，苏联和日本也在5%以上。

1990年末，我国65岁及以上的人口为6418万人，占总人口的5.6%。据预测2000年将达到8800万人，占总人口的6.8%；2004年将超过7%，开始进入老年型人口的国家；到2030年，65岁及以上的老人将达到2.19亿人，占总人口的14.5%，相当于1992年法国老年人口占总人口的比重。从各国的资料看，65岁及以上人口的比重由5%上升到7%，一般要40—100年的时间，所以人口老龄化过程同经济过程是同步的。我国从1982年老年人口占4.9%到2004年占7%，只有22年，这是我国实行计划生育政策等产生了作用的结果。我国人口老龄化的进程快，但与经济发展的进程不同步，这也会增加今后养老问题的难度。

中国是个人口大国，在控制人口、计划生育问题上曾一度有过周折。从70年代初开始，我国实行计划生育，于1972年召开了第一次全国计划生育会议，根据我国的国情制定并推行了一系列控制人口数量、提高人口素质、调节人口结构的政策，从中央到地方，各级政府从上到下，把计划生育作为基本国策来执行。20多年过去了，中国计划生育工作取得了巨大成功，大多数人认同了，人口出生率和自然增长率明显下降，降到了世界平均水平以下。1972年，中国的人口占世界总人口的23.2%，1981年这一比例为 22.2%，1991 年只占 21.49%。据联合国人口组织推算，1994 年中国人口占世界总人口的 21.27%，到 2025 年中国人口在世界总人口中的比重将降为 18.5%。应该说，中国的计划生育工作是卓有成效的，为人类作出了贡献。国际计划生育联合会秘书长哈夫丹·马勒说："中国是个大国，（计划生育）工作难度很大，但政府的计划生育政策却十分奏效。"1995 年 9 月，在开罗举行的国际人口与发展会议前夕，联合国秘书长加利说："中国对人口以及人口和发展的关系等问题作出了十分重要的贡献。"

我国开始实行一对夫妇只生一个孩子政策的时候，国内、国外反应强烈，有些外国人出于不同的目的，对此说了不少不好听的话。独生子女政策是根据我国人口众多等特殊国情而做出的决定，也是实行"少生、优育、优教"方针的一个组成部分。即使实行这样严厉的政策，我国现在每年还要纯增 1400 万—1500 万人。这对于我们这样一个人均耕地、人均资源相对短缺又要进行大规模现代化建设的国家来说，实在是必要的。这一政策逐渐获得了人们的认同。现在有不少国内的人士和国外的朋友还有一个担忧，由于实行独生子女政策，家庭孩子少了，出现了"四、二、一"格局，中国人又有特别爱孩子的传统，一家人围着孩子转，孩子从小娇生惯养，饭来张口，衣来伸手，孩子任性、孤僻、缺乏生活自理能力，把孩子养成了"小太阳"、"小贵族"、"小霸王"。10 年、20 年之后，这一代人踏上社会，怎么得了，不要成为垮掉的一代吗？这种担心是有一定道理的，我们要看到这种危险性，全社会都要来关注这个问题，努力避免这种前景。但也要看到另一面。第一，80 年代初，政府考虑到农民生产生活的实际情况，放宽了农民家庭的生育政策，如允许独女户可以再生一个孩子等，所以，实际上独生子女家庭并不普遍。如 1989 年出生的全部人口中，一孩占 49.5%，二孩占 31.2%，三孩及以上占 19.3%。当然城市独生子女家庭要多得多。第二，对于独生子女也要看到有利的一面，因为是独生子女，家庭就有比较充裕的人力、物力、财力来进行优育、优教（这在我国目前还处于低收入水平的阶段尤其重要），独生子女可以得到较好的生活条件，有利于长身体，可以得到较好的受教育的条件，有利于智力发展。另外，这些孩子长大懂事以后，会意识到祖父母、外祖父母、父母的希望都寄托在他身上，日后的供养也都在他身上，这会激发他的责任感、使命感，激励他奋发、上进。从历史上看，相比较而言，一些长子（女）或独生子（女）都比较有出息、有作为、有成就，这同自小有这种责任感是有关系的。所以我们有理由相信，未来的一代或几代独生子女，会继承发展我们已经开创了的现代化事业，会比我们干得更好，对此，我是充满信心的。

二 关于就业结构问题

1990年，中国劳动年龄人口为6.81亿人（男16—59岁，女16—54岁），按中位预测，到2000年劳动年龄人口为7.74亿人，2010年为8.65亿人，2020年为8.93亿人。达到高峰以后将逐渐缓慢减少，2030年为8.4亿人。1991—2000年平均每年新增劳动年龄人口为930万人，2001—2010年平均每年新增劳动年龄人口910万个，在未来数十年的较长时间里，劳动力供给异常丰富，但就业压力也非常之大，将长期处于供大于求的局面。今后20年里，我国人口结构仍处于壮年期，我们要抓紧这个时间，多发展劳动密集型产业，充分发挥这支庞大的劳动大军的作用，促进经济的高速增长，提供必要的积累，为以后老年型社会的到来作好必要的物质准备。

1993年，中国国内生产总值为31380亿元，其中第一产业占21.2%，第二产业占51.8%，第三产业占27%。据有关方面预测，今后20年我国经济仍将以较高的速度发展，产业结构也将有变化。到2000年，第一产业占17.7%，第二产业占52.3%，第三产业占30%。到2010年，第一产业占17.2%，第二产业占52.8%，第三产业占30%。

1993年，全国劳动就业人员为60590万人，其中从事第一产业为34792万人，占57.4%；从事第二产业13550万人，占22.4%；从事第三产业12248万人，占20.2%。在60590万从业人员中，如按城乡划分，在城镇就业的16156万人，占26.7%；在农村就业的为44434万人，占73.3%。在城镇就业人员中，在国有单位的职工为11094万人，占68.7%；在集体所有单位的职工为3603万人，占22.3%；在个体和私营单位的有1116万人，占6.9%；在其他单位的343万人，占2.1%。

从前述数字中，可以看出我国目前的产业结构和就业结构是不一致的。1993年国内生产总值中，第一产业产值占21.2%，就业结构中，第一产业的从业人数却占57.4%；第二产业产值占51.8%，而就业结构中，第二产业的从业人员只占22.4%。这显然是不合理的。这是因为目前我国实行的是城乡分割管理的体制。有城镇户口的人员，就业比较充分（1993年，全国城镇失业人员为420万人，失业率为2.6%），而农村人口不能随意向城镇迁移。每年新增的劳动力1000多万人，其中绝大部分是农村户口，就在农村就业，他们每家都有耕地，习惯上把他们看作是自然就业。所以农村的劳动力就越积越多。改革开放10多年来，我国工业化、城市化有了很大发展，但1978年农村从业人员为30638万人，1993年为44434万人，增加了13796万人，平均每年新增劳力919万人。这与第一产业在国内生产总值中的比重逐年下降的状况是很不相称的。

今后相当长的一个时间里，我国劳动就业的形势是相当严峻的，任务非常繁重。既要在保持劳动效率，并使劳动力素质不断提高的前提下达到充分就业，又要改革、调整目前城乡之间、产业之间就业不合理的状况，使之与经济社会发展的要求相协调。

就劳动力供给看，按前述预测，从现在到2010年，每年平均新增劳力920万人。另一方面，1993年农村就业的劳动力44434万人中，从事农业劳动的有347.92万人。我国只有14.34亿亩耕地，劳均4.12亩，显然没有充分就业，据有关方面测算，现在农村有1.5亿个剩余劳动力。如果到2010年，能使农村剩余劳动力的50%转到非农业就业，则每年需要转移出450万人。这就是说未来近20年的时间里，每年要在第二、第三产业安排约1370万人就业和再就业，这是非常艰巨的任务，更不用说还要解决现在的公有制企事业单位里因为改革而被辞退的人需要再就业的问题了。

如果能做到，今后每年新增的劳动力都在非农业部门就业，又能使一部分现在农村的剩余劳动力转到第二、第三产业，那么到2010年，我们的就业结构就有较大的改观了。那时的就业结构，第一产业占34%，第二产业占36%，第三产业占30%，与当时的产业结构基本接近。只要今后20年经济增长率保持8%—9%的速度，坚持进行劳动就业制度改革，大力进行小城镇和城市化建设，大力发展第三产业，那么这个目标是可以实现的。

由于市场经济的发展、计划体制的推动，再加上比较利益推动、高收入的刺激，从80年代中期，我国的劳动力开始流动，而且规模越来越大，其特征是，农村的劳动力向城镇流动，中西部的劳动力向东部沿海流动，不发达欠发达地区的劳动力向发达地区流动，市场化程度比较低的产业的劳动力向市场化程度较高的产业流动，国有企事业的劳动力向非国有企事业流动。其中规模最大、最引人关注的是农村剩余劳动力向城镇第二、第三产业流动，这就是被称为"民工潮"的现象。

农村实行家庭联产承包责任制后，农民生产积极性被调动起来，14亿多亩耕地就不够种了，农民要发展生产，要致富，就向城镇向第二、第三产业寻找出路。1984年，政府采取两项大的政策：一是鼓励发展乡镇企业；二是允许农民自理口粮到城镇务工经商。这些年乡镇企业大发展，到1993年，乡镇企业容纳的劳动力已达1.12亿个，比1984年增加6070万人。其中大部分是"离土不离乡"的，虽然已经主要从事第二、第三产业，但还居住在本乡、本村。另外还有一支农村剩余劳动力大军到城市，到异地乡镇务工经商，实现跨省、跨区、跨县的流动。而随着城市改革的深入，城市各项事业的发展需要劳动力，如建筑业、运输业、环卫和各种第三产业蓬勃发展，城市的劳动力已不敷需要，或城市劳动力不愿干的重活、累活、危险的活，都需要由农村来的劳动力补充。到80年代末，这些流入城镇的劳动力约有3000万人，1989年、1990年有所下降，1991年开始回升，1992年猛增，这才引起了社会的注意，被称为"民工潮"。这几年大致每年增加1000万人，有关部门估算，这支被称为民工的大军1994年春大约有6000万人。

民工潮的实质是农村剩余劳动力向城镇转移，农业剩余劳动力向第二、第三产业转移。这种转移是社会转型过程必然有的，所有现代化国家都经历过。我国目前正处于经济高速增长的社会转型时期，因为原来的计划体制、户籍管理制度、劳动就业制度等还没有相应的改革，所以出现了这种特有的"民工潮"现象，这是一种农业剩余劳动力转移的特殊形式。好处是"民工潮"使城乡结构、产业结构、就业结构发生了变化，趋向合理，使需要劳动力的地方和产业得到劳动力的供给。如大中城市和经济发达的城镇，珠江三角洲地区接纳了约650万个民工，长江三角洲地区接纳了约500万个民工，哪里接纳得最多，哪里的经济就发展最快、最繁荣，最有生气和活力。输出农业剩余劳动力的地区也得到了资金、技术、信息等的回报，如四川省外出民工有600多万人（河南400多万人，安徽300多万人），每年通过邮局等渠道汇回四川省的款项超过60亿元，比本省投入支持农业发展的资金还多，剩余劳动力的输出对当地的发展也是有利的。不利的一面是，因为这种剩余劳动力的大规模转移基本上是自发的，所以给交通、治安、民政、计划生育、城镇管理等方面造成了很大的压力，出现了不少问题。现在有关方面已注意到这个问题，社会舆论也变了，开始时把民工称为"盲流"，采取限制、排斥、驱赶的态度，现在好了，有认识了，总的是认为利大于弊。公安部门已着手要改革小城镇户籍管理制度，劳动部门也把农业劳动力的转移纳入自己的工作安排，有关部门在研究、制定缓解和消除"民工潮"所引起的负面影响的政策和措施，使农业剩余劳动力向第二、第三产业，向城镇的转移能进入比较有序顺畅的轨道，以促进就业结构和城乡结构变得更加合理。

三 关于城乡结构的调整问题

中国的改革开放是从农村开始的，而且很快取得了成效，使农村社会发生了巨大而深刻的变化，为城市改革提供了经验和物质基础。但是，中国要继续改革和发展，要实现现代化的重点和难点也在农村。农村至今有8.5亿人仍是农民身份，占总人口的72.4%。他们中的大部分人要转为工人和职员，这将是一个漫长而艰难的过程，要克服重重障碍。

50年代，中国开始实行计划经济体制，逐渐形成了城乡分割的二元社会结构，城市办工业，农村搞农业，市民居住在城里，农民住在乡村，实行非农业户口和农业户口分隔管理，严格限制农业户口转为非农业户口。在1978年以前还限制农民从事非农业劳动，曾提出过"人心向农，劳力归田"的口号。到1978年，农业在国民生产总值中只占28.4%，但当年农村人口占总人口的82.1%。城市化率只有17.9%。

1978年后改革开放，这些年工业化发展很快，特别是农村办了以乡村工业为主体的乡镇企业，到1992年工业总产值在国民生产总值中已占48%，农业产值只占23.8%。但由于户籍制度等因素的限制，直到1992年，11.71亿总人口中，农村人口占72.4%。城市化率只有27.6%。

一般说，一个国家在现代化过程中，城市化率往往是超过工业化率的。美国在1870年工业化率为16%，城市化率为26%；到1940年工业化率为30.3%，城市化率为56%。发展中国家在人均GNP超过300美元之后，城市化发展都很快，往往都是超过工业化率的。

中国目前现代化过程中面临的一个重要问题是城市化严重滞后于工业化。1992年中国工业化率为48%，而城市化率只有27.6%，差20.4个百分点，低于目前世界城市化率（40%）12个百分点。这种落后状况不利于现代化的发展，不利于大规模经济效益的发挥，特别不利于第三产业的发展，不利于科学教育等社会事业的发展，不利于农业规模经营的形成，也不利于农业的发展，并由此引发了诸多社会问题，"民工潮"就是因为众多的农村剩余劳动力自发进城务工经商，而受到诸如户籍管理制度等的阻碍而引起的问题之一。1993年冬政府决定：要"充分利用和改造现有小城镇，建设新的小城镇。逐步改革小城镇的户籍管理制度，允许农民进入小城镇务工经商，发展农村第三产业，促进农村剩余劳动力的转移"。这个政策实施之后，将有大量的农民进入小城镇落户，加快城镇化的步伐。

1993年中国有560个市，其中中央直辖的省级市3个、地级市196个、县级市361个；有15230个镇，其中县政府所在镇1795个，另外还有乡政府所在地的集镇32956个，当年市镇人口33351万人、10075万户。今后，市和镇还会继续增加，城镇的规模和容量还会继续扩大。预计到2000年，市镇人口将超过5亿人，约1.6亿户，城镇化率将达到40%；到2010年，中国的市镇人口将达到6.9亿人，城镇化率将接近50%。

现在，关于中国实现城市化的发展战略有三种主张：一种主张以发展大城市为主；一种主张以发展中小城市为主；一种主张以发展小城镇为主，这三派主张各有所据，言之成理。实际工作部门的同志多数主张以发展小城镇为主，现在实际也在实施这个方针。我原来也是主张以发展小城镇为主的农村发展的道路，第一步实行家庭联产承包制，第二步发展乡镇企业，第三步建设小城镇，这比较顺当，顺理成章。80年代初期，提出"离土不离乡，进厂不进城"，发展小城镇对于冲破当时的城乡壁垒、支持乡镇企业发展有积极意义，但是，这只是一个过渡阶段。乡镇企业发展起来了，真有相当多的农民在小城镇落户了，那还只是一个准二元社会结构，有人称为三元社会结构，20%多住在城里，30%—40%在小城镇，30%—40%在农村。这只能是一种设想，因为这是没有迁移的转移，只能是城市化的一个阶梯性的阶段。乡镇企业本身将来也要发展成现代企业，是要和城市的第二、第三产业的现代化企业逐渐融合、统一的。中国未来的城乡结构，一定要改变二元社会结构，使大多数居民聚集到城市里来，实现区域现代化。所谓区域现代化是指在一个由自然、地理、资源、环境、经济社会、历史传统文化所形成的较大的地区内，由某个特大城市或大城市为中心，以若干个中小城市为中介，与地区内众多的小城镇和乡村形成网络，辐射带动本地区内整个经济和社会各项事业协调发展，实现区域的工业化、城市化。国际上这类区域现代化的实例已经很多。中国现在的京、津、唐（山）地区，上海、南京、杭州地区，广州、深圳、珠海地区，沈阳、鞍山、大连地区，青岛、烟台、潍坊地区，福州、泉州、厦门地区等都在逐渐成为我国较早实现区域现代化的地区。

四　关于区域结构问题

中国是一个国土辽阔、人口众多、自然资源分布很不均匀、各地区经济社会发展很不平衡的大国。一部分现代工业和大量以手工为主的农业同时存在，一部分经济发达地区同广大不发达地区和贫困地区同时存在，少量具有国际先进水平的科学技术同数以亿计的文盲同时存在。这种区域间发展极不平衡的状况是由客观自然资源条件和长期的历史原因等多种因素造成的。中国的人口和自然资源条件分布很不均匀，各地区的差异很大。在960万平方公里版图上，如果在黑龙江省的爱辉县和云南省的瑞丽市两点之间画一条直线，东西两部分面积各占一半，有90%的人口集中在东南地区，但能源、矿产等资源则比较少；而这条线的西北部分，居住的人口只有10%，却有大部分矿产资源如煤炭、天然气、石油、金属、稀土等资源都集中在这里，但地面多沙漠、高山、峡谷、草地，而且干旱、寒冷、缺水，生存条件很差。这种自然资源与人口分布脱节的状况，给生产的合理布局和经济社会协调发展增加了很大的困难。华夏民族的政治经济中心本来在北方中原地区，公元6世纪，南北朝以后，经济重心南移，从此长江流域经济逐步取代黄淮经济区而成为中国经济的重心。由于国防等方面的原因，政治、军事中心还继续在北方，形成经济重心和政治中心分离的格局，1840年以后外国资本主义入侵，是从东南沿海的通商口岸地区开始的。这些地区也正是农业生产基础好、人口众多、比较富裕，而且曾是唐宋时代对外贸易最发达的沿海经济地区，所以很快发展起来，形成了以上海、杭州、宁波、厦门、温州、广州等城市为中心的商品经济比较发达的地区，建立了一部分近代工商企业。

1949年中华人民共和国成立以后，50年代开始进行大规模的工业化建设，出于当时的国际环境和国防的需要，从50年代开始的第一、第二个五年计划和以后的三线建设期间，大部分项目都建在内地和东北地区，并且还把沿海的一些工厂和科研、教学机构迁到内地，在我国的中西部地区建起一批工业基地和城市，如包头、石家庄、郑州、洛阳、襄樊、十堰、咸阳、宝鸡、绵阳、西昌等。如此一来我国的生产力布局和区域结构有了一定的调整，但也带来了一定的问题，如没有充分发挥原来沿海城市和工业基地的作用、经济效益不够好等。

1978年改革开放以后，我国经济发展战略转向经济效益，把经济建设的重点移向沿海，首先在深圳、珠海、汕头、厦门建立了经济特区，不久又开放大连、天津、青岛、连云港、上海、宁波、福州、广州、北海等沿海城市，依靠这些地区原有资金、技术、人才、基础设施等的优势，加上引进外资，引进先进技术和新的管理方式，这些地区很快发展起来。为了更好地发挥地区优势，加强对经济建设的宏观指导，按照地区经济技术发展水平、地理位置和资源分布情况，有关部门把我国划分为东、中、西三大经济带，把东部辽宁、北京、天津、河北、山东、上海、江苏、浙江、福建、广东、广西、海南这12个沿海省市定为发达地区，把中部的黑龙江、吉林、山西、河南、湖北、湖南、江西、安徽、内蒙古9个省区定为欠发达地区，把西部四川、云南、贵州、甘肃、陕西、西藏、青海、宁夏、新疆9个省区定为不发达地区。当然，这种划分只是相对意义上的，很大程度上也考虑了地理位置和行政区划的因素。事实上，我们的一个省就很大，如四川省有1亿多人口，56万平方公里，本省内就可划分为经济发达、欠发达、不发达三类地区。所以东、中、西三大区的划分只是大致反映当前各省区经济发展的水平。

10多年来，沿海地区得改革开放风气之先，率先放宽政策，率先发展市场经济，经济发展得最快；中部地区次之，原有的地区之间的差距拉大了。1982—1992年，广东省的工农业总产值从415亿元增长到4920亿元，农民人均年纯收入由182元增加到1307元；同时期，贵州省的工农业总产值从101.9亿元增长到446.2亿元，农民人均年纯收入由108元增加到506元。以相同的口径相比，1982年广东省的工农业总产值是贵州省工农业总产值的3.07倍，而到1992年则扩大到10.03倍；1982年广东省农民年纯收入是贵州省农民年纯收入的1.69倍，到1992年则扩大到2.58倍。这是两省平均数的比较，如果具体到县市、乡镇、家庭个人之间的比较，那么差距还要大。

东部沿海地区经过10多年的大规模建设，经济实力增强了，基础设施大大改善了，投资环境日趋完善，自我发展能力增强，不仅吸引了很多境外的资金和技术，而且中部、西部的人才、劳动力、资金也大量向东部集聚，所以今后较长的一段时间里，我国的区域格局仍将是不平衡发展的格局，东部地区同中部、西部地区的差距不仅不会缩小，其相对差距还会进一步扩大。

在工业化过程中，由于市场力量的推动，这种区域间的不平衡发展是必然的。这种经济发展不平衡的状况，在全国范围形成了递推式区域增长的形势，在产业结构逐步调整、市场容量不断扩大方面形成一浪又一浪的长期持续增长的格局，这在一定时期对于经济发展是有利的。但是这种不平衡状况，特别在各地区居民收入的差距要控制在一定的合理范围内，否则将引起各种社会矛盾，于稳定发展不利，特别是我国西北、西南是少数民族同胞聚居的地区，更要注意这些地区的发展。要选择适当的时机，利用宏观调控的力量，加快中西部地区的发展。90年代以来，国家采取各种优惠政策等方式加快中西部地区乡镇企业发展，已经取得了一定的成效，现在东部沿海的一些乡镇企业家也在向中西部发展，这是很好的。经过多年的地质勘探工作，现在已经探明在新疆有非常丰富的石油、天然气和煤炭及其他矿藏资源，内蒙古也有特别丰富的煤炭、天然气等资源，国家现在正在着手重点加强这些地区的交通通信和基础设施的建设，为今后大规模开发西部地区作好准备。我们的目标是要建设社会主义现代化社会，要实现共同富裕。所以，到20世纪末21世纪初，国家综合实力增强以后，就要把经济发展战略的重点西移，使中部、西部也发展起来，使区域结构逐渐趋于平衡。同时这也是经济发展新的生长点，会使整个国民经济持续高速增长。

总的说来，目前的中国正处于由传统社会向现代化社会转变的社会结构转型时期，21世纪的上半叶中国将实现这种转型而建成社会主义现代化社会。这里所论述的只是实现社会结构转型的几个主要方面，实际的转型过程要丰富得多、深刻得多，而且还会有许多曲折、反复的环节，要克服重重困难和障碍。但是，在中国人民面前，实现社会结构转型的方向已经明确了，道路已经开通，中国要建成社会主义现代化国家的目标是一定能够实现的。

(《社会学研究》1995年第1期)

建立城镇住房新体制的基本思路和对策研究[①]

邓小平同志于1980年4月5日发表了关于住房制度改革的谈话,为我国住房制度改革的目标、任务和步骤作了总体设计。16年来,城镇住房制度改革取得了重大进展,特别是1993年第三次房改工作会议和1994年发布《国务院关于深化城镇住房改革的决定》以后,在全国范围内加快了房改步伐,深化了房改内容,在建立住房公积金制度、稳步出售公有住房、推进租金改革等方面取得了突破性进展,成绩显著。现在到了实现由城镇住房旧体制向新体制转变的重要阶段。

一 住房制度与国家长治久安

1. 一个国家要长治久安,需要建立一整套适合国情的基本制度

基本制度包括政治制度、经济制度、军事制度、文化制度等。支撑这些基本制度的,有一系列重要的体制和制度,诸如教育体制、科技体制、人事体制、土地制度、企业制度、住房制度等。住房制度不仅是经济制度的一个重要组成部分,而且也是社会制度的一个重要组成部分。"安居乐业",安居才能乐业。通过改革把住房制度调适好,是实现国家长治久安的一个重要方面。

[①] 本文是1996年初开始,社会学研究所住房改革课题组在全国多个城市进行了半年多的调查研究,于1996年8月完成的研究报告。初稿由张其仔、李春铃、景天魁、郑也夫等同志撰写,最后由我修改定稿。成文后送交国家体改委住房领导小组,摘部分在中国社会科学院《要报》发表,朱镕基、李铁映等同志作了批示。

当今中国农村的住房制度，由农民自建、自居、自有，是符合我国基本国情和广大农民心愿的。所以农民的住房这些年来得到了较大的改善，国家没有多少投入，政府也没有花费很多心思。相比较而言，城镇居民的住房制度，由于历史原因，我们采用了国家无偿划拨土地，公家出资建房、管房，无偿分配，居民只交纳极少房租的体制。为此，国家投入很大力量（现在每年约投入1000亿元），各级领导花费很大精力，但城镇居民住房问题还是解决得不理想。1994年城镇居民居住面积人均只有7.9平方米，还有400多万无房户。居民对住房问题有很多意见，由此引发了多种社会问题。

2. 民以居为安，建立以自有产权为主体的住房制度，有利于减轻国家负担，有利于社会稳定

住房本身是商品，有双重性，它既是一种经久耐用的消费品，又是一种资产，有保值增值的功能。城镇职工拥有自己的住房，他们的基本生活和心理就能稳定下来。

"有恒产者则有恒心"。就像农民一样，有了土地使用权、经营权，就有经受某种程度经济波动的能力和基础。

回顾18年来改革开放历程，就城乡比较而言，农村改革比较顺利，城市改革则比较艰难。农村改革一开始，率先实行家庭联产承包责任制，广大农民得到了自主权和实惠，由此调动了积极性，使农村发生了一系列变化。这些年尽管农村的改革和发展有波折，但农村社会基本是稳定的，农业是发展的，农村经济是不断进步的。1989—1990年，国家实行宏观调控，清退1000多万已进城工作多年的农民工回乡。这在任何国家都是很不容易做到的，会引起种种问题，但在中国农村却顺利地做到了，没有发生什么大的问题。靠什么？靠这些农民工在农村有1.5亩承包地，基本生活有保障，这1000多万人有经受经济风浪波折的能力和基础，社会是安定的，这是一个重要的经验。

与农村改革相对照，城市改革一波三折，步履维艰。国有大中型企业改革困难，机构改革困难，人事制度改革困难，医疗制度改革困难，养老制度改革困难，住房制度改革困难。为什么困难？撇开其他方面，有两点值得注意。第一，改革要处理好给与取的关系。我国古代政治家总结的经验是要"先予后取","将欲取之,必先与之"。任何一项改革要取得成功,必须得到大多数人的拥护和支持,必须使大多数人得到现实的或看得见的利益,这样改革才有动力,才能取得成功。农村改革成功的奥秘就在于农民从改革中得到了自主和实惠。而这几年城市改革对这个基本经验运用得不够。医疗制度改革要向群众拿一点,失业保险制度改革、养老制度改革要职工交一点,包括住房制度改革,开始搞提租为主方案时,也要职工多交一点。当然从长远讲这些改革对职工、群众是有利的,但现实利益更能影响群众的积极性,加上工作做得不到家,所以一些改革往往得不到多数群众支持,职工没有农民那样强烈的改革要求,迈步就困难了。

第二,改革要考虑群众的承受能力。我国长期以来实行低工资(很多利益通过福利保障暗补给职工),近些年有一小部分人先富起来,但大多数职工只是生活有了改善,还不富裕,家底还很薄。据有关方面抽样调查,我国1994年城镇居民平均每户拥有彩电0.86台、电冰箱0.62台、收录机0.73台、照相机0.3台、自行车2台,还有家具和衣物,知识分子家庭还有些书籍。这些财物即使按购买时的原值计算,家产总值也只有2万元上下。这样微薄的家产,在正常情况下,靠工资收入维持日常生活还没有问题,但一遇大的经济波折就难以抵挡了。而在市场经济条件下,对于个人或家庭而言,这种波折总是有可能发生的。例如企业要精简职工,如40多岁的双职工被精简,这一家庭靠什么为生呢?这次住房制度改革,通过各种形式,能使大部分职工拥有自己的住房,上述被精简职工家庭就有了经受经济波折的能力,有了回转的余地,这样对政府、企业、个人都有益。

当今中国,在农村,通过改革把每人种一亩半地的土地制度调适好了,农村社会就基本安定了;在城镇,通过改革把每家一套单元住房的住房制度调适好了,城镇社会也就基本安定了。许多改革和发展的文章,就可以在这两个基础上展开。

二 住房制度改革的目的是要建立新的住房制度

1. 住房制度改革的目的是要建立新的住房制度

1988年以后的三次住房制度改革方案中都有这样的认识。特别是第三次方案明确提出要建立与社会主义市场经济体制相适应的新的城镇住房制度，并提出了七个方面的改革内容。三个房改方案的一个共同不足是没有把住房制度改革当做社会体制改革的一部分，从经济发展角度考虑得多，在社会发展方面考虑得少。住房既有经济属性，也有社会属性，住房制度既是经济体制的一个组成部分，也是社会体制的一个组成部分。因此住房制度改革既要与经济体制改革相协调，有利于经济发展，又要与社会体制改革相协调，有利于社会的安定和发展。

综观各国的住房制度，大体可以分为三种：一种是既能实现经济高效率，又能体现社会公平、实现社会稳定的住房制度；一种是虽然可以实现经济高效率，但不能体现社会公平、不利于社会稳定的住房制度；还有一种是既不能实现经济高效率，又不能保证社会稳定的住房制度。显然，第一种住房制度最为理想。我们进行住房制度改革，就是要建立既有利于促进生产发展、实现经济高效率，又能体现社会公平、实现社会稳定的住房新制度，也就是要建立并实行一种具有中国特色社会主义的住房新制度。

2. 城镇住房制度改革的主体是城镇居民

未来的住房制度模式以及住房制度改革的方案，一定要考虑大多数城镇职工和居民的现实利益和长远利益，要为他们能够安居于此，有利于工作、学习、娱乐，有利于赡养老人、抚育子女，有利于积累家资，能够安身立命着想。经过住房改革，经过若干年努力，使每个中国家庭都有一个安全、卫生和自己满意的合适的住房。

三个房改方案提到要实现住房商品化，这是正确的。国内外几十年的实践证明，在原来计划经济体制条件下，否定住房是商品的性质，把住房作为福利、作为实物分配，没有解决城镇广大职工和居民的住房问题。直观地看，城镇居民无偿或近乎无偿地分得住房，每月交纳很少的象征性的房租，似乎得到了福利。但是，这种方式的代价过于沉重。第一，国家的财力有限，无法满足所有城镇居民对于住房的主观需求。一部分居民（虽然是大多数）得到住房，总是以另一部分人分不到为代价的。第二，这种无偿分配住房的方式要建立在分配者和被分配者都具有高度政治觉悟的基础上，才能做到公平合理，而这在事实上是做不到的。正如1988年住房改革方案中指出的："我国现行的住房制度存在着严重弊端。国家为城镇居民建房花了大量投资，但由于不能从机制上制约不合理的需求，城镇住房问题并没有得到缓和。住房分配上的不公正，已成为一个严重的社会问题。"第三，这种无偿分配的方式是住房选择住房者，而不是住房者选择住房。除少数人能够有限地选择住房外，绝大多数人只有分什么房住什么房，丧失了个人选择（商品）这个最起码的权利。所以这样做不可能使大多数人满意。第四，政府和单位建房分房，束缚了个人解决住房问题的积极性。亿万城镇居民在住房这一事关个人和家庭的大事上不能发挥主观能动性，潜力发挥不出来，使得住房建设满足不了需求，限制了住房生产力的发展。这种方式实行了40多年，直到1994年城镇人均居住面积才7.9平方米。从总体上说农民比城市居民穷，但农民人均住房已达22平方米。所以，实行这种住房方式，真正受损失的还是城镇居民。

　　解决住房问题，要靠实现住房商品化。住房是商品，就像彩电、冰箱等耐用消费品一样，应该根据自己的需要、爱好，根据自己的经济能力，自建、选购或租赁适合自己的住房。在现代化国家里，社会流动、职业更换、人口迁移是经常发生的（据有关资料统计，一个美国人一生迁移14次），居民由于职业变动等原因，更换住所也是平常的事。遇到这种情况，把原住房出卖或退租，到新的地点购买或再租住房，应该是很方便做到的。住房是商品，居民要买或租大的好的住房，应该付出相应多的代价；经济力量达不到，就只能买或租小一些、差一些的住房。相同的经济能力，甲居民宁愿租差一些的住房，同时购买彩电、冰箱享用；乙居民宁愿租好一些的住房而不买彩电、冰箱。鱼和熊掌不能兼得，这是公平的。住房比彩电、冰箱等耐用消费品更耐久，且具有保值增值的功能。邓小平同志在1980年提出："城镇居民个人购买房屋，也可自己盖。"应该制定相应的法律，保障个人拥有住房的权益，以调动个人和家庭买房、建房的积极性。现在城镇居民储蓄存款已近2万亿元，其中有一部分可以转到买房、建房上来，使住房成为居民积累财富的一种形式。中国历来有藏富于民的传统，各地政府应该为居民建房、买房、租房、修房提供条件和方便。现在农民对承包地拥有30年不变的使用权、经营权，可以购买自有的生产资料，可以对土地投资，农村有了积累财富的方式；如果城镇职工、居民能把买房、建房作为积累财富的方式，既能解决住房长期短缺的问题，又能促进社会安定，这是一举数得的事情。

3. 改革开放以来，国家把住房建设的投资和管理等权力更多地放给了党政机关单位和企事业单位

1979年以前，城镇住房建设资金80%以上来源于中央和地方政府的财政拨款，到1997年政府财政拨款只占23%。单位逐渐成了建房、分房、管房的主体。

从全国来说，除上海外大多数大中城市由政府房管部门直管的公房约占30%，由单位自管的公房为70%。现在的住房制度，国家是名有实无，名义上全民所有的城镇住房有30多亿平方米，但分散在各级各类的单位里；单位是名有实虚，住房是单位建的买的，分房、管房都在单位，但一旦把住房使用权分配给职工（居民），单位的所有权、使用权、支配权就虚了；个人是名无实用，名义上住房是公有的，但一旦分给个人，不仅自己可以长期占用，而且实际上还可以传给子孙。

现在的公有住房实际很大一部分是单位所有制。住房对于单位来说，既是一个巨大的资源和财富，同时又是一个沉重的包袱。一方面单位拥有大量房产，账面上资产很大，有房单位把可以分给住房作为吸引人才和要收回住房作为控制本单位员工"跳槽"的手段。但另一方面，单位负有对全体员工分配住房的责任，还要承担对已分配住房维修管理的责任，为此，单位为住房问题要付出巨大的人力财力和物力，牵扯领导人的很多精力，不胜其烦，苦不堪言。当然也有些人从中以权谋私，以权谋房，由此引出很多纠纷。

住房的实权在单位，房改的关键也在单位。单位是房改的实际执行者和操作者，国家和政府的房改政策要通过单位去执行、实施。国家和政府在住房问题上要制定相应的政策，妥善处理好同单位的关系，协调好单位与单位、单位与个人之间的关系。几次房改都因得不到大部分单位的认同出现低价售房浪潮而受挫，这就是教训。

全国具有建房、分房、管房职能的党政机关单位、企事业单位有上百万个，国家要区别不同情况，分类处理好各种单位的住房问题。同是单位但情况千差万别，从住房角度分析，可分为四种类型。

第一种是有房有钱的单位。多为中高层党政机关单位，大的企事业单位，或是经济实力强、经营效益好的中小型企事业单位。它们既有相当多的住房，又有后续建房的资金来源，无房缺房户少。这类单位职工的住房问题比较容易解决，国家制定了明确的房改政策，转变住房体制也会比较顺利。

第二种是无房有钱的单位。多为近几年新办的公司、企业、事业单位，向职工支付较高的薪金，不承担分房管房的责任。这样的单位没有房改任务。但是现在社会上有所谓"一家两制"的情况，夫妇一方在公司上班拿高薪，一方在国家机关或公有企事业单位里工作，住廉价的房子。在房改时，提供住房的单位会向这些拿高薪的职工或所在的公司提出问题。

第三种是有房少钱或无钱的单位。多为国有事业单位，或是原为经济基础好和效益较好、现在经济效益差或者已经亏损的企业单位。这些单位没有继续为职工建房的资金和能力。在房改中，可以分两类不同的解决办法：一类是原有住房较多，无房、缺房户比较少，通过房改可以把原有住房卖给住户，售得的资金可继续建房买房，以解决无房缺房职工的问题；另一类是原有住房就少，无房、缺房户多，卖房所得解决不了无房缺房户的问题，这类单位只好另辟蹊径。

第四种是无房又无钱的单位。多为基层的小型企事业单位，或是长期经济效益不好、长期亏损的单位。这类单位的职工住房问题本来就很困难，房改中这些单位的问题也最不好解决。这要由各地方政府予以特殊关注，采取具体措施解决他们的问题。单位管房是几十年计划经济体制的产物，实践证明，这种体制既不能做到经济的高效率，又较难实现公平，引来无穷的纷争和问题。第三次房改方案提出要实现住房社会化是正确的。房改目标及其结果，就是要使职工、居民通过市场、通过社会解决自己的住房问题，而不是找单位、找领导来解决。房改的目标，就是要实现单位不再管住房。除极少数大单位如国家高层机关、大学、特殊的科研院所等还要管一部分住房外，所有单位都要把建房管房的权利和义务通过各种形式交给社会、交给市场。把住房的资源交出去，同时也把包袱放下来。单位把原来用在住房上暗贴给职工的费用转化为工资发给职工，职工通过市场来解决自己的住房问题。当然，这个转变将要通过若干中介和过程，这就是房改的任务之一。

4. 在新的住房制度下，国家和政府在住房问题上的角色要转变

国家和政府要从计划者、所有者、分配者、维修者、管理者转变为监督者、调控者。群众住房的问题是群众自己的事，要交给社会管理，通过市场去调配。国家和各级地方政府根据国情、地情从宏观上制定合理的住房政策，建立各类房地产市场，监督调控市场运行秩序。居民群众通过市场解决自身的住房问题。

在新的住房制度下，国家和各级地方政府并不是完全不管住房。有两种人的住房还要管好：一是公务员的住房。他们在社会主义市场经济条件下，收入总是偏低的。为使他们更好地为国家工作，政府要为他们提供带有社会福利性质的住房，也作为一种补偿。国际上很多国家都是这样做的。二是低收入的生活困难户。各级政府要掌握一定数量的标准相对低一点的住房，向生活在贫困线以下的居民提供并收取相对低的租金，以便他们能各得其所，这带有社会保障、社会救济性质。现在统计的住房困难户有一部分经济上并不困难，他们可以通过市场和正常渠道解决住房问题，不在照顾之列。

三 深化住房制度改革的必要条件

1. 住房制度改革是件难度很大的事

原有的城镇住房制度是计划经济体制的一部分，也是城乡二元社会结构的一部分，已经形成一个庞大的体系，多年来政府与单位之间、单位与单位之间、单位与个人之间、个人与个人之间的利益关系，形成各种错综复杂的利益格局。要改革这一整套体制和制度，调整已有的各种利益群体之间的关系格局，难度是很大的。住房制度改革涉及城镇居民每个人的切身利益，是城镇居民普遍关心的大事。在城镇诸项改革中，多数改革只涉及一部分人的利益，只有一部分人关心。例如机构改革，只有党政机关和事业单位的同志关心；企业改革，主要是企业干部职工关心。唯有住房制度改革，上至高层领导、部长、教授，下至平民百姓、普通职工都是普遍关心的。但我们在城镇住房制度改革前期，却对这项改革的重要性、长期性和艰难程度估计不足，没有把这项事关长治久安的重要改革放到应有位

置上，投入应有的力量，所以改革中的一些难题长期没有得到及时解决。

现在进一步深化改革，要以建立住房新体制为目标，我们认为有两个必要条件是必须准备好的：一是思想和舆论的准备，二是组织上的准备。

2. 住房制度改革既是经济体制改革，也是社会体制的改革，必然要引起关于住房问题的传统观念、群众的消费观念等的变化

从以往几年的实践看，各阶层各种思想阻力是很大的。要搞好住房制度改革，必须首先做好思想工作。

房改中的思想工作主要是两个方面：一是要有正确的住房制度的理论认识；二是在房改中遇到的种种思想阻力要能及时化解，保证房改工作的顺利进行。

到底要建立什么样的城镇住房制度？城乡是建立一个住房制度体系还是像现行的两个不同的体系？社会主义市场经济体制下的住房是实行自有为主还是实行租赁为主？现行的名义上国家所有、实际由单位掌握的住房向职工居民自有为主转移，怎样做才是合理的？房改的目标是为了集资，为了更多更快地建房以增加住房，为了解决无房、缺房的困难户，还是着力于建立住房新体制？在低工资阶段居民的住房消费额度是5%还是10%、50%？定多少是合理的？将来的房地产市场怎样建立？在实践中提出这些问题，有些是深层次的理论问题，有些是实际问题。这些问题得不到清晰明确的澄清，房改就不能健康进行。所以有同志说：房改理论滞后，认识不能统一，是制约房改深化的重要因素。

十多年前，当农村实行家庭联产承包制改革的时候，全国上下，各大报刊、党政部门的领导、农村实际工作者、经济学家、社会学家、著名学者都在议论农村改革，轰轰烈烈，有声有势。相比之下，对于城镇的住房改革这一同样是关系到几亿城镇居民切身利益的大事，干部、群众在办公室、家庭里议论很多，但议而无"论"。十多年前提出的问题现在还是问题，得不到澄清，从而妨碍了房改的进行。

现在，建立住房新体制的问题已提上日程，应该调动和集中相当的科研力量，加强住房制度和房改理论的研究，特别要动员各方面力量，加强房改的舆论宣传工作，把房改的目标性质和意义、房改的方法和步骤，以及各试点的经验，宣传得家喻户晓，造成声势，改革旧的福利住房观念，建立新的住房消费观，为推进房改作好思想准备。

3. 建立一个具有权威性，并能实际运作的工作机构是深化住房制度改革的必要条件

房改涉及计划、财政、银行、国有资产管理、规划、城建、土地等各个部门的利益和工作，没有一个权威性领导机构去协调、统筹安排不行。房改是自上而下进行的，涉及许多单位和千家万户的利益调整。特别是现在的住房实际上是单位所有制，各系统各单位的领导住房条件相对来说是好的，有些还通过明的暗的渠道多分多占了住房。房改首先会触动这部分同志的眼前利益，如果没有较高的觉悟，没有以大局为重的胸怀，要主动积极地推进房改就有相当难度。其实，就大多数住房者来说，他们住到了世界上租金最低的房子，得到了最便宜的服务。如果不讲清长远利益和现实利益的关系，不摆正国家、集体和个人的关系，他们对房改也不积极，不像农民要求包地那样迫切。所以一定要有一个权威机构，从全局、从长远利益出发，适应社会主义市场经济的需要去筹划、推行这场重大的改革。这个权威机构不仅要做调查研究、制定方案，还要进行部署协调、推动执行等许许多多工作，虚了还不行，必须是一个实际运作的机构。

现在国家有住房制度改革领导小组，有住房制度改革领导小组办公室，设在国家体改委里。到各省市就不同了，有的在体改委，有的在城建委。有的有机构，房改进行得有声有色；而有的则真的只有一个办公室，开开会，印印文件，照念照抄照转。到各地市（县）就更不同了，有的办公室有工作人员，有的还只有一块牌子。

现在，房改到了要转换机制的关键阶段。自上而下地把具有权威性、强有力的房改工作机构建立起来，真正运作起来，才能把这个世纪性的难题解决好。当前，首先要把3大市和35个房改试点城市以及地级以上约200个中等城市的房改机构建立好，作好组织准备，这是深化房改的必要条件。

四 实现向新住房制度转变的步骤和主要措施

1. 要深化房改，实现向与社会主义市场经济体制相适应的住房新制度

转变，第一位的工作是要选择一个恰当的时机，停止福利分房，终止新房进入旧体制

然后实行一段新人新办法、老人老办法，待各项善后工作处理好，两种办法就可并轨，实行统一的新的住房制度。

十多年房改准备了各方面的条件，现在是果断终止旧体制继续运行的时候了。从各地房改实践看，无论是提租还是出售公房，如果不确定一个住房旧体制运行的界限，新建的住房继续不断地进入旧体制，新体制就建立不起来。有的城市公有住房已经出售90%，但干部和职工还在等公家的福利分房。无房的等着分房，房少的等着增加房，房差的等着分好房，旧体制还在照旧运作，住房市场建立不起来。

停止福利分房，终止住房旧体制的运作，这是件涉及千万人切身利益的大事，是事关建立住房新体制的关键一步，一定要极其严肃、认真、科学、细致地做好。第一，要由国务院正式作出决定，具有权威性。第二，全国要统一步调。一旦作出决定，全国各地就要实行。如果只有少数地区实行，多数地区不动，就会出现房改初期烟台等市搞提租给补贴，孤军不能深入而遭挫折的状况。第三，要选择好适当的时机，全国统一实行。如1997年1月1日或者是1997年7月1日。最好能同下一次工资改革同时进行。房改本身是一项大的德政，选在我们党的十五大开会前或会后，也是适当的。

2. 停止福利分房，终止住房旧体制的运行以后，要做好一系列后续工作，新的住房制度才能逐步建立和运行起来

一是处理好住在公有住房里的职工群众同政府、单位的关系；二是处理好在单位里工作多年但还未分到住房的职工以及尚未解决住房的新职工的住房问题；三是建设好新的住房制度运作的基本条件；四是处理好新旧体制间的衔接工作，建房不能停，房产市场不能停，住房公积金照常收，等等。在运行中做好新旧体制的更替，要靠各地各市的房改机构的运筹和安排。

3. 妥善处理好政府、单位与已住用公房职工的关系，使这些职工在住房问题上与单位顺当脱钩

这是实现住房制度改革的最重要环节，这个问题处理好了，房改就成

功了一半。

1994年全国各类国有单位职工10890万人，国有单位离退休职工2249万人，两项合计共13139万人。如平均每户以双职工计（大部分是双职工，虽有部分单身职工，但可与每户有三人以上的离退休者家庭冲抵），则有6569.5万户。现在国有各类公有住房约30多亿平方米。1994年京、津、沪三大市平均每户住房建筑面积为61.2平方米，由此推算，则有74.57%的职工住有公家房屋。当然，各城市、各单位不同，有的比例还大些，有的要小些，这只是平均数。但有近75%的国有单位职工住有公房，这是个基本事实。

过去的住房制度一般是按职位高低、级别高低、工龄长短来分配住房的。在大多数单位，职位高、工龄长的职工住房大一些、好一些，其他职工则依上述各项标准住房条件依次降低。有些单位里少数人通过各种途径多占住房、占好住房，这是群众最不满意的。至于在城市与城市、单位与单位之间，同类职工的住房条件有很大差别，这也是客观存在，不过大多数单位的住房虽不宽裕但分配状况基本上相对合理。特别是教育、科研等事业单位，领导干部、大学校长副校长，同普通职工一样只住三间房的并不在少数。这也是个基本事实。

从这两个基本事实出发，制定住房改革的基本政策，解决好将近75%的职工的住房问题，得到他们的认同和支持，房改就能顺利进行，新的住房制度就不难建立。

以往提高房租为什么推行不开，因为那是把已经给职工群众的福利收一些回来。"向个人（职工）腰包掏钱"一般是不容易做到的。

后来出售公房，几次都以形成低价卖房浪潮而告终。现在售房比较顺了，但也有些城市推行不开。如南京市，据我们调查，直到今年3月公房还卖不动。多数人说"买房不如租房（便宜）"，有人说买房是买个维修权；也有人说，不买怕吃亏，买了怕后患无穷（没人管维修）。以前出售公房，买卖双方交换的权利界限不清，卖方总有人说卖价太低，公家有损失；买方觉着买不买一样，并未得到什么，还有人说是上当吃亏。

在住房新体制下，职工和居民住房自有率要占较大的比例，这是世界各国经历了多年实践和反复后形成的大趋势。对于近75%住有公房的职工来说，是买房还是继续租房，完全由个人及其家庭根据自身条件和愿望自己做主。不过买房也好，租房也好，都要根据社会主义市场经济的原则。从总体而言，应该鼓励职工积极买房。各地实践的经验表明，要把卖房的条件定得合理，讲清楚，愿意买房的职工还是占多数。

公房的售与买，同其他商品的市场交易一样，本质上是权利的转移。就国家和单位来说，把已经分配出去但仍有名义的所有权、处置权的住房以优惠价格卖给职工，实际是对过去工资中未完全含住房消费的补偿，给了优惠，同时也了结了同买房职工在住房问题上的关系。就职工来说，付给单位相应房价，就得到原来住房的占有、使用、收益、处置等权利，可自己居住，也可出售、出租、抵押、继承、馈赠和经营收益，即得到了可全权处置的产权。

以往的售房和买房之所以不怎么成功，就是因为双方的权利和义务不明确，产权不明晰，拖泥带水、藕断丝连。这次售房以后，就要明晰产权，买了房就是职工自有的。这样做，从长远看既能减轻国家负担，单位也可放下包袱，多数单位不再管住房，职工成为住房的主人，以后职工要增房减房，找市场不再找单位。职工有了房产，不仅可以使用，而且可以保值增值，有了安身立命之所，也有利于社会稳定。

4. 关于售房价格

这是房改中争论最大、最难把握的问题，也是房改成功与否的关键之一。住房制度改革既是经济体制的改革，也是社会利益关系的调整。单从经济上考虑，单算经济账，肯定是算不清的；解决住房问题，还必须考虑国家的整体长远利益，考虑社会各阶层的利益平衡，兼顾国家、单位和个人的权益，所以一定要算政治账、社会账。在房改中要提倡从国家经济发展、社会安定的大局出发，调整各方面利益关系，做到社会公平基本合理。

就国家方面来说，有关部门要克服放包袱和回收资金的观念。十多年的实践证明，任何一项改革的成功，都要付出相应的经济和社会代价。国外也有类似的实践，英国搞房改，把政府所建的国有住房只作房价的1/3卖给个人，但同时政府每年在住房方面的大量财政开支也大幅度减少了。

我国现有30亿平方米公有住房，通过房改把它还给社会，还给职工、群众，交给市场。回收的资金用于建房（解决无房少房者的问题）、用于管房（建立各种物业管理机构）、用作建立新的住房体制的财政基金。据统计，1979—1995年国家用于城镇住宅投资11380亿元，加上其他方面投入，这16年共建城镇住房25.5亿平方米，约4500万套。据我们估算，30亿平方米公房如能以平均每平方米400—500元出售，可回收约1.2万亿—1.5万亿元，再建1.2亿—1.5亿平方米新房（约2000多万套），解决现在无房、缺房职工的问题。这在理论上是可能的，但实践中还有很多具体问题要解决。有关部门要统筹调剂用好这笔资金，这是房改转制的本钱。

就职工、干部个人方面来说，过去实行的低工资不含有全部住房消费因素。但要考虑，第一，我国和苏联、东欧国家不同，他们的职工、干部住有公房的在85%—90%，1991年俄罗斯人均居住面积16.8平方米，我们无房少房户比例大；第二，我国正处在现代化建设时期，国家财力有限；第三，比起无房、少房职工来说，有房户已经享受了多年低房租的福利。所以住公房的职工出一部分钱把住房买下来是合理的。

国家要根据诸方面的因素制定出售公有住房的定价原则。1992年有关部门制定了《商品住宅价格管理暂行办法》。房改中出售已分配出的公有住房的情况是大量的，也应该制定一个定价管理的办法，使各地各单位定价时有个依据，让职工群众也知道定价的原因。定价办法要规定某地某单位的公房出售价格，要有一定的批准程序，以防止出现前些年低价售房的现象；公房出售价格的计算办法要简明，便于职工群众明白；买卖双方的权益要界定清楚，便于将来市场交换流通，有利于实现住房商品化。

经过几年的探索实践，各地执行1994年房改决定中关于稳步出售公有住房部分的十一项规定，已为干部和职工群众所认同，各地订的卖房价格也逐步合理，抑制了低价售房，回收了资金，也符合职工的支付能力，为群众所接受。我们调查了十多个城市，感到有以下几个问题：

（1）目前售房中并行三种价格：市场价、成本价和标准价。市场价主要指房地产公司出售的商品房价格，只有少数人买得起。出售已住用公房主要实行成本价、标准价。现在多数中小城市，成本价和标准价已经相当接近。而且标准价是反向定价（依买者的能力来定），计算很复杂。建议二价归一，以后售房都执行成本价。

（2）目前售房除按成本折扣外，对买者实行三项优惠，即工龄折扣、买已住房折扣和一次性付款折扣。这是基本合理的，但把政府对购房者实行优惠以补偿以前低工资中未含买房因素以及所含住房消费不足的实质模糊了。在取消标准价后，要强调工龄折扣部分，如每一年工龄可直接给予6—8 折的折扣。工龄越长，贡献越多，折扣越大，补偿越多。国家还可规定，对离休干部、职工，对过去在战争和社会主义建设中有特殊贡献者、因公致残者、烈属等在售房时给予更多优惠，明确这是国家对过去有贡献人员的补偿。

（3）以前标准价售房只给部分产权，双方权益界限不清，对以后住房流通不利。要做好两价衔接工作，由买房者补交标准价和成本价差额，以取得所买住房的全部产权。

5. 关于售房数量和标准

1994 年颁发的国务院房改决定第 18 条规定："职工按成本价或标准价购买公有住房，每个家庭只享受一次，购房的数量必须严格按照国家和各级人民政府规定的分配住房的控制标准执行，超过标准部分，一律执行市场价。"这个规定是合理的。从各地方单位的情况看，绝大多数职工住用的公房都在规定的控制标准以内，少数职工略有超过，极少数干部和特殊职工由于各种原因，多占多住公房超过标准一倍乃至几倍，这是群众最有意见的，要在房改中解决好。在房改之前，需要对现有住房进行清查登记。厦门市把住户住房情况输入计算机的做法可以推广，这样可以避免在房改中一户占用几套或作弊的情况发生。

（1）对于干部、职工过去占用超过标准一倍或占用几套、几处房的，弄清事实后，单位应收回多占用部分。

（2）职工家庭以成本价买了一次房，就是已经享受了国家的优惠，了结了这个职工家庭在住房问题上同国家的关系。在买房之后，这个干部、职工不论是职务升迁还是工作调动，都不能再以成本价买第二次房。再买房就要按市场价计算。

（3）有的干部、职工通过各种关系和渠道，多次多处以成本价买公有住房，这是不正之风，群众意见很大，应由纪检、监察部门予以查处。上海市制定了处以上干部申报住房占用情况的规定，这是防止这类现象发生的积极措施。有关部门应该制定房改纪律,要求干部、职工遵守执行,以保证房改工作的顺利进行。

6. 在售房的同时加快租金改革

第一个目标是要逐步达到成本租金,然后向市场租金过渡。住宅租金的改革要同售房进度基本保持一致。如提租进程过慢会出现买房不如租房合算的情况,从而影响一部分人买房积极性,对整个房改不利。

现在有两种提租办法,一种是小步提租,不补贴。如北京今年房租已提到 1.3 元一平方米,明年提高到 1.8 元一平方米,不给补贴。另一种是提租发补贴,烟台等市原来就是这种办法。我们认为,提租发补贴在实际执行中难题太多,不易操作。因为各地各单位情况差别很大,特别是许多企事业单位经济情况不好,有的连工资都不能按时发,补贴很难筹措和发放,而且不利于实现住房商品化的目标。建议采用北京等地提租不补贴的办法,但要研究如何同售房进度协调。现在买房的职工越来越多,应该加大提租改革的力度,否则房租过低会使买房者感到吃亏,等待观望,不利于整个住房制度改革的顺利进行。

7. 对未住公有住房的职工实行补偿问题

宣布停止福利分房之后,近 75% 已住公房的职工或买房或继续租房,他们在住房问题上的利益得到妥善解决,还有 25% 的人怎么办?据调查,多数单位是按工龄作为分房的主要条件,未住公房的职工大多数是 30 岁上下的年轻职工,他们工资收入一般不高,都在企事业单位第一线劳动、工作,对于住房的要求很迫切,或等着结婚,或等着有房生孩子、养育后代。他们对福利分房期望也很高。对这类职工的住房问题要有个解决方案,使他们的利益事先有个安排,并且有个明确的说法,早出"安民告示"。这样做至关重要,有利于社会安定,也有利于这些单位的生产和工作。

对这类职工的住房问题,有两种解决办法:

(1) 对未住公有住房,单位按本地区或本系统的有关条例确认为无房户的职工,在实行停止福利分房的改革中,可根据职工的工龄(算到停止福利分房的年月止),每一年发给 1 平方米有偿住房券,作为对他过去为国家劳动贡献而未享受住房福利的补偿。如果是双职工,都是 20 年工龄,则可领取 40 平方米的住房券。以后这位职工在本单位住房公司（或社会上的住房公司）买房时，每平方米住房券可抵交 1 平方米的房价，各地区各单位可根据各自未来住房建设的情况，作出在若干年内可以兑现的承诺。

作这种补偿的根据是，过去在计划经济条件下，发给职工的工资并未含购房费用（含租房费用），这部分费用留在国家手中用以建房，再以无偿分配的方式分给职工居住，有部分职工未享受这部分福利，应在房改中发给住房券作为补偿。我们现有 30 亿平方米的公有住房，1994 年全国有 13131 万在职职工和离退休职工，最长的工龄 40—50 年，最少 1 年，平均以 20 年计，每年工龄约为 1.14 平方米。考虑其他方面因素，每年补 1 平方米是合适的。作了这样补偿后，就了结了单位和职工在住房问题上的关系。

独联体有些国家也是采取这种补偿方式。如哈萨克斯坦 1991 年实行房改时，每个职工一年工龄可领取 400 库邦，职工可用库邦抵交购房款。一个有 27 年工龄的职工用分得的库邦可购买 27 平方米住房，超过部分自己支付。

（2）单位在实行停止福利分房时可宣布，无房职工将来从单位住房公司（或社会住房公司）购房时，仍可享受工龄折扣的优惠。即新购住房时，停止福利分房前的工龄仍按原来每年工龄的 6—8.5 折计算。所需金额由原管房单位补给。

第二种办法比较简单，同原来的售房等方式容易衔接。但在未买房前，单位和这部分职工在住房问题上的关系仍未了结，时间会拖得较长。第一种办法给无房职工有明显优惠，一次了结单位和个人之间相互的关系，利于新体制的运行。但不管用何种办法，对无房职工一定要作好公平合理的补偿，了结好单位与职工个人在住房问题上的关系，从此单位和个人在住房问题上就可脱钩。

8. 实行新人新办法

凡是在终止福利分房后新参加工作的职工，单位原则上不再负责解决他们的住房问题，而是由他们通过市场来解决。过去政府、单位用于解决职工住房方面的各项支出，通过明补办法全部理入工资。理入工资的办法有两种：一种是把它全部发给个人，一种是通过公积金的办法，把它归入个人名下的同时，以公积金的形式存入个人公积金账户。第二种办法目前看更好一些，它有利于筹集建房资金，可以避免建房资金流失，也有利于政府宏观调控，不至于因为把补贴在住房部分的钱理入工资后对宏观经济秩序造成较大的冲击。

在目前工资还比较低、市场房价又过高（尤其是几个大中城市的房价过高）的情况下，新参加工作职工通过市场买房或租房都有相当困难，所以在现阶段要有一些过渡的办法。要设法把市场房价调控到这部分职工买一套 56 平方米住房的价格和其平均年收入比不超过 6∶1 的范围，并通过银行系统采取抵押贷款等形式，使新职工能住上房。要通过对市场的调控，使租房的新职工住一套两居室的住房，房租支出不超过其收入的 5%。各地区要根据各地的房情和职工收入水平，制定一些具体实施的过渡办法。

9. 建立住房开发经营管理公司，作为向新的城镇住房制度过渡的一个中介

具有建房、分房、管房职能的单位，如部委局机关、大中型企事业单位，都可以建立住房开发经营管理公司，有些可以按系统成立，如某市某区的文化、教育、卫生系统可建立系统的住房开发经营管理公司。

住房开发经营管理公司实行股份制，单位可把现有的房产部门的资财折价作股转给公司，公司实行独立核算，自负盈亏。原单位是公司的最大股东，但公司是法人，对外挂牌营业，独立经营。住房开发经营管理公司开头若干年的职责是：①负责处理了结单位和职工之间在住房问题上的关系，解决好历史遗留问题；②组织好公有住房出售给职工后的维修管理，组织物业公司进行专管；③管理好未出售公房的续租和出租工作，并进行房租改革，收管房租；④开展集资建房和售房、租房等业务活动；⑤负责安排在停止福利分房后进单位来的新职工按新办法购买和承租住房。

单位住房开发经营管理公司成立后，单位把关于住房问题上的权利和责任都移交给公司，单位不再承担解决职工住房的职能。经过若干年，公司把单位与职工在住房上的历史遗留问题解决完了，社会上房地产市场也逐步建立起来了，公司就可逐步与原单位脱钩，原单位也可把原来控制的

股份交给有关的国有资产管理机构，公司则融入全市、全地区的房地产企业，成为真正独立的房地产开发经营管理公司，实现社会化、市场化经营。

10. 积极而稳妥地组建住房市场

要组建一批不仅经营销售新建住房而且经营买卖旧有住房的公司，做城镇居民买卖住房以及出租和承租住房的中介。前几批房改中出售给职工和居民的公有住房，按一般规定住用五年后可以依法进入市场出售、出租。现在将陆续满五年期了，要有市场，要有公司和中介组织来实现这种卖和买、出租和承租的业务。这种业务活动开展起来，规模将是很大的，特别是在两年及今后住房大批出售并满五年期后，这类业务将会更大，所以将有大批住房公司和中介组织应运而生。与此同时，一系列配套的行业，如金融、信贷业务、房地产的评估业务、法律公证业务等也要相应地建立和发展。应该事先作好计划、组织、经济、金融、法律等方面的准备，事先规范，使之一开场就能纳入社会主义市场经济体制和法制的轨道，避免一哄而起，无章无法，造成混乱。乱而后纠，乱而后整顿，损失就大了。

11. 全面推行和完善住房公积金制度

1991年上海开始实行住房公积金制度，已取得很大的成绩，截至1995年底，已归集资金77.18亿元，今年将超过100亿元，向单位和建房企业放贷66.7亿元，向居民购房建房放贷6.62亿元。

在现阶段要完善的方面有：①通过各地政府和房改机构的大力推行，使公积金归集的范围尽可能扩大。上海1995年底参加公积金制度的单位有33628个，职工463万人，占职工总数的98%。1994年全国国有单位工积金总额为5177亿元，如果归集的面能达到80%，一年就可归集400多亿元的资金，对住房新体制的建立将是很大的财力支撑。②公积金的使用一定要从严管理，以维护公积金制度的信誉，增强单位和职工交纳住房公积金的积极性。现在已经发现有些城市和单位把公积金挪作他用的情况。要规定使用的原则是有利于向住房新体制的转换，而不能反过来强化旧的体制。③社会公平问题。现在公积金运作的方式是"低进低出"，即对交纳公积金的职工实行低息，而对使用贷款的职工也实行低利率。对于既交纳公积金又使用贷款的职工来说，两相抵消是合理的；对于只交纳公积金，一生中又从不使用此贷款的职工却是在经济上吃了亏的，特别是对于交纳公积金又买不起房的职工更不合理。一项政策，既要考虑需要又要做到合理，这样群众才会乐意接受。所以，我们建议，对交纳了公积金而到退休时始终未借用过公积金的职工，退休时返还全部公积金，利息部分按市场通行的银行存款利率计算发给。这样做是公平的，只有公平合理的政策才能得到多数人的拥护，才能持久。

12. 组织并建立住宅银行势在必行

（1）各单位出售公有住房所得的资金，各单位汇集的住房公积金，要按照国家的有关政策有规范地管好用好。

（2）建房需要大笔资金，需要金融系统为之融资支持。金融系统为居民提供国际通行的分期付款的抵押贷款，将是实现广大居民购买自有住房的主要形式。这种融资安排可以提高居民购房的支付能力，从而使住房开发商、建房企业投在住房建设上的资金通过向居民出售住房而顺利回收。组建住宅银行就是要形成住房基金融资建房—住房配套—购房贷款—建房款回笼—住房基金回笼这样一种住房资金循环、周转机制。

13. 促进住房建设和建筑产业的大发展

我国目前建筑业的规模是很不够的，不能适应广大群众对于住房日益增长的需要。1994年城镇居民的人均居住面积只有7.9平方米，如果到2000年城市化水平达到32%（现在是28%），城镇人口达到4.16亿人，人均居住面积达到9平方米，那还要建17亿平方米的住房，建设规模大约要比现在增大50%。

住房体制改革将是住房建筑业大发展的契机，有关方面要规划好，抓住这个机遇，引导建筑行业健康发展。

（1）在全国范围内停止福利分房之后，单位不再直接管职工居民的住房问题，就不会像以前那样积极去筹措资金。建筑企业、房地产开发企业会失去最大的买主，而个人一时还形成不了大规模购买住房的能力，这样在新老体制交替的时候，很可能出现住房建筑业买方的大量减少，造成建筑企业、房地产开发企业的困难。有关方面要事先有所安排，以免造成损失。

（2）建筑企业要适应住房市场发展的要求。1994年城镇的建筑企业，从从业人员构成和总产值构成等方面看，国有企业和集体企业都占99%以上，联营企业、股份制企业、外商投资企业和私营企业等非公有制经济不到1%，而从技术装备水平、劳动生产率等方面看，后者却占优势。将来非公有制建筑企业将会有较大发展，建筑行业将形成以公有经济为主体、多种所有制形式并存共同发展的形势。

（3）将来的住房将是多种形式。邓小平同志说过，"农村盖房要有新设计，不要老是小四合院，要发展楼房"。农村盖房要有新设计，城市盖房更要有新设计，不能老是火柴盒、大塔楼、单元房。住房是亿万群众天天使用的场所，造什么样的房、怎样设计，要让居民自己有选择权。居民可自己设计、也可以请设计师设计、自己建筑，这样将来的住房式样就会丰富多彩。

（4）通过多种途径、多种形式解决居民的住房问题。不要都是由建筑企业造房、居民买房一种形式，也可公私联合建房，居民群众合作建房，居民自家建房。地方政府和单位要提供建房条件，如划出一定的房基地，给予贷款和经济方面的优惠等，以充分发挥职工和居民群众在解决住房问题方面的主观能动性。这样，城镇居民住房这个世界性的难题就不难解决了。

（1996年8月）

农村发展新阶段的新形势和新任务

——关于开展以发展小城镇为中心的
建设社会主义新农村运动的建议

近几年，农产品销售不畅，市场疲软，价格下跌；乡镇企业滑坡；农民收入增长减缓。这些问题是农业和农村经济发展阶段性变化的反映。现在的问题是，如何认识农村发展的新阶段，这个新阶段的目标和任务是什么？当前面临的这些问题，用什么政策和方法来解决？如何实现农村发展新阶段提出的新使命、新任务？这需要从理论和实践两个层面来回答。

一 农村发展新阶段面临的新问题

（一）1996年以来，农业连年丰收，但农民收入下降，农村市场难以启动

1996年是农业获得改革开放以来第三个特大丰收年份，粮食的总产破记录，超过1万亿斤（10090亿斤）。1997年全国大旱，1998年又大涝，但农业仍继续增产，其中，1998年与1996年相比，粮食总产量增长为1.5%，棉花增长7.1%，油料增长4.7%，糖料增长17.1%，水果增长17.2%，肉类增长24.6%，水产品增长18.8%。1999年农业仍是丰收，粮食总产量将再度超过1万亿斤，与1996年持平。应该说，这几年农业生产形势很好，保证了供给。但是，自1996年冬季以后，粮、棉等农产品出现了"卖难"，价格下降；到1999年夏季以后，主要农产品都出现了销售困难、市场疲软、价格连续下跌的问题，农产品由短缺变为过剩，农产品市场由卖方市场变为买方市场。农产品价格全面连续地大幅度下跌，

使农民收入成了问题。1996年11月,全国城乡集市的玉米、小麦、大米3种商品的平均价格为1.0355元/斤;1999年11月30日,全国粮食市场这3种粮食的平均价格为0.7075元/斤,比1996年每斤下跌0.328元,降幅为31.68%。

按1996年全国粮食总产量1万亿斤(不计小数)、市场价格为1.0355元/斤计,全国农民从粮食中取得的收入是10355亿元;当年有农民86439万人,人均粮食收入为1198元。1999年,全国粮食总产量还将是1万亿斤(预计),11月份市场的粮价是0.7075元/斤,农民从粮食中取得的收入降为7075亿元,比1996年减少3280亿元,减收31.68%;当年有农民87083万人(预计),人均粮食收入为812.7元,比1996年减少385.3元,下降32.16%。因为粮食的商品率低,约为30%,所以农民的现金收入没有减少这么多。就农民的现金收入来说,因粮价下跌,每个农民的现金收入要减少100多元,但农民的年人均纯收入中的粮食收入部分在1999年要比1996年下降300多元,则是事实。

棉花在物价最高时,国家规定的每市斤标准皮棉收购价是7元,这几年连年降价,现在只有3.8元/斤。1996年全国棉花总产420.3万吨,即840600万斤,农民从棉花中得到的收入为588.42亿元,人均68.07元。1999年棉花总产量与1996年持平,农民从棉花中得到的收入只有319.428亿元,比1996年减少268.99亿元;人均36.68元,比1996年人均减少31.39元,下降46.1%。在当前农民的收入结构中,农业收入还是主要来源。1996年,农民人均纯收入为1926元,来自农牧业的收入为1065元,占55%。在农牧业的收入中,粮棉收入又占绝对多数,有相当多的地区,要占到农民人均纯收入的60%以上。这3年,粮食、棉花的价格下降30%—40%,农民的实际收入下降是很多的。就连经济发达的广东省也是这样。1998年全省粮食增产1.2%,生猪、水产品、水果、蔬菜等也有不同程度的增产,但因农产品价格下降,农民人均现金收入比1997年下降3.6%。

这几年,乡镇企业不景气。受国内市场竞争的压力和亚洲金融危机的冲击,乡镇企业出口下滑,产品销售困难,贷款难度加大,发展相当困难,吸纳劳动力能力减弱;速度回落,效益下降,亏损面已超过15%,约

40%的乡镇企业处于停产半停产状态。乡镇企业不景气，使整个农村经济发展受到阻碍，导致农民的经营性收入和工资性收入大量减少。受诸多因素的影响，如国家机构改革、国有企业改革、减员增效等，城市企业大量辞退外地民工，有些城市还制定了不少限制外地民工就业的规定等，农民在城里打工越来越困难，许多已在城里工作多年的农民也不得不又回到农村。据有关部门测算，民工最多的年份为1995年，达8000多万人，近几年逐年减少，1999年估算仅约为5000万人。以平均每个农民工一年在城里净赚2000元计，农村就要减少600多亿元的收入。

从这几个方面看，农民特别是以农业收入为主的中西部地区的农民，这三年实际收入不是增加了，而是减少了。改革以来，这样的状况还是第一次出现。所以，政府从1997年就提出要开拓农村市场，两年过去了，农村市场并没有扩大。据各部门多方调查，最重要的原因就是广大农民没有钱，不是农民不需要这些商品。

（二）农村发展遇到障碍

这主要是农村第二步改革没能进一步冲破计划经济体制、城乡二元社会结构束缚的结果。20世纪90年代以来，计划经济体制在诸多方面又在回潮，使城乡差别扩大、城乡分割固化、农村问题日益严重。

1978年农村率先改革，实行家庭承包责任制，解散了人民公社，促进了生产力的大发展。农产品大量增产的同时，大量农业剩余劳动力涌现出来。迫于城乡分隔户口制度的限制，农民创办了乡镇企业，"离土不离乡"。但是，中国的农民数量巨大，农村实在容纳不了这么多劳动力。到80年代后期，就有大量农民进城打工，城市也需要他们；到90年代中期，农民打工达到高峰。但因户籍制度的限制，他们的职业改变了，农民身份未改。许多民工已在城里工作了十多年，还是农民户口，像候鸟一样春来冬去，形成了"民工潮"。产生这一现象的一个重要原因是，计划经济体制下形成的城乡二元社会结构格局及户籍制度至今没有得到根本的改革。近20年来，我国进行了大规模的工业化建设，工业进入快速发展阶段，本应伴有大量农民进城、农民人数大量减少，结果却不然。1978年我国有农业人口79014万人，到了1998年，反而增加为86868万人。20年增加了 7854 万人，平均每年纯增 392.7 万人。就经济结构说，我国已是工业化国家，而从就业结构说，还是农民社会。城市化严重滞后于工业化，社会结构与经济结构不协调，城乡失衡，这是目前很多经济社会问题产生的重要原因。

农村实行家庭承包责任制，农业生产一直是很好的。但农产品流通体制，除水产品、水果等几大类农产品放开较早、运行较好外，粮、棉、油等主要农产品的流通体制，自 1985 年改革以后，放了收，收了放，几经反复，至今仍不能形成与社会主义市场经济体制相适应的格局。国家每年要投入大量的财政补贴，粮、棉等流通部门大量亏损，而农民并没有得到实惠。90 年代初以来，山东创造了农业产业化经营的经验，各地纷纷响应。近几年，农业产业化问题受到中央领导和学术界的重视，大力向各地推广，但进展迟缓，推而不广。为什么？问题在于原来在计划经济体制下形成的农产品的生产和流通是由各部门分割管理的，至今仍没有彻底按市场经济要求改革好。以粮食的生产、流通为例，粮食生产的计划安排、技术推广由农业部管；粮食的购、销、调、存由粮食局管；粮食加工由轻工业部管；粮食进出口则由外贸部管。这么多部门，各有各的利益关系，农产品要搞产供销一条龙、农工商一体化、产业化经营，谈何容易。所以，农业产业化推而不广，是不难理解的。

农产品流通体制改革，反反复复，不是构建与社会主义市场经济体制相适应的农产品流通新体制有多么困难，而是原来计划经济体制下形成的一些部门利益死顶着不肯放弃。前些年，有些产品又恢复了专营和垄断收购，这实际就是保护这些部门的局部利益，而牺牲了广大农民的利益。这样维护计划经济的传统做法，对社会主义市场经济的形成和发展是不利的。

（三）80 年代中期以来，乡（镇）村两级党政机构日益庞大，干部队伍恶性膨胀，但又没有财政支撑，这是农民负担越减越重、农村社会冲突频发的主要原因

人民公社时期，政社合一，一个公社党委和管委会只有 20 多个干部，大一点的有 30 多人；每个大队的干部只有 4—5 人。实行家庭承包制后，解散人民公社，成立乡（镇）政府，大队改为村委会，干部的名称改了，但人数未变。农村实行大包干以后，有相当一段时间（5—6年），乡村两级干部特别是村干部，由于原来组织集体生产经营的职能没有了，一时无所适从，多数回家种承包田去了。上面县（市）的干部下乡，很难找到村干部，农村出现了所谓瘫痪、半瘫痪的问题。而恰恰是这时，农民负担是最轻的，并没有成为农村的社会问题。80年代中期以后，党和政府再次强调在农村要加强领导，强调农村要做好农业社会化服务。特别是1985年取消统购实行合同定购后，市场粮价猛涨，定购价低于市场价很多，政府强调定购也是任务，通过乡村干部动员农民完成定购任务。农村基层组织、乡村两级干部又在新的经济基础上逐步加强，逐步发展。这一时期，县（市）以上的领导，注意力大都集中于发展工业，发展城市经济，解决城市问题。农村实行承包责任制后，农村基层政权应该怎么建设，机构怎样配置，人员编制多大规模，编制外可以容纳多少名额，这些问题，都没有明确的安排和规定。在这样的状况下，10多年间，农村乡（镇）村两级干部队伍迅速膨胀，机构越来越大，达到了空前的规模。

第一，乡镇级干部大量增加。在乡（镇）里，除乡（镇）党委书记、乡（镇）长外，又增加了很多副书记、副镇长，增设人大主席（还有人大办公室）。现在一个乡（镇）仅副乡级以上干部就有近10个或10多个。第二，机构膨胀。在一些经济比较发达的乡（镇），设置经济委员会、工业办公室等，机构越设越多，还把原来乡政府里的8个助理，逐个升格为七所八站，如财政助理升为财政所，公安助理升为派出所，水利助理升为水管站，文教助理升为文教办公室，计划生育助理升为计生办，还新增了土地管理所、交通管理站、电力管理所，等等。一些欠发达、不发达地区也逐步仿效。第三，过度超编用人。因为任用农民身份的干部和工作人员没有编制限制，乡（镇）主要负责人可以任意安排和调用，所以，这些年，乡（镇）政府里的各种办公室人员、办事人员以及司机、服务员、炊事员大量增加。现在一个乡（镇）政府，少则数十人，多则百余人，甚至有200—300人的，超过正式编制几倍乃至10多倍，比50年代一个县政府的机构还要大。

对于村级组织，国家规定享受固定补贴的3—5人，大村也只有5—7

人。但现在行政村里有党支部、村委会，除几个主要负责人外，还设有第一副村长、工业副村长、牧业副村长……还有人数不等的支委、村委、民兵连长、团支部书记、妇联主任、治保主任、调解主任，此外，还有计划生育员、电工、水管员，等等，一个村里，少则十多人，多则数十人。乡（镇）村两级有这么多"官"，有这么多管事的人，有这么多人拿钱，国家又没有对这些人支付财政开支，只能从农民那里用各种名目收取，农民负担又怎么能减轻呢？

前几年，国家明令禁止乡村干部直接从粮站、棉站在农民交售的粮棉款中扣收向农民摊派的各种费用，要求粮站、棉站对农民实行户交户结。乡村干部为了向农民收取"三提五统"和各种费用，就得挨家挨户去收要，交不出来的就派人去催要，有的甚至是干部带着公安、民兵上门要款，由此产生了种种矛盾。有的收不到提留款，就到农民家扒粮、拉牛、赶猪，严重的还逼出了人命案，造成了农村干群关系紧张。这几年农民上访告状的增多，多数起源于此。

（四）90年代以后，各地陆续建起乡（镇）级财政，普遍建立财政所，但在实践中，出现了很多问题

乡（镇）财政所统管乡（镇）干部、中小学教员、卫生院医务人员，以及大批不在编人员的工资、医疗、旅差、福利和日常经费等的开支。这类财政支出是刚性的，但财政收入却无固定来源和固定数量。特别是1994年财税改革之后，实行分税制，较稳定和较好的税源都由地（市）级以上收上去了，所以，这些年地（市）以上的财政状况一般都是很好或较好的。但县以下多数不行，因为好的财源、税源，到县（市）以下就所剩无几，县（市）再留下一些，到乡（镇）一级几乎就没有什么税源和稳定的收入了，多数财政困难。这就是这几年乡（镇）干部和中小学教员常常几个月领不到工资的原因。

据有关方面调查，现在有50%—60%的乡（镇）入不敷出，经济拮据。在这样的条件下，乡（镇）长们要维持政府运转和日常开支只有两种办法。一是举债度日。据有关部门1998年夏天对中西部地区的7个省（区）调查，当时平均每个乡镇政府负债200万元，相当多的村级组织也欠债，平均每个村 20 万元；有的是欠银行、信用社的，有的是挪用的，有的则是借的高利贷。二是用各种方式向农民、企业摊派。乱收费、乱罚款、乱集资就这样逼出来了。一个政府如果没有正常、稳定的财政收入做支撑，要维持正常的运转、行使公正的政府职能是很难想象的。

1994 年金融体制改革之后，银行、信用社的存贷等业务收归金融系统垂直管理。现在农业银行、信用合作社基本上只在农村收存款，它们的贷款，不仅农民有困难贷不出来，县、乡政府也无条件贷了。现在在农村，由于缺乏融资渠道，乡镇企业和个体、私营企业很难发展。

二　农村发展新阶段的任务

（一）改变城乡二元社会结构，大力推进城镇化

20 年来，我国实行改革开放，取得了巨大成功，但在计划经济体制下形成的城乡二元社会结构、户籍制度，保留的时间太长了，几乎很少改革。由此带来两个问题：一是阻碍了社会资源的流动，使城市化严重滞后于工业化，造成经济结构和社会结构不协调；二是阻碍了社会主义市场经济体制的形成。现有的城乡分割的二元社会结构，使城乡间的生产要素，如劳动力、土地、资金和多种资源不能按市场经济的要求流动，妨碍了资源的合理配置，不利于生产力的发展。

近 20 年来的实践表明，把 8 亿多农民限制在农村，农民是富不起来的，农村也现代化不了，也影响了城市现代化的进程。农业容纳不了 5 亿多劳动力，按我国现有的农业生产水平，有 1.5 亿劳动力就可以保证农产品的生产和供给，满足国民经济发展和全社会的需求。办乡镇企业是成功的，转移了 1 亿多劳动力，但"离土不离乡"不对，长期搞"亦工亦农"并不好，不利于专业化，不利于工人队伍素质的提高。

乡镇企业主要是从事第二、第三产业，发展到一定阶段要向小城镇乃至城市集中。因此，打开镇门、城门，放心大胆地让农民进来，这是经济发展到今天的必然要求。在农村范围里调整经济结构、产品结构，怎么调整也不行。要跳出农业、农村领域，进行战略性的社会结构调整，让相当多的农民转变为居民，转变为第二、第三产业的职工，改变目前我国的既

为工业化国家又是农民（占绝对多数）社会的现状。这样的调整已经为各国的实践所证明，是符合历史规律的。人少地多的国家是如此（如美国、加拿大等），人多地少的国家也是如此（如日本、韩国和西欧诸国）。国际社会学界公认的美国英格尔斯教授提出的关于现代化国家 10 项指标之一是，一个现代化国家农业劳动力不能超过全国总劳动力的 30%。

（二）户籍制度到了非改不可的地步

城乡分隔的户籍制度是把农民束缚在农村的主要障碍。改革开放以来，要求改革这种僵化的户籍制度的呼声日渐高涨。90 年代以来，公安、体改、民政等部门也多次会商起草改革现行不合理的户籍制度的方案，但总因涉及城区、各部门、各阶层的利益和由此派生的认识问题而迟迟没有出台。

80 年代后期，特别是在 1992 年以后的经济大发展的潮流下，为适应城市经济发展的需要，大批农民工涌进城里来打工、经商，为输入地创造了大量的财富。他们干的是最重、最累、最危险的活，但工资和劳保福利却很低。各地的实践证明，一个地区的经济繁荣程度是同雇佣民工的人数成正比的。但由于户籍制度的限制，在城里打工 10 多年的民工，工作再努力，表现再好，也还是民工。只要有政治上、经济上的风吹草动，首先裁减的是外地民工。这几年经济调整，全国的民工已降到 5000 万人以下。最近北京市仿效上海出台了在 103 个职业中限用外地民工的规定。北京使用的外地民工最多时达到 330 万人，现在已不到 200 万人。近几年，我国已明确对外国和境外来华的务工经商人员给予国民待遇，为什么对自己的同胞却经常采取厚此薄彼的政策呢？这显然是不符合市场经济发展要求的。

10 余年来，这几千万民工已经为社会主义现代化事业作出了巨大贡献，也付出了极高的代价。有些雇佣民工的单位对他们进行超经济的剥夺，待遇非常苛刻。就整个国家来说，对这样庞大的工人队伍，采取招之即来、挥之即去的用工方式，既培养不出训练有素的、有技术、有纪律的工人队伍，产生不出相应的干部，又因民工过着候鸟式的生活，进行无序、无规则、无组织的流动，必然产生种种社会问题，给交通运输、公安、民政等部门造成很大的压力，使其付出了极高的社会成本。"民工潮"说明，户籍制度是到了非改不可的时候了。

（三）改变"城乡分治，一国两策"的局面，建立全国统一的社会主义市场经济体系

50年代以来，我国逐步建立了计划经济体制，实行"城乡分治，一国两策"。在诸多方面，对城市是一种政策，对农村又是另一种政策。几十年来，逐渐固化，加上有户籍、身份制度做划分标准，就形成了"一国两策"的格局。

在经济层面，在所有制及流通交换方式、分配方式、就业方式、税负等方面，对城市居民和农民的政策是不同的。如就业，在改革前，政府对城市劳动力是采取完全包下来的政策；对农村劳动力则认为有地种就是自然就业，政府就不做安排。政府的劳动部门只管城市劳动力的就业，没有管理和安排农村劳动力就业的职能。

在社会层面，在教育、医疗、劳动保护、社会保障、养老、福利等方面，对城乡居民的政策也是不同的。如教育，同是实行九年制义务教育，城市中小学的教育设施是由政府拨款建设的，而农村中小学的教育设施则要乡村筹集资金来建设，所以，教育集资成为农民的一大负担。

电力、公路、供水、邮电、电话、通信等都属全民所有制性质，由国家有关部门直接管理，但也是实行城乡两种政策。如电力，行政村以下的供电线路、设施要由村里集资架设，把电引到农民家，农民还要自己出钱。城市和农村是两种管理方式，同电不同价，农民花钱引来了电，电价却比城里贵好几倍。电价问题已引起了有关领导的重视，近几年国家正进行大规模农村电网改造，为解决这个问题创造条件。又如在用水、公路交通、邮政、电话等方面，都是实行城乡不同的"一国两策"。一方面农民多花钱，吃了苦头；另一方面也限制了这些事业的发展。

"城乡分治，一国两策"，是在实行集权的计划经济体制下逐步形成的。当时，国家要集中力量进行工业化建设，不得已而为之，这一做法适应了当时的短缺经济，却牺牲了农民的利益。这种"城乡分治"的体制把农民限制在农村，压抑了农民的积极性，使农业生产长期徘徊，使短缺经济更加短缺，其结果是，越短缺就越加强"城乡两策"的体制，从而形成恶性循环。改革开放以后，农村率先改革，调动了农民的生产积极性，促进了农业生产大发展，解决了农产品的供给问题。但后来，当改革触及城乡利益关系时，改革的深入就困难重重了。有学者提出，现在的农业问题在农业以外，现在的农村问题在城市。要解决目前的农业、农村问题，必须跳出农业、农村的圈子，必须改革"城乡分治，一国两策"的体制。

十四届三中全会提出要建立社会主义市场经济体制，从近年来的实践看，从计划经济体制向社会主义市场经济体制转变的大趋势已经形成。各国的实践证明，要建立市场经济体制，必须破除城乡分隔、部门分割、地域封锁的格局，只有这样才能建立全国统一的大市场。

但目前我国仍存在"城乡分治，一国两策"的问题，显然不利于社会主义市场经济体制的建设，不利于城乡统一的大市场的建立。要下决心排除各种认识上和利益格局上的障碍，继续深化改革。要逐步消除城乡之间的各种壁垒，实现城乡在产业结构方面的一体化，形成既有合理分工又能互相协调的产业结构体系；要逐步实现在就业方面的一体化，使城乡劳动力能够打破身份界限，顺畅流动，使人力资源得到最合理的配置，产生最大的经济效益，造就新一代的高素质的劳动者队伍；要逐步实现全国城乡一体的教育体系，办好基础教育，使城乡优秀青少年都能受到好的教育和训练；要逐步形成电力、交通、邮政、通信、电话、供水等方面的城乡一体的网络和体系，使全国城乡之间的人流、物流、信息流畅通；要逐步建立城乡一体的社会保障体系，逐步改变目前城乡截然不同的社会保障方式。当然，"一国两策"的社会保障体系是几十年来逐步形成的，改革的难度很大，但城乡一体的社会保障的目标必须明确，要逐步衔接和靠拢，再不能按城乡两种体系各自建设了。因为全国统一的社会保障体系，不仅是国家长治久安的保证，也是农村现代化的保证和动力。

（四）要克服目前存在的商品供需关系不平衡和城乡关系不顺这两个非良性循环，仍可借鉴 80 年代初首先启动农村市场、走出经济困境的成功经验

近年来，我国经济出现了市场疲软、经济增长速度下降、物价连续下跌、通货紧缩的问题,虽然政府已经采取了积极的财政政策,但效果仍不显著,原因当然是多方面的。但笔者认为,1997年以来,占总人口70%的农民的购买力在逐年下降,农村市场不仅没有开拓,反而在逐年萎缩,使城市和工业的发展失去了基础,这是当今经济发展遇到问题的主要症结所在。可以说,我们现在患的是"城乡综合征",所以,单就城市论城市发展、就工业论工业发展,且有些措施还损及农村的发展,问题就难以解决了。

目前,在中国经济社会生活中有两个非良性循环在困扰着我们。一是商品供需关系不平衡。目前,工农业主要商品普遍过剩,销售困难,市场疲软,企业投资积极性下降,加上银行惜贷,使国内总投资减少;企业不景气,开工率不足,工资性支出减少,一部分企业不得不裁减职工甚至关厂停业,使大量职工下岗,最终导致居民购买力下降,消费减少。在我国的总产品中,有85%是靠投资和居民消费来购买的。现在这两大项都有问题,就使总产品有很大一个百分比卖不出去,形成了非良性循环。二是城乡关系不顺。目前,城乡互动出现了非良性循环。先是城市经济不景气,商品积压,企业压缩生产,工人下岗,当地政府排斥外地民工。由于若干商品生产能力过剩,政府部门提出15种小工业关停并转,首当其冲的是农村的小工业。据农业部乡镇企业局统计,1999年上半年,在11个省(市)用行政手段强行关闭了5.5万家此类企业,有数百万农民工返回农业;这几年财税体制改革,权力和财政上收,加强和增加了中央和省地级以上城市的财力和收入,而县(市)以下特别是乡(镇)的财政状况普遍困难,使农民和农村企业的负担加重。所以,这几年在农村,农业增产不增收,乡镇企业滑坡,外出农民工回流,税负加重,农村经济陷入困境。农村不景气,农民没有钱购买生产资料和生活用品,购买力下降,农村市场萎缩;农民也无钱进城购物消费,使城市经济不景气更加严重,出现了城乡关系的非良性循环。

当然,这两个非良性循环是互相联系的,从本质上分析也可归纳为一个,就是在经济发展的新阶段,出现了农业和工业的生产能力相对过剩,而城乡的投资需求和居民消费需求不足,形成了恶性循环的状况。笔者要强调的是,在现阶段的中国,因为长期实行"城乡分治,一国两策",使农村的剩余劳动力特别多，使农村的资金特别短缺，使城乡差别特别大；近几年不当的城乡政策又使这三个方面的问题更加严重。那么，如何打破这两个非良性循环，走出目前的经济困境呢？80年代初期，我们解决经济困难、打开新局面的经验，值得借鉴。不过，那时面临的问题是如何加快发展生产力，解决农业、工业产品全面短缺的问题；现在则是要启动需求，解决工农产品过剩的问题。

80年代初，我们采取的基本政策和措施是，在诸多矛盾中，先解决农村问题，率先在农村进行改革。在财政困难的条件下，大幅提高农产品收购价格，把占人口80%的农民的生产积极性调动起来，农业连年丰收，几年就解决了吃饭问题。农民先富起来，购买力大增，农村经济活跃，带动了城市经济的繁荣，推动了整个国民经济的大发展。

现在我们又遇到了城乡市场都不景气的问题，比较而言，还是可以运用先启动农村市场的经验。通过适当的政策把占人口70%的农民的积极性调动起来，大大提高广大农民的消费和投资能力，让农村市场先活跃和繁荣起来，这样做，投入的启动成本并不大。农村是个潜力极大的市场，但需要潜心培养和开发，一要有适当的政策，二要有启动性的投入。

前几年，有关方面已经提出了要启动农村市场、扩大内需的建议，但只是口头上、纸面上的议论，并没有适当的政策跟上来，结果是启而未动，收效甚微。前不久，北京大学的林毅夫教授提出，"政府应该动用财政力量，在全国范围内发起一场以实现农村自来水、电气化、道路网为核心的新农村运动，加快农村基础设施建设"，由此来进一步刺激内需，走出经济困境。林教授的建议很有价值，他指出了问题的实质以及解决问题的路径。

三 在全国开展以发展小城镇为中心的建设社会主义新农村运动

（一）在新阶段、新形势下，要采取新的方式解决已经出现的新问题

通过20年的改革和发展，我国的经济已进入了一个新阶段，已经从短缺经济进入了多数工农业产品相对过剩的时期；已经从计划经济转向市场经济，逐步形成了社会主义市场经济的基本框架；人民生活有了极大的改善，已经从温饱进入了小康阶段；国民经济正在由工业化向工业化、城市化并举的方向发展，城市化水平已经从1978年的17.9%提高到1998年的30.4%；经济的高速发展，带动了社会结构的变化，并正在走向经济和社会协调发展的道路。但在进入新阶段的时期，出现了生产过剩、需求不足，城乡关系不顺这样两个非良性循环问题。为了走出这个困境，通过适当的政策，在全国开展以发展小城镇为中心的建设社会主义新农村运动，很有必要。这是扩大内需，使过剩的产品、过剩的劳动力找到用武之地，走出当前经济困境的一步活棋。

有了20年经济建设的积累，无论在物质财富方面，还是在组织经验方面，都有了开展全国性的大规模以发展小城镇为中心的建设社会主义新农村运动的可能。20年来，我们已具备了相当的实力，也有了靠各类小城镇吸纳安排农村人口的经验，各地区特别是经济发达地区都有一批能带动周边农业和农村发展的小城镇的成功典型。只要我们的政策正确，引导得法，开展这样一场全国性的新农村建设运动是有条件的。

从现代化国家解决城乡关系的成功实践看，我们也应该开展这项活动。日本、韩国以及我国的台湾地区，在工业化、城市化达到一定水平以后，都开展过全国（地区）规模的新农村建设运动。国家（地区）从人力、物力和政策上向农村倾斜，城市支持农村进行农村的基础设施建设，缩小城乡差距，协调城乡关系，取得了很大的成功。例如韩国，经过10多年的工业高速增长，在70年代由中央政府发动，投入大量财力，开展了新农村建设运动，每个村（里）由政府无偿拨给330袋水泥等物资，进行水利、道路、供水、公共建筑等基础设施建设，起到了推动农村经济文化事业发展、促进社会安定、城乡共同繁荣的效果。我国进行工业化建设已近50年，改革开放后加速工业化建设也已20年，鉴于目前我国城乡二元社会结构，"城乡分治，一国两策"的状况依然存在，且城乡差别仍在扩大，可以确信，过几年农村积累的经济社会问题比城市还要严重。因此，在近期开展全国规模的以发展小城镇为中心的社会主义新农村建设运动是应该的，也是及时的。有组织、有领导、有步骤地把这项运动开展起来，对8亿农民是个福音，这可以再一次把广大农民的积极性调动起来，使目前农村经济社会问题得到解决；同时，对形成全国统一的大市场、推动城市经济的发展、促进城乡共同繁荣，将会产生积极的作用。

当然，要开展这样全国规模的新农村建设运动，根据中国现时的国情，一要改革，二要投入，三要精心组织。仅仅提出个口号、发个文件，是不能奏效的。

(二) 开展新农村运动的目标

在现阶段，开展全国性的建设社会主义新农村运动的首要目标是，调整已经阻碍生产力发展的二元社会结构，改变目前"城乡分治，一国两策"的格局，建立城乡一体的全国统一的社会主义大市场。为实现上述目标，必须先进行改革，对城乡关系进行战略性的调整，以改革的精神来统率和开展社会主义新农村建设运动。

第一，要改革户籍管理制度，逐步放开，逐渐改为国际通行的户口登记制度，最终实现公民在城乡间、城市之间、乡村之间自由迁徙的权利，实现人才顺畅流动，使劳动力资源按市场经济的要求得到合理有效的配置。当然，现行的户籍制度是几十年来逐渐形成的，要改变也要一个相当的过程。可以按照十五届三中全会的决定，先改革小城镇（包括县城）户籍管理制度，让一部分农民先进入小城镇，以后再逐步放开小城市的户口。改革的方式方法，可以由各省、市、自治区根据本地的实情自行决定，办法可以多种多样，步骤可以有快有慢，最终达到目标一致。

第二，要按照社会主义市场经济的要求，通过改革，使农民成为独立的商品生产者，真正拥有生产、经营、交换、流通等方面的自主权。要继续深化改革农产品流通体制，使粮食、棉麻等系统的行政职能和经营职能分开，鼓励和支持农民及其合作组织进入流通领域，加快城乡交流，形成城乡统一的大市场。

第三，逐步改革目前在电力、公路、邮电、通信、自来水等方面实际存在的"一国两策"的问题，实现城乡同等待遇、城乡同价，达到城乡一体化管理。这方面电力部门已走在前面，通过全国性的电网改造，实行城乡统一管理，同电同价。1999年，全国农村电价平均每度降低0.1元，使全国农民减少230亿元的支出，受到农民普遍欢迎，农民认为这是一项富民的德政。

第四，通过改革，逐步建立城乡统一的教育、卫生、文化、图书等社会事业体制。例如教育，现在事实上是城乡的教育差别很大，实现九年制义务教育的难点在农村，原因不在于我国的国力达不到，而在于现行的城乡分治的教育体制不合理。农村穷，但农村教育的校舍建设、设备购置、教职员工资、日常开支等都要由乡镇和村里负担，这显然是不合理的。

第五，现在全国已普遍建立的乡（镇）级财政体制值得商榷。在经济比较发达的地区，第二、第三产业发展已有相当基础，有了从第二、第三产业取得比较稳定税源、财源的乡（镇），扩大本乡（镇）的自主权，发展本地的经济、社会、文化事业是有利的。但对中西部广大农村地区，对那些以农为主，第二、第三产业很不发达或刚开始发展的乡（镇），建立乡（镇）级财政是不具备条件的。如前所述，一个乡（镇）财政，支出是刚性的，如果没有比较稳定的第二、第三产业的税利收入，靠农业方面的财税收入是远远不够的。自这一财政体制实行以来，仅仅几年功夫，中西部省（区）的多数乡（镇）已是负债累累，发不出或经常不能按时发工资，各种乱收费、乱集资屡禁不止，农民负担加重。这种财政体制是很不合理的，实际上是县以上政府的财政甩包袱，把负担转嫁到基层。这对农村经济的发展，特别是农村第二、第三产业的发展，对农村教育文化事业的发展，对改善农村干群、党群关系，实现农村社会的稳定，都是很不利的。所以，这种财政体制很值得研究和改革。

（三）开展全国范围的以小城镇建设为中心的社会主义新农村运动要有一定的人力、物力和财力的投入

改革开放以来，我国城乡建设有了根本性的变化。1992年以后，北京、上海、广州、深圳、大连等东部沿海城市，真正做到了"一年一小变，五年一大变"，争相创建国际大都市。此外，还有许多省会城市、地级城市也都在相互仿效，攀大求洋。相比较而言，在乡（镇）以下，特别是在中西部省（区）的乡（镇），近几年因经济不景气，财政困难，很多乡（镇）在负债运转。十五届三中全会决定，发展小城镇，改革户口制度，吸引农民进城镇。一年多过去了，在中西部省（区），小城镇发展并

不理想,农民进镇并不踊跃。这里的原因是多方面的,其中一个原因是,这些地区的城镇经济不景气,基础设施落后,文化教育等事业薄弱,对农民失去了吸引力。

十五届三中全会提出"小城镇、大战略"的方针,目的之一是要"更大规模地转移农业富余劳动力"。只有减少农民,才能富裕农民,这已是上下一致的共识。现在第一步是要把小城镇建设起来,吸引广大农民到小城镇来办企业,务工经商,转变为城镇居民。我国现有45462个乡镇,其中有建制镇19060个;在建制镇中有2126个是县或县级市的城关镇。如果我们经过5—10年的改革和发展,使现有的2126个县(市)城平均达到5万人的规模,使16934个建制镇平均达到1万人的规模,使26402个乡政府所在地的人口集聚平均达到0.5万人的规模,那么加上全国231个省地级城市的城市人口,则将有6亿多城镇居民,约占2010年总人口的45%,相当于1995年世界城市化的平均水平。现在我国的城镇人口是3.8亿人,今后每年如能增加2200万城镇人口,比90年代每年增加969万城镇人口要快一倍多。这只有通过执行"小城镇,大战略"的方针才能变为现实。

社会主义新农村运动要以小城镇建设为中心的原因盖出于此。我们先通过改革和规划把小城镇发展起来,把1.5亿—2亿农民转移到镇上来从事第二、第三产业,仅此一项,就能使留在农村的农民的收入增加20%—30%,这盘棋就活了。当然,同时还要把农村建设好,使农民的生产、生活条件逐步得到彻底的改善。

开展以小城镇建设为中心的新农村运动,主要依靠改革和政策调动广大农民的积极性,依靠农民自身的力量来进行小城镇和新农村的建设。当然,政府也应给予必要的启动资金,从财政和信贷方面加以支持,这对于那些经济欠发达和不发达地区的乡镇,尤其必要。进行小城镇和新农村建设,需要进行一定规模的基础设施建设,如道路、下水道、自来水、桥梁、码头以及水利设施、公共建筑,等等,这些建设都需要水泥、钢材、玻璃和其他建筑材料。现在这些工业品大量积压,政府可以依照韩国等国家的经验,通过无偿、少偿或赊销等形式调拨给乡镇、农村使用,这样可以启动小城镇和新农村的建设,也使积压的商品有了出路,从多方面扩大内需，是一举多得的好措施。这样做，只用少量的资金信贷就能启动国内的大市场，起的是"四两拨千斤"的作用。

政府已经确定西部大开发战略，将会有很大的投入。西部地区的小城镇建设和新农村建设应该纳入大开发战略的规划之中，因为繁荣的小城镇和兴旺的新农村既是大开发战略的目标之一，也是实现西部大开发战略的支撑。国家正在着手制定"十五"计划和2010年规划。有关调整城乡关系、逐步改变二元社会结构的格局、改革城乡分割的户籍制度、开展以发展小城镇为中心的建设社会主义新农村运动等内容，应该纳入计划和规划中去。

（四）加强以发展小城镇为中心的建设社会主义新农村运动的组织和领导

这项运动涉及调整城乡关系、改革户籍制度和农产品流通体制，改革电力、交通、邮电、通信的管理体制和教育、卫生、文化等事业体制以及财政体制等方方面面，既是一场重大的改革运动，又是大规模的建设运动，事关改革、发展和稳定的大局，需要自上而下和自下而上相结合，有组织、有领导、有步骤地进行，需要精心策划、精心组织。可以依据我国以往组织实施大规模改革和建设的经验，借鉴国外实施类似建设运动的经验，建立一个全国性的有权威的指导小组，在党中央、国务院的领导下，进行全面规划，宣传动员，组织实施。可以先在不同的经济地区选择若干个县（市），进行试点，取得经验后再逐渐推开，用5—10年的时间，实现这一改革和建设运动的目标。

（《中国农村经济》2000年第6期）

加快改革现行的户籍管理制度

现行的户籍管理制度是在20世纪50年代中后期为适应计划经济体制的要求而建立和完备起来的，它是城乡二元结构的产物，也是城乡二元结构的凝固剂。可以说，在当时的经济社会条件下，是不得已而为之的，在短缺经济时代，对保证"一要吃饭，二要建设"方针的实施是起过重要作用的。问题是后来这种户籍制度逐步附加了许多特殊的社会功能，如在经济困难时期，生活资料短缺，政府就通过户籍制度区分城乡人口，采取完全不同的标准来发放粮票、布票、糖票等票证，后来又把孩子上学、青年就业、复员军人安置、住房分配、有病就医、养老保障等，都同户籍联系起来，使城镇非农业户口和农村农业户口各自成为一种身份，前者享有特殊的优惠，后者则基本不能享有这些实惠。

20世纪60年代以后，政府通过各种条例和文件严格限制农业户口转为非农业户口。如1961年，为了核实全国城镇人口及粮食定量供应的需要，规定对农业人口和非农业人口分别进行统计，把非农业人口列入人口年报。后来《公安部关于处理户口迁移的规定》提出要严加控制农业户口转为非农业户口，每年农转非的指标控制在现有城市人口的1.5%。国家对户口实行计划管理，农转非的审批权归省辖市一级以上的人民政府（含地区行署），县和县级市人民政府无权审批。现行的中国特有的户籍管理制度，严格区分了城镇非农业户口和农村农业户口，泾渭分明，逐步形成了"城乡分割，一国两策"的格局，即对城市、对居民实行一种政策，对农村、对农民实行另一种政策。

1978年以后，实行了一系列经济社会体制方面的改革，整个经济、社会发生了历史性的伟大变化。党的十四大以后，明确提出了要由计划经济体制向社会主义市场经济体制转变，至今已经初步建立起了社会主义市场经济体系。原来为适应计划经济体制要求而建立起来的户籍管理制度，虽然这些年来也做了一些改革，如已经允许在小城镇就业、居住，且符合一定条件的农村人口可以在小城镇办理城镇常住户口，在小城镇落户的成员与当地原有居民在入学、就业、粮油供应、社会保障等方面享受同等待遇等。但这种城乡分割的户籍管理制度并没有根本性的改革，仍然严重束缚着社会主义市场经济建设必然要求的社会流动，阻碍了生产力的健康发展，引出了一系列社会矛盾和社会问题。

第一，现行的户籍制度不能适应社会主义市场经济体制发展和完善的要求。农村众多的剩余劳动力被户籍制度限制束缚在农村里，市场配置资源的重要作用不能充分发挥。全国2000年GDP中，第一产业只有15.9%，但从事第一产业的劳动力占50%，这是农民收入不能提高的根本原因。

第二，现行的户籍制度阻碍城镇化的发展。我国的工业化已达到中等发展水平，但2000年城市化率还只有31%（1996年世界城市化率为46%），城镇化严重滞后于工业化，使城乡关系失衡，这是我国当前经济社会关系不协调的主要根源。城市是第三产业的载体，城市不发展，第三产业发展不了。2000年GDP中，第三产业只占33.2%，低于发展中国家40%的平均水平，发达国家已达70%以上，第三产业不发达，数以亿计的劳动力不能充分就业，阻碍了我国经济的健康协调快速发展，给人民的生产生活造成困难。

第三，现行的户籍管理制度使城乡二元社会结构凝固化，城乡间的人流、物流、信息流不能按社会主义市场经济发展的要求顺畅交流，实际上形成了一个国家两个社会、两个市场，城乡关系不协调，城乡差别不断扩大。1978年农民和居民收入之比为1∶2.37，2000年已扩大为1∶2.79。现在占全国总人口70%的农民只购买39%的消费品，这是目前内需不旺、绝大多数工业品销售不出去的主要原因。

第四，现行的户籍管理制度是造成诸如"民工潮"一类社会问题的根源。"民工潮"涌动已经十多年了，潮来潮去，给交通、公安、民政等部门造成了巨大的压力，形成了许多社会问题和社会矛盾，总不能年年这样涌动下去。根本上解决这个问题，必须改革现行的户籍制度。

所以，我们建议国务院责成公安、民政、劳动保障等有关部门着手进行对现行户籍制度的改革，制定新的户籍管理制度，以适应社会主义市场经济发展的要求，加快社会主义现代化经济社会各项事业的建设。

具体建议如下：

(1) 取消城镇户口背后的附着利益的功能，取消中国特有的农业户口和非农业户口的规定，使城乡人民在户口面前人人平等。

(2) 建立统一的、可流动的户籍管理制度，任何个人和家庭只要在一地有稳定收入的生活来源或正当的职业，就有资格在这里办理户口登记，取得居住证或暂住证，并依法拥有当地居民应有的权利和义务，逐步实现1954年宪法中曾提出的公民迁徙自由。使劳动力和人才能够自由流动，这是社会主义市场经济发展完善的要求。

(3) 新的户籍管理制度要加速证件化管理，用居民身份证、出生证取代户口簿管理。现行的户籍管理制度已实行了几十年，涉及方方面面的利益和管理关系，改革的难度很大，需要有领导、有步骤、分地区、分阶段地逐步进行。可选择1—2个有条件的省或地区先做试验，取得经验后，再逐步全面推进。但这项现行的户籍制度一定要改革，因为它已成为社会主义现代化各项事业发展的瓶颈，越早改越好。

(2001年3月在第九届全国人民代表大会第四次会议上的提案)

调整城乡结构扩大内需,促进经济健康发展

我们这一代人,自从20世纪50年代末开始的三年经济困难以后,一直生活在工农业产品供不应求的环境下,吃饭要粮票,穿衣要布票,买自行车要车票。改革开放以后,情况逐年好转,到1996年农业特大丰收,自此以后粮食和主要农产品就达到了供求平衡,丰年有余。与此同时,90年代中期,工业产品也到了供求关系的转折临界点。1997年国家经贸委有个统计,全国610种主要商品,2/3是供过于求,1/3是供求平衡;到2001年秋,供过于求的商品已超过82%,几乎什么都卖不出去了,市场疲软,销售困难,价格下跌。

短缺经济时代结束了,这本来是我们为之奋斗了几十年的目标,终于实现了,应该说,这是大成绩、大好事。但工农业产品卖不出去,生产就成问题了。首先是广大农民,谷贱伤农,收入就上不去,农民收入成了问题。工业品卖不出去,工厂就开工不足,有的就被迫关门歇业,工人下岗、失业,经济发展就遇到了极大困难。

政府在1996—1997年就提出要扩大内需,开拓市场,5年过去了,农村市场(占人口70%)就是拓而不开。城市也想了不少办法,不断地给公务员长工资,2001年就长了两次,搞假日经济,一年搞三个7天的假日,商业部门的同志想尽了办法,大拍卖、大甩卖,费了好大力气,见效甚微。按说,我们这点工农业商品还到不了、称不上物质极大丰富的阶段。农产品以粮食来说,就是特大丰收的1996年人均也只有412公斤,棉花人均3.4公斤;工业品如彩电2001年生产3967万部、电冰箱1349万台、空调器2313万台,这对于有3.4亿多个家庭的大国来说,还远远不够的,不应该销不出去,但就是卖不了。

从国际经验看,一般要到人均GDP 3000美元才会出现买方市场,供

过于求，而我国 2001 年人均 GDP 只有 7518 元，折合美元 909 元，所以说，我国的买方市场是早熟了。一个国家的商品靠三个方面消费：一是投资搞建设，二是外贸出口，三是内需。2001 年国家搞积极的财政政策，靠发行国债等方式搞基建，全年总投资 3698 亿元，占 GDP 的 38.5%，积累率是很高了。2001 年出口 2662 亿美元，折合人民币 22014 亿元，占 GDP 的 23%，外贸依存度也很高了，超过了美国等发达国家。内需只占 GDP 的 38.5%，可见我国的内需很小，潜力巨大。发达国家的内需一般都在 60% 以上。为什么？根本原因是我国城乡关系失调，患了城乡综合征。

表现在两个方面：一是城市化严重落后于工业化。1999 年二、三产业人口占 83%，但城市人口只占 30.4%；2000 年二、三产业人口占 84%，但城市人口只占 36.2%；2001 年二、三产业人口占 84.8%，但城市人口只占 37.7%。世界的城市化率 1996 年平均为 46.4%，我们与国际标准差 10 多个百分点。二是城乡居民收入差别很大。1997 年以后，农产品收入减少，农民购买力是下降的。县及县以下的消费品市场所占份额，1984 年农村市场占 45% 以上，1996 年占了 39.65%，1997 年占了 39.01%，1998 年占了 38.86%，1999 年占了 38.68%，2000 年占了 38.18%。70% 的农民只购买 38% 的东西（消费品），所以内需扩大不了，农村市场拓而不开。现在 3 个农民买的商品，只顶 1 个市民，现在中西部农民的消费水平比城市要晚 10—15 年。城市居民购买的商品是彩电、冰箱、空调、微波炉、住房、汽车，农民购买的商品则是黑白电视机、电扇、收音机、自行车（少部分买摩托车）。

要扩大市场，就要增加农民收入，减轻农民负担。总书记说，"农业兴，事业兴；农民富，国家富；农村稳，天下稳"，这是完全正确的。但是，"千方百计增加农民收入，千方百计减轻农民负担，保证社会稳定"已经讲了好多年，农民收入就是上不去，负担就是下不来，社会也就安定不了。不是中央不下决心，不是干部不努力，而是没有在体制改革上下工夫。如果不改革已经不适应社会主义市场经济的体制，问题就会越来越严重。2001 年 8 月我在上海参加了一个小会。安徽有位县委副书记在会上说：整个中西部农村的改革和发展 90 年代不如 80 年代，就农民的生活来说，1997 年以后一年不如一年。上海有位同志接着说，90 年代的上海比

80年代是大大的好了，1995年以后一年比一年好。我是研究农村问题的，可以证明上述安徽省那位同志讲的是事实；我是上海的女婿，并且在上海工作过，近几年常去上海，可以证明，上海那位同志讲的也是事实。两句话都是真的，问题就严重了。

城乡差别是扩大了。东部和中西部差别是扩大了。这不利于社会稳定，不利于经济健康、稳定、快速发展。西部地区有的乡镇因为财政困难，不能按月足额发工资，无力运转办公，处于瘫痪半瘫痪状态。国务院发展研究中心有个调查组去宁夏一个乡调查，去了两次，乡政府都锁着门，第三次去，还是找不到干部，在路边遇到一个放羊的老汉，北京去的干部问，乡干部哪儿去了？老汉说，好几天不见人影了，看样子，共产党好像要撤了！

农村的状况不能不重视，不能不采取重大改革来解决农村问题。有不少人认为，我也这样认为，现在农业的问题不在农业，农村的问题不在农村。要从体制上改革，才能解决三农问题。国家实行社会主义市场经济体制，但农村还是存在着不少计划经济体制下形成的条条框框，阻碍了农村生产力的发展。要按社会主义市场经济的原则改革这些体制，如户口制度、干部体制、就业体制、社会保障体制、教育体制、财政体制、信贷体制、医疗卫生体制，等等。

2001年我提了两条建议：改革户籍制度；改革财政体制。今年再提要给农民以国民待遇；实行真正的城镇化；改变"城乡分治，一国两策"（对居民实行一种政策，对农民实行另一种政策），建立城乡一体的社会主义市场经济体制。例如教育，改变城市的教育国家办、乡镇的教育农村办农民办的格局。国家教育经费很大部分用在高教上，基础教育地方办，一级一级下放、下推，推到乡里，中西部的乡镇，多数财政困难，教师发不出工资，连粉笔都买不起，这样下去，农村没有希望。2001年国家开了基础教育工作会议，专门讲了教师工资要统一由县财政发，结果还是没有解决问题，因为不少县级财政也是困难的。农村义务教育的经费应该由中央政府和省市政府统筹解决，这样农村中小学教育的工资才能从根本上解决，农民的60%负担才好解决。要实行真正的城镇化而不是统计上的城镇化，城镇化的内涵主要有三条：

（1）城镇人口要增加，要超过 50%。

（2）就业劳动力要逐步转移到二、三产业上，能达到 70%。

（3）城市文明要普及，城市是现代文明的载体，生产方式、生活方式和观念要现代化。

这几年，从统计报表看，城镇化发展很快，1999 年的城镇化率是 30.9%，2000 年已达到 36.4%，2001 年达到 37.7%。但统计上的城市化并不解决问题。这几年城市化发展快的原因，是改变了统计指数的界定，把 8000 多万—1 亿农民工统计为城镇人口了。事实上，他们还并不是城市居民。从某种意义上说，这样统计出来的城市化，是把城乡矛盾转移到城市里来。农民工在打工的城市里，在就业（同工不同酬）、就学、医疗、住房等方面同城市居民都是不同的，一个城市实行两种政策，一个城市实际是两个社会，这样下去，后患无穷。如果农民工真正转出来了，农民工他们本身要消费，留下了农业生产资料，留下来的农民经营规模就扩大了，收入也就提高了。我们江苏省各方面的工作都走在头里，在下一步调整城乡关系、改革一国两策、扩大内需方面，也一定能做出好的成绩来。

（2002 年 3 月在第九届全国人民代表大会第五次会议期间
于江苏代表团全体会议上的发言）

江苏省新农村建设规划应该立即叫停

2006年2月19日新华社每日电讯报发了一条消息："江苏今年将全力推进镇村布局规划。根据规划，全省24万个自然村将缩至4万余个。"建设厅有关人士说："目前江苏有4000万农村人口，分布在24万个村里，自然村规模小，集聚度低。……居住分散，造成土地浪费，也不利于农村的基础设施建设和环境建设，只有集中居住，才便于统一建设排水、通信、公路、污水、垃圾处理等公共基础设施。"这是个明显违背中央关于扎实推进社会主义新农村建设的方针，严重脱离实际，违背广大农民意愿，将损害农民利益，只是少数人的主观臆想的规划。对于当前正在开展的社会主义新农村建设事业十分不利，如果让这种为农民做主的规划推行开去，不仅对江苏4000万农民不利，而且会对各地的新农村建设产生误导，引起刮风，后果严重，所以应该明令立即停止推进这种规划。

第一，建设社会主义新农村，必须统筹城乡经济社会发展，坚持以经济建设为中心，协调推进农村的经济、政治、文化、社会和党的建设，推动农村走生产发展、生态良好、生活富裕的文明发展道路。当前第一位的是要全面推进生产力建设，要做规划，也应该做本省、本县、本镇、本村的生产建设、农民增收等方面的规划。新农村建设的20字方针中，生产发展、生活宽裕是第一位的，是最关键最重要的，也是新农村建设的出发点与落脚点。只有经济上去了，农民收入提高了，其余的建设才能上得去。江苏省建设厅在新农村建设开始的时候，就要推行这种规划，大撤并自然村的所谓规划是本末倒置的举措，显然是违背中央关于社会主义新农村建设方针的。

第二，建设社会主义新农村是一项惠及9亿农民群众的民心工程，要从农民群众最关心、要求最迫切、利益最直接的事情抓起，不断让农民群众得到实实在在的好处，调动广大农民投入新农村建设的积极性，这是使社会主义新农村建设取得成功的基本保证。现在，新农村建设刚刚启动，江苏省建设厅就抛出"今年将全力推进镇村布局规划"。并扬言"全省24万个自然村将缩减至4万余个"。这样的"规划"，传播到农村去，江苏省4000万农民会怎样想，他们还没有得到实实在在的好处，面临的是要拆掉自家世代居住的房子，被占掉祖宗传承的宅院，将搬到所谓的集中居住区去。中国农民历来有"安土重迁"、"金窝银窝不如自己的草窝"的传统习惯，这样大规模搬迁农民的规划，农民能接受吗？如果这个规划是作为江苏社会主义新农村建设的开局部署，广大农民对这样的建设会有积极性吗？会主动参加吗？这种违背农民意愿、损害绝大多数农民利益的所谓规划，将直接打击广大农民参加社会主义新农村建设的积极性，如果真的实施起来，那就不是惠及广大农民的民心工程，而将是直接损害农民利益的伤心工程。

第三，建设社会主义新农村，实现"生产发展、生活宽裕、乡风文明、村容整洁、管理民主"的目标，内容全面丰富，涵盖了社会主义新农村建设的方方面面。应该把握方向，明确思想，找准重点，扎实推进，把这件关系社会主义现代化建设事业全局的大事办好。应该明确，社会主义新农村建设，绝不是新村建设，也不仅是村容村貌的建设，更不能把抓村容村貌建设放在第一的位置。现在有些地区，已经有了把社会主义新农村建设曲解为村容村貌建设的苗头和倾向，有的提出了300人以下的自然村一律拆并，有的近万人的乡镇要归并为4个村，有个近百万农民的县正在做并建为100多个集中居住区的规划。当初酝酿社会主义新农村建设这件大事的时候，有的领导同志就担心，怕引起大拆大建的歪风，成为新一轮大搞形象工程的借口，现在这股邪风正在有些农村刮起来。江苏省建设厅的这个规划就是个风标。试想这个把24万个自然村归并为4万个集中居住区的规划真要实施，那是个什么情景？那就是说江苏省4000万农民约1000多万农家中的5/6（830多万家）都要被拆毁，再另建新居。这不是空前绝后的大拆大建吗？这不是要把两千多年来，在10万平方公里江苏大地上建起来的农民房舍、农村建筑、农村文化基本上都拆毁、都重建吗？作这样规划的同志真该走出南京城里的办公室，到农村里去好好地想一下，你们设计的社会主义新农村的蓝图，符合广大农民群众的意愿吗？符合党中央的方针吗？是能够实施的吗？

第四，社会主义新农村建设是正在进行的一项巨大的系统工程。在利益多元化的当今中国，各个阶层的人员对待新农村建设的态度、行为是不一样的。从新华社记者报道的信息来看，江苏省建设厅抛出的这个规划，他们要拆并24万个自然村的真实目的，恐怕不是真正要搞社会主义新农村建设，"醉翁之意不在酒"，在乎可以征占农民的土地！建设厅有关人士对记者400多字的谈话中，两次提到土地问题。他说："实施规划后，不仅大大有利于促进农村基础设施建设，而且还能节约大量土地资源。以常熟市为例，如果将现有自然村归并进125个居住点的话，可节约土地10万亩。"以常熟市为例推算，全省67个县（市），将可腾出400万—500万亩土地，这是一项巨大的资源，也是一笔总值在上万亿元的财富，某些人看上了这笔属于农民和国家的财富，所以推出了这样主观的、荒唐的、大拆大迁的所谓规划。他们不想一想，如果真的把上百万人口、30多万农户、有数千个自然村的常熟，真的归并进了125个居民点，那常熟还是常熟吗？还是江南水乡的常熟吗？还有常熟市的社会主义新农村吗？

前面说过，建设社会主义新农村的出发点和落脚点是实现"生产发展、生活宽裕、乡风文明、村容整洁、管理民主"的目标，但江苏省建设厅推出的这个规划，如果要评论的话，恐怕他们的出发点和落脚点，只是看中了这400万—500万亩的土地资源。前几年，少数干部尝到了"以地生财"的甜头，江苏省人多地狭，可开发占用的土地资源已经很稀缺了，特别是苏南地区尤为稀缺，于是有些人把目光转到了农民的宅基和庭院上，企图通过大规模拆迁，驱赶农民到居民点集中居住，强占他们的土地，这难道不是一次对江苏农民的剥夺吗？这绝不是建设社会主义新农村的本意。这种移花接木的行径应该及时纠正。

第五，建设社会主义新农村，通过发展生产力增加农民收入，改善农民生活和境遇，缩小城乡差别，协调城乡关系，这是落实科学发展观、构建社会主义和谐社会的必然要求。近几年，党和国家十分重视农业和农村工作，统筹城乡经济社会发展，实行了诸如减免农业税，增加对农村、农业的投入，重建农村合作医疗体制等一系列支农惠农政策，得到了广大农民的衷心拥护，农村形势是好的，全国农村社会是稳定的。扎实推进社会主义新农村建设，将使农村形势越来越好。但是如果不能正确执行党中央关于社会主义新农村建设的正确方针，不按自然规律、经济规律和社会发展规律办事，不分轻重缓急，不抓重点，乱干一气，推行像江苏省建设厅这样的大拆大建的规划，让少数干部再搞劳民伤财的形象工程，那就会把社会主义新农村建设引入歧途，破坏来之不易的农村大好形势，危及农村的社会稳定。

试想，如果按照江苏省建设厅把24万个自然村归并为4万多个集中点的规划实施，要拆毁现有83%农户的房屋和家院，让83%的农民大搬家，腾出的宅基和场地让少数人去"以地生财"，搞政绩工程，这3300多万江苏农民能答应吗？一面是广大农民群众要保卫自己的家院、捍卫自己的利益，一面是少数干部要抢占农民的土地，发财升官。一个要保护，一个要抢劫，一个人多势众，一个拥有强大的权力。如果真要实施这个规划，一场为争夺土地资源的严重斗争和冲突就在所难免，从此，历来各项工作都走在前面的江苏农村就不得安宁了。

第六，为了正确执行党中央关于社会主义新农村建设的方针，保证这件关系全局的大事办得健康、办得顺利，真正办好，必须组织和动员9亿农民和广大干部积极参加，有关领导部门应该密切关注这项事业的进展动态，不断地调查研究，不断地总结经验，不断地发现新问题，不仅要及时推广好的经验和典型，更要及时洞察发现和纠正建设事业进展中的不良倾向，矫正航向，使之健康顺利地发展。江苏省建设厅近期抛出这个规划，不切实际，不符合广大农民的切身利益，不符合社会主义新农村建设的大方向，应该明令立即停止。

（2006年2月21日）

城郊农村实现城市化的好模式

——宁波江东区调查

2006年8月，我们到宁波市江东区，就该区2001年以来实施的撤村改居、股份合作制改革、旧村改造，实现农村城市化（统称三改一化）和文明社区建设，作了一次实地调查研究，收获颇丰。我们认为：江东区的"三改一化"为城郊农村实现城市化创造了一个好的模式，为农业合作化以来的集体经济画了一个圆满的句号，也为城郊农民如何融入城市、成为城市社区的市民树立了一个样板。这对于当前正在推进的社会主义新农村建设、构建社会主义和谐社会都很有意义，值得重视、值得总结、值得推广。

一 "三改一化"解决避免了"城中村"农民失地、失业等问题

江东区是宁波市中心城区之一（类似北京的朝阳区），面积37.7平方公里，常住人口30万，以城市居民为主。2002年以前，江东城区虽有5个街道，但2个乡29个行政村的辖区面积却有18平方公里多，接近总面积的50%。20世纪末，自宁波提出城市东扩战略以来，江东的农田不断被大量征用，但乡、村管理模式没有变化，农民的身份也没有变化。到2000年，已有40%的村成为"城中村"，未被城区包围的农村也因部分土地已被征用，农村经济发展的空间越来越小，部分农民失地后，就业成了问题。城乡犬牙交错，农民、居民混居，一城两制、一厂两制、一家两制，两种身份，不同待遇，农民憋气。在农村集体经济内部，干部群众之

间，因征地费的使用、集体资产的管理等矛盾也很突出。各种利益诉求不同的人群得不到妥善的协调和安排，社会矛盾、社会问题就多了，社会治安混乱、刑事犯罪增加、社会纠纷不断、上访上告的人数增加，环境卫生、村容市容整治困难。

江东出现的问题，是全国城市化过程中出现的比较普遍的问题。其实质是我们快速城市化过程是在城乡二元结构体制没有相应改革的背景下进行的，只考虑城市发展的需要，城市规划把农村的土地、资源规划进去了，但没有对农民的生产生活问题作相应安排，农村行政和集体经济的管理体制没有作相应改革。城市只规划土地的城市化，而没有规划农民及其农村组织的城市化，于是就有了"城中村"、"失地农民"和没有了农业生产的农民和村委会等经济社会问题。

江东区委、区政府在省、市领导和相关部门的支持下，经过长期酝酿、积极探索，决定实施以撤村改居、股份合作制改革、旧村改造为主要内容的农村城市化，于2001年开始试点，以后又扩大试点，于2004年全面推开，至今已基本完成了三项改革。

（一）撤村改居

根据相关文件精神和实际情况，江东区实施撤村建居和撤村并居两种改革形式。撤村建居是撤销行政村建制，给全体村民办理农业户口转为非农业户口的手续，同时，建立相应的居委会，现称社区居民委员会，实行城市社区管理。撤村并居是撤销行政村建制，给全体村民办理农业户口转为非农业户口，不建社区组织，村民农转非后归并到居住地的社区，受当地社区管理。此项工作自2001年8月开始试点，到2004年4月完成，历时两年八个月，因为改革适应发展的要求，符合村民要求农转非的愿望，进展得很顺利。全部29个村中有22个实现了村改居，有7个村实现了村并居；全部10358家农户、21950个农民实现了农转非。

（二）农村经济合作社实行股份合作制改革

这是"三改一化"的重点和难点，江东区的干部和群众为此探索的时间最长，投入的精力最多，终于圆满地实现了，这是"三改一化"的主要经验，将在下一节专门论述。

（三）旧村改造

随着宁波市向东扩展战略的实施，城市化高速发展，江东区如何适应城市发展的大局，又能维护好农民群众的利益，使之能平稳地融入城市、安居乐业，这是要妥善解决好的大事。经过调查摸底，到2000年底，全区29个行政村需要改造，大致可分为三类：一是已无土地的"城中村"（12个）；二是只有少量土地的近郊村（7个）；三是留有较多土地的远郊村（10个）。按照宁波市发展的总体规划，这些村全部纳入建设改造计划。分别轻重缓急，先城中村，后近、远郊村，分批有序推进。在实施过程中，江东区坚持了不与民争利、保持社会稳定的原则，采取了整体拆迁、先建后拆、拆一赔一、就近安置等政策和措施，经过多方面努力，旧村改造进展得比较顺利，至今已有9个村全面完成了改造任务，12个村正在进行中，远郊7个村已列入市的东部新城开发计划，到2007年底，将全部完成旧貌换新颜。

江东区用了近5年时间，使29个行政村、2万多农民，通过撤村改居，全部农业人口转为非农业人口，村委会转为社区委员会；通过股份制改革，原集体经济组织转变为29个社区股份经济合作社，集体资产没有散失，还有大量增值。通过旧村改造，"城中村"的问题解决了，大部分农民已经住进了新居。农民不仅改变了身份，而且成了股东，95.62%的农村劳动力实现了再就业，在城区有了新的工作，农民逐渐融合到城市社区生活中去，与居民一样享受城市发展、城市文明的成果。

江东区通过这三项改革逐步实现了城乡一体化，做得很成功，实现了平稳转制、平稳过渡。整个改革期间，社会稳定有序，经济持续稳定、快速协调发展，创造了一个城郊农村实现城市化的好模式。

二 为城郊农村50年集体经济做了一个圆满的终结

江东区"三改一化"的核心是农村合作经济股份制改革。在城市化过程中，农村集体经济组织的集体资产面临着几种选择：一种是成为"城中村",土地被征用转为非农用地,村委会、经济合作社还继续存在,农民不再从事农业生产,而靠出租房屋或打工等为生;一种是把集体资产卖净分光,集体经济组织就此散伙,农民各奔东西;一种是对原集体经济组织进行股份合作制改革,集体资产折价量化到人,农民成为股东,成立股份经济合作社,选举董事会、监事会经营管理。

江东区选择了第三种方式。

2001年开始,经过3年多的摸索、试点、推广,现在已完成了这项改革,他们的具体做法如下。

(一) 把集体资产全部折价量化

村级集体资产主要包括三部分,一是实行家庭联产承包责任制前原生产队积累的资产;二是土地资产,历年已征土地的补偿金、自用土地及其建筑物的折价,未征用土地按政府公布的征用价格计算的资产;三是1983年实行家庭联产承包责任制以后,集体经济创造积累的各种资产,这些资产中包括生产性固定资产,主要是指集体所有的出租厂房、农贸市场等建筑(包括在建工程)、流动资产、非生产性固定资产(主要指学校、卫生所等公益性资产),以及多种土地资产,等等。全部根据相关文件和干部群众认同的方式量化为货币。江东区农村比较富裕,2001年时,按计算,人均集体资产近10万元。

(二) 把股权分配到人

经过反复讨论、斟酌、协商,江东区只设人口股、农龄股两个股种,所有量化的集体资产都按这两种股份分配。分配比例各村不同,有的人三农七、有的对半开等。

股权享受对象的界定,时间限定为第一轮土地承包责任制落实之日(1983年1月1日)起,到社区股份经济合作社章程通过之日或撤村建居止。在这个时段内的在册和部分曾经在册的人员(如参军服义务兵役者、就地农转非未带走土地资产者等)享有人口股;在这个时段内参加本村劳动或曾经参加过劳动的人员,享受农龄股(如有的人已经农转非,没有人口股,但曾在村里劳动过,就按照实际劳动年限计算农龄股,有位师长参军前在本村劳动3年，当义务兵3年，则计算6年的农龄股，提干后就不算了）。

分配的结果，有4种股东：大多数人享有人口股、农龄股；有些人只享有人口股（16岁以下的儿童、少年）；有些人只享有部分农龄股（如上述那位师长）；有些人享有人口股和部分农龄股（如有些人前些年已出村自谋职业，但户口未迁出，他们享有人口股和外出前在村劳动年数的农龄股）。经过反复计算、登记、核实，最后把每人的人口股、农龄股及具体金额进行公示，无异议，由股份经济合作社发给股权证，村民成了股东。

（三）股权管理

江东区采取的是静态管理股权的模式。集体资产量化，股份分到个人，发给股权证，股东凭证领取股份收益。集体资产作股，一次分配完毕，从此"生不增，死不减"。股权可以继承，传给法定继承人；股权可以转让，但只能转给本合作社股东，并要得到董事会的同意，办理相关手续。股东不能退股提现。

（四）成立股份经济合作社

在改革过程中，坚持原有的集体资产集体所有制不变，坚持集体所有资产只股不分，成立股份经济合作社。设立股东（代表）大会、董事会、监事会。由股东（代表）大会通过股份经济合作社章程，选举产生董事会、监事会，由董事会、监事会主持股份经济合作社的日常经营管理。近几年，新成立的股份经济合作社在宁波大发展的经济环境下，经营得都很好，集体资产大量增值，股东分红年年都有增加。股份经济合作社实现了经营管理企业化，目前主要还是经营房产、物业管理和租赁经济，以后将逐步转向"资产运作、资本运作"，大力发展服务业为主的第三产业，进行公司化运作，待条件成熟，再启动公司化改革。

我们在江东实地考察了两个村，一个是东郊街道的宁江村，一个是福明街道的江南村。宁江村地处新市区的中心区，农地早就征用完了，都盖了房子，实际是个"城中村"。村集体经济雄厚，2002年股份制改革时，经过折算，动产、不动产共有1.37亿元。按照有关文件精神和干部群众协商，30%作为人口股分配，70%作为农龄股分配。共有1267人参加分配。人口股每人4.77万元，农龄股每年1万多元，38岁以上的有人口股、农龄股的村民，最高的可配股2757股，每股100元，可得27.57万元；最少的只有人口股或只有几年的农龄股。股份合作社经营所得，扣除公积金、公益金，头一年按6%分红，这几年经营很好，2005年按11%分红，最高股的持股人可得30327元。这个社的村民，这几年已分散到各个社区居住，实际已经散了，但股份经济合作社开股东大会，村民都会回来，平时，还同合作社保持各种联系。宁江股份经济合作社的董事会、监事会也已经搬入一个商务楼办公，俨然像一个大公司的总部。

江南村是另一种类型，地处城边，只征了部分农田，还有300多亩待征。集体经济很好，2002年股份制改革，净资产折价为5243万元。人口股、农龄股按33.5%和66.5%分配，有908人参加分配，人口股每人2.8万元，农龄股每年3700元。村民中人口股、农龄股足额的最高可得10.08万元。2003年按股本10%分红，2005年提高到15%，最高股的股东可分得1.51万元。这个村的村民还住在原来的三个自然村里，等着市里规划建造新的社区。股份经济合作社已经挂牌了，但还在原村委会的旧址办公，不过已经改为江南社区居民委员会、社区党支部和股份经济合作社，三块牌子挂在大门两边。

江东区的农村股份合作制改革，是以国家、省、市有关股份合作制文件为指导，依据本地实际，并参照外地经验，为适应城市化发展的要求而进行的一场具有制度创新意义的改革。几年来的实践已经证明，这项改革很成功，突出表现在以下几个方面。

第一，坚持了农村集体资产的集体所有制不变。通过改革，明晰了产权主体（村民是股东），理顺了分配关系（按股分红），规范了经济管理制度，适应了工业化、城市化和市场化发展的要求。通过改革和新成立的股份经济合作社运作，不仅保持巩固了集体经济，而且发展壮大了集体经济。2002年初，改革开始之前，全区村级集体资产总额为18.57亿元，2005年底全区股份经济合作社的集体资产总量达到36.06亿元，增长了94.18%。从产权制度变革的角度看，1956年实行农业合作化时，农民以自有的土地和主要生产资料入社，建立了高级农业合作社，实行农村经济的集体所有制；1980年代初期，农村实行家庭联产承包责任制，实行双层经营，土地的集体所有制不变，把经营使用权包给农民；这次江东区的股份合作制改革，实质也是一次产权制度的变革，坚持了集体所有制不变，集体经济的资产没有流失，反而发展壮大了，只是更名为股份经济合作社，使之融入了城市经济，成为城市发展的一支重要力量。

第二，农民顺利转化成为城市的职工和市民。农民在1956年敲锣打鼓参加了高级农业合作社，50年来为社会主义现代化作出了巨大贡献，他们是集体经济的主人。江东区通过改革使农民成了股份经济合作社的股东，这实际上是对他们当年的土地等生产资料入社的产权的确认，农民可以凭股分红和其他福利，他们仍是合作社集体经济的主人。另外，通过旧村改造采取拆一还一的政策，使多数农户有了两套或两套以上的住房，可以出租，有了房租收入。还有，通过农转非，农民都有了城市居民的身份，经过区、街道的努力，已经使95.62%的劳动力在二、三产业就业，使他们有了工资收入。江东区近几年实行城乡一体化的社会保障体制综合配套改革，使失地农民的养老保障和新型合作医疗全面推开，目前覆盖率已分别达到100%和88%。

江东区通过改革，使农转非的农民不仅转变了身份，而且有了四项收入：(1) 股东分红；(2) 房屋出租；(3) 工资收入；(4) 社会保障。所以，整个改革过程中，农民的收入是逐年增加的，按老口径计算，2001年农民人均纯收入7051元，2005年为10267元，增长45.6%，年均增长9.7%。另外还有社区居民委员会和股份经济合作社托底作后盾，有了这样好的经济条件和社区组织，农民转变为城市市民就有了经济基础和组织保证，避免了有些城郊农村农民失地、失房、失业、失保的困境。

需要特别指出的是，江东区的中老年农民对改革特别拥护，非常支持。当他们了解改革的内容后，就一直是整个改革过程的积极参加者、支持者，尤其是老年农民。股份制改革中，他们得的是人口股、农龄股齐全的最高股（最富的一个村，最高股达37.67万元），而且股金是实名量化到个人的。不少老年农民在集体经济中辛苦劳动了一辈子，到老不能劳动了，手中一无所有，在家庭里没有经济地位，全靠儿孙赡养。儿子、儿媳孝顺的还好，遇到不孝顺的，老人的晚年就凄苦了。股份合作制一实行，老人分得最高的股权，多则 30 多万，少则近 10 万，每年有分红收入，又有养老金和医疗保障，老人有了集体经济作靠山，经济地位变了，老人们可以安度晚年，许多家庭关系也变得和睦了。

第三，农村基层干部有了新的出路，转到新的舞台施展才能。农村基层干部是我们党从农民中选拔、培养的一个群体，是党和群众的纽带和桥梁，几十年来，他们承上启下，实现了党和政府在农村进行的政治、经济、社会、文化建设的各项任务，为社会主义现代化事业作出了很大贡献。江东区的"三改一化"，也是农村的基层干部，按照区委、区政府的部署，创造性地做了大量的具体工作，逐件逐项完成的。值得指出的是，江东区的农村基层干部，在实现股份合作制改革中，主动提出不设集体股（有的地区有集体股，理由是领导可以控股），不设贡献股（有的地区为干部专设贡献股），同农民一样，只分人口股和农龄股。这使市、区领导深受感动，也保证了改革的顺利进行。

因为江东区农村基层干部比较优秀，在群众中享有威信，在股份制改革中表现良好，又起了模范带头的作用，得到了农民群众的信任。在转制后的股份经济合作社股东（代表）大会上，经过民主投票选举，原来的村、组干部，大多数被选举为董事、董事长或监事、监事会主席。我们去宁江股份经济合作社调查时了解到，董事长是原村支部书记、副董事长是前任村支部书记，监事会主席是原村委会主任。董事和监事多数是原村、组干部，其他股份经济合作社的领导人员基本上也都是由股东（代表）大会选举产生的原农村的村、组干部。当然也有一部分村组干部落选的。

郊区农村的基层干部，经过长期锻炼和考验，有工作经验、有领导才干，他们中的多数是农村中的精英，也是党和国家的宝贵财富。通过转制，他们的身份转变为城市市民，他们的工作，则由领导农村经济、农业生产和村务工作转变为领导城市股份经济合作社的经营管理工作，他们将在城市经济社会建设发展的新舞台上继续为社会主义现代化事业作出新的贡献。江东区的农村集体经济组织通过转制，实现了圆满的终结，基层干部也有了一个好的归宿。这支队伍不是散失了，而是整体转业了。

第四，为城市经济发展注入了新的活力。江东区通过转制改革，使 29 个农村集体经济组织全部转化为股份经济合作社，总资产达到 29 亿多元。

实行市场化、企业化经营,这实际是在城市经济发展中增加了29个大公司,主要经营房地产、楼宇租赁、物业管理、专业市场,这对于江东区发展第三产业、加快调整经济结构、转变增长方式、扩大就业、提高效益起到了很重要的作用。近几年,江东区出现了历史上从未有过的好的经济业绩,其中有股份经济合作社的重要贡献。

第五,破解了城乡二元经济社会结构,实现城乡一体化,为构建和谐社会奠定了基础。江东区的"三改一化"是一个整体。撤村改居,使农村社区化、农民市民化,转变了身份,改变了组织形式;旧村改造,拆一赔一,使农民在城市中居者有其屋,有了安身立命的根据;股份合作制改革,把集体资产,民主、公平、合理地分配到每个人,农民成了股东,使农村集体经济组织转化为城市股份经济合作社。近几年江东区又为入城农民办了养老保障、失业救助和合作医疗,推进了教育、卫生、科技、文化等事业的一体化,有计划、分阶段地实现全体居民普遍、平等的社会保障制度和统一享有城市公共产品服务的体制。

江东区通过"三改一化"的实践,把12个实际已经形成的"城中村"的问题解决好了,又通过户口、社会保障、社会事业等体制改革,为农民变为城市居民准备好了经济、政治、社会等多方面的条件,实现了比较顺利的平稳过渡,破解了城乡二元结构的问题,没有把城乡二元体制带到城市中来,这就为江东区构建社会主义和谐社会奠定了良好的基础。

江东区近几年顺利东扩,城市化发展很快,建成区已由2001年的15平方公里扩大到2005年的30平方公里,各项经济社会指标都有较大幅度提高,2001年区属口径的生产总值20.75亿元、地方财政收入3.04亿元,2005年这两个数值分别增长到100.36亿元、12.25亿元,分别年均增长14.8%和38%,历史上从来没有这么好过。社会事业蓬勃发展,社会稳定有序,人民安居乐业,江东区已经率先成为宁波市第一个没有行政村建制的城区,"十五"期间获得了全国社区建设示范城区、全国科技工作先进区、省级教育强区、省级科技强区、省级社区卫生服务示范区和省级文明城区等多个荣誉称号,江东区正在成为宁波未来建设、发展中最具生机和魅力的区域之一。所有这些喜人的变化,都同"三改一化"的顺利实现有直接的关系。

三 江东区"三改一化"的基本经验

城市是现代化的主要载体，城市化是实现我国由传统的农业社会转变为现代化的工业社会的必由之路。我国在社会主义现代化建设中，工业化历来没有什么争议，但城市化则历来有争议，进行得相当曲折、坎坷。可喜的是1990年代中期以来，特别是"十五"计划把城镇化列为重要发展战略以后，城市化的步伐大大加快了；但是在快速城市化进程中，如何破解计划经济时代留下的城乡二元经济社会结构，如何使农村的经济社会组织转变为城市社区组织，农村的集体资产如何保值增值，农民的权益如何保护，使其能顺利转化为市民，各地都在摸索、实践。江东区的"三改一化"，为解决这些问题创造了一个比较好的模式，具有重要的实践意义。他们的基本经验有如下几点：

第一，贯彻落实以人为本、科学发展观，统筹城乡经济社会发展的指导方针。江东区在调研、酝酿、试点初期，就提出了"要着眼于城乡一体化改革，以农村社区化、农民市民化、社会多元化、保障规范化和发展市场化为改革的出发点"。十六大、十六届三中全会正式提出统筹城乡经济社会发展和科学发展观的方针以后，江东区就更加自觉地贯彻落实这个战略方针。在郊区农村实现城市化过程中，积极稳妥地推进"三改"和与此相配套的多项改革，既保证了城市化发展的顺利推进，又维护了农民的权益，解放了生产力，促进了经济社会的发展，维护了社会的稳定，实现了多赢的目标，从而避免了有些地区在城市化过程中出现的"土地占光了，集体资产卖净分光了，集体经济组织散伙了，一些干部开着宝马汽车不见了，农民光着身子进城了"的窘状，为今后城市以人为本、全面协调可持续发展打下了良好的基础。

第二，不与民争利，正确处理好了国家、集体、个人三者的利益关系。毛泽东同志在《论十大关系》中说："国家和工厂、合作社的关系，工厂、合作社和生产者个人的关系，这两种关系都要处理好。为此，就不能只顾一头，必须兼顾国家、集体和个人三个方面。"这段话是50年前讲的，后来成为我们处理各种利益关系的重要原则。一个国家或地区的城市化过程,在一定意义上说,也是各种利益关系不断调整的过程,处理得好,可以保证和促进城市化健康发展,处理不当,就会阻滞城市化的发展或者使城市化畸形。我国现在正处在城市化发展的过程中,有一部分地区,因为没有正确处理好国家、集体和个人三者的关系,出现上述"五个了"的窘状,引出了种种社会问题,阻碍了城市化的健康发展。

在城市化过程中,因为城市扩展需要,土地价格必然猛涨,越是大城市,涨得越多。对于因城市化导致土地升值的这笔财富如何分配,多数工业化国家、地区是通过专门的法律、政策来安排的。我国至今还没有这样的法律、法规,各地做法各不相同。有些城市不能正确处理这些关系,引出了很多土地纠纷。江东区的"三改一化"正确处理好了国家、集体、个人三者的利益关系。首先是处理好了政府同农村基层组织、集体经济组织的关系:一是通过基层组织,按有关规定征用农村土地,给予应有合理的补偿;二是在征用地中留出10%,作为农村集体的发展用地;三是在改革中,保护集体经济资产不被流失,既不许分掉,也不许有关部门平调,坚持集体所有制不变,并创造了可持续发展的空间。其次是正确处理好了农村集体同农民个人的关系。通过"三改",农民转变了身份,成了股份经济合作社的股东,有了新的职业,有了多种收入,同市民一样也享有城市公共产品等的服务,同新的集体经济组织保持着关系。农民成为城市化的受益者,同时也就成为城市建设发展的积极力量。

事实上,江东区在城市化过程中,国家、政府还是主要的受益者,例如上述土地增值的财富,大部分还是转变为国家资产的。江东区农村原有2万多亩农田,全部转变为非农用地之后,其价值将以百亿元计。江东区"三改一化"的经验在于,他们在改革过程中,既保证了城市化发展大局的需要,也维护了集体和农民的权益,而没有像有些城市那样,竭泽而渔,使农民陷入失地失利的困境。江东区改革促进了宁波江东的城市化稳定、健康、顺利地发展。江东区"三改一化",不与民争利,正确处理好了国家、集体、个人三者的关系,是一条重要的经验。

第三,"三改一化"的灵魂是改革,改革是动力源泉,城市化是目标。通过改革,实现城市化,这是江东区取得成功的要诀。中国现在正在发展的城市化,是在1950年代以来形成的城乡经济社会二元结构还没有根本改变的背景下进行的。城乡是两个体制：一是户籍制度不同，农民是一种身份，市民是一种身份，差别很大；二是经济所有制不同，城市实行公有制为主体、多种所有制经济共同发展的制度，农村的主要生产资料——土地（包括宅基地）实行单一的集体所有制；三是就业的体制、方式不同；四是社会保障的体制不同，现有的社会保障体制基本上还没有覆盖到农村；五是教育、医疗、科技、文化、体育等社会事业的体制不同；六是城乡居民收入、消费的差距很大；七是城市领导农村，村民实行自治，权力集中在乡镇以上的政府。在这种"城乡分治，一国两策"的二元结构体制下，推进城市化，出现种种经济社会矛盾是必然的。好在宁波市是一个副省级城市，被赋予率先改革试验的责权，市人民代表大会还有制定地方法规的权力。江东区委、区政府正是在省、市领导的支持下，在广泛深入调查研究的基础上，参考了外地城市化的经验和教训，才逐渐形成了通过撤村改居、股份合作制改革、旧村改造，实现城市化的战略设想，确定了"先改后股，适时改造"的工作思路。目标是要逐步破解城乡二元结构的体制，形成城乡一体的体制和机制，使城乡能够对接，实现城市化。这样的城市，是没有了"城中村"，没有了一城两制、一厂两制、一校两制的城市，是可持续发展的城市。

江东区的"三改一化"，自始至终贯彻了改革精神，改革是开路先锋。第一步撤村改居，村委会改为社区居民委员会，农民改为市民，迈出了改革的第一步。这是破解二元结构的关键一着，有了这一步，后面的股份合作制改革、旧村改造，就顺理成章了。就整体来说，后两步的工作量和难度更大，江东区都是通过一项又一项的改革、一个又一个具体问题的解决，才逐步实现的。因为，在农村实现城市化，不仅是要实现农村农民生产方式、生活方式的历史性变革，在当今中国，关键的还是首先要实现体制的转变，没有敢闯敢干的大胆改革精神，没有踏实细致的工作作风，是做不成的。江东区的"三改一化"是通过改革实现城市化的一个创造，对全国城郊农村实现城市化有重要的示范作用。

第四，领导与群众相结合，走群众路线，尊重群众的意愿，维护群众的权益，一切依靠群众，是实现"三改一化"的基本途径。城市化同工业化一样，是一个国家或地区实现现代化的重要前提。农民进城转变为二、三产业职工，转变为市民是历史的必然，城市化的本义，就是一国的城市人口在总人口中的比重。农民群众是城市化的主体，农民早就盼望进城了，早就要求农转非了，农民要求农转非是符合历史规律的，但是农民被上述户口制度等一系计划经济时代形成的还未得到改革的体制拒于城门之外。

江东区委、区政府的同志们洞悉农民群众迫切要求转为市民的意愿（他们自身本是入了城的农民或农民的后代），可贵的是他们主动积极地代表农民，尊重农民的这种意愿，顺应历史潮流，通过"三改一化"，实现了江东区数万农民的愿望。

整个实现"三改一化"的过程，实际上就是江东区委、区政府尊重群众意愿，代表群众的利益，一切依靠群众，群策群力，解决了一个又一个的问题才逐步实施的过程。在实施股份合作制改革过程中，原有的集体资产如何折价、股种如何设置、享受股权的对象如何确定、股权如何管理，以及股份合作社的章程如何制定等问题，都是通过领导和群众相结合，反复讨论，民主协商，既坚持原则、依法办事，又实事求是、公平合理地安排好、处理好各种利益关系，制定出一个又一个方案，逐个解决了问题，使股份合作制改革稳妥、顺利地得以实现。对于这场涉及千家万户农民切身利益、前途命运的改革，事后有的同志回顾说：对于这场改革的艰巨、复杂、艰难的程度，事先没有足够的估计，但是，对于农民群众要求改革的迫切愿望、群众参加改革的积极性、群众中蕴藏着的巨大智慧，则估计更加不足。还是应了那句老话，办法总比困难多。群众是真正的英雄，真正依靠了群众，许多看来困难的问题，也就好解决了。江东区的"三改一化"，正是在新形势下，尊重群众意愿、代表群众利益、一切依靠群众、从群众中来到群众中去、走群众路线的又一次成功的实践。

（《今日中国论坛》2007年11月5日）

30年来中国社会结构变迁的几个问题

社会结构和经济结构一样，是一个国家、一个地区最重要最基本的结构，也是国内外社会学研究的核心课题。我侧重从人口结构、就业结构、城乡结构和社会阶层结构四个方面来谈谈改革开放30年来中国社会结构的深刻变动。

第一，人口结构发生了深刻的变化。中国是世界第一人口大国，拥有13亿人口，这30年来最重要的变化，就是从"三高"（高生育率、高死亡率、高自然增长率）转变为"三低"（低生育率、低死亡率、低自然增长率）。不仅如此，中国人口的文化素质有了很大提高。1990年人口普查的时候，全国总人口里面，大专以上学历的所占比例是1.4%，2007年这个指标已经达到6.2%。像北京这样的城市100人里面有超过30人是大专学历。所以说，人口结构发生了变化。

第二，就业结构发生深刻变化。现在不光是人口增加了，劳动力大量增加了，在二、三产业就业的劳动力也大量增加了，可以说已经从原来农业社会的结构转向了工业社会、城市社会的结构。1978年我们的二、三产业的GDP已经超过70%，但在总就业劳动力里面，二、三产业还没有超过30%，农村劳动力占70.5%。2007年我国就业劳动力总数是76990万，这些人里面从事第一产业的劳动力比例下降到40.8%，从事第二产业的劳动力上升到26.8%，从事第三产业的劳动力上升到32.4%，二、三产业的劳动力达59.2%，超过50%临界点的水平，已经是工业化社会的就业结构。1978年我国二、三产业的职工是11835万人，2007年增加到45546万，29年间二、三产业职工增加33711万人，年均增加1162万，其中约60%是从农村转移出来的，相当一部分人至今还是农民工。但无论怎样，我们原来是个主要生产农产品的农业国家，现在已经有了4亿多二、三产业的职工，已经是个制造业大国、"世界工厂"。也可以说我们的多数劳动力已经从经济效益比较低的农业部门转到经济效益比较高的二、三产业，这也是这些年我们经济发展比较快的原因。

第三，城乡结构的变化。一直到1949年我们还是农业社会，90%是农民，1949年城镇化率只有10%。20世纪50年代中期前，城镇化发展较快。到了1958年"大跃进"、三年经济困难以后，我们把城门关起来，实行城乡分治的户口制度，严格限制农转非，限制农民进城，城市化发展缓慢。一直到1978年我们的城镇化率只达到17.9%。改革开放以后，特别是世纪之交以后，城镇化发展很快，2007年的城镇化率是44.94%，但还没有达到现代化社会应该有的50%指标。我们现在的问题是城镇化严重滞后于工业化，这是历史原因造成的，是计划经济体制留下来的户口制度、就业制度、社会保障制度还未改革等原因造成的。现在从统计上看有44.94%的人是城镇人口，但这里有统计指标变动的因素。我们1999年城镇化率是30.9%[①]，2000年统计指标一改，城镇化率就上升到36.2%。这是从2000年开始把在城镇里打工的住满半年以上的农业户口的人也统计为城镇常住人口，这样城镇化率就大大提高了。同原来的统计指标相比，有5—8个百分点的差别。但不管怎么说，我国城镇居民1978年是17245万人，2007年为59379万人，29年增加了42134人，平均每年增加城市人口1453万，其中大多数是农村转出来的。这是一项大的历史工程，是巨大的社会变迁，是一项大的成就。所以产生一些社会问题也是可以理解的。

第四，社会阶层结构的变化。社会阶层结构是所有社会结构里最核心的部分，因为所有的结构都要反映到社会阶层结构中来。了解社会阶层结构也可以了解整个国家的社会结构，研究社会阶层结构非常重要。在1978年以前我们是"两个阶级、一个阶层"，也就是工人阶级、农民阶级和知识分子阶层的结构。改革开放以后，随着经济体制的改革、经济的发展、经济结构的调整，中国的社会阶层结构也变了，显然不能用"两个阶级、一个阶层"的结构来概括，更不能据此来制定政策。但我们这方面的调查

---

① 见2000年《中国统计年鉴》。

研究开展得还很不够。前些年，我们社会学研究所课题组做了一项研究，把中国划分为10个阶层。发表以后，有赞成的，也有提出质疑的，也有提出另一种划分办法的。这方面的研究工件应该开展、进行下去。这也是社会建设、社会管理的一项内容吧！国外讲，现代化管理是"数字化"管理，但我们总是糊糊涂涂办事。前不久，北京成立一个社会管理中心，请我们去，我在会上说：社会管理就是人的管理，到底北京有多少人，先要弄清楚。比如说统计户口北京有1280多万，常住人口1500万接近1600万，实际管理人口1800万。这些人都是些什么人、他们都住在哪里、都分布在哪里，这些都弄不清楚，怎么搞社会管理。所以，建议政府要做这件事情，至少北京要搞清楚。最近北京推出个好政策，对农村60岁以上的老人，不管有钱没钱，每人每月发200元。这对一般家庭，特别是贫困家庭的老人，非常好，老人们拍手称好，但富裕户、很富裕户的老人，他们并不需要，这样平均发，效果不是最好。

这30年我们从农村转向城市、从农民转向工人，不管怎么样，我们二、三产业职工增加了3.3亿，现在二、三产业职工达到4.5亿，所有发达国家的工人加起来也没有这么多。在工业化过程中，同时产生了私营企业主阶层或者说老板阶层。据2007年统计，全国雇工在8人以上的私营企业有511万户，私营企业的投资人，也就是私营企业主的数量将近1400万。这在全世界也是少见的。十五大以后，我们把工人称为社会主义劳动者，把私营企业主称为社会主义建设者。这两个阶层的大发展，对于我国工业化、城市化、现代化的发展，起了重要的推动作用。

然而，由于社会结构这方面的调整、改革还没有完全跟上，所以出现一个大问题，即经济结构我们现在已经达到工业化的中期，而社会结构现在无论从哪个方面衡量，都属于社会化的初级阶段。这两个基本结构产生了矛盾，社会结构和经济结构还不适应，还不协调，这是产生诸多经济社会矛盾的结构性原因。例如"三农"问题，其本质是个结构问题。2007年我们的GDP里面，农业创造的增加值占11.3%，但同年在就业结构里，7亿多劳动力里，从事农业劳动的占40.8%。就是说40.8%的人创造了11.3%的GDP，这不是农业劳动生产率太低了吗？不是中国农民傻，不是中国农民不好好干活，中国农民非常勤劳，原因在于生产资料少，所以只创造了 11.3% 的财富，而且当年的城市化率是 44.9%，就是说有 55.1% 的农村人口要分这 11.3% 的财富，农民焉能不穷、焉能不苦？不调整这个结构，农民不减少，"三农"问题就解决不了。而这个结构是现在的土地制度、户口制度、人事制度、社会保障等体制造成的，这些体制相当一部分还是计划经济留下的模式。所以要解决农村、农业、农民问题，必须对现在还束缚农民的计划经济体制的东西继续进行改革，改变这些体制，使之与市场经济相适应。现在可以这样说：我们的城市基本实现了社会主义市场经济体制，而农村基本还是城郊二元经济社会结构体制，还不是社会主义市场结构体制，所以"三农"问题不好解决。好在这次十七届三中全会专门讲城乡二元结构是农村产生这些问题的原因，要城乡一体化，用改革发展的办法来解决，这个问题讲到点子上了。

(2009 年 3 月)

破除城乡二元结构
实现城乡经济社会一体化

城乡二元结构是造成深层次矛盾的根源，今后农村改革发展的目标是实现城乡经济社会一体化，统筹城乡经济社会发展是解决好三农问题的根本途径。十七届三中全会通过的《关于推进农村改革发展若干重大问题的决定》（以下简称《决定》），全面、系统、深刻地分析了当前国内国际形势，从全局出发，明确指出了三农问题的病根，指明了今后农村改革发展的前景，并提出了实现这个宏大目标的方针、政策和措施。这是一个很重要的纲领性文件。

一　三农问题的病根是城乡二元结构

我们的党和国家历来重视农业、农村、农民问题，并为此投入了巨大的人力、物力和财力。综观世界各工业化国家，没有哪个国家在工业化、城市化过程中，能像我国这样，把农业、农村和农民工作一贯放在重要位置。十六大以后，党中央明确宣布，把解决好三农问题作为党和政府工作的重中之重。自此，党和政府采取了一系列支农、惠农的政策和措施，每年召开一次农村工作会议。连续发了六个"中央一号文件"，指导全国农村的改革和发展工作。2004年中央一号文件决定取消农业特产税，逐年减征农业税，2006年正式宣布废止农业税条例，从此破天荒地实现了农民种田不交皇粮国税，这是一项重大的具有历史意义的改革。现在农民种地已经享有四不交（不交农业税、屠宰税、牧业税、农业特产税）和四补贴（种粮补贴、良种补贴、购置农机具补贴、农业生产资料综合补贴）。据有关部门统计，四不交减轻农民负担 1250 亿元，2008 年四补贴使农民增收 1028 亿元。2005 年，中央提出建设社会主义新农村的战略，由此采取了一系列新举措，其中一个重要方面，是国家增加支农资金的投入。2008 年中央投入 5625 亿元，比 2002 年的 1581 亿元增长 2.5 倍，并正在逐步形成支农、惠农的政策体系。十六大以来，农村的教育、科技、医疗卫生、社会保障、公共服务等各项事业都得到了大的发展，普遍实行农村义务教育，重新建立新农村合作医疗体系，普遍实行了最低生活保障制度，正在建立新型的农村社会养老保险制度，提出了要逐步实现使农民享有均等化的公共服务。2007 年全国农村贫困人口减少到 1490 万人。

十六大以来，党中央采取了一系列切实有力的措施，进一步调动了广大农民的生产积极性，扭转了改革开放以来农业第二次徘徊的局面（1998 年粮食达到 10246 亿斤，自 1999 年开始，连续 5 年减产，2003 年为 8614 亿斤，降到 1991 年的水平），2004 年开始，粮食已连续 4 年增产，2007 年达到 10032 亿斤。2008 年政策好，农民努力，天也帮忙，风调雨顺，取得了又一个特大丰收年，粮食总产 10570 亿斤，达到历史最高水平，农民收入也有较大幅度的提高。从历史上看，中华人民共和国成立以后，近 60 年来，我国历史上曾经有过两个农村发展的黄金时期，一个是 1949—1955 年，第二个是 1978—1984 年，这两段时间农业（主要是粮食）连年大丰收，农民收入连年大幅增加。2004—2008 年，农业（粮食）连续 5 年增产，农民收入连年大幅增长。所以说中国农村现在已进入第三个黄金时期。当然还要看 2009 年这一年的情况了。

从各方面情况看，当前的农村形势应该说是很好的。对此，十七届三中全会文件的第一部分作了五个方面的概括和肯定，并且指出，农村改革发展的伟大实践，为建立和完善社会主义市场经济体制、为实现人民生活总体小康、为保持社会大局稳定、为开辟中国特色社会主义道路作出了巨大贡献。这种来之不易的农村大好形势，对于中国目前要应对国际金融风暴，保持国民经济持续、平稳增长，都有极其重要的意义。但是从国际国内形势的全局看，从全面建设小康社会的要求看，从国民经济要持续稳定快速发展对农业的要求看，特别是从 9 亿农民参与改革发展、共享改革发展的成果看，当前我国三农问题还是比较严峻的。文件用了三句话来概括这种状况:"农业基础仍然落后,最需要加强;农村发展仍然滞后,最需要扶持;农民增收仍然困难,最需要加快。"这三句话,分量很重,但这是当前三农形势的客观现象,是确实的,讲得很恳切,表达了9亿农民和数百万农村工作者的心声。

这三句话表明,当前我国三农形势还很严峻。为什么投入了这么大的力量,花了这么长的时间,三农问题还是屡解不决呢?历史的经验告诉我们,凡是某一个问题,不是一个地方、几个地方有,而是普遍地出现;不是一年、两年解决不了,而是长期解决不好,这就不是一般的工作问题,而一定是结构问题、体制问题;这就不是靠加强领导、加大工作力度能解决的,而一定要通过改革体制,通过调整结构,通过制定新的政策、措施才能解决。三农问题就是这样一个结构性、体制性问题。像看病一样,过去所以屡治不愈,就是还没有把问题的病根找准,用了很多药,但没有对症。这次十七届三中全会把病根找出来了。

三农问题本质上是个结构问题、体制问题。以2007年为例,在2007年的GDP中,第一产业占11.3%,第二产业占48.6%,第三产业占40.1%,这是经济结构;但在当年的就业结构中,第一产业的劳动力占全国总就业人数的40.8%,第二产业占26.8%,第三产业占39.4%;在当年的城乡结构和分配结构中,农村常住人口占全国总人口的55.1%。从这几个结构中可以看到两个问题。第一,第一产业40.8%的劳动力,只创造了11.3%的增加值,有29.5个百分点的结构差,说明农业劳动生产率太低了。这不是因为农民不好好干,也不是农民不能干好,而是因为在城乡体制下,他们的生产资料太少,他们想干也不能干。第二,在分配结构中,55.1%的农村常住人口主要靠分享11.3%的财富生活,农民怎么能不苦,农村怎么能不穷。可见,现在的城乡结构、经济社会结构,既不平衡,也不合理,不改变这个结构,不减少农民,农民就富不起来,三农问题也就解决不了。

现行的不合理、不平衡的城乡结构、经济社会结构,是1950年代以来,在我国长期计划经济体制条件下的户口、土地、就业、社会保障等一系列制度的基础上形成的,总称为城乡二元结构。这种城乡二元结构,同国外讲的不完全一样,刘易斯所说的二元结构主要是讲城乡二元经济结构；中国的城乡二元结构，是在上述一系列体制下逐步形成的，既是经济结构，也是社会结构，应该称作乡二元经济社会结构。它以户口制度为基础，把公民划分为非农业人口和农业人口。国家对城市居民（非农业户口）实行一种政策，对农民（农业户口）实行另一种政策。对这种格局，有学者称为"城乡分治，一国两策"。其基本特征表现在以下三个方面。

（1）在政治上，不平等对待。对工人、干部、知识分子等非农业户口的人，认为是体制内，对农民认为是体制外，实行另一种政策。如选举人民代表大会的代表，城乡居民选举比例是不相同的，选全国人民代表大会，十届人大以前，城市居民22万人选一个代表，而农民要88万人选一个代表。

（2）在经济上，不等价交换。农村长期实行统购派购粮食和农产品制度，通过剪刀差强制农民为国家作贡献；1990年代以来，通过低价征用土地，积累大量资金；用农民工的形式，长期廉价使用农村劳动力。有人估算，通过这两种形式，农民为社会作的贡献可以以万亿元计，远远大于剪刀差作的贡献。

（3）在社会上，实行非普惠制。教育、医疗、社会保障等公共产品，对城市居民和农民，在提供的方式、内容、数量、质量方面都是不同的，差别很大。

长期实行这种政策，形成了中国特有的城乡经济社会二元结构，把农民束缚在狭小的土地上，限制封闭在农村里，阻碍了农业生产的发展，使农民贫困、农村落后的问题，长期得不到应有的解决。

十七届三中全会的《决定》明确指出了三农问题的症结所在。《决定》指出："我国农村正在发生新的变革，我国农业参与国际合作和竞争正面临新的局面，推进农村改革发展具备许多有利条件，也面对不少困难和挑战，特别是城乡二元结构造成的深层次矛盾突出。"《决定》接着指出目前"农村经济体制尚不完善"、"农业发展方式依然粗放"、"农村社会事业和公共服务水平较低"、"区域发展和城乡居民收入差距扩大"等问题。在《决定》第一部分的最后指出：现在已进入要"着力破除城乡二元结构"的重要时期。这样阐明"城乡二元结构造成的深层次矛盾突出"，也就是说这是"三农"问题的病根，今后要"着力破除城乡二元结构"。这样的论断,在党中央的文件上,还是第一次(2004年十六届三中全会文件中曾提过:"建立有利于逐步改变城乡二元经济结构的体制")。就像人看病一样,把病诊断对,把病因找准,病就好治了。

二 农村改革发展的前景是实现城乡经济社会发展一体化

十七届三中全会的《决定》指出:"我国总体上已进入以工促农、以城带乡的发展阶段,进入加快改造传统农业,走中国特色农业现代化道路的关键时刻,进入着力破除城乡二元结构,形成城乡经济社会一体化新格局的重要时期。"这段不足百字的论述,把目前我国农村改革发展的时代特征、指导思想、目标任务、方针路径都说清楚了。关键问题有两个,一是"形成城乡经济社会一体化的新格局",这是战略目标,是要达到的根本要求;二是"着力破除城乡二元结构",这是大的方针。古语云:不破不立,前面讲过三农问题的病根是城乡二元结构,不破这个二元结构,三农问题就解决不好,城乡一体化就实现不了。这两句都是十七大以来的新话,是新的共识,是改革开放30年来解决三农问题的经验和教训的总结。

中国的改革是从农村开始的。农村实行家庭联产承包责任制,农民获得了土地的使用权、农业的经营权,得到了自主和实惠,生产积极性被调动起来了,农业连续丰产,农民连年增收,迎来了1978—1984年农村发展的黄金时期。但这实质上还只是农村生产体制的改革,1985年以后,当改革进入流通领域和产业结构调整等领域时,因为整个计划经济体制形成的户口制度、就业制度、流通体制、价格体制、财政体制等还没有改,农村第二步改革就遇到障碍,实际改不下去,1988年以后,连农村第二步改革的说法也不提了。当年计划经济体制下形成的这些体制,虽然也进行过一些改革,但是至今还没有实质性的改变,所以农业农村形势时晴时阴,变化不定。相比较而言,1980年代中期以后,城市体制、二三产业、国有企业体制的改革,虽然也有曲折,但一直坚持了下来,而且不断取得进展。现在的城市体制、二三产业体制,已经基本实现了社会主义市场经济体制,而农村、农业则基本上还不是社会主义市场经济体制。这种城乡二元结构性、体制性矛盾，是造成农业基础仍然薄弱、农村发展仍然滞后、农民增收仍然困难的根本原因。

党和国家从中国特色社会主义事业总体布局和全面建设小康社会的战略全局出发，提出了要形成城乡经济社会一体化新格局的战略目标，具有十分重要的意义。

实现城乡经济社会一体化是一个远大的宏伟目标，第一步的任务是先要形成城乡一体化的新格局。《决定》提出"到2020年，农村改革发展的基本目标任务是：农村经济体制更加健全，城乡经济社会一体化体制机制基本建立"等六个方面的目标和任务。现在的情况是，城乡是二元的，两种结构，两种体制；一头先进，一头落后；一头富裕，一头贫困；城市发展快，农村发展慢。中央虽然已经提出，现在已经到了工业反哺农业、城市支持农村的历史阶段，采取了多予少取放活的方针，在实际工作中也确实实行了许多支农、惠农、强农的新政策、新举措。但是因为城乡二元分割的体制还没有改过来，在实践中，现行的剪刀差、征地、财政、金融、农民工等体制，限制了农民生产积极性的发挥，也阻碍了农村生产力的发展，再加上这些体制像抽水机一样，使农村的土地、资源、资金、劳力、人才源源不断地向城市倾流。这就是为什么2002年十六大就提出了要使"工农差别、城乡差别和地区差别的趋势逐步扭转"的任务，几年过去了不仅没有完成，城乡差距反而在逐年扩大的原因（2002年城乡居民收入差距是3.11:1，2007年是3.33:1，2008年扩大为3.38:1）。可见，不改革这种城乡二元结构和体制，要形成城乡经济社会一体化的新格局是不可能的。

客观地说，改革开放30年来，我国的农业、农村都取得了很大的成就，都有了很大的进步，我国的农民，无论是收入水平，还是生活水平，都有了很大的提高，1978年，农民人均纯收入只有134元，2007达到4140元，按可比价格计算，增长6.34倍，年均增长7.1%，这样的长期持续增长，在历史上是罕见的，就是与改革开放前30年比，也是不可同日而语的。我们现在说农业仍然薄弱，农业仍然落后，是相对于国家社会主义现代化建设事业、相对于国民经济发展多方面的需求还得不到充分的满足而言的。说农民苦，说农民增收仍然困难，相对于同城市居民、二三产业职工有更多收入的比较，相对于改革开放以来取得的伟大成果而言，农民还没有享得应有的份额。农民自己与过去比，已经是很好的了。所以，我们到各地调查，大多数农民对于党和国家的农村政策，特别是十六大以来的多项惠农强农举措还是满意的。

30年来，三农工作取得了巨大的成就，而这些成就是在农村改革还没有完全到位，还处于城乡二元经济社会结构的背景下实现的。十七届三中全会《决定》提出，今后要着力破除城乡二元结构，形成城乡经济社会一体化格局。这项改革真的到位了、实现了，诸如计划经济体制条件下形成的户口制度、土地制度、社会体制、财政体制、社会保障等体制机制都通过改革，把问题解决好了；在农村，也实现了社会主义市场经济新体制，同城市的社会主义市场经济体制衔接起来，城乡经济社会一体化的格局就形成了。做到了这一点，亿万农民的积极性必将进一步调动起来，投入社会主义现代化建设中去，农业增产、农民增收、农村繁荣、社会稳定的局面就是必然的。过去我们常说"没有农业现代化就没有国家的现代化，没有农村繁荣稳定就没有全国繁荣稳定，没有农民全面小康就没有全国人民全面小康"，如果我们真能按照十七届三中全会《决定》，实现"破除城乡二元结构，形成城乡经济社会一体化新格局"，那么中国特色的社会主义现代化、国家的繁荣稳定和全国人民的全面小康就能够实现。所以，有学者评论：十一届三中全会的重要决定，是中国改革开放30年来取得伟大成功的起点；十七届三中全会的重要决定，是未来30年中国实现又一次大飞跃的起点。这是很有道理的。

三 统筹城乡经济社会发展是解决好三农问题的根本方针

"统筹城乡经济社会发展"，最早是在十六大政治报告中提出来的。作为建设现代化农业、发展农村经济、增加农民收入的重大原则，它也就是解决好三农问题的根本方针。2002年后每年中央全会所作的决定，都一再重申这个重大原则，这次十七届三中全会再次重申："必须统筹城乡经济社会发展，始终把着力构建新型工农、城乡关系作为加快推进现代化的重大战略。"6年过去了，我国的城市和乡村都有了很大的发展，经济和社会也都有了很大的进步，这是要充分肯定的。但是城市发展得快、农村发展得慢，经济这条腿长、社会这条腿短的格局，还没有从根本上扭转。一个重要的例证，就是城乡差距还在继续扩大。这表明统筹城乡经济社会这个方针还没有得到全面有效的贯彻。

所谓统筹，就是要兼顾、要协调、要平衡，使城乡经济社会协调发展。在这里，统筹的主体是党中央、国务院和各级地方党委和政府，按照统筹兼顾的原则，进行宏观调控，改变过去重（城市）一头、轻（农村）一头，乃至挖一头（农村）、补一头（城市）的做法。现在我国的人均GDP已超过3000美元，到了"以工哺农，以城带乡"的阶段，所谓哺，就是反哺，就是工业和城市应该补贴农业和农村，把过去的调控方向倒过来。当然，中国是个大国，船大要掉头，很不容易，这涉及认识观念、体制、机制、利益关系、工作路径等方面，工作难度很大，将是一个比较长的过程。但是，首先，作为统筹、调控主体的各级党委和政府一定要有新的观念和认识。历史阶段不同了，战略方向和工作任务就应该作相应的改变。说得通俗一点，过去是给工业、城市吃偏饭，现在是以工哺农、以城带乡的历史新阶段，就应该给农业、农村吃一点偏饭，否则，城乡经济社会一体化的格局就形成不了，"统筹城乡经济社会发展"就只会是一句空话。所以，要落实贯彻统筹城乡经济社会发展这个重大战略和方针，作为统筹主体的各级党委和政府，首先要有明确的认识。

其次，要贯彻落实统筹城乡经济社会发展，必须对现行的城乡体制机制进行改革。十七届三中全会的《决定》指出："必须统筹城乡经济社会发展，始终把着力构建新型工农、城乡关系作为加快推进现代化的重大战略。统筹工业化、城镇化、农业现代化建设，加快建立健全以工促农、以城带乡长效机制，调整国民收入格局，巩固和完善强农惠农政策，把国家基础设施建设和社会事业发展重点放在农村，推进城乡基本公共服务均等化，实现城乡、区域协调发展，使广大农民平等参与现代化进程，共享改革发展成果。"《决定》这一段共讲了10个方面的战略任务，这些任务完成了，城乡一体化的远大目标也就实现了。这些任务，多数以前的决定都提出过，为什么多年实现不了呢？一个重要原因，就是前面讲过的我国目前还是个城乡二元经济社会的结构,而这个结构是由计划经济体制条件下形成的一系列城乡分治的体制机制决定的。不先改革这些城乡分治的体制机制,上述要统筹的 10 个方面就实现不了。所以要统筹城乡经济社会发展,就一定要统筹安排进行诸如户口制度、土地制度、财政金融体制、教育医疗体制、社会保障体制等方面的改革,这些方面的每一项改革,都涉及全局,单靠农业、农村方面的力量是改不动的,而必须由党和国家,各级党委、政府统筹安排来进行。所以,要实现城乡经济社会一体化的理想,应该把统筹城乡经济社会发展加进改革的内容,称为统筹城乡经济社会的改革和发展。

再次,要实现统筹城乡经济社会发展的战略任务,必须在组织上落实。政治路线决定组织路线,组织路线是为政治路线服务的。新中国成立以来,特别是改革开放以来,社会主义建设实践证明,这个理论是正确的。可以总结出一条基本经验,凡是党和国家决定提出的战略任务和重大任务,都必须在组织上落实,要有组织,要有人去具体贯彻执行才能实现。如果这个战略任务只停留在会议上、文件上,没有组织保证,就只能是一纸空文,我们有许多重要的事项,讲了多年,鲜有成效,源于没有从组织上落实,正反两方面的经验都证明了这点。计划生育工作是天大的难事,我们国家做成功了,一个关键的举措,就因为从上到下建立了计划生育委员会,有组织作保证。

农业是安天下、定民心、稳社会的战略产业,三农工作是我们党各项工作的重中之重。30 年来,每年的中央全会、两会,三农问题都是讨论研究的重点问题,有三次中央全会专门讨论三农问题,并作出了重大决定。党中央、国务院几乎每年召开农村工作会议,已经先后发了 11 个中央一号文件。社会各界也都十分关心重视农业、农村、农民问题,有众多的专家、学者深入农村,访贫问难,调查研究,出谋划策,著书立说,写出的调研报告、政策建议、论文著作,真是汗牛充栋,比任何同类问题的论著都多得多。全国上下,如此重视三农问题的解决,这在国际工业化、城市化、现代化历史上,可以说是绝无仅有的。但为什么三农问题仍然是层出不穷、屡解不决、久治不愈呢?一个重要的原因是,中央关于解决"三农"问题的这些正确的方针、政策,还没有在组织上落实。十七届三中全会作出的《关于推进农村改革发展若干重大问题的决定》，从当前国际国内形势的全局出发，找准了三农问题的症结所在，提出了实现城乡经济社会一体化的宏伟目标，指出了解决好三农问题的方针政策，是一个在新时期推进农村改革发展的纲领性文件，无论从理论高度还是实际操作层面评价，都是个很好的文件。按照文件指出的指导思想、目标任务、方针政策去做，"三农"问题不仅能够解决好，而且农村会再一次振兴起来，为未来30年中国崛起奠定一个坚实的基础，成为又一个新的历史起点。但这样好的《决定》，怎么贯彻落实呢？按现在农口群龙治水又群龙无首的组织状况，这个《决定》是很难贯彻落实好的。社会上有"政策出不了中南海"的议论，这是言过其实。但农村问题的政策出不了农口，却是现实。《决定》里指出的要破除城乡二元结构，要形成城乡经济社会发展一体化新格局，要统筹城乡经济社会发展等的任务，仅在农口内部是解决不了的。所以，在新时期，建一个为党中央解决好三农问题的工作机构，从组织上落实统筹城乡经济社会的改革和发展这个重大战略任务，就很有必要。

（《新华文摘》2009年第20期
原载《社会科学研究》2009年第4期）

研究当代中国社会结构的理论与方法

本书是中国社会科学院社会学研究所当代中国社会结构变迁研究课题组，继《当代中国社会阶层研究报告》（2002）、《当代中国社会流动》（2004）之后的第三个研究报告。自2004年秋季以来，课题组成员先后在四川省成都市和大邑县、广东省深圳市、北京市怀柔区、福建省晋江市、浙江省宁波市、江苏省太仓市等地的城市和农村做了长期深入的调研，研读了大量的文献资料，召开了多次理论研讨会。最初，我们着重调查研究当前各个社会阶层间的利益关系状况及其存在的问题，但是，在实际调研过程中，我们深刻感受到，随着经济的高速发展，社会结构正在发生深刻变化，社会矛盾和问题正在凸显，这正是研究社会结构发展变化的好时机。所以，课题组做出决定，对社会阶层关系研究做出初步总结后，把重点转向当代中国社会结构变动的调查研究。

跨入21世纪以后，中国社会主义现代化建设进入了一个新阶段，站到了新的历史起点上。新阶段、新形势的基本特征是，一方面经济持续高速增长，成绩斐然，捷报频传，另一方面社会矛盾、社会问题凸显，此起彼伏，消息也是频传。如何正确认识这种矛盾的社会现象，找准产生这种矛盾的原因，采取恰当的政策和措施，解决好这些矛盾，推进经济社会协调发展，使"社会更加和谐"，这是实践和理论工作者面临的新的历史任务。长期以来，在经济建设为中心的大背景下，我们已经习惯运用经济理论和方法观察分析问题，用经济的政策和手段来解决矛盾，这在一定阶段是必要的。但是当经济发展到新的阶段，出现了经济报喜、社会报忧的矛盾现象时，就有必要同时运用社会理论和方法来观察分析问题，采用社会政策和措施来解决矛盾。据我们多年的调研和探索，我们认为在新阶段新形势的背景下，提出运用社会结构理论作为观察新阶段新形势的新视角，并运用相应的理论和方法，制定社会政策、改革社会体制、调整社会结构、加强社会建设和社会管理，这是适应我国进入改革发展关键时期的客观要求，也是从根本上解决多年来不少经济社会难题的需要。

2004年9月，党的十六届四中全会提出构建社会主义和谐社会的战略思想，得到了全党全国人民的高度认同和热烈拥护。2005年2月21日，中共中央政治局第二十次集体学习会上，胡锦涛指出："各级党委、政府和领导干部要切实加强对本地区本部门和谐社会建设有关情况和工作的调查研究，全面分析和把握社会建设和管理的发展趋势，为制定政策、开展工作奠定坚实的基础。要加强对社会结构发展变化的调查研究，深入认识分析阶层结构、城乡结构、区域结构、人口结构、就业结构、社会组织结构等方面情况的发展变化和发展趋势，以利于深入认识在发展社会主义市场经济和对外开放的条件下我国社会发展的特点和规律，更好地推进社会建设和管理。"[1] 2006年10月中共第十六届六中全会专门就构建社会主义和谐社会做了研究，并对若干重大问题作了决定，指出："我国已进入改革发展的关键时期，经济体制深刻变革，社会结构深刻变动，利益格局深刻调整，思想观念深刻变化。这种空前的社会变革，给我国发展进步带来巨大活力，也必然带来这样那样的矛盾和问题。……构建社会主义和谐社会是一个不断化解社会矛盾的持续过程。我们要始终保持清醒头脑，居安思危，深刻认识我国发展的阶段性特征，科学分析影响社会和谐的矛盾和问题及其产生原因，更加积极主动地正视矛盾、化解矛盾，最大限度地增加和谐因素，最大限度地减少不和谐因素，不断促进社会和谐。"[2]

社会结构历来是社会学研究的核心问题。社会结构既是对社会做静态分析的终点，也是对社会做动态分析的起点。从认识上把握了一个国家或地区的社会结构，就可以从根本上认清这个国家或地区社会变迁的原因和趋向。所谓社会变迁，也就是社会结构的变迁。社会结构是一个国家或地区占有一定资源和机会的社会成员的组成方式和关系格局。社会结构是对

---

[1] 2005年2月23日《人民日报》第1版。
[2] 《中共中央关于构建社会主义和谐社会若干重大问题的决定·辅导读本》，人民出版社2006年版，第3—4页。

纷繁复杂的社会现实的理论抽象。19世纪法国社会学家涂尔干说过:"对社会结构的分析是理解一切社会现象的出发点。"

课题组从我国改革发展已进入了新阶段的客观实际出发,对中国社会结构的发展变化作了实践层面、理论层面和历史层面的调研和考察。《当代中国社会结构》就是我们三年来调研考察的结晶。

本书共十章,总报告是全书的总论,第一章到第九章分别是:人口结构、家庭结构、就业结构、收入分配结构、消费结构、城乡结构、区域结构、组织结构和社会阶层结构。本书对中国社会结构的历史和现状作了总体描述和分析。通过对中国社会结构的调查研究,我们有以下几点认识和体会。

第一,中国已进入社会建设为重点的新阶段。经过30年改革开放的伟大实践,中国经济建设取得巨大成就,工业化、现代化快速推进。当前,经济发展已经进入关键时期,然而,社会结构调整滞后,经济社会发展不协调,由此引发诸多社会矛盾与问题,这成为当前中国进入发展新时期的特征。在这样的背景下,近年来我们党相继提出科学发展观、构建社会主义和谐社会,在继续坚持大力发展生产的同时,将社会建设摆在了更加突出的位置,这表明,中国已进入社会建设为重点的新阶段。调整社会结构,形成与经济结构相协调的现代社会结构,这既是经济持续健康发展的支撑,也是构建社会主义和谐社会的基础,是社会建设的核心。

第二,中国的社会结构已经发生了深刻的变化,但仍处于工业社会的初级阶段,而经济结构已经是工业社会的中级阶段。一般来看,一个国家或地区在发展初期,生产力水平低,劳动产品少,解决温饱问题和满足人们基本物质生活的需求成为社会发展的主要任务。因此,这一阶段主要以经济发展为主导,这使得经济发展优先于社会发展。但是,在进入发展中期阶段后,生产力落后状况得到显著改善,温饱问题及基本物质生活需求得到基本解决之后,人们对物质生活以外的精神文化需求和全面发展的需求越来越迫切。同时,经济发展本身也对科技、教育、社会环境提出了更高的要求,于是,经济社会发展不协调的矛盾变得突出起来。就当前中国来看,我们的经济建设取得巨大成就,经济结构已经达到工业化的中期水平,但是,由于我们对社会建设的投入不足,社会结构调整滞后,还处于工业化的初级阶段,这是当前中国最大的结构性矛盾。

第三,据我们测算,中国现在的社会结构大约滞后于经济结构15年。从经济社会要协调发展的目标看,我们现在的就业结构、消费结构、城乡结构、社会阶层结构等方面都滞后于经济结构,存在结构性矛盾。以城乡结构为例,2007年的城市化率为44.9%,比1978年的17.9%提高了27个百分点,平均每年提高0.93个百分点。据霍利斯·B.钱纳里等学者研究,工业化中期的城市化率应在60%以上。要达到60%的指标,即以每年提高0.93个百分点的速度递增,需要16.2年。中国的城市化长期严重滞后于工业化,由此引发了一系列经济社会矛盾和问题。可以说,这是中国改革发展面临的瓶颈,亟须优先解决。

第四,社会结构严重滞后于经济结构的主要原因,是我们没有适时地抓好社会体制改革和社会建设。

过去革命分阶段,不同的革命阶段有不同的具体目标和不同的历史任务,乃至革命的方式、方法也有不同。"当前革命的形势已经到了要改变的时候,革命的策略、革命的领导方式也必须跟着改。"① 改革发展也分阶段,不同的改革发展阶段,具体的目标和历史任务是不同的,改革的方式、方法也应不同。

在我国改革开放初期,确定以经济建设为中心,进行经济体制改革,推动经济发展,是完全正确的。进入20世纪90年代中后期,GDP翻了两番,解决了短缺经济等问题以后,进入了改革发展的新阶段,此时就应该适时相应进行社会体制改革,加强社会建设,推进社会结构的调整。但是,由于我们缺乏经验和理论准备不足等原因,没有及时对计划经济体制时期形成的户籍、就业、人事、社会保障等体制实行必要的改革,致使城乡二元结构依旧存在,城乡结构、就业结构等社会结构仍严重滞后于经济体制,以改善民生为重点的社会建设没有得到应有的加强,投入严重不足。进入21世纪以来,投入虽然有所增加,但因欠账太多,社会事业仍很薄弱,上学难、看病难、住房难、养老难等呼声仍不绝于耳,特别是在

---

① 毛泽东:《论反对日本帝国主义的策略》,《毛泽东选集》第1卷,人民出版社1991年版,第152页。

中西部，情况更为严重。

第五，当前是进行社会体制改革、调整社会结构最关键的时机。综观世界各国现代化建设的历史，一般都是经济发展经济结构调整在前，社会发展社会结构调整在后，但要形成与经济结构相协调、相辅相成的社会结构，则是经过了长期不断调整、磨合，乃至社会变革才实现的。与现代经济结构相适应的现代社会结构的形成，是现代国家建成的标志。迄今为止，这样的国家和地区只有30多个，主要在欧美，亚洲只有日本和四小龙。而多数国家还是发展中国家，有的经济指标达到了，但社会结构落后（如拉美和石油国家），就还不是现代化国家。

改革开放以来，我国通过经济体制改革，经济结构调整，建立社会主义市场经济体制，经济持续快速发展，而且发展前景良好，经济这道坎儿是迈过来了。但社会结构还处在初期阶段，经济社会发展还很不协调。十七大政治报告中指出的新世纪新阶段存在的八大矛盾，就是经济结构和社会结构不协调的表现。这八大矛盾与十六大政治报告中指出的七个问题多数是重合的。重合的内容主要是社会矛盾和问题，都是"改革攻坚面临的深层次矛盾和问题"，如果长期得不到妥善解决，就会出现前些年有些社会学家提出的"社会利益格局定型化"、"社会结构断裂"的局面，迈不过进入现代化的大坎，乃至陷入"拉美化"的泥潭。

当前是贯彻落实科学发展观、进行社会体制改革、加强社会建设、调整社会结构最关键最紧迫的时期。我们在经济上有雄厚的物质基础，广大群众，特别是九亿农民有强烈要求深化改革的愿望。我们应该抓住机遇，补好进行社会体制改革、调整社会结构这一课。

第六，目前，进行社会体制改革、加快社会建设、调整社会结构的突破口是推进城市化。

20世纪90年代中期以来，困扰我们的重大问题有三个：一是内需总是扩大不了；二是城乡差距扩大的趋势总是遏制不住；三是刑事犯罪、社会治安案件总是降不下来。应该说，在这几个方面，我们做了很大努力，但该升的还是没有升上去，该降的还是没有降下来。为什么？总结到一点，就是在新的发展阶段，没有按新形势的要求对社会结构进行必要的调整。

由于我们在 20 世纪 60 年代初期吃了"三年困难"的大亏，从此严格实行城乡隔离的户籍制度，把农民堵在城外。改革开放，实行了社会主义市场经济体制，经济形势大变，短缺经济的问题解决了，卖方市场变成了买方市场，但城门还是关着，于是就出现了上述这些复杂的社会问题。50 年来，亦工亦农、社队企业、离土不离乡、进厂不进城、乡镇企业、小城镇、离土又离乡、农民工，等等，想让农民在农村搞工业化的办法都使用过了，结果都不灵。

国内外实现现代化的过程表明，工业化的过程是农民逐步转变为二、三产业工人，转为城市市民的过程，搞工业化一定要搞城市化，城市化是工业化的载体，也是现代化的载体。迄今为止，还没有一个现代化国家是靠农业，靠大多数人口的农民在农村实现的。所以我们应该正确总结"三年困难"的历史教训，不能把主要成因归结为"农民进城太多"、"城市化太快"，更不能由此就紧闭城门，拒绝农民进城，总怕农民进城会出现这样或那样的问题。实践证明，把农民堵在城外的做法不对，也不符合社会发展的基本规律。

现在是到了打开城门让农民进城、大力推进城市化的时候了，并且要通过改革户籍、就业、社保等体制，最终实现城乡一体化。这是建立完善的社会主义市场经济体制的必然要求，也是九亿农民企盼了五十多年的强烈愿望，符合客观历史规律。真能做到这一条，上述三个久解不决的问题就能基本解决，社会结构调整的步伐就能加快。总结新中国成立 60 年的历史，有一条基本经验：凡是党的政策，符合广大农民的切身利益，符合广大农民的愿望，一旦实行，就威力无穷。土地改革是这样，包产到户也是这样。这都是我们亲身经历的。改革户籍制度、打开城门、推进城市化这个大政策真的实行了，那是中国农民的第三次解放，可以调动亿万农民的积极性，推动生产力的发展，经济再上一个新的台阶，从而使城乡结构、区域结构、就业结构等社会结构发生大的调整，是可以预期的。

上面讲的六个问题，是我们研究当代中国社会结构发展变化过程中的体会，也是本书阐述的主要内容。当代中国正在由传统的农业、农村社会向工业化、城市化的现代化社会转变；由高度集中的计划经济体制向充满活力的社会主义市场经济体制转变。整个社会正在发生着中国历史上从未有过的广泛而深刻的大变革。改革开放 30 年来，我们取得的成就辉煌灿烂，历史上从未有过。我们也要清醒地认识到，我们现在正处于改革发展的关键时期，我们现在遇到的社会矛盾和社会问题，错综复杂，涉及面广，关联性强，破解的难度很大，而且是屡解不决，层出不穷。这也是历史上从未有过的。但是，这些社会矛盾和问题必须解决，社会这个"大坎"必须迈过去。

课题组对当前的几个重大社会矛盾和问题进行了深入细致的分析，我们认为这些久解不决的难题，都属于体制性、结构性问题，仅用经济的方法和手段是破解不了的。"不同质的矛盾，只有用不同质的方法才能解决。"① 解决这些社会矛盾和问题，必须创新社会政策，进行社会体制改革，加强社会建设，调整社会结构。所以，课题组提出，社会结构分析是新阶段新形势条件下观察和分析问题的新视角，也是解决社会矛盾和问题的新方法。

本书的核心内容就是向社会和广大读者推荐"关于社会结构的理论和方法"，以及对中国社会结构发展变化做的调查和研究。

（《当代中国社会结构》前言，社会科学文献出版社 2010 年版）

---

① 毛泽东：《矛盾论》，《毛泽东选集》第 1 卷，人民出版社 1991 年版，第 311 页。

城乡一体化的社会结构分析与实现路径

十七届三中全会通过的《关于推进农村改革发展若干重大问题的决定》文件第一次提出"城乡一体化"这个概念,决定指出:"我国总体上已进入以工促农、以城带乡的发展阶段,进入加快改造传统农业、走中国特色农业现代化道路的关键时刻,进入着力破除城乡二元结构、形成城乡经济社会发展一体化新格局的重要时期。"可以说,十七届三中全会通过的这个文件,是十一届三中全会以来历次会议制定的关于农村改革和发展的最好的一个文件,文件系统总结了农村改革发展的光辉历程和宝贵经验,指出了当前农村改革发展的困难和挑战,"农业基础仍然薄弱,最需要加强;农村发展仍然滞后,最需要扶持;农民增收仍然困难,最需要加快"。文件明确揭示了"三农"问题长期得不到解决的深层次原因,是计划经济体制形成的城乡二元结构。文件还强调把统筹城乡经济社会的改革和发展作为破除城乡二元结构、形成城乡一体化新格局、从结构上解决好"三农问题"的战略方针。文件指出:"必须统筹城乡经济社会发展,始终把着力构建新型工农、城乡关系作为加快推进现代化的重大战略。统筹工业化、城镇化、农业现代化建设,加快建立健全以工促农、以城带乡长效机制,调整国民收入格局,巩固和完善强农惠农政策,把国家基础设施建设和社会事业发展重点放在农村,推进城乡基本公共服务均等化,实现城乡、区域协调发展,使广大农民平等参与现代化进程,共享改革发展成果。"文件一共提出了八个方面的战略任务,这些任务完成了,城乡一体化的宏伟目标也就实现了。

十七届三中全会制定的这个农业文件,是一个很重要的纲领性的文件。遗憾的是,这个好文件出台的时间是 2008 年 10 月 12 日,正值国际金融风暴袭来之时。风暴突如其来,来势凶猛,全国从上到下都去应对这个风暴,全力以赴地"保稳定、保增长、保民生",导致这个农业文件的贯彻落实大打折扣。

近几年,城乡一体化的文章也少见了。中国体改研究会、改革杂志社和长三角的同志一起召开这个"区域发展与城乡一体化高峰论坛"来讨论这个主题,以推动中国区域经济社会发展和城乡一体化进程,这是很有见地、很有意义的。下面,我着重阐述三个方面的内容。

一 城乡一体化概念与研究内容

城乡一体化这个说法和理论,同"三农论"一样,是中国特有的。国外只有城乡协调、城乡均衡发展等说法,所以,城乡一体化这个理论是改革开放后中国实际工作者和学术界的一个创造。考诸文献,最早提出这个概念的是苏南地区。早在1983年,苏南地区就有人开始提城乡一体化这个概念。当时的经济社会背景是,苏南地区的乡镇工业异军突起,但发展中遇到了计划经济体制下城乡分隔的障碍,使乡镇工业不能顺利发展。所以,有些市、县就提出来政府要对辖区内的城市和农村、工业和农业实行统筹兼顾的调节和安排,提出要实行城乡一体化。因为这个概念和做法符合经济发展,特别是乡镇工业发展的实际,所以不胫而走,产生了较为广泛的影响,也引起了学术界的注意,学者因此开始了这方面的研究。当时随费孝通教授在苏南进行小城镇问题调查的张雨林研究员专门研究了这个问题,写了题为"论城乡一体化"的论文,发表在《社会学研究》1988年第5期上,这是比较系统地论述城乡一体化的第一篇文章。

所谓城乡一体化,主要有四个方面的内容。

第一,就城乡关系讲,在一个国家或一个地区,城乡是一个整体,整个社会是一个活的有机体,城和乡是相互依存的,城乡关系应该是平衡、协调、有机结合的。但在资本主义工业化初期发展进程中,城市统治农村、剥削农村,城乡关系是对立的。我们在计划经济体制下,搞了城乡分治,形成了城乡二元经济社会结构,使城乡发展不平衡、不协调,这不仅对农村发展不利,对城市发展也是不利的。

第二,就城乡发展的目标来说,统筹城乡经济社会协调发展的目标,就是要实现城乡一体化。城乡对立当然不好,城乡分治、城乡之间人为地设置栅栏,画地为牢,阻滞流动,当然也不好。长期实行城乡分治的结果是城乡差距越来越大,这是目前中国社会矛盾、社会冲突大量产生的重要根源。提出城乡一体化作为发展目标,就是要实现使城乡居民在政治权利、收入分配、社会福利等方面逐步趋于平衡、趋于公平、趋于均等,共享改革发展结果。

第三,实现城乡一体化是一个历史过程。自 20 世纪 50 年代实行计划经济体制以来,通过建立户籍制度,对城市、对居民实行一种政策,对农村、对农民实行另一种政策,形成中国特有的城乡二元经济社会结构,相关的体制、机制盘根错节,根深蒂固,成为阻碍中国发展特别是农村发展的主要障碍。要实现城乡一体化将是一个较长的历史过程,第一步是要"着力破除城乡二元结构,形成城乡经济社会发展一体化的新格局",遏制目前城乡差距还在继续扩大的趋势;第二步通过"工业反哺农业,城市支持农村",加大对农村的投入,加快农村经济社会发展,逐步缩小城乡差距;第三步是实现城乡一体化。

第四,要实现城乡一体化,必须对城乡体制进行改革。现在还是城乡二元,要实现一体,就必须进行改革。所谓一体化,"化"是一个过程,是变化、变革、变迁的过程,也就是一个改革的过程。十七届三中全会已经明确指出,三农问题的病根是城乡二元结构造成的深层次矛盾,所以今后要"着力破除城乡二元结构"。破就是改革,除是除掉,就是要通过改革,除掉三农问题的病根。这样的论断,在中央文件是第一次出现。如何改革?改革什么?如何破除?回顾 30 多年农村改革发展的历史,就清楚了。农村率先改革,实行家庭联产承包责任制,农民也率先得到实惠,那几年城乡差距是缩小的,但进入 20 世纪的中后期,农村要进行第二步改革,触及城乡二元体制问题,就改不下去了,只好打外围战。虽然中央和地方花了很大力气,但农村的形势时好时坏,问题总是层出不穷,原因是城乡二元结构的基本格局没有改革,这是个教训。支撑城乡二元结构的核心体制有三个,一是城乡分治的户籍制度,二是产权不明晰的土地制度,三是城乡不平衡的财政制度。这三项重要制度是计划经济体制条件下形成的,是为计划经济体制服务的,也是计划经济体制的重要组成部分。从十四届三中全会以后，我国已经明确要实行社会主义市场经济体制，城市已经按照社会主义经济体制的要求逐步改革，而且已经取得巨大的成功。现在，农村改革应向城市改革学习，按照社会主义市场经济体制的要求，对诸如户籍、土地、财政等制度进行改革，以破除城乡二元结构，才能实现城乡一体化。

二 城乡一体化的社会结构分析

长三角地区是我国工业化、城市化发展最早、最迅速的地区，各项经济指标在全国都是领先的。有研究者认为"长三角地区已经具备了加速消除城乡二元结构的物质条件和环境基础"。我也认为长三角地区具备了加快消除城乡二元结构、逐步实现城乡一体化的条件。总体看来，破除城乡二元结构、解决好三农问题、实现城乡一体化这个宏大的历史任务，将率先从发达地区开始，以后梯度推进，次及中部地区，然后到西部地区，依次逐步实现。归根到底，要实现城乡一体化，必须要有生产力的高度发展，要在经济、社会、政治、文化水平全面提高的基础上才能达到。即使像长三角这样我们国家的发达地区，从数字上看，无论是经济条件还是社会等方面的条件，要实现破除城乡二元结构、形成城乡经济社会一体化新格局，也还需要经济社会的条件有进一步的发展。

改革开放以来，长三角地区不仅在经济建设、经济结构调整方面取得了巨大成就，走在全国前列，而且在社会建设、社会结构调整方面也取得了巨大成就，也是走在全国前列的。但因为我国的基本国情仍处于社会主义初级阶段，底子薄，起点低，欠账多，加上多年实行计划经济体制，还有诸多体制机制没有得到根本改变，30多年来，在经济发展方面虽已经有了很大的进展，但在社会发展、社会建设和社会结构调整方面还是相对滞后了。长三角地区在这方面已经作了很大的努力，但也同样存在经济社会发展不平衡、不协调的问题，也就是我们常说的经济这条腿长、社会这条腿短的状态。

根据国家统计局的资料，我们对长三角地区的经济社会数据做了一个整理（见表1）。

表1　　　　　　　　　长三角地区经济社会数据

项目\地区	城市化（%） 1978	城市化（%） 2008	GDP中一产的比重（%） 1978	GDP中一产的比重（%） 2008	就业总劳动力中一产劳动力的比重（%） 1978	就业总劳动力中一产劳动力的比重（%） 2008	人均GDP（美元） 1978	人均GDP（美元） 2008	城乡居民收入差距 1978	城乡居民收入差距 2008
上海	41.3	87.5	4	0.82	34.4	4.7	1657	10753	1.45:1	2.34:1
江苏	13.3	54.4	27.7	6.92	69.8	26.3	287	5827	1.86:1	2.54:1
浙江	12.9	57.6	38.2	5.1	68	19.2	221	6208	2.01:1	2.45:1
长三角	18.2	58.8	19.7	5	64.5	21.1	402	6800	—	—
全国	17.9	45.7	28.2	11.3	70.5	39.6	254	3378	2.56:1	3.31:1

资料来源：《新中国六十年统计资料汇编》，中国统计出版社2010年版。

从数据上分析，长三角地区的国土面积占全国的2%，2008年的人口占全国人口的10.67%，劳动力占全国劳动力的11.86%，当年创造的GDP占全国GDP的21.78%，人均GDP约合6800美元，是全国人均GDP（3378美元）的2倍多，上海市的人均GDP已达10753美元。从这些数据看，长三角地区已进入国际上中等收入地区的行列，这两年又有了新的发展。

从经济结构分析：长三角地区2008年的GDP总量已达65479亿元，其中第一产业3307亿元，只占5%（江苏一产占6.9%，浙江一产占5.1%，上海一产占0.82%）；第二产业34479亿元，占52.7%；第三产业27709亿元，占42.3%。从经济结构分析，长三角地区已是工业化社会的中后期。上海的一产不足1%，三产占53.7%，近两年三产比重又有新的提高，所以上海已经进入工业社会的后期。

从社会结构分析：在就业结构中，2008年长三角地区就业总劳力为9188万人。[1] 其中从事一产的劳力占21.1%，这同上述当年GDP中一产占5%存在着16.1个百分点的结构差。在城乡结构中，2008年长三角地区的城市化为58.8%（上海87.5%，江苏54.4%，浙江57.6%），这两省一市的城市化率中，都是把本地和外地的农业户籍在本市居住半年以

---

[1] 实际远不止此数。据《长三角蓝皮书（2010）》中说："长三角地区共有外来人口约4265万人，其中2/3以上的人口是以就业为主。"社会科学文献出版社2010年版，第212页。

上的人口定为常住人口,而计算入城镇人口的这类人口到底有多少,统计局没有说明,但现在各个城市里都有相当数量的常住人口,他们被称为"只是半城市化的人"。在收入分配结构中,从1978年到2008年,长三角地区的城市居民可支配收入和农民人均纯收入都有大幅增加,但这两省一市的城乡居民收入差距,2008年与1978年相比都是扩大的。上海从1:1.45扩大到1:2.34,江苏从1:1.86扩大到1:2.54,浙江从1:2.01扩大到1:2.45。就城乡差距说,2008年这两省一市却比全国的1:3.31要小,但这两省一市1978年时的差距本来就比全国的1:2.56要小。

长三角地区的社会结构中,2008年的就业结构是一产21.1%,二产40.7%,三产38.2%;城乡结构中,城市化率是58.8%。根据美国学者钱纳里等对多个国家和地区的研究,他们提出,工业化中期的就业结构应是一产的劳力占15.6%,二产占36.8%,三产占47.3%;城市化率应在60%以上。[1] 按这个数据衡量,长三角地区的一产劳力比上述标准多5.5个百分点;长三角的城市化率即使不计半城市化的情况,也只有58.8%,比标准低1.2个百分点。所以,2008年长三角地区的社会结构还处于工业化初级阶段的后期,或者说正在步入工业化中级阶段(从各个数据看,上海市的社会结构已经处于工业化社会的中级阶段)。

长三角地区的经济结构,已经是工业化社会的中期阶段,但是其社会结构还处于工业化社会的初级阶段。经济结构和社会结构是一个国家或地区的两个最重要、最基本的结构,经济结构和社会结构两者相辅相成,相互支撑,要平衡、协调,是这个国家或地区经济持续发展、社会和谐稳定的基础。现在长三角地区的社会结构滞后于经济结构,两者存在着结构性偏差。从上述几项主要指标和整个经济、社会发展态势等因素分析,长三角地区的社会结构落后于经济结构为5年左右。从国外工业化、城市化、现代化的实践看,一个国家或地区的经济社会两大结构存在着结构性偏差,是产生诸多经济、社会问题和矛盾的结构性原因。

今年初,我们课题组完成了《当代中国社会结构》一书的写作,并由社会科学文献出版社出版了。这个课题经过多年的集体研究,得到几项研

---

[1] 霍利斯·钱纳里、莫伊斯·赛尔昆:《发展的模式》,经济科学出版社1988年版。

究成果，其中有一个结论指出：当代中国的社会结构落后于经济结构约为15年左右。长江三角洲地区不仅经济建设、经济发展在全国是领先的，而且社会建设、社会发展也是走在前面的。但对比表明，长江三角洲地区的经济和社会发展不平衡、不协调的问题同样也不同程度地存在着，这是需要在今后的发展过程中注意解决的问题。

三　城乡一体化的实现路径

从现代化国家实现的发展过程看，多数国家在经济建设达到一定水平之后，都会重点转入社会建设的阶段。2006年，十六届六中全会通过的《关于构建社会主义和谐社会若干重大问题的决定》明确指出："把中国特色社会主义伟大事业推向前进，必须坚持以经济建设为中心，把构建社会主义和谐社会摆在更加突出的地位。"十七大的政治报告指出："加快推进以民生为重点的社会建设。""必须在经济发展的基础上，更加注重社会建设，着力保障和改善民生，推进社会体制改革，扩大公共服务，完善社会管理，促进社会公平正义，努力使全体人民学有所教、劳有所得、病有所医、老有所养、住有所居，推动建设和谐社会。"

自进入21世纪以来，党和政府在坚持以经济建设为中心的同时，日益强调要将社会建设摆在更加突出的位置，这标志着中国已经进入经济社会要协调发展的新阶段。长三角地区已经在推进社会建设、促进社会和谐方面做了很多工作，前述数据表明：长三角地区社会结构滞后于经济结构的偏差比全国小。因此，我希望长三角地区在社会建设方面的工作能继续带头开展下去，能像当年率先搞经济体制改革、推动经济发展那样，推进社会体制改革，更好、更有成效地进行社会建设，创造推动科学发展、促进社会和谐的新经验，示范全国。

经济社会要协调发展，必然要求城乡经济社会协调发展。所谓城乡经济社会发展一体化，说到底也就是城乡经济社会协调发展。现在的问题是城乡经济社会发展不平衡、不协调，一头富，一头穷（现在比1978年差距扩大了）；一头先进、繁荣，一头落后、衰败。城市像欧洲，农村像非洲。比喻虽有点过分，但不平衡、不协调是事实。根本原因是城乡二元结构还没有破除,长江三角洲地区的城乡差距要比全国小,不平衡、不协调的状况要好些,但也确实存在,影响经济社会的协调发展。因此,要解决城乡二元结构问题,必须进行相应的社会体制改革,如进行必要的户籍制度改革、土地制度改革、财政体制改革。

(一) 户籍制度改革

现行的户籍制度是为适应计划经济体制的需要而建立的,已经实行了50多年,是世界大国中独一无二的。这一制度实际上已经形成了一种体制,这种体制某种程度上依附着利益关系、资源和机会的配置,是束缚农民的紧箍咒,是农村发展瓶颈,一定要改革。

现在全国已经有多个省市对农业、非农业户籍制度进行了改革,实行城乡统一的户籍登记制度,取得了一定的成效。但户籍制度是全国性的问题,涉及人口的流动、就业、享受公共服务等一系列政策,光靠一省一市是不行的,必须在全国范围内统筹解决。现在有两种思路:一种是设想把已经附着在户籍上的就业、住房、教育、医疗、社保等多种问题一个个解决好,再进行户籍改革;一种是先进行户籍改革,再逐步解决各种问题。因此,我们建议先改户籍,再一个个解决其他问题。前者实际是推迟改革的托词,因为要剥离上述附着在户籍上的东西,需要更长时间,也很艰难,实际上这些东西还在增加,而且越增多,户籍制度改革会越难。为此,统筹户籍制度改革势在必行,实现公民身份上的平等,是实现城乡一体化的基本前提条件。

(二) 土地制度改革

城市化是现代化的载体,未来一个时期,是中国快速推进城市化、提高城市水平、实现城乡一体化格局的重要时期。随着城市化、工业化的发展,产业、人口向城市聚集,城市规模逐渐扩大,必然要占用乡村或城郊土地,要向农民征地。土地问题已经成为统筹城乡一体化、快速推进城市化工业化的一个重大难题。现行的土地集体所有制是计划经济体制的遗产,农民不能获得财产性的收入,没有参加市场经济竞争的立足之地。自然法人连个抵押物都没有,土地随时有被征的危险,不能把握自己的命运。不仅农民无权无力保护自己的"命根子",国家要保护18亿亩基本农田的红线也存危机。温家宝曾经有个批示:"三令五申,收效甚微,触目惊心,后患无穷。"这种状态至今没有改变,而且还在恶性发展,大拆大建、土地财政愈演愈烈。农业税免除以后,农村社会还不安定的主要原因是占地、抢地和保护耕地的矛盾,许多刑事犯罪、群体事件都与土地争夺有关。土地制度的改革已经刻不容缓。如何改革的议论很多,我们建议在现有的条件下实行"土地国有制,永包到农户",把承包权、使用权做实。确定一个时点,从此,生不增、死不减,不再变动。

土地制度改革是实现城乡一体化的根本保障。加快土地制度改革,使农村土地产权明晰,使农民失地不失权、失地不失利、失地不失业,这样农民可以支配处置属于自己的固定资产,获得财产性收益,也可以作为参加城市化、工业化建设的本钱。

(三) 财政体制改革

无论是户籍制度改革,还是土地制度改革,都是需要成本的。如果说户籍制度改革是实现城乡一体化的前提条件,土地制度改革是实现城乡一体化的根本保障,那么,财政体制改革则是实现城乡一体化的基本保证。中央已经提出"工业反哺农业,城市支持农村"的方针,财政部门首先要有贯彻执行这个方针的重大举措。免除农业税在很大程度上减轻了农民负担和地方政府的税收负担。现行的财政体制使地方财政状况捉襟见肘,相当多的县、乡两级财政很困难,有的县、乡至今连干部工资还不能按时、足额发放,日常工作运转的经费很拮据,还有不少乡镇在负债运行。这对城乡一体化格局形成十分不利。这几年财政状况好了,已经有条件来进行这项改革,要及时作出决断,进行调整和改革,改变这种不合理的头重脚轻的财政格局。因此,要"积极推进省以下财政体制改革",真正向农村倾斜,加快改变基层的财政困境。

总体来看,长三角地区经济社会发展水平走在全国前列,在推进城乡一体化过程中,有条件率先进行社会体制改革,制定相应战略,统筹规划,试点先行,建立起与社会主义市场经济体制相适应的社会体制、与经济结构相适应的社会结构,实现城乡一体化新格局。这不仅对推进本地区经济社会协调发展有利,而且将会对整个国家全面建设小康社会再一次产生重大影响。

(《南京农业大学学报》2011年2月
《社会主义经济理论与实践》2011年第8期转载)

着力破除城乡二元结构体制是解决"三农"问题的根本途径

党的十八大政治报告指出："解决好农业农村农民问题是全党工作重中之重，城乡发展一体化是解决'三农'问题的根本途径。"这是我们农村工作的指导方针。最近，有位外国朋友拿着十八大文件，指着这两句话问我："第一句话，我明白，第二句话，我不懂，为什么说城乡发展一体化是解决'三农'问题的根本途径？"我向他作了解释。中国的"三农"问题长期解决不好的重要原因，是因为城乡二元结构体制的障碍。"推动城乡发展一体化的实质是破除城乡二元结构的体制"[①]，目的是从根本上解决好"三农"问题。

一 城乡二元结构的由来

20世纪50年代初期，我们国家进行大规模经济建设，那时，我们学习苏联社会主义模式和经验，逐步建立并形成了计划经济体制。这个体制是一个庞大的体系，城乡二元结构体制是其中的一个重要组成部分，是为计划经济体制服务的。

所谓中国的城乡二元结构体制，是指在全国实行城乡分治的户籍制度，把全部居民分成农业户口和非农业户口，一经登记入册，一般就不能变更。非农业户口的人从事二、三产业，基本上都居住在城镇，称为城市居民；农业户口的人从事农业，绝大多数都居住在农村，称为农民。20世

[①] 陈锡文：《推动城乡发展一体化》，转引自《十八大报告辅导读本》，人民出版社2013年版，第180页。

纪 60 年代初以后，严格限制农业户口、农村人口转为非农业户口、城市人口。政府对城市、对市民实行一种政策，对农村、对农民实行另一种政策。例如，在城市实行生产资料的全民所有制和大集体所有制，在农村则实行生产资料的集体所有制；再如医疗卫生，在城市对公务员、干部实行公费医疗，对工人实行劳保医疗，在农村对农民则实行合作医疗，农民自费。还有像就业、教育、社会保障、住房、基础设施等民生事业方面的政策也都是不一样的，学者对此概称为"城乡分治，一国两策"。

这种中国特有的城乡二元经济社会结构始发于计划经济体制初建时期。早在 1949 年 6 月毛泽东写的《论人民民主专政》里就指出："严重的问题是教育农民。农民的经济是分散的，根据苏联的经验，需要很长的时间和细心的工作，才能做到农业社会化。没有农业的社会化，就没有全部的巩固的社会主义。"[①] 他当时的设想是按苏联集体农庄的模式，把农民组织起来。1951 年中共中央做出了在农村推行农业互助合作的决定，为此专门成立中共中央农村工作部，通过互助组、初级农业合作社、高级农业合作社、人民公社，一步步地把亿万农民组织了起来。在经济上实行全部生产资料集体所有制，集体经营、集体劳动，按劳动工分分配。在政治上实行政社合一、一大二公，人民公社既是政权组织，也是集体经济单位。又通过城乡分治的户籍制度，严格限制农业人口转为非农业人口，确立了城乡分割的格局，实际也就是城乡二元经济社会结构体制的形成。

这种体制来源于苏联集体农庄体制，但并不相同，苏联的集体农庄规模只相当于人民公社之下的生产大队，不实行政社合一，也没有我们城乡分治的户籍制度。我们的城乡二元结构体制和刘易斯的经济二元结构也是不同的。刘易斯的二元结构是从产业范畴讲的，主要是论述劳动力从农业流向二、三产业的原因和过程及其后果。但城乡二元结构这个概念及其分析框架和方法对我们学界有影响。城乡二元结构这个概念，在 20 世纪 80 年代才被引用，到 80 年代后期就有学者引来分析中国的城乡关系问题，到 90 年代以后，这类研究就比较多了，逐渐成为学界、政界的共识。

---

① 《毛泽东选集》第 4 卷，人民出版社 1966 年版，第 1482 页。

二 城乡二元结构的本质特征

中国的城乡二元经济社会结构的本质特征，是把全国的公民分成两类，对城市居民和农民实行不平等的政策。这个思想来源于苏联。苏联在城市实行全民所有制，工人阶级是领导阶级，是建设社会主义的主体；在农村、集体农庄实行集体所有制，集体农庄未来也要过渡、转变为全民所有制。斯大林在"社会主义经济问题"中说："农民是应该向社会主义纳贡的。"所以苏联政府制定的国家粮食和农产品的收购价格一贯偏低，实质是通过这种工农业剪刀差向农民征收高额的税。毛泽东1956年在《论十大关系》一文中批评苏联"把农民控得太苦"，所以农业搞不好。而这是城乡二元结构体制决定的。我们明知对农民控得太苦不好，但因为也实行了这种城乡二元结构体制，所以我们在以后的实践中，虽然反复强调要保护农民利益、要让农民富裕起来，但还是对市民实行一种政策、对农民实行另一种政策。例如在1985年以前实行棉布定量供应的政策，城市居民每人每年发18尺布票，而农民只发15尺布票；又如车祸中轧死了两个孩子，一个市民的孩子要赔20万，而农民的孩子只赔6万多（这种同命不同价的政策，一直到两年前才废止）。

长期实行这种不公平、不合理的城乡二元结构体制，严重压抑了广大农民的生产积极性，束缚了生产力的发展，致使农业生产长期徘徊不前，农民生活困苦，连温饱都不能解决，农村落后，城乡差距越来越大。1978年农民人均纯收入只有133.6元，而城镇居民人均可支配收入为343.4元，城乡差距为1:2.57。当年农村的恩格尔系数为67.7%，处于极端贫困状况。

三 破解城乡二元结构的几次实践

1978年改革开放，农村率先改革，实行家庭联产承包责任制，农民获得了土地等生产资料的自主经营权，恢复了农业生产的家庭经营形式，农民得到了实惠；不久又解散了人民公社，重建乡镇村的体制。这是对城乡二元结构体制的一次冲击，极大地调动了农民的生产积极性，农业连年丰收，农民收入大幅增加。但农村改革进入流通领域、城乡关系等重要方面时，就遭到了强烈的抵制，曾有几次农民要求改革户籍制度，都遭到了否决。城乡二元经济社会结构体制被保持了下来。

生产力总是要发展的。城乡二元结构的本意是要把农民固定在农业上，把农民限制在农村里。农村实行家庭联产承包责任制之后，出现了两个结果：一是农产品大量增产，二是农业剩余劳动力大量涌现。这应该是发展工业化、城市化的大好时机，但这时城市的经济体制改革还刚刚启动，城市的待业劳动力还很多，特别是户籍制度改革还没有动，城门还对农民紧闭着，于是就有了三项中国特有的新生事物产生：一是乡镇企业，二是农民工，三是小城镇。这是在户籍制度改不动、城乡二元体制不变革的背景下，不得已而为之的权宜之计。20世纪80年代初期到90年代，乡镇企业的崛起使农村经济发展很快，农村剩余劳动力有了出路，农民收入也有很大增长，一大批小城镇空前繁荣，乡镇企业被誉为"农民的第二个伟大创造"，不少学者对小城镇也推崇备至。

90年代，城市经济体制改革逐步取得成效，特别是邓小平南巡讲话发表之后，城市的二、三产业大发展，需要大量的劳动力，于是数以千万计的农民工涌入城市，涌向东部经济发达地区。原来的农民工是以离土不离乡为主的，到20世纪90年代中后期，则以离土又离乡为主了。到2012年，有关部门统计，农民工总量为2.626亿人，其中离土又离乡的农民工超过1.633亿人。这么大量的农民工进入城市，为中国经济发展注入活力，创造了巨大的财富，这是中国经济持续繁荣的一个重要原因。但是，在这种农民工体制下，他们干的是工人的劳动，却还是农村的户籍、农民的身份，收入很低，过着两栖的生活。农民工在城里得不到应有的公共服务，享受不到应有的社会保障和权利，也融不进城市。从体制上分析，原来的城乡差别在空间上是分开的，现在农民工常住到城里，我们对有户籍的市民实行一种政策，对农民工实行另一种政策，实际就成了城市内部的二元结构。这样不公平、不合理的体制，致使社会问题、社会矛盾乃至社会冲突多发、频发，成了中国特有的城市顽症。

进入21世纪，中共十六大以来，党中央明确把解决好"三农"问题放在全党工作重中之重的位置，提出统筹城乡经济社会发展的方针，建立"以工促农，以城带乡"的长效机制，彻底废除农业税费，给种粮农民多种直接补贴，大量增加对农村的投入，进行了大规模农村基础设施建设，恢复推行新农村合作医疗，实行农村义务教育，在农村推行低保和新型工伤保险制度。所有这些强农、裕农、惠农政策的密集出台，调动了农民的生产积极性，推动了农业生产的发展，实现了粮食总产九连增、农民收入九连加。农民生活有了很大的提高，农民是满意的，对此作了很高的评价。

这十年，党和政府一开始就把解决好"三农"问题列为全党工作的重中之重，并付诸实践，切实解决了一部分问题，这是应该充分肯定的。但是，我们还应该看到，我们虽然取得了很大成绩，为此投入了很多力量、作了很大努力、付出了很大的代价，但成效不如我们的预期。例如：早在2002年中共十六大报告中，就提出要逐步扭转工农差别、城乡差别和地区差别扩大的趋势，十几年过去了，这三大差别不仅没有缩小，反而是扩大了。2001年的城乡居民收入差距为1∶2.9，2012年扩大为1∶3.13。又如：我们想解决农民工的问题，为此，2006年还专门发了文件，确实也解决了一部分问题，农民工的处境有所改善，但是，现在农民工越来越多，在新形势下，农民工问题越来越复杂，由农民工引起的社会矛盾和问题也越来越多，就因为农民工体制并没有从根本上得到改革。随着经济快速增长，城镇化加速发展，人民生活水平不断提高，再加上我国总人口众多，每年仍有600多万人的纯增长，对粮食和农产品的需求增长很快，对农业生产的压力很大。近几年，我国每年纯进口6000多万吨粮豆，有人折算，相当于进口了6亿亩耕地的产量。现在农产品的供求现状已相当严峻，既定的粮食和主要农产品基本自给的方针受到了严重挑战。

四 破除城乡二元结构体制，是解决"三农"问题的根本途径

自从我们开展大规模经济社会建设以来，从第一个五年计划开局，至今正好60年，一个甲子。历届党和政府一贯重视农业，关注农村、农民

问题的解决，为此投入了大量的人力、物力和财力，因此取得了很大成就，保证了粮食和主要农产品对十多亿人口的生活和国民经济发展需要的供给，才有了今天中国的繁荣和兴旺，这可以说是发展中国家实现现代化的一条基本经验。但是，直到现在，我国的"农业基础仍然薄弱，最需要加强；农村发展仍然滞后，最需要扶持；农民增收仍然困难，最需要加快"[①]。2012 年，全国仍有 34% 的劳动力在从事农业，生产的粮食和主要农产品已不敷供给，当年只创造 10.1% 的国内生产总值，占总人口近 50% 的农民人均纯收入只有城镇居民可支配收入的 31.9%，农村和城市的差距仍然很大。这一切同我国已是世界第二大经济体的地位、同经济结构已处于工业社会中期阶段的水平、同我国整个经济仍在持续快速发展的要求，是很不相称的。

我们如此重视解决"三农"问题，但为什么总是解决不好、解决不了呢？历史的经验表明，凡是一个问题不是一地一县存在，而是普遍存在，不是一时存在，而是长期存在，而且是久解不决的问题，那就不是一般的工作问题，而一定是体制性问题、结构性问题。这类问题靠改进工作、加强领导是解决不了的，必须通过改革体制、调整结构才能解决。"三农"问题就是这类的问题。

"三农"问题之所以难解决，是我国农村从土改以后就按照计划经济体制的要求，把农民组织到高级农业合作社、人民公社的体系里，逐步形成了城乡二元经济社会结构体制的结果。这种城乡二元结构体制是为计划经济服务的，限制、束缚了农业、农村、农民的发展。改革开放以后，中国实行社会主义市场经济体制，经过 30 多年的努力，在城市，在二、三产业方面已经破除了计划经济体制的束缚，已经基本建立了社会主义市场经济体制，但因为各种原因，城乡分治的户籍制度和集体所有的土地制度等重要体制还没有改革，所以在农村城乡二元结构的体制还继续进行着，这就是我国三农问题久解不决的根本原因。

党的十八大报告指出："城乡发展一体化是解决'三农'问题的根本

[①] 《中共中央关于推进农村改革若干重大问题的决定》辅导读本，人民出版社 2008 年版，第 5 页。

途径……加快完善城乡一体化体制机制,促进城乡要素平等交换和公共资源均衡配置,形成以工促农、以城带乡、工农互惠、城乡一体的新型工农、城乡关系。"在完善的社会主义市场经济体制条件下,这应是题中之意。城乡的体制机制理应是一体的,城乡要素理应平等(等价)交换,公共资源理应在城乡均衡配置。十八大之所以要强调这几条,就因为现在的体制机制还不一体,要素交换还不平等,资源配置还不均衡,这就是还存在着城乡二元结构的体制。因此,要实现城乡发展一体化,就一定要破除城乡二元结构的体制,这是解决"三农"问题的根本途径。

早在20世纪80年代后期,我国的学者就提出城乡二元结构是农业、农村、农民问题的症结所在,并提出了要破解的建议,至今已20多年了。2002年,十六大报告中就指出"城乡二元经济结构还没有改变"的问题;2003年中共十六届三中全会明确提出要"建立有利于逐步改变城乡二元经济结构的体制";2007年中共十七大报告提出"要形成城乡经济社会一体化的新格局";2008年中共十七届三中全会专门讨论"三农"问题,并就若干重大问题作了决定,指出"特别是城乡二元结构造成的深层次矛盾突出",明确点出了城乡二元结构是"三农"问题的病根,并且指出:"我国总体上已进入以工促农、以城带乡的发展阶段,加快进入改造传统农业、走中国特色农业现代化道路的关键时刻,进入着力破除城乡二元结构、形成城乡经济社会发展一体化新格局的重要时期。"这是一个很重要的解决"三农"问题的文件,可以说是新世纪以来最好的一个"三农"文件,可惜,文件刚刚传达、公布,国际金融危机接踵而至,人们都转向应对金融风暴去了,这个会议的文件精神和任务就没有来得及很好地贯彻落实,有些应该解决的问题又拖延了下来。

五 根除城乡二元结构的三项重要举措

总体来说,经过多年探索,"三农"问题的病根是城乡二元结构,解决好"三农"问题根本途径是必须破除城乡二元结构,实现城乡一体化。这几点,在实践第一线的同志们,在学界、政界,上下之间,已经逐步取得共识,应该说这是一大成就。至于如何破除这个城乡二元结构,实现城乡一体化，我们现在还在探索，还存在不同的意见和做法。多年来的实践表明，城乡二元结构已经渗透到中国经济社会的方方面面，特别是还同城乡社会各阶层的利益关系纠结在一起，真可谓根深蒂固、盘根错节。城乡二元结构体制可以说是计划经济体制在农村的最后一个堡垒，改革的难度很大、阻力很大。但又非改不可，不破除城乡二元结构，"三农"问题就解决不好、解决不了。必须从根本上彻底地破除城乡二元结构，才能使农村也转到社会主义市场经济体制的轨道上来，实行城乡一体化的体制机制，才能从根本上解决"三农"问题。古语云"鲁难未已，国无宁日"，用来形容当今中国存在城乡二元结构的状况，是很恰当的。

前面讲过，我们曾经实践过，在城乡二元结构的框架下采取权宜之计，用变通的办法，办乡镇企业、建小城镇、用农民工体制，虽然一时取得了很大的成绩，但付出了很大的代价，产生了很多问题，留下了很多很严重的后遗症，实践证明，这并不是成功的，因为这不符合经济社会发展规律。前述十六大以来，我们采取了诸多强农、裕农、惠农政策，投入了很大的力量，但效果也并不理想。好比一个人得了重病，不先治病，而是给他吃大补的营养品，最多是事倍功半，治不好病的。针对城乡二元结构体制，也有过几次改革。早在20世纪90年代中后期，主管户籍的公安部门就酝酿探索过户籍制度的改革，石家庄、郑州等城市也实践过本地户籍制度的改革，打开城门，实行城乡统一的户籍制度，但是因为城乡分治的户籍制度是全国性的，一省一市放开，马上就会引来很多问题，只好又把城门关上。2007年，经中央批准，在成都、重庆成立统筹城乡综合配套改革试验区，做了不少城乡融合的工作，2010年成都推出户籍制度改革方案，在本市范围内实行城乡统一的登记制度，农村、农业人口可以转为城镇户口，还可以保留农村自留地、宅基地，城市户籍的人也可以转到农村去。但响应者了了，比预想的要少得多，结果也没有解决问题。近几年出现的新情况，是城市户籍的人要转为农村户籍也难了，特别是要转到经济发达地区的农村就更难，许多考上北京等大城市高校的农村籍大学生一般都不肯转户口，主要是因为实行物权法后，农村的承包地和宅基地值钱了，一旦转出，以后想转回去就难了。

回顾总结30多年来我们在农村改革发展中的实践，可以得出以下几点认识：

（1）"三农"问题之所以久解不决，主要是因为存在城乡二元结构体制的障碍。不破除这个障碍，"三农"问题就不可能解决好。

（2）城乡二元结构体制已渗透到经济社会的方方面面，企图绕过城乡二元结构，或采取变通、权宜之计等办法，把"三农"问题解决好，最后都是不成功的。要解决好"三农"问题，就必须破除城乡二元结构体制，使农村领域也转变为实行社会主义市场经济体制，实现城乡一体化。所以，城乡一体化既是发展的目标，也是破除城乡二元结构的手段。

（3）城乡二元结构体制是自上而下建立起来的，是由法律、法规、政策支撑形成的一整套体制、机制，而且是全国性的。某省、某市、某县可以做试点、做实验，但要根本上破除城乡二元结构必须由中央作出决定，做好顶层设计，有计划、有组织、有步骤地进行，才能有效地实现。

（4）城乡二元结构体制是由城乡分治的户籍制度、土地集体所有制和财政制度这三项主要体制和一系列经济和社会的体制、机制形成的庞大的体系。现在正在进行的就业、教育、医疗、社会保障等方面的改革，实现这些方面的城乡一体化，是有意义的，也有一定效果，但不可能破除城乡二元结构。实践证明：户籍制度、土地集体所有制、财政制度这三项是城乡二元结构体制的基本框架、基本制度，不通过改革，实现城乡一体化的户籍制度、土地制度和财政制度，城乡二元结构体制是破除不了的。

经过这么多年的实践探索、研讨、比较，我们已经积累了破除城乡二元结构体制的认识和经验，要从根本上破除这个体制，应该而且必须从改革户籍制度、土地集体所有制和财政金融体制这三项制度入手。

第一，改革城乡分治的户籍制度。这是八亿多农民翘首盼望了半个多世纪的愿望，他们中的很多人要实现中国梦，第一步就是解掉束缚在身上的户籍绳索，这样才能和城里人站到同一条起跑线上。改革的条件也正在成熟，许多城里人也认识到必须要改革掉这种落后的户籍制度。现在的争论，主要是先剥离掉附着在户籍上的各种福利等权益条款，再改革；还是先改户籍制度，再逐步去改掉这些本不该附着在户籍上的条款。这本来是个方法问题，但确实反映了不同社会阶层的利益关系。应该先改户籍制度，再逐渐剥离附着的条款。如果要等到剥离了再改，那就不知等到何时了，这实际是不想改革的借口，这应该由决策部门作决策，否则还会拖，是会误大事的。

第二，要改革集体所有制的土地制度。所谓集体所有制，是苏联计划经济体制时的杜撰，名为公有制的一种，明确定为是过渡性的，将来是要转变为全民所有的。谁是"集体"，集体成员的边界是不定的。集体内部成员之间是不平等的，谁是领导，谁对集体的财产就有支配权、决定权。现在我们农村的土地实行集体所有制，名为本村农民集体所有，但农民只有承包使用权，而村主任、支部书记对土地有实际的支配权。这些年来，支部书记、村主任把土地卖了，农民还不知道。这种土地所有制引出了许许多多的矛盾，必须改革。根据我国的国情和社情，实行"土地国有，永包到户"的方案比较好。把土地的所有权统一收为国有，实行城乡一体化的土地国有制；农村土地承包、转让、租借、转变用途、征占都要制定法律，由相关的管理机构负责。"永包到户"，考虑到农村土地已经基本都承包到户的事实，国家可确定某一个时间，经过核实确定谁承包的地块，确权颁证，国家和农民签订承包的契约，从此就不再变了，生不增，死不减。农村现在有些地方还在不停地调整土地是不对的。土地永包到户以后，农民的土地承包权就是物权、财产权，再发生变动，应制定相关的法律、法规加以规范。

第三，实行财政体制的改革。我国现行的财政体制，是在城乡分治的格局下逐步形成的，虽然经过几次改革，但对城市、对居民实行一种政策，对农村、对农民实行另一种政策的格局没有根本改变，对农业、农村、农民发展很不利。应该按照十八大报告提出的"要加大统筹城乡发展力度，增强农村发展活力，逐步缩小城乡差距，促进城乡共同繁荣。坚持工业反哺农业、城市支持农村和多予少取放活方针"，通过调整改革，逐步实行城乡一体化的财政体制。应该看到，城乡分治的财政体制是计划经济体制的产物，是城乡二元结构体制的经济支柱，不调整改革这种财政体制，城乡二元结构就不可能根本破除，农业的弱势地位就不可能改变，农民也富裕不起来，城乡差距不可能缩小，更谈不上城乡共同繁荣。改革是需要成本的。在近期，财政更应向农村倾斜，财政部门要加快财政体制改革的步伐，彻底破除城乡二元结构体制，实现城乡发展一体化，使长期困扰我们的"三农"问题从根本上得到解决，使农村走上社会主义市场经济体制的康庄大道。诚如是，农业才有望实现中国特色的农业现代化，农村才有望实现城乡一体化的美丽和谐乡村，农民才有望成为现代农业的经营者，成为现代社会主义国家的公民。

（2013年3月28日）

社会学要重视研究当今农民问题

"不了解中国农民,就不了解中国社会。"这句话有几位政治家、思想家讲过。实践证明,他们是对的。那么,现在还适用不适用呢?我认为,现在还适用。因为直到现在,11亿中国人口中,农业人口还占79%,另外的21%非农业人口中,有相当一部分的工人、职员和干部,他们有的本人就是从农村来的,有的父辈还是农民,所以都与农村、农民有千丝万缕的联系。统计表明,在国民经济中,农业产值在工农业总产值中的比例已从50年代的70%降到现在的30%。这里有价格问题和统计上的问题,因为中国目前的工农业产品剪刀差比较大,相当多的农产品价值转到工业上实现了。在国民收入中农业所占的比重在40%以上,轻工业的原料70%来自农业,而出口产品中,农产品和以农产品为原料的产品占60%以上,农业仍然是国民经济的基础,它在国民经济中起着重要的决定性的作用。所以,农村的情况怎样,8.7亿农民的生产生活怎样,农民在做什么、想什么,农民意愿的向背,仍然或直接或间接地决定着国家的政治、经济、社会形势,这是中国目前的基本国情。因此,"不了解中国农民就不了解中国社会"这个论断,仍然有着非常现实的意义。

中华人民共和国成立初期,由于实行土地改革,农民的生产积极性高涨,农业发展很快,农民生活也有了很大改善。但是,由于1958年以后农村实行了很多"左"的政策,加上天灾,1959—1961年农业连续减产,出现了三年困难时期,农村经济退到了新中国成立初期的水平,有的地方甚至倒退到新中国成立前的水平,元气大伤。经过调整,农村经济略有恢复,但十年动乱又使农业长期徘徊,少数地区有所发展也是很缓慢的。1978年,中共十一届三中全会决定农村率先进行改革,实行了一系列改革开放的政策。10年来,8亿中国农民这个世界上最大的社会群体发生了深刻的变化，而且还正在继续发生着更大的变化，对此，我们有重新认识的必要。

10年来，中国农民发生了哪些变化呢？

1. 农民的经济地位变了，同土地的关系变了，农民的身份变了

首先，原来的8亿农民都是人民公社社员，名义上是集体经济的成员，是集体所有土地的主人，但实际上，生产、经营、分配都是由集体的领导做主，社员连赶个集、走一次亲戚都要向队长请假，获准之后才能去。实行了家庭联产承包责任制，农民成了土地的主人，虽然所有权是集体的，但农民有长期的经营权，可以支配土地和自有的农机、农具、耕畜等生产资料。其次，农民可以自主支配自身和家庭的劳力去从事各种生产经营活动，出门不再要请假。再次，农民可以从事农业和农业以外的各种行业，可以去乡镇企业当工人，也可以做小买卖，甚至可以从事长途贩运，可以自主生产、自主交换、自主分配和消费。农民成了独立的商品生产者，全国现有20859万个农户，实际成了2亿多个小企业。要说变化，这是最本质的变化，农村的一切变化都是由此演化出来的。农民成了独立的商品生产者，就会与市场发生越来越密切的联系，就会加速农村自给半自给的自然经济解体，向有计划的商品经济转化。农民作为商品生产者，都会自觉不自觉地适应价值规律的要求，调整自己的产业和经营形式，什么作物获利大他们就会种什么，什么产业获利大他们就会经营什么产业，而再不会像以前人民公社时期那样，上级规定种什么就种什么，上级指示经营什么就经营什么。对8亿农民这个本质的变化，许多同志认识不足、估计不足，常常还用过去那一套行政办法去领导，结果常常引起决策的失误。这几年全国各地出现了粮食大战、棉花大战、蚕茧大战、茶叶大战、生猪大战，农产品一会儿多了，一会儿少了，有许多同志把握不住自己管了多年的行业和商品，感到迷惘，不知所措。在很大程度上，这些都是没有充分认识和适应这个变化了的情况引起的。

2. 农民的职业结构变了

按常识，农民是长期参加农业生产的劳动者，农民的职业就是从事农业，怎么说农民的职业结构变了呢？当今的中国农民，正在从事工业、商业、运输、服务等各种职业，这是中国特有的现象。从1953年开始，国家实行粮食统购统销制，把全国居民分为非农业户口（国家供应平价商品粮食）和农业户口。1960年以后，国家加强了非农业户口的管理，严格限制"农转非"，规定每年各地"农转非"的指标不得超过1.5‰。这就人为强化了城乡界限，把农民限制在农村。在十一届三中全会以前，农民只能务农，不准务工经商，农民成为单纯的农业劳动者，务工经商被视为是搞资本主义的越轨行为。农村改革开放以后，随着农村经济的发展和农村的产业结构变化，虽然农民的农业户口没有变，但很多农民已从农田里走出去，从事工业、商业、运输、服务等行业活动了。

按1987年《中国统计年鉴》公布的数字，全国有农民20168万户，农业人口85713万人，农村劳动力39000.4万个。实际上这只是说，中国现在有85713万农业户口不能买国家供应的平价商品粮，而并不是说还有8.5亿多农民和3.9亿多从事农业的农村劳动力。另一方面的统计表明，1987年，全国3.9亿多农村劳动力中，有8776万乡镇企业职工，有1465万个体工商户从事商业、饮食、交通运输等服务行业，有313万民办教员和文艺工作者从事农村教育文化事业，有127万农村医生和从事农村社会福利的工作者，有100多万农民在县乡两级政府或各种机关任职或做其他工作，他们的身份叫半脱产干部或合同制干部、合同制工人。现在全国有300多万农村妇女在城市从事家庭保姆。这1.1亿多农村劳力已经从事或已多年从事非农产业的劳动，并从该产业取得大部或全部收入。他们有的已经离开农村，长期在城市中生活，还有大部分是在乡镇企业比较集中的集镇工作和劳动，只是国家认定他们的身份还是农民，是农业户口。他们中绝大多数还保留着农村的责任田经营权和农村住房，因为他们担心现在从事的职业不保险，一旦国家政策变了，可以有一个退路。

这1.1亿多已经从事非农产业的劳动力，大约为7000万户，约占全国总农户的36%（在商品经济发达地区约占70%，有些地区占50%，大部分中等发达地区占20%—30%，不发达地区约为10%）。他们全家或家庭的主要劳动力已从事非农产业的劳动，从中获取的收入成为家庭生活的全部或主要来源。这些占总农户35%的家庭的成分或个人身份实际上已经不是农民了，他们有着自己特殊的利益和要求。对此，国家应采取相应的政策，把这部分人同继续从事农业劳动的农民区别开来，这样就会产生好的经济和社会效益。而现行的只简单笼统地区分农业户口和非农业户口的做法应作相应的调整。

3. 农民分化了，分成 8 个有不同利益要求的阶层

新中国成立初期，中国农村人口中，贫雇农占 70%，中农占 25%，地主富农约占 5%。经过土改，农民分得了土地，成为商品生产者。那几年农村商品经济有所发展，但没多久，1955 年合作化高潮，农民带着土地、牲口、农具入社，成为高级农业生产合作社的社员，1958 年又都成为人民公社社员；虽然在名义上社员仍保留原来的阶级成分，人民公社严格执行着阶级政策，但实际上，在人民公社集体经济内部，实行统一领导、统一经营、统一分配，社员个人在劳动生产、交换分配上没有自主权，在同一基本核算单位中按工分分配，农民收入差别很小。吃了多年的人民公社大锅饭，社员之间的差别逐渐拉平了，只有地区之间、队与队之间的差别，在同一地区、同一生产队内部，社员之间的经济生活状况基本上是相同的。所以到了 1978 年，中国 7.9 亿农民用"社员"这个名称就可以概括了。农村实行以家庭联产承包责任制为中心的一系列改革开放政策之后，经过这 10 年，中国 8 亿多农民这个世界上最大的社会群体分化了，不仅是他们所从事的职业和他们各自所拥有的财产不同，贫富之间的差距也拉开了，而且随着农村经济的发展，随着农村产业结构的多元化，农民还在进一步分化。

1980 年前后，农村刚刚实行家庭联产承包责任制，那时农村几乎都是"家家分田、户户种地"，经过一两年，农民的温饱问题基本解决之后，就逐渐向兼业户、专业户和非农产业转化了。据中国社会科学院社会学所在山东陵县的典型调查，1988 年，纯农户占 25%，以农为主兼事工商业的占 50%，以非农产业为主兼事农业的占 20%，从事工商等非农产业而不再搞农业的占 5%。这是一个经济上属中等偏下地区的情况。据上海大学庞树奇等同志的调查，上海嘉定县 1987 年，纯农户只占 9.54%，以农为主的兼业农户占 5.25%，以非农为主的兼业农户占 9.38%，纯非农户占 75.83%，这是上海郊区商品经济很发达地区的情况。在经济欠发达地区，纯农户的数量还在 80% 以上。这种划分主要是从农民收入来源这个角度来分析的，从中可以看到农户从纯农业户到以农为主的兼业户，再到以非农

业为主的兼业户，最后成为非农业户这样一个发展趋势。但这作为分析 8 亿农民这个庞大的社会群体目前正在分化的状况，作为我们进一步认识农民、考察农村发展趋势及其规律的资料是很不够的。因为目前中国的农民实际上已经分化成若干个利益不同、愿望不同的阶层，而且正在进一步分化之中。

根据我们的农村调查和其他兄弟单位的调查，我们分析目前的中国农民已大体分化为以下 8 个阶层。

（1）农业劳动者阶层。他们承包集体的耕地，从事种植业、养殖业劳动，全部或大部分依靠农业取得收入作为自己家庭的生活来源。农业劳动者阶层在目前是中国大部分农村的主体劳动者。他们对国家的农业政策反应最敏感，诸如农产品的价格双轨制，化肥、柴油和贷款同交售定购粮棉挂钩的政策，化肥、农药等农用生产资料的价格政策，减轻农民负担政策，等等，都对他们的生产、生活有直接影响。近几年，他们对粮食、棉花等主要农产品收购价格太低、农用生产资料价格上涨过多、三挂钩政策兑现不好等意见很大。目前，除经济发达地区外，这个农业劳动者阶层人数是最多的，大体可以分成四个部分：一是农业专业户或承包大户。这部分人数还不多。他们由于各种原因承包集体的大片耕地、山林、果园、水面，有较强的劳动经营能力，较多的农机、农具和运输机械，以及相当的资金或有国家贷款，能向社会提供较多的商品粮和其他农副产品，收入也比较多，一般生活都很富裕。这些专业户，除自己及家庭成员外，大多雇请一些帮工或农忙时请一些临时工。二是比较富裕的农业劳动者。他们的劳动力比较强，有一定的文化技术和经营能力，农用生产资料齐全，耕种承包集体的耕地产量都比较高，除了完成国家定购任务外，还能向市场出卖一部分议价粮和其他农产品，主要从农业取得收入，农闲时还能兼干一些非农产业取得收入，所以生活比较富裕，比较安定。三是温饱型农业劳动者。他们只是耕种集体耕地，只有牲口和简单的农具，生产资金也不足。年成好、国家政策好，他们完成国家定购任务外，还能向市场出售一小部分农产品，生活略有节余，若遇天灾人祸，则连温饱也难维持。四是贫困农户。这有两类，一类是在中国西北、西南等地区，自然环境和生产条件特别恶劣，大部分农户虽然终年劳动也得不到温饱；另一类则在非贫困地区，但因这些农民家庭缺少劳动力或主要劳力残疾或患有某些疾病，资金严重不足，农具不全，承包的土地种不熟，收成很少，要靠本地社会的救济和帮助才能勉强度日。

农业劳动者阶层目前人数最多，但分化和减少也最快，随着本地区农村经济的发展，许多农民向非农产业转化，特别是上述第二类农民，他们一有机会和条件就会从农业上转出去。

（2）农民工。这是中国特有的一个阶层，产生于70、80年代，一方面城乡的第二和第三产业需要发展、需要劳动力，而且农业上劳动力也有较多剩余，需要寻找出路；但另一方面，国家的户籍管理制度又严格限制"农转非"，于是就产生了"农民工"这样一个阶层。他们常年（有的是十几年）在厂矿或商店第二、第三产业劳动，从那里取得个人及其家庭的全部或大部分收入，但户籍还在农村，他们的身份是农民，在农村实行责任制时，还分有承包田，拥有自己的农村住房。他们同城市的正式职工相比，不吃国家的平价商品粮，不享受城镇居民的各种补贴和公费医疗等劳保待遇。农民工有两类。一类是离土离乡的，他们在城市的厂矿、机关、商业、服务行业劳动，现在全国很多大煤矿下井的大部分是农民工，大中城市的建筑工人大部分也是农民工（据调查，仅北京市就有40多万）。一些农民工流动到经济发达地区的乡镇企业里去劳动，在广东、苏南、浙南、辽南以及一些大中城市的郊区等乡镇企业发达的地区，外地来的农民工是很多的。1989年春天我到南方调查了解到，仅广东一省，外地农民工就有400万。这些在城市国营企业或集体、乡镇企业劳动的农民工，类似于欧洲的外籍工人，本地人不愿干、不肯干的脏活、累活、险活和污染严重的活由他们干。他们通常待遇很低，而且因为是临时工，遇有经济紧缩、企业不景气时，会首先遭到解雇。当然，由于中国目前城乡差别、工农差别较大，这些农民工在城市里的待遇虽低，但比起在农村里种田，他们的收入和生活还是要好一些，而且到城市还可以学点技术，见见世面，所以他们只要一有机会，就闻风而动，招之即来。1989年春天全国数百万农民大流动就是一例，表明中国农村剩余的劳动力太多了。还有一类农民工是离土不离乡的。他们在本乡、本村的乡镇企业里劳动，或者在附近城镇的工厂、商店、机关等单位里劳动，早出晚归，住在自己农村的家里。

他们中的多数还耕种着原集体经济的口粮田，不过，主要的精力已经放在工厂，主要收入也是来自工厂，务农只是副业而已。

农民工这个阶层的人数在农村中仅次于农业劳动者阶层。据1987年统计，全国有乡镇企业职工76万人，其中除少数经理、厂长等管理人员外，其余都是农民工。农民工中大部分是离土不离乡的，离土离乡的在全国有近2000万人。随着经济继续发展，城乡进一步开放搞活，这两部分农民工还会继续增加。

（3）雇工阶层。他们在很多方面同农民工相似，不过，农民工是受雇于乡镇集体企业或国营企业，而雇工则受雇于私营企业或个体工商户；农民工为集体、为国家劳动，而雇工则直接为私人雇主干活。当然，雇工与在资本主义制度下受雇于资本家的工人也是不同的。他们在农村仍然拥有足以谋生的承包土地和其他生产资料，之所以愿意受雇于他人，多数不是因为生活无出路，而主要是因为当雇工的收入要比在家种田高。雇工的收入，一般说不会比农民工低，但他们的劳动强度要比一般乡镇企业的农民工高，社会地位相对较低，所承受的心理压力要比农民工大得多。农民工至少在名义上是和乡镇企业的管理者平等的，有些的确也有参加民主管理的机会。而雇工则明确是私人雇主的伙计，在企业里一切要听从雇主的，经营决策当然无权过问，至于收入，则与雇主相差悬殊。《解放日报》在1989年2月9日曾报道过上海市个体户雇工的情况，称为"雇工的三无世界"，一是工作无日夜，日平均劳动时间在10小时以上；二是医疗无保障，雇工伤病，雇主概不负责；三是雇工进退无手续，约有半数摊店的雇工是未经工商行政管理部门审核批准的。《北京晚报》报道过北京市妇联调查的女雇工情况，大多数女雇工的合法权益受到侵害，有78%的雇工劳动在10小时以上，95%没有休息日，雇主随意打骂处罚女雇工的现象几乎是普遍的，有的还受到雇主的侮辱。虽然如此，大量的青年农民还是在向城市和集镇移动，他们希望在那里找到一个能挣工资的地方。据统计，1987年受雇于私营企业的雇工有360万人，而受雇于个体工商户的雇工要多于此数。据推算，全国雇工总数700万—800万人。

（4）农民知识分子阶层。在农村从事教育、科技、医药、文化、艺术等智力型职业的知识分子有两类：一类是具有非农业户口，属于国家全民所有制或集体所有制的干部和职工，他们的政治、生活待遇同其他干部职工一样，只是在农村工作；而另一类同前一类做一样的工作，却由于是农业户口，身份是农民，其政治和生活的待遇就很不一样。如在农村的中小学里，同样教课，同样当班主任，但一部分教员是国家正式职工，而另一部分则是民办教员。民办教员的职业是教员（有的已从教 20 多年），但其身份还是农民，家里还种着承包田。在乡镇医院也有农业户口的医护人员，而村一级的乡村医生一度曾被称为赤脚医生，虽然有些人家里数代行医，医术高明，但身份还是农民。在乡镇的农业技术推广站以及乡文化馆，也有一部分农民身份的农业技术员和文化艺术工作者。据国家统计，1988 年从事农村文化教育事业的农民知识分子有 309.3 万人，从事卫生、福利事业的有 129.1 万人，从事农村科学技术事业的有 17.1 万人。从中国农村的文教、科技、卫生、福利等事业的发展看，现在的机构和人员远远满足不了农民群众生产、生活的需要，而且农村中这类人才也是有的，初步估算，现在全国农村具有高中以上文化水平的人有 2000 多万。但是近几年来，农村智力型劳动的事业发展很缓慢，有很多地区还处于徘徊和萎缩之中。如从事文化教育事业的农民知识分子，1982 年是 358 万人，1986 年是 814 万人，到了 1988 年只有 309 万人。这其中固然有按国家规定有一部分民办教师转为国家正式职工的原因，但总的来说是因为国家对农村智力型事业的政策不完善，从事农村智力型事业的知识分子得不到应有的政治、经济、社会地位，所以农村的科技、文化、教育、医药等事业发展不起来，一部分从事这些事业的农民知识分子转去从事工业、商业等经济活动。

（5）个体劳动者和个体工商户阶层。这个阶层是农村里拥有某项专门技术或经营能力，自有生产资料或资金，从事某项专业劳动或经营小型的工、商、服务行业的劳动者、经营者。他们是农村里的木匠、瓦匠、石匠、铁匠、弹花匠、裁缝、理发匠，以及前些年才有的机动车、钟表、无线电修理等个体劳动者、个体商贩和小商店、小饭铺、小工厂的经营者。农村的能人有两大类：一大类向政治方面发展，当了乡村的干部；另一大类向经济方面发展，成了个体劳动者和个体工商户。这类人原来大多是农村中的能工巧匠，实行联产承包责任制时，他们同样承包责任田，但两三年后，就把主要精力转到专业技术劳动或个体经营上去了。特别是国家的农村政策进一步开放，他们就把兼业变为主业，正式成为农村的个体工商户。个体工商户这几年发展是很快的（表1）。1981年还不到100万户，1986年就有920万户，1988年为1070万户，而实际还远不止此数，因为有部分农村的木匠、瓦匠、裁缝等劳动者，他们如果不开木匠店、裁缝铺，不搞经营活动，一般是不申请个体工商业户执照的。

表1　　　　　　　　　农村个体工商户发展情况　　　　（单位：万户、万人）

年份	个体工商业		工业（包括手工业）		商业		饮食业		运输业		其他行业	
	总户数	从业人数	户数	从业人数	户数	从业人数	户数	从业人数	户数	从业人数	户数	从业人数
1981	96.1	121.9	12.5	17.2	38	44.6	18.6	27.7	0.8	1	26.2	31.4
1984	708.2	1012	97.4	170.4	380.4	492.5	64.2	105.6	52.1	83.9	114.1	159.7
1985	891.6	1382.3	124.8	254.9	464.5	480.9	77.1	139.3	88.1	139.9	137	211.9
1986	920.1	1438.3	126.2	268.4	636.3	664	81	148.9	90	139.9	142	218.1
1988	1070	1727	—	—	—	—	—	—	—	—	—	—

目前，个体劳动者和个体工商户一般都参加了个体劳动者协会，但二者还是有一点区别。个体劳动者一般都散居在农村，而个体工商户多数集中在集镇和交通道口、码头等适于营业的地方。个体劳动者主要是靠自己劳动，而个体工商户除了自己参加劳动经营外，还雇有不超过7人的帮工。在这一点上，个体工商户同私营企业主有相同之处。

（6）私营企业主阶层。按国家现行政策，私营企业主是指企业和生产资料私有、有权自主经营、以营利为目标，且雇工在8人以上的企业主。私营企业主在1978年前是完全没有的，农村改革后的头几年也只有个体工商户和专业户。1980年广东出了个养鱼专业大户，雇了几个帮工，《人民日报》对此曾展开了一场大讨论，争论雇工是不是剥削等问题。从那以后，雇工经营就逐渐多起来。1984年国务院发布了《关于农村个体工商业的若干规定》，明确规定："农村个体工商户，一般是一人经营或家庭经营，必要时，经县、市工商行政管理机关批准，可以请一、二个帮手，技术性强和有特殊技术要求的，可以带二、三个，最多不超过五个学徒。"就是在作这个规定的时候，由于个体经营发展很快，所以实际上已经有了不少雇工人数超过 8 人的企业。对此，国家起初采取了不提倡、不宣传也不取缔的方针。直到 1986 年私营企业已经有了相当的发展，有关方面专门讨论了这个问题。1987 年中共中央 5 号文件《把农村改革引向深入》中明确提出了对私人企业实行"允许存在，加强管理，兴利抑弊，逐步引导"的方针，还指出："几年来，农村私人企业有了一定程度的发展。事实表明，它作为社会主义经济结构的一种补充形式，对于实现资金、技术、劳力的结合，尽快形成社会生产力，对于多方面提供就业机会，对于促进经营人才的成长，都是有利的。私人企业有同公有制经济矛盾的一面，本身也存在一些固有的弊端，主要是收入分配上的过分悬殊。"争论了多年的私人企业雇工问题，至此有了一个结论。文件发布之后，私人企业迅速发展起来，有的本来就已存在，只是国家承认了合法之后公开而已。1988 年，国务院发布了《私营企业暂行条例》，正式确立了私营企业的法律地位。据 1987 年统计，全国已有 12.5 万户私营企业，而且还有 10 万户名为集体挂靠企业，实为私营企业，所以，1987 年的私营企业为 22.5 万家。其中，大部分在农村，按 80% 计，则农村有私营企业 18 万家。因为国家对私营企业管得严、征税多，对个体工商户管理松、征税少；再加上一般人仍有怕冒尖露富、怕当老板的顾虑，所以，各地出现了"7 不上 8 要下"的状况。有些个体企业本可以扩大生产能力，但怕成为私营企业，所以雇工满 7 个就不再增加了；有的是事实上已超过 8 个雇工了，也用各种办法只报 7 个。私营企业有三种类型，大多数是独资经营，也有联户经营和合股经营的。按上述 18 万户计，私营企业主有 20 多万人。这些人是近几年随着农村改革开放涌现出来的风云人物，他们有的原来就是乡村干部，有的是原来乡镇企业的负责人或乡镇企业中跑供销的业务人员，有的是专业大户，有的则是一些曾被判过刑、坐过牢的特殊人物，其中部分是在非正常时期被错捕、错判的，也有是确有劣迹而改造后浪子回头的。上述这些人都有很强的商品经济经营意识，有冒险创业精神，有较强的组织管理能力。他们在各自有利的条件和机遇下办成了企业，经过艰苦的努力，几年功夫就积聚了数十万、数百万乃至上千万元的财富，雇佣数十数百人乃至超过千人。他们都是本村、本乡、本县的新闻人物，在经济上的成就对很多人有吸引力，激励很多人去效仿、开创。他们为了巩固已取得的经济地位并获得进一步的发展，也在向政治方面发展。例如，有的向县区主管科局挂靠，或者是聘请地方的党政领导到企业担任荣誉职务，或者是吸收这些干部的子女进厂就业，或者是投资办地方公益事业，资助文教福利机构。他们中有的已当上各级人民代表、政协委员，有的还在竞选当地的行政职务。总之，私营企业主这个阶层正在农村崛起，是很值得注意的一支力量，国家应以正确的政策，把他们的活动纳入社会主义建设的轨道。

（7）乡镇企业管理者阶层。乡镇企业管理者是指乡村集体所有制企业的经理、厂长以及主要科室领导和供销人员，他们虽然没有名义上的所有权，但有集体企业的经营权、决策权，是乡镇企业的管理者，同农民工的关系是管理者与被管理者的关系。乡镇企业的供销人员有特殊地位和特殊作用。乡镇企业经营产品的供销都不列入国家计划，乡镇企业需要的原材料要通过供销人员利用各种渠道和手段采购来，乡镇企业的产品要靠供销人员通过各种渠道和手段推销出去，供销人员的采购和推销对乡镇企业起着生死成败的重要作用，一个或几个供销人员掌握着某个乡办工厂的命脉，在相当多的乡镇企业里，供销人员的收入也往往高于厂长和经理。因此，供销人员也应是乡镇企业管理者阶层。

乡镇企业的管理者有两类。一类是乡镇企业采取传统的经营方式，企业直接隶属于乡村的行政领导，其管理干部同乡或村的干部有密切的联系，直接受他们的领导和指挥。这类企业的管理者的地位与国营企业的领导相类似，工资水平只略高于本企业的职工。另一类乡镇企业采取租赁、承包的方式，企业的领导干部有较大的自主权、决策权和灵活性，所担负的责任和风险也大，经济收入也多。这类乡镇企业的厂长和经理，有不少方面同私营企业主有相似之处，当然前者在名义上是没有所有权的。乡镇企业管理者阶层究竟有多少人，这是个很复杂的问题。因为，目前乡镇企业这个概念很庞杂，界限不清，因而调查统计很困难，据1987年国家乡镇企业局统计，1986年全国有各类乡镇企业1515.31万个，其中包括乡办企业 42.55 万个、村办 109.11 万个、村民小组办 21.03 万个、联户办 109.34 万个、个体办 1233.2 万个，一共有 5 种形式，即所谓 5 个轮子一起转。其中联户办、个体办两种同个体工商户、私营企业互有交叉，有重复计算的部分。乡村两级办的企业共有 151.74 万个，每个企业的管理干部按 5—6 人计，全国乡镇企业管理者当有 800 万人。就全国范围来说，分布很不均匀，在珠江三角洲、长江三角洲、胶东、辽南以及一些大中城市郊区等商品经济发达地区，乡镇企业多，乡镇企业管理者阶层也多，厂长、经理、供销人员成群，也就是通常所说的农民企业家群。他们在当地的经济上、政治上都很有地位，很有影响。随着农村乡镇企业的继续发展，这个阶层的人数和势力正在迅速发展之中。

（8）农村管理者阶层。主要是指乡、村两级的农村基层干部。农村干部是党和政府联系广大农民群众的纽带和桥梁，党的方针政策要通过他们宣传贯彻，党和政府在农村的各项任务需要通过他们组织农民来完成，农民群众的意见和愿望需要通过他们反映上去。一句话，他们是农村政治、经济、社会生活的组织者、管理者。1988 年全国有 20859 万农户，86625 万农业人口，组织成 56002 个乡镇，740375 个村。这样一个庞大的社会群体，要维持政治的安定、经济的发展、社会秩序的治安，主要靠着这几十万个农村基层党政组织，靠着几百万农村干部的工作。目前中国的农村基层组织是随着中国共产党领导的革命运动，废除了地主、国民党的旧政权而逐步建立，并历经战争、土改、合作化、人民公社化、农村改革等政治或经济运动，由人民公社政社合一的组织直接演变而来的；农村干部也是在农村历次政治、经济运动中逐渐成长的。现在，战争年代的干部已经极少了，土改、合作化时期的干部还有一些，大多数是人民公社化时的干部。农村改革以后，强调干部要年轻化、革命化、知识化、专业化，又有一大批有文化的年轻农民充实到农村干部队伍里来。

农村干部有四类。第一类是脱产干部，他们是乡镇党、政、经机构里的主要领导和专业干部，如乡镇党委的书记、委员、乡镇长和各专业助理员，以及粮站站长、供销社主任，等等。他们属国家编制，领国家工资，有非农业户口，本人已不是农民，但其职责是做农村工作，领导农民实现农村现代化建设的各项任务，是农村各项工作的决策者，起承上启下的关键作用。这部分干部的总数，大约是当地农民总数的1%。

第二类是半脱产干部，他们是乡镇党、政、经机构里的业务干部和工作人员。如乡镇党政办公室的办事员，粮站、供销社等机构的工作人员，等等，也有少数突出者担任领导工作，但他们都是农业户口，身份是农民，由乡镇政府参照干部工资和本地的经济发展情况发给补助工资。他们都是本地人，是辅助乡镇党、政、经机构的领导干部工作的，虽然不属于决策层，但在当地很有影响。这类干部人数大致相当于第一类干部，在经济发达的乡镇，由于各项事业发展，这类干部的人数则大大超过第一类干部。

第三类干部是享受常年固定补贴的村党支部书记、村民委员会主任、副主任和会计等村级组织的主要领导干部。他们是不脱产干部，农业户口，本人身份是农民，家里承包有土地，但同时又是村里各项工作的承担者、决策者，是党和国家最基层组织的负责人，也是发展集体经济、集体财产的组织者、管理者。他们的工作如何，对当地、对全局的影响很大，是农村管理者阶层的中坚力量。按国家规定，村级主要干部一般是3—4人，大村和经济发达的村也有5—6人的。

第四类干部是村里享受误工补贴的干部。这是指村团支部书记、妇联主任、民兵连长、治保和调解委员会主任，以及村民小组长（原来的生产队长）等村干部。他们都是农村里各群众团体的负责人，协助村党支部、村委会开展各项工作。这类干部的人数是不固定的，各地区差别很大，就在同一地区，由于各村开展工作的水平不同，其人数和作用也不尽相同。但他们往往是村级主要干部的后备力量，所以，其影响力也很大。

这四类干部组成农村管理者阶层，他们既代表国家利益，也反映农民的意愿。农村改革的头几年，农民得到了生产经营的自主权，农业生产迅速发展，国家提高了农产品的收购价格，那几年农民对国家的政策很满意，农村的干群关系也很好。近几年，由于工农业产品剪刀差扩大，定购农产品价格太低，农用生产资料供应紧张，价格猛涨，农民有意见，农村中特别是以农为主的地区，干群关系有些紧张。对此，应当引起足够的重视。

中国农村经过改革，8亿农民逐渐分化成上述8个阶层，就目前来说，他们之间的组成大致如表2所示。

表2　　　　　　　　　　　中国当今农民阶层结构　　　　　　　　　（单位:%）

阶层名称	农业劳动者	农民工	雇工	农民知识分子	个体劳动者和个体工商户	私营企业主	乡镇企业管理者	农村管理者
该阶层在农民总数中的百分比	55—57	24	4	1.5—2	5	0.1—0.2	3	6

注：此表是根据我们的典型调查和国家统计资料推算而编制成的，只反映目前中国农民的概况。

各地的经济发展状况不同，各个阶层的组成情况就很不相同。在经济发达地区，农业劳动者的人数少，而农民工、雇工、个体劳动者和个体工商户、私营企业主和乡镇企业管理者就多；在经济不发达地区，农业劳动者多，上述5个阶层就少。从整个国家来说，随着农村改革进一步深入、农村产业结构继续调整，以及农村商品经济的发展，农业劳动者这个阶层会继续减少，而农民工、农民知识分子、个体劳动者、个体工商户和乡镇企业管理者等阶层会继续增多，而且还会分化出新的阶层。雇工和私营企业主这两个阶层则要看国家对私营经济的方针和政策，如容许继续发展，则会增长得很快，如加以限制，则会相应减少。

从总体来说，中国的传统农民，在农村商品经济发展的条件下，正在向兼业农民和非农民方向转化，其转化的速度取决于当地城乡商品经济发展的水平。在目前的农村，农业劳动者和农民工是两个主要的社会阶层，人数约占农民总数的80%，他们是农村经济社会发展的基本力量，他们的状况如何决定着农村社会和政治经济形式的好坏。因此，我们的农村政策应该较多地考虑这两个主要社会阶层的利益和要求。

4. 农民收入增加了，农民的生活普遍得到改善

一部分农民已经先富起来，农民之间收入差距拉大，仍有一小部分农民没有解决温饱问题。中华人民共和国成立以后，农民收入增加、生活改善较快的时期主要是两个：一是新中国成立初和第一个五年计划时期，这8年农业生产连年增长，生活一年比一年好；第二个时期就是农村改革这10年。1958年以后，由于"左"的路线错误和自然灾害，出现了三年困难时期，许多农村伤了元气，农民生活很困难，有的甚至倒退到50年代初的水平。1962年后经过调整，生产恢复，生活略有改善，但1966年后又折腾了 10 年，农业生产长期徘徊，农民收入和消费水平停滞不前。直到 1978 年全国农民的年纯收入才 134 元，有 33.3% 的农民在 100 元以下。

农村改革 10 年，随着农业生产的增长、农村产业结构的多元化和农村商品经济的发展，农民收入增长很快，1988 年农民人均年纯收入达到 545 元，比 1978 年增长 3 倍多。平均每年递增 15.06%，扣除物价因素，实际每年增长 7%，超过了"一五"期间平均每年递增 4% 的速度。经过这 10 年，农民的生活水平上了一个新的台阶，主要表现在以下几个方面：

（1）吃饭问题。这是各级人民政府经常为之操劳的大问题。中国只有占全世界 7% 的耕地，却要养活占世界 22% 的人口，这的确是个困难的问题。直到 1978 年，全国 8 亿多农民的平均口粮达到每人 248 公斤，按说，是能吃饱了，但这是平均数。当年有 33.3% 的农民年均纯收入在 100 元以下，其中有 20% 还在 70 元以下，即使在当时的物价条件下，这部分农民的吃饭问题也还是解决不了。到 1988 年，农民平均口粮达到 520 斤，人均收入达到 545 元，人均 200 元以下的占 8%，150 元以下的占 3%。所以我们说，经过改革，农民的吃饭问题是解决了，或者说基本解决了。农民不仅是吃饱了，而且吃的质量也提高了。1978 年人均 248 公斤口粮中，细粮只占 49.6%，而 1988 年人均 260 公斤口粮中，细粮占 81.2%；1978 年农民人均消费的肉禽蛋鱼只有 7.65 公斤，1988 年增加到 16.15 公斤，增加了一倍多，食油从 1.97 公斤增加到 4.76 公斤，酒从 1.22 公斤增加到 5.93 公斤。

（2）住房改善。1978 年，全国农民每户平均居住 3.64 间，人均居住 8.1 m^2，其中 63% 是土房和草房。农村改革以后，农民收入增加，解决了吃饭问题之后，把精力放到改善居住条件上，全国掀起建房热。10 年来，全国农村共新建住房 65 亿多平方米，有 60% 的农民住进了新房。户均住房 5.45 间，人均住房面积提高到 16.58 m^2，比 1978 年增长一倍。新建的住房中，大多数是砖木结构或钢筋混凝土结构，砖瓦房所占比重由 1978 年的 37% 上升到 1986 年的 59%。1978 年，农村很少有住楼房的，到 1983 年楼房已占 13%，1986 年增加到 19%。在商品经济发达地区和大城市郊区农民住房基本上已实现了楼房化，少数富裕农民已建造了别墅式洋房，堪与城市的高级住宅媲美。

(3) 消费结构发生了很大的变化。1978 年，农民的收入很少，消费的重点是满足生存的基本需要，吃占的比重最大。农村改革后，农民收入增加，不仅吃饱吃好了，而且吃在整个消费支出中的比重下降，增加了住房和耐用消费品以及文化生活服务等方面的支出（详见表3）。

表3　　　　　　　　　　农民消费结构的变化　　　　　　　（单位:%）

年份	消费总支出	吃	穿	用	住	烧	文化生活支出
1978	100	67.7	12.7	6.6	3.2	7.1	2.1
1984	100	59.0	10.4	11	11.7	5.5	2.4
1988	100	53.4	8.6	12.8	14.9	4.8	5.7

农民消费结构的排列原来是吃、穿、烧、用、住、文化，现在是吃、住、用、穿、文化、烧。这 10 年吃、穿、烧所占比重是逐年下降，而住、用、文化三项则是逐年增加的，充分表明农民的生活质量确实提高了，农民的生活上了一个新的台阶。

(4) 贫富差距拉大。表3反映的是全国的平均情况，从总体上体现了中国农民经过 10 年改革生活普遍得到改善的状况。但也不能忽视另一方面的情况，这就是地区之间的收入差距拉大了，同一地区内部、农户之间收入差距也拉大了，有的甚至收入悬殊。由于自然条件和商品经济发展程度不同，中国农民的纯收入自西向东呈阶梯形增长。东部沿海诸省农民的收入多、增长快，中部次之，西部诸省农民收入少、增长慢。以全国收入最高的上海市农民与收入最低的甘肃农民相比，1987 年上海农民人均纯收入 1059 元，比 1978 年的 290 元增长 2.65 倍；1987 年甘肃农民人均纯收入 296 元，比 1978 年的 98 元增长 2.02 倍。收入差距从 1978 年的 2.96∶1 扩大到 1987 年的 3.58∶1。而更加值得注意的是在同一地区、同一县、同一乡、同一村内，农民之间的收入差距拉大了。开始实行家庭联产责任制时，农户间分得的承包土地和生产资料是基本相同的，但由于农户间的劳动力多少、强弱不同，主要劳力的文化素质、经营能力和社会关系不同等原因，经过几年之后，农户间的收入差距拉开了，特别是一部分兼营或专营第二、第三产业的农民，诸如私营企业主、个体工商户和乡镇企业的一些厂长、经理、供销人员等，率先富裕起来，成了万元户、几十万元户、几百万元户，而那些家庭劳力弱小、单一经营农业、缺乏资金和门路的农民，则连基本的温饱都难以维持。在商品经济发展的条件下，农民中各个阶层的收入差距拉开有一定的必然性，改变了原来平均主义吃大锅饭的状况，有利于开展竞争和提高效率。但目前有一部分人并不是靠正当经营、勤劳致富，而是靠非法经营、偷税漏税而暴富起来的，这就应该加强市场和税收等方面的管理，对他们加以限制。而且，农户间收入差距悬殊，也会造成农民心理上的不平衡，引起新的社会矛盾和冲突，不利于整个社会的稳定和发展。

5. 农民的文化提高了，农民的价值观念有了很大变化

50年代初，中国农业劳动力70%—80%是文盲半文盲，合作化时期，生产队连找个会计都很困难，那时一个高小毕业生回乡就被称为知识青年。经过20多年的努力，特别是改革10年来的发展，农民的文化素质大大提高。据全国农村调查总队的统计，1986年每百个农村劳力的文化程度如下：大专程度0.06人，中专0.33人，高中6.872人，初中28.58人，小学38.02人，文盲半文盲26.14人。按1986年全国农村劳动力38782万推算，现在农村有高中程度的劳动力2610万人，初中程度的劳动力10860万人。目前，中国农村有高中6490所，初中63512所，每年毕业的高中生53万人、初中生668万人；农业职业中学4600所，每年毕业28万人。另外，还有300多万成年农民参加广播、函授、业余等各类学校学习，提高文化和技术。据1989年《中国统计摘要》的资料推算，全国农村现有1.08亿台收音机、6558万台电视机，还有7975万户装有有线广播。广大农民通过广播和电视获得各种信息，增长知识，开拓视野，文化素质正在不断地提高之中。

农村改革10年，由于生产关系的调整、商品经济的发展、生产的增长、生活环境条件的改善，广大农民群众的思想观念发生了很大变化。中国农民长期受重本抑末的思想束缚，长期生活在自给自足的自然经济的圈子里，合作化以后，又生活在集体生产、统一分配的产品经济的条件下，农民的商品意识很差，鄙薄商业，认为从商下贱、无商不奸。农村改革开放，广大农民投身到商品经济的洪流中，商品经济的观念逐渐树立起来，就是种田，农民也开始学会计算成本，注意投入产出，注意市场动向，比较种什么作物赚钱多、利益大。如果说，在人民公社条件下农民只是劳动农民，实行包产到户以后农民是生产农民，那么，现在很多农民已是经营农民，直接从事商业活动。不仅是东部沿海地区有很多农民从商，就是中、西部地区也有很多农民从商，连少数民族的农牧民也纷纷上街摆摊卖货，玩起"秤砣"来了。1988 年，我们在山东陵县边临镇调查，有 90% 的农户表示，只要有资金、有机会，他们都想出去做工、做买卖。

重土轻迁、恋乡恋家，这是中国农民的一个重要的传统观念。所谓"在家千日好，出门一日难"，农民不肯轻易出门，更不肯迁移外居。但是，在商品经济的冲击下，由于比较利益的诱导，农民特别是中青年农民不离故土的传统观念淡薄了。只要能跳出农门，只要能进城，只要能赚钱，哪里都去。现在涌到城镇去做工经商，涌到边远地区去淘金、挖矿的农民，估计已超过 2000 万人，还有更多的农民在寻找机会出来。工农差别、城乡差别的客观存在，成为农民离农倾向的推动力。农民离土离乡的目的，现实的希望是通过做工从商获得更多的利益，更高的目标是能"农转非"，得到城市的居民户口，成为正式工人或干部，有工资，有公费医疗，有铁饭碗。有些农民为此而奋斗了终身，生前得不到，临死了，叫子女在他灵前火化专门绘制的城市户口准迁证、工作证、公费医疗证，企求到阴间成为城里人。更多的农民则比较现实，自己跳出农门无望了，就把希望寄托在子女身上。我们对陵县边临镇 165 户农民调查，有 83% 的农民希望自己的子女考上中专或大学，因为这是现在唯一可以"农转非"的可靠通道了。

传统的中国农民是爱田守业、视耕地为命根的，但经过近 40 年的土地所有权和经营权的不断更迭，农民对土地的感情淡薄了。实行包产到户，农民对承包耕地有了经营自主权，并且明文规定 15 年不变，经营权可以继承，也可以转让。但农民总觉得耕地不是自己的，不愿在土地上下工夫，不愿进行力所能及的农田基本建设，有钱也不对土地投资，普遍少施不施有机肥，就是很明显的例证。但为什么有很多地方的农民，从事了工业、商业的经营或劳动，收入也足以保障生活的需要，但仍不肯把承包耕地交还给集体或转让出去呢？这是因为这些农民仍怕政策多变，一旦不准从事工商业或经营失败了，仍可有承包土地作为安身立命之所，所以不肯转让土地。但这并不是农民爱惜土地的表现。一旦这些农民感到国家政策稳定，所经营的工商业收入也比较稳定，要他们放弃土地不是困难的事情。

6. 农民的政治观念、政治态度正在发生变化

中国共产党是通过农村包围城市的路线夺取政权，取得民主革命的胜利的，在反帝、反封建的长期革命斗争中，党同农民建立了密切的关系，农民在新民主主义革命斗争中获得了解放，获得了土地，对长期的民主革命斗争作出了巨大的贡献。中华人民共和国成立以后，广大农民群众在党和政府的领导下，在社会主义革命和社会主义建设中同样作出了巨大的贡献。毛泽东同志说过："中国的主要人口是农民，革命靠了农民的援助才取得了胜利，国家工业化又要依靠农民的援助才能成功。"[①] 实践证明，在整个社会主义革命和社会主义建设时期，农民都是跟着党走的，是工人阶级可靠的同盟军，是社会主义革命和建设的一支伟大力量。在50、60年代，农民同党的关系，可以用那时农民在自家门上普遍贴的对联"听毛主席话，跟共产党走"两句话来概括。土地改革、统购统销、合作化、人民公社化、农业学大寨，这一系列大的政治、经济运动，农民也是跟党走的。那时，毛主席和共产党在农民中有崇高的威信，即使在上述运动中，有些人在政治上、经济上的利益受到损害，农民也还是跟着党走的。70年代后期，农民强烈要求进行农村改革，党和政府顺应民心，率先领导农民进行农村第一步改革，在全国普遍实行了家庭联产承包责任制，农民是衷心拥护的。这个时期的农民同党的关系，可以用安徽凤阳县农民在大包干中提出的三句话来概括："先交国家的，留足集体的，剩下是俺自己的"。这本来是农民针对人民公社吃大锅饭的体制提出来的分配方案，但也明显地反映了农民的政治态度。表明农民是拥护党和国家的，国家观念和集体观念是很强的，把对国家和集体的贡献放在第一位；表明农民是十分通情达理、顾全大局的，支持国家的社会主义现代化建设和集体经济。

80年代的农民政治态度是怎样的呢？实行了包产到户，农民成为商品

---

① 《毛泽东选集》第5卷，人民出版社1997年版，第26页。

生产者，农民同市场逐步建立起各种联系，市场的波动、物价的升降，都与农民的利益息息相关，会对农民产生深刻的影响。近几年国家对粮棉等主要农产品实行合同定购，收购价格基本未变，而工业品价格却上涨了很多，特别是化肥、农药、薄膜等农用生产资料上涨了一两倍，明文规定给农民平价供应的化肥、柴油又往往不能兑现，这都直接损害了农民的利益，农民特别是主种粮棉的农民对此反应强烈。近几年，各地农民用各种形式表达他们的意见，有些农民还通过贴对联的形式来表达。其中有一对是这样写的，上联：高价化肥我不买；下联：平价粮食我不卖；横批：请政府原谅。据了解，这样的对联在湖北、湖南、安徽、河北、吉林等省农村都有发现，说明这类意见比较普遍。这副对联既反映了农民对乱涨价的不满情绪，也反映了农民要求等价交换的强烈愿望。公平交易、等价交换，这是发展商品经济的起码条件。农民要求等价交换，要求平等地对待他们，公平交易，这是80年代农民的特征，也是他们目前的基本要求。

据我的调查，现在农民家庭也是核心家庭日趋增多，农村青年一结婚，多数就同父母分家，另立门户。以前的三世同堂、四世同堂已经很少了。现在的农村，70%以上的户主是40岁以下的农民，土地改革、合作化时，他们还未出生或还不懂事，他们大多是在60、70年代以后成长起来的，其文化素质和政治素质同50年代的老农民是大不一样了。对此，我们要有足够的认识。另外，前面说过，农民这个社会群体已经分化成了8个阶层，他们所处的经济地位、社会地位已经很不相同，有各自不同的政治和经济的要求。因此，我们的农村政策应该针对这些改变了的情况作相应的调整。

中国农村目前正处在一场重大的变革之中，自给半自给的自然经济正在向有计划的商品经济转化，传统的农业正在向现代农业转化，传统的农民正在向非农民和现代农民转化。本文论述的6个方面的变化，只是勾画了一个轮廓，远不是这场伟大变革的全貌。这场变革是中国8亿多农村人口的大规模的社会变革运动。首先，从经济体制改革开始，必然会引起政治领域、社会结构、思想传统等方面的相应变革，这场变革对中国整个社会主义现代化建设大业具有极其重要的意义，同时也带有极其伟大的世界意义。研究这场变革的来龙去脉，总结变革中不断出现的新情况、新问题、新经验，研究这场变革发生、发展的规律，协助党和政府按照运动发展的规律，有计划、有步骤地领导好这场变革，这是我们社会科学工作者义不容辞的责任。

农村改革伊始，正是社会学重建的时候，在费孝通教授亲自带领下，一批社会学工作者首先就深入农村、研究小城镇等农村问题，写出了"小城镇大问题"等一批很有价值的研究报告，为农村这场大变革作出了贡献。可是这个中国社会学注意研究农村问题的好传统，后来并没有很好地贯彻下来，更多的同志去研究城市等问题，研究农村问题的人少了，我们有将近百人的中国社会科学院社会学研究所，能长期坚持下乡、认真研究农村问题的为数不多。近几年，社会学的几个刊物上，很少有研究农村社会问题的文章发表，出版社也很少出版农村社会学方面的书；几个大学的社会学系开不出或不开农村社会学的课。所有这些，同我们国家农村正在进行的这场伟大变革是很不相称的。

社会学工作者应该重视研究当今的农村问题，诸如，中国农村社会变革的方向、趋势和规律，中国农村社会结构、农村经济社会如何协调发展，中国农民如何分层，中国众多剩余农业劳动力如何向非农业转移，中国农村的社会保障体系如何建立，中国现有的城乡二元结构如何改变，等等，这些都是亟须调查和研究的重要课题。有志于农村事业的社会学工作者，特别是年轻的社会学工作者要义不容辞地深入农村改革的实际中去调查研究，掌握第一手材料，为完成这些课题而努力。这些课题的研究成果，都将对农村社会的发展，乃至国家经济社会的发展，起很重要的作用。同时，在对这些课题的研究过程中，有中国特色的农村社会学必将得到发展和完善。

(《社会学研究》1989年第6期)

对我国现阶段个体、私营经济发展的再认识

一 个体、私营经济对社会主义经济建设发挥着巨大作用

经过十多年的发展，个体、私营经济在我国经济社会生活中发挥着日益显著的作用。1991年，个体企业和私营企业的从业人数达2441.9万人，相当于全国全民所有制和城镇集体所有制职工人数的17.1%，占全国社会劳动者总数的4.2%；其工业产值为1610亿元，占全国工业总产值的5.7%；社会商品零售额为1844.4亿元，占全国商品零售总额的19.6%；纳税179亿元，比1990年增长22.9%，占全国各项税收总额的6%。在有些县、市个体、私营经济已占50%以上，成为当地财政收入的主要来源。个体、私营经济恢复和发展，对于促进生产、搞活流通、扩大市场、繁荣经济、增加就业、满足人民群众物质文化生活的需要等，起到了积极的作用。这也是改革开放的一项重大成果。我国要尽快地把经济建设搞上去，面临着几个必须而又亟须解决的难题，如剩余劳动力到哪里去、建设资金从哪里来、第三产业如何发展等。要解决这些难题，必须充分调动一切积极因素，发展公有制为主体的多种经济成分。

第一，个体、私营经济是吸纳、安排剩余劳动力的一条渠道。目前，我国有大量的剩余劳动力需要安排就业。据测算，农村已经积蓄、隐藏了2亿多个剩余劳动力，其中近1亿个被乡镇企业吸纳，还有1亿多个要寻找出路。到20世纪末，农村劳动力将达到5亿多个，按现有的生产水平计算，农业上只需要2亿个，也就是说，从现在起，在不到8年的时间内，农村要安排2亿多个剩余劳动力就业！

城镇的就业形势也很严峻。每年新增劳动力、工厂企业与党政机关"优化"精简的职工和离退休人员等，叠加之和也有数千万之众，他们也要寻找新的就业岗位。而国家每提供一个就业岗位平均需要增加的固定资产，重工业部门为 1 万元，轻工业部门为 0.6 万元。国家要把城镇就业人员的就业问题都包下来，根据现有的国力，显然不可能。而个体、私营经济只需要一个政策，在过去的 10 多年中就安排了城镇劳动者 710 万人就业。

第二，个体、私营经济是聚集民间资金兴办经济实体的一种形式。我国现有的民间资金高达 13000 亿元，是人数不多的一些高收入者占有其中较大的份额。这些高收入者有的是个体户或私营企业主，他们经过几年的积累，有些已成为百万元富翁、千万元富翁，许多人具备了扩大经营规模或投资兴办经济实体的财力。但是，由于没有形成良性的投资机制和良好的经济社会环境，他们拥有的这些资金不敢或不愿更多地投入生产领域。权衡利弊、得失，我们认为，与其花那么大的力气引进外资、创办"三资"企业，不如同时换换脑子，花些力气制定恰当的政策，开发一部分内资，创办更多的私营企业。通过正确的政策，组合生产要素，将起到事半功倍的作用。实践证明，到 1991 年底，全国的个体户、私营企业注册资金为 611.37 亿元，只相当于现有民间资金总额的 1/20，但它的经济社会效益却非常可观：不仅吸纳、安排了 2442 万个劳动者就业，创造了 1610 亿元的工业产值，还稳定了社会秩序，更新了就业观念，造就了一批会经营、懂管理、有技术的商品经济人才，推动了社会主义市场经济的发展。

第三，个体、私营经济是第三产业的一支重要力量。1990 年，个体商业、饮食业、服务业经营网点达到 1005.4 万个，占全社会经营网点的 84.8%，从业人数占总人数的 52.1%，而在新增社会服务网点中则占到 93%，社会商品零售额占其总额的 19.6%。加快发展第三产业，主要应依靠社会力量，国家、集体、个人一起上，放开手脚，让城乡集体经济组织和私营企业、个体户兴办那些投资少、见效快、劳动密集，直接为生产、生活服务的行业。

第四，个体、私营经济是建设集镇、培育市场的重要支柱。1980 年全国有城乡集市 40809 个，1991 年发展到 74675 个，增长 82.99%；平均每个集市年成交额，1980 年为 57.6 万元，1991 年为 351.1 万元，按当年价，增长了5倍。在这些集市上，最忙碌、最活跃，也最引人注目的买者与卖者，大多数是个体户和私营企业经营者。个体、私营经济为了在竞争中求得生存与发展，一般都会按照价值规律，在专业化分工的基础上，促进规模经营，搞好产、供、销协作与联合，由专业户、专业村，推动专业市场、集镇的形成发展，最后通过专业市场的辐射、共振作用形成专业经济区。个体、私营经济是建设集镇、活跃市场的重要力量。各地的实践证明，哪里的个体私营经济政策执行得好，哪里的集镇、市场就繁荣。同样，集镇、市场建设也促进了个体、私营经济的发展。

第五，个体、私营经济也是贫困地区发展经济的一项重要措施。我国至今还有大约5%的人口生活在贫困线以下，温饱问题仍未得到解决。在这类贫困地区，更应该放宽政策，放开手脚，从发展生产力的实际出发，发展个体、私营经济，使当地稀缺的人才、资金与自然资源结合起来，形成一个个新的经济增长点，扩大生产、流通的门路，推动经济发展。

二 发展个体、私营经济需要解决的思想认识问题

要使个体、私营经济有很大的而且是健康的发展，应在深入调查研究的基础上，廓清认识，在理论、政策上有所突破；同时，理顺关系，逐步建立适应市场经济的、非公有制的管理体制，为个体、私营经济创造良好的经济社会环境。

（一）个体、私营经济是社会主义社会经济的组成部分，而不仅仅是"补充"

社会主义社会经济是由公有制经济与非公有制经济两大部分组成的。作为非公有制经济的个体、私营经济与作为公有制经济的国营、集体经济一样，都是社会主义社会经济的组成部分。我们首先要从地位上明确它们是社会主义社会经济的重要组成部分，而不能把它们仅仅看做是公有制经济的可有可无、可多可少的"补充"。社会主义的本质特征之一是公有制为主体，多种经济成分并存。但全民所有制经济不一定在各个部门都占绝对优势。我们理解的公有制为主体，是基础工业部门以国营经济为主，国

营经济中以大中型企业为主,大中型企业又集中在关系国计民生的主要行业。也就是国营经济的资产存量及其所提供的国民生产总值和国民收入在关系国计民生的主要行业的社会总量中占有明显的优势,并且保持较高的增长势头。就一般而言,在社会主义经济中,公有制经济居于主体地位,个体、私营等非公有制经济居于从属地位。但在特殊情况下,在不同地区、不同部门、不同产业,则有很大的不同。就某一个地区而言,只要有利于社会生产力的发展和人民生活水平的提高,宜"公"则"公",宜"私"则"私",不必拘泥于"公有制为主体",更不必指"私"为"公",有意无意地模糊企业产权界限,为日后的财产纠纷埋下隐患。应该看到,个体、私营经济在某些地区、某些产业、某些行业,在特定的条件下,发挥着公有制不可替代的作用。正确的表述应是:个体、私营经济是社会主义经济的组成部分,对公有制经济发挥着必要的和有益的补充作用,具有不可代替的作用。

(二) 个体、私营经济的发展,是社会主义的长期方针,而不是权宜之计

在社会主义条件下发展个体、私营经济不是权宜之计,而是一项战略措施。在整个社会主义社会都要调动一切积极因素,利用一切经济形式,吸纳、安排一切剩余劳动力,组合生产力的多种因素,大力发展市场经济,提高综合国力。而个体、私营经济是发展市场经济的有效形式。所以,在整个社会主义社会,个体、私营经济不仅要长期存在,而且要大力发展。对私营经济也不需要再进行社会主义改造。因为社会主义制度在我国早已建立,并且得到发展,社会主义国家可以通过法律、法规,对私营经济进行监督管理,引导它们健康发展,与公有制等其他经济成分一道,共同繁荣社会主义市场经济,发展社会生产力,在最终建成有中国特色社会主义过程中逐步完成自身使命。

第一,根据有关法规规定,私营企业的税后利润用于生产发展基金的部分不得低于50%,而且免征个人收入调节税。其目的是鼓励私营企业扩大生产经营规模。因为企业规模越大,吸纳、安排劳动力越多,给国家交纳的税金越多,创造的社会财富越多。至于私有财产,只要它在社会再生

产过程中不断地运行，法律意义上的所有权就显得无关紧要。私有生产资料与公有生产资料一样，都在为社会主义国家创造财富，共同构成社会主义的物质基础。

第二，为了限制过高的消费，避免挥霍浪费，对私营企业的税后利润用于个人生活消费的部分，实行累进税率，征收40%的个人收入调节税，个人消费部分越多，课税越重。即使出现了亿万元富翁，我们也可以通过税收杠杆调节，如制定财产转移（继承、转让）税等，对私营企业经营者的私有财产进行多次再分配。限制过高消费，鼓励发展生产，使私营企业不断扩大经营规模，是兴利抑弊的有效措施。

第三，私营经济与公有制等其他经济形式有机结合、共生共荣，这是实践给我们提供的启示。目前，私营经济与其他经济形式在多方面的联合、渗透，以致融合的现象相当普遍。最主要的是同居于主导地位的经济形式联合，而且私营企业规模越大、困难越多，这种联合的愿望越强烈。因此，同公有制经济的联合是私营经济发展内在矛盾的必然结果，带有规律性。因为联合、渗透或融合，都将成为私营经济发展的有利条件。

私营经济与其他经济形式融为一体后，资产普遍股份化。随着生产社会化，必然出现资本社会化，私营企业和公有制企业的资本都将成为马克思所说的"社会资本"。在这种经济格局中，谁能操纵社会资本，谁就居于主导地位。从微观上说，全民所有制经济的资本最集中，最容易在企业中占据可控制企业的股票份额；从宏观上说，全民所有制经济将主要占据基础工业部门，而其他经济形式将主要占据加工工业部门和第三产业的有关部门。因此全民所有制经济将始终操纵国民经济命脉和整个社会资本。

近年来，在国民经济结构中，国营经济与个体、私营经济所占比重变化较大，全民所有制工业在全部工业的总产值中的比重，1980年为76%，1985年为64.9%，1990年只占54.6%，10年间下降了21.4个百分点。造成这种状况的主要原因，不是个体、私营经济冲击了国营经济，而是国营经济缺乏活力。扭转这种状况的关键在于转换国营企业的经营机制，提高效益，发挥大经济的优势，而不是用限制个体、私营经济的发展，来保护国营经济。因此从长远着眼，多种经济形式融为一体后，功能互补，从绝对量来看，各种经济形式都可以在市场竞争中无限地增长，从而总体上促进社会产品极大的丰富和人民生活水平极大的提高。

（三）私营企业主阶层是发展社会生产力的帮手，而不是敌手

作为私营经济人格化的私营企业主，现有几十万人，已经成为我国社会结构中的一个重要阶层。这个阶层的态度与状况如何，将直接关系到私营经济能否健康地发展。因此，在制定、执行私营经济的政策上与舆论宣传上，一定要注意保持连续性、稳定性和一贯性。

第一，不要把私营企业主与20世纪50年代的民族资本家进行简单的类比与等同。主要是：①他们所处的社会制度和经济结构不同。前者是依附于、受制于社会主义公有制经济，是社会主义经济结构的组成部分；后者是处在新民主主义向社会主义过渡时期，社会主义公有制的地位尚未确立，"谁战胜谁"的问题还未最终解决；②他们的人员构成与资金积累途径不同。前者是社会主义劳动者运用自己劳动积累的资金，逐步扩大经营规模而形成；后者是从旧社会过来的、通过占有剩余价值而形成的；③主雇关系不同。现阶段私营企业内部的雇工也有一份生产资料，只是数量不多。所以，他们是"有也不多"农业的剩余劳动者，而不是一无所有的雇佣劳动者。他们受雇的主要目的，是为了多挣一点收入，学点技术，见见世面。主雇之间被迫的因素较少，自愿的成分较多；④他们的前途与命运不同。现阶段的私营企业是社会主义的建设力量，而不是异己力量。应鼓励他们合法经营，依法纳税，扩大经营规模，提高素质，由私营企业主转变为私营企业家，再转为现代企业家。后者则是通过利用限制，逐步把他们改造为自食其力的劳动者。所以现阶段的私营企业主与50年代民族资本家具有质的差别，不能一样看待。

第二，认真理解执行对个体、私营经济的"团结、帮助、教育、引导"的方针，终止、废除"利用、限制、改造"的政策。在社会主义市场上，私营企业主同国营、集体企业的厂长、经理们一样，都是商品生产者与经营者。因此，对他们在政治上应该一视同仁。我们党在现阶段的政治路线是以经济建设为中心，发展社会生产力，逐步实现现代化。要保证这条政治路线的贯彻执行，必须调动各方面积极因素，团结一切建设力量。现阶段的私营企业主是社会主义的建设力量，他们的经济实力达到一定程度时，理应要求相应的社会地位、政治地位。满足他们的合理要求，将会更好地兴利抑弊。因此对合法经营、依法纳税者，应视其经营规模与社会贡献的大小，给予应有的荣誉称号和社会地位，如企业家、模范、人大代表、政协委员等。对其中比较突出的代表人士，如生产经营规模较大，对社会贡献较大，模范地执行私营经济的政策法规，对企业利润的绝大部分用于发展生产，受到企业内外工人、民众赞誉，符合党员标准而又要求入党的，应该通过组织程序吸收加入党组织，同时还要鼓励、支持他们继续经营好原有的私营企业。受到多数选民拥戴的可以被选为基层干部。另外，还要允许党员、基层干部雇工经营、创办私营企业。他们的企业利润（剥削所得），绝大部分投入了再生产，变成社会资本，而生活消费部分，则可视为经营者的工资奖金与承包收入。我们在调查中发现，凡是这样做的地方，私营企业主的恐慌心理较少，人心波动不大，经济能够正常发展；不这样做的地方，折腾的时间长，闹得人心惶惶，私营企业迅速"挂、停、靠、转"，经济发展一波三折。

第三，要加强管理。管理机构要转变职能，建立一套适应非公有制的、市场经济的管理体制，变"多头"管理为协调管理，有关部门各司其职、各尽其责。原则上减轻不合理负担，统一制定各种费用的项目、金额。管理重点是无照户、假集体和高收入户。采用经济的、行政的和法律的手段，通过提供服务来加强管理。沿海一些地区的政府，对个体、私营经济的管理成效显著，其中一条经验是："你投资，我欢迎；你赚钱，我收税；你违法，我查处；你倒闭，我不管"。同时，提供产前、产中和产后的服务。

随着社会主义市场经济体制的确立和国民经济的持续、稳定、协调发展，国营企业转换经营机制之后，公有制经济的"主力军"战斗力将会更强，同时，个体、私营经济这支"异军"也会得到相应的发展。到20世纪末，在现有基础上，如能再翻两番，个体户和私营企业分别达到5600万户与40万户，从业人员近亿人，工业产值6000亿元，税收近千亿元，那么对于缓解我国经济发展中的难题、增强综合国力、提高人民生活水平，将发挥更大的积极作用。

（中国社会科学院《要报》1992年8月）

中国私营经济、私营企业主阶层产生、发展的实践和理论演变

研究私营企业主问题时，遇到了很多理论和实际问题。1981年第一批私营企业主诞生（如广东的养鱼大户陈志雄和安徽芜湖的傻子瓜子年广久等），就有各种不同意见和争论：一种认为私营企业是私有经济，私营企业主就是资本家，剥削剩余价值，属于资本主义性质，不能任其发展；另一种意见则认为我们现在是社会主义初级阶段，主要矛盾是生产力落后不能适应广大人民日益增长的物质文化需要，个体私营经济有利于生产力的发展，所以应该允许存在和发展。一直到现在，这一类的争论从来就没有断过。

在社会主义社会搞市场经济，允许私营企业和私营企业主存在和发展，这是一个新的理论课题。这和传统的马克思主义理论是不同的，也和我国自20世纪50年代中期以来颁行的法律法规相左，同在公有制下生活了几十年的干部、群众已经形成的认识和观念相违背。所以，自改革开放以来，自个体、私营经济开始萌生，基层和领导、政界和学界、实际工作部门和政策研究部门，就有各种不同的争论。特别是关于私营经济和私营企业主问题，争论得相当激烈。

党的十一届三中全会以来，确立了解放思想、实事求是的思想路线，我们并没有停留在不同意见的争论上，而是尊重实践、尊重群众的创造，对私营经济、私营企业主问题，在政策认识上是随着实践的发展而逐渐深化的，在法律法规上作了几次重要的修正，在政策上也是不断完善的，经历了从开始容许存在，发展到鼓励、支持和引导其健康发展，这才有了今天的大好局面。回顾总结改革开放以来关于私营经济和私营企业主阶层的

成长发展的实践和理论嬗变的过程,既有实践意义也有理论意义。

一 新时期关于私营经济、私营企业主阶层产生、发展的回顾

新中国成立初期,我国有个体工商户和个体劳动者900多万人,私营工商户16万户。经过50年代的对个体工商户、私营工商户的社会主义改造,到1966年个体工商户和个体劳动者只剩下156万人;经过"文化大革命",到1978年,个体工商户也只剩下15万户。资产阶级作为一个阶级已经被消灭了,不过他们人还在,但绝大多数已转变为国有企业或集体所有制企业的干部和职工了。

1978年,中共十一届三中全会以后,实行改革开放,农村首先恢复自留地,允许家庭副业生产,开放集市贸易,实行家庭联产承包制,于是,已经在神州大地几乎灭绝的个体私有经济又破土而出,迅速成长发展起来。先是在小城镇的农贸市场,一批半农半商的农民在集市做买卖,办饮食服务业,后来,县城和中小城市的市场也开放了,城镇的待业、失业者自谋出路,办小商业、服务业。70年代末80年代初期,1000多万知识青年回城,政府、公有企事业单位一时容纳不了,他们只能自谋职业,到市场找出路,一大批个体商业、服务业和工业小企业就办起来了。由于存在城乡市场,长途贩运、商业交换就必然兴旺起来了,出现了一批离土不离乡的商业、服务业专业户,还有一些是从事长途运输的专业户。不久,就出现了雇工现象,私营企业主也就应运而生了。

1979年2月,国家召开工商行政管理局长会议,提出各地可以批准一些有正式户口的闲散劳动力从事修理、服务和手工业个体劳动,但不准雇工。会议文件经党中央、国务院批准转发各地。这是改革开放以来第一个允许个体经济存在和发展的文件。

1980年,中央召开全国劳动就业工作会议,明确指出:"在国家统筹规划和指导下,实行劳动部门介绍就业、自觉组织起来就业和自谋职业相结合的方针。"这次会议为个体经济的存在和发展开辟了道路。1981年6月,党的十一届六中全会通过了《关于建国以来党的若干历史问题的决

议》，指出："在 1955 年夏季以后，农业合作化以及对手工业和个体工商业的改造要求过急，工作过粗，改变过快，形式也过于简单划一，以致在长期间遗留了一些问题。"决议又同时指出，在现阶段"国营经济和集体经济是我国基本经济形式，一定范围的劳动者个体经济是公有制经济的必要的补充"。这是改革开放以来，第一次以党的文件形式明确肯定了个体私有经济在生产资料所有制结构中的地位。

但是，有雇工的私人企业思想阻力仍然很大，社会对此有很大的争议。1979 年广东高要县农民陈志雄承包鱼塘 8 亩，1980 年扩大到 105 亩，雇长年工 1 人，雇临时工 400 多个工日，当年获纯利 1 万多元。对此《人民日报》从 1981 年 5 月 29 日到 9 月 19 日辟专栏讨论这个现象，社会争论很激烈。也就在这个过程中，1981 年 7 月，国务院发出了《关于城镇非农业个体经济若干政策的规定》，文件明确强调了恢复和发展个体经济的重要意义，并且指出："在必要时，个体经营户可以请 1—2 个帮手，技术性较强或者有特殊技术的，可以带 2—3 个至多不超过 5 个学徒。"这就为个体经济可以雇工经营作了政策规定，实际也就是为后来个体工商户（可以雇工 7 人）和私营企业（雇工在 8 人以上者）作了界定。1982 年 9 月，党的十二大召开，在政治报告中专门讲道："由于我国生产力水平总的说来还比较低，又很不平衡，在很长时间内需要多种经济同时并存"，"在农村和城市，都要鼓励劳动者个体经济在国家规定的范围内和工商行政管理下适当发展，作为公有制经济的必要的、有益的补充"。同年 12 月，全国人大五届五次会议通过了修改的《中华人民共和国宪法》，第十一条规定："在法律规定范围内的城乡劳动者个体经济，则是社会主义公有制经济的补充。国家通过行政管理，指导、帮助和监督个体经济。"

个体经济有了法律地位，雇工多于 8 人的私人企业虽然在商品经济的大潮中已经很常见了，这是个体工商业在市场发展的必然结果，本来是顺理成章的事，但在党内在社会上争论仍然很激烈。1982 年，经邓小平同志亲自提出，中央政治局讨论并通过了对私营企业采取"看一看"的方针。1983 年初，中共中央发布了农村第二个一号文件《当前农村经济政策的若干问题》，文件指出："我们是社会主义国家，不允许剥削制度存在。但我们又是发展中国家，尤其是农村生产力水平还比较低，商品生产不发达，允许资金、技术、劳力一定程度的流动和多种形式的结合，对发展社会主义经济是有利的。""农村个体工商户和种养业的能手，请帮手、带徒弟，可参照《国务院关于城镇非农业个体经济若干政策性规定》执行，对超过上述规定雇请较多帮工的，不宜提倡，不要公开宣传，也不要急于取缔，而应因势利导，使之向不同形式的合作经济发展。"

在个体私营经济开始成长和发展的关键时刻，党内外争论非常激烈。邓小平同志的远见卓识、英明决断起了极其重要的作用。在1983年1月12日，他同国家计委、经贸委、农业部门的领导同志谈话时指出："农村、城市都要允许一部分人先富裕起来，一部分地区先富裕起来，是大家都拥护的新办法，新办法比老办法好，农业搞承包大户我赞成，现在放得还不够。总之，各项工作都要有助于建设有中国特色的社会主义，都要以是否有助于人民的富裕幸福、是否有助于国家的兴旺发达，作为衡量做得对或不对的标准"①。邓小平同志历来是从人民的富裕幸福、社会主义国家的兴旺发达的大局来考察问题的。后来提出的三个"是否有利于"的判断标准，在这里就讲到了。1984年10月22日，邓小平同志在中顾委第三次全体会议上的讲话时指出："还有的事情用不着急于解决。前些时候，那个雇工问题，相当震动呀，大家担心得不得了。我的意见是放两年再看。那个能影响到我们的大局吗？如果你一动，群众就说你政策变了，人心就不安了。你解决一个'傻子瓜子'，会牵动人心不安，没有益处。让'傻子瓜子'经营一段，怕什么？伤害了社会主义吗"②。

正是在这个"看一看"的方针引导下，私营企业得到了发育和成长。据工商行政部门统计，1979年，个体户从业人员为31万人；1980年为56户；1981年，个体工商业户有96.1万户，从业人员121.9万人；1982年为150.4万户，184万人；1987年为419.5万户，537.8万人；1988年为920.1万户，1438.3万人。当时私营企业还统计在个体工商业户中，如以私营企业占工商业户的1%计，则1987年已经有4.2万户。私营企业多数分布在东南沿海的广东、浙江、福建等省，一是这里改革开放比较早，政

---

① 《邓小平文选》第3卷，第23、91页。
② 同上。

策宽松，二是市场经济发展快，个体工商户发展为私营企业要有一个资本积累过程。在这一阶段，社会争论不是很激烈，各地进行了调查研究，陆续出台了一批登记管理私营企业的政策。工商行政部门也开展了对私营企业的注册登记工作。1986年冬，中央农村工作会议上对私营企业问题进行了讨论，于1987年初发布的中央5号文件《关于把农村改革引向深入》指出："在一个较长的时期内，个体经济和少量私人企业的存在是不可避免的"，对私人企业"应当采取允许存在、加强管理、兴利除弊、逐步引导的方针"。至此，在党的文件中，第一次确定了私营企业的地位。

1987年10月中国共产党十三次代表大会召开，在政治报告中，对私营经济的地位、性质和积极作用作了明确的阐述："实践证明，私营经济一定程度的发展，有利于促进生产、活跃市场、扩大就业，更好地满足人民多方面的生活需要，是国有制经济的必要的和有益的补充"，并且强调"必须尽快制定有关私营经济的政策和法律，保护他们的合法利益，加强对他们的引导、监督和管理"。报告还指出："目前全民所有制以外的其他经济成分不是发展得太多了，而是还很不够。对于城乡合作经济和私营经济，都要鼓励他们发展……在不同的经济领域、不同的地区，各种所有制经济所占的比重应当有所不同。"应当说，十三大的报告，对个体、私营经济的论述，是我们党在社会主义初级阶段对非公有制经济认识的一次重大飞跃。

1988年4月，第七届全国人民代表大会第一次会议，通过了宪法修正案，修改后的第11条规定："国家允许私营经济在法律规定的范围内存在和发展，私营经济是社会主义公有制经济的补充。国家保护私营经济的合法权利和利益，对私营经济实行引导、监督和管理。"私营经济的合法地位第一次写进了宪法。以后，国务院又发布了《中华人民共和国私营企业暂行条例》等一系列法令法规，使私营企业进入了合法发展的阶段。

人们的社会实践总是在创造新的生产力，创造新的经济形式，并不断改变人的认识。而认识的改变形成新观念，新的理论再付诸实践，又不断推进实践的前进。私营企业从20世纪80年代初期孕育、产生、发展、成长，到1988年已经发展成一支有相当规模的经济力量了。当年私营企业开始单独统计（过去是和个体工商业户统计在一起的），已有22.5万户，从业人员 360 多万人。

但是，1989 年以后，社会上一度沉寂的对私营企业非难的舆论又起，认为私营企业主是新的资产阶级，发展私营经济就是搞私有化，私营企业是社会主义公有制经济的异己力量，甚至有人说私营企业主是政治动乱的社会基础，等等，对私营企业发展的冲击很大。加上这时国家宏观经济又进行调整、整顿，经济环境趋紧，所以有相当一批私营企业停业或转化了。到 1989 年底统计，有私营企业 90851 户，从业人员 164 万人，比 1988 年减少了一半还多。据我们调查，实际并没有减少这么多，这其中有相当一部分私营企业又重新戴上红帽子变成集体企业，或找了挂靠单位，交管理费，买一顶红帽子。还有一批是通过"七不上八下"的办法，又退回到个体工商户。到 1990 年，逐渐稳定下来，当年有私营企业 9.8 万户，从业人员 170 多万人。1991 年 7 月，中共中央统战部通过调查研究，在《关于工商联工作若干问题的指示》中专门指出："对现在的私营企业不应和过去工商业者简单类比和等同，更不要像 50 年代那样对他们进行社会主义改造，而是要对他们采取团结、帮助、教育、引导的方针，要求他们爱国、敬业、守法。"这个文件经中共中央批准转发各地，起了很好的作用。

私营企业的大发展是在 1992 年以后。1992 年初，邓小平同志南巡讲话，提出了社会主义也可以搞市场，停止了姓资姓社的争论，并提出了"三个有利于"的标准，极大地推进了人们的思想解放，推动了社会主义经济和各项事业的大发展。在这篇重要的谈话中，他还专门谈到改革的政策不能变的问题。他说："农村改革初期，安徽出了'傻子瓜子'问题。当时许多人不舒服，说他赚了一百万，主张动他。我说，不能动，一动人们就会说政策变了，得不偿失。"[①]

1992 年 9 月，中国共产党第十四次代表大会明确规定了我国经济体制改革的目标是建立社会主义市场经济体制。报告指出："在所有制结构上，以公有制包括全民所有制和集体所有制为主体，个体经济、私营经济、外资经济为补充，多种经济成分长期共同发展。"并且还说："不同经济成分

[①] 《邓小平文选》第 3 卷，第 371 页。

可以自愿实行多种形式的联合经营。""国家要为各种所有制经济平等参与市场竞争创造条件，对各类企业一视同仁。"邓小平同志的讲话、党的十四大的精神为私营经济的大发展确定了方向，也开辟了航路。各地的私营经济自此更加迅速地发展起来。到1992年底，私营企业达到13.9万户，比上年增长28.8%；从业人数2319万人，比上年增长26%；注册资金221.2亿元，比上年增长79.8%。到1996年，全国私营企业已达81.9万户，从业人员1171.1万人，注册资金3752亿元。

1997年中国共产党召开了第十五次代表大会，会议对社会主义经济制度问题进行了新的阐述。江泽民同志在政治报告中指出："公有制为主体、多种所有制经济共同发展，是我国社会主义初级阶段的一项基本经济制度。这一制度的确立，是由社会主义性质和初级阶段国情决定的：第一，我国是社会主义国家，必须坚持公有制作为社会主义经济制度的基础；第二，我国处在社会主义初级阶段，需要公有制为主的条件下发展多种所有制经济；第三，一切符合'三个有利于'的所有制形式都可以用来为社会主义服务。"提出这一科学论断，也就确立了个体、私营经济在我国社会主义市场经济中的地位，报告还明确指出："个体私营经济已成为我国社会主义市场经济的重要组成部分。"1999年3月，第九届全国人民代表大会第二次会议通过的宪法修正案，把宪法第十一条中关于"个体经济、私营经济是社会主义公有制的补充"修正为："个体经济等非公有制经济，是社会主义市场经济的重要组成部分。"

尽管社会上对私营企业、私营企业主有种种议论，但私营经济在实践中还是在不断发展，在社会主义市场经济的发展中发挥了越来越重要的作用，从总体上说，表现相当好，这是出乎许多人意料的。在不少人的心目中，这些私营企业主都是些"不三不四"的人，或者是"官倒"，或者是原来资本家的后代，其实不然。据中共中央统战部、全国工商联、中国私营经济研究会在1997年组织的对全国私营企业主的抽样调查，私营企业主开业前的职业构成为：专业技术人员4.6%，企事业干部23.5%，工人、服务人员10.7%，农民16.7%，个体户38.2%，其他或无业6.5%。[①]

[①] 《中国私营经济年鉴》，华文出版社2000年版，第36页。

这个调查说明，私营企业主本来就是社会主义社会的劳动者，是在党的改革开放政策环境下，在党的关于一部分人可以带头致富的号召下，通过各种形式的创业活动，把劳动、资本、技术、信息等生产资源结合起来，精心经营，办起了各式各样的企业，为社会创造了财富，为社会主义现代化事业作了贡献。当然，在这样一个巨大的洪流中，也有少数私营企业主违法经营、偷税漏税、行贿欺诈、钱权交易，但这是支流，不是主流。这是应该明辨的。

2000年5月，江泽民同志在江苏、浙江、上海党建工作座谈会上讲话中指出："现在的私营企业主，是在我们党的改革开放政策和带头致富号召下发展起来的，许多人本来就是劳动者。"在全国统战工作会议上，江泽民同志还明确说过："通过诚实劳动、合法经营的私营企业主，为建设中国特色社会主义事业贡献了力量。"2001年7月1日，江泽民同志在《庆祝中国共产党成立八十周年大会上的讲话》中指出："改革开放以来，我国的社会阶层结构发生了新的变化，出现了民营科技企业的创业人员和技术人员、受雇于外资企业的管理和技术人员、个体户、私营企业主、中介组织的从业人员、自由职业人员等社会阶层。"又说："这些新的社会阶层中的广大人员通过诚实劳动和工作，通过合法经营，为发展社会主义的生产力和其他事业作出了贡献，他们与工人、农民、知识分子、干部和解放军指战员团结在一起，他们也是有中国特色社会主义事业的建设者。"在这篇重要讲话中，江泽民同志还说："来自工人、农民、知识分子、军人、干部的党员，是党的队伍最基本的组成部分和骨干力量，同时也应把承认党的纲领和章程、自觉为党的路线和纲领而奋斗、经过长期考验、符合党员条件的社会其他方面的优秀分子吸取到党内来。"

江泽民同志关于私营企业主中"许多人本来就是劳动者"、"他们也是有中国特色社会主义事业的建设者"、他们中的优秀分子可以入党的论述，是中国共产党在历史上第一次对社会主义初级阶段私营企业主阶层的社会地位作出的科学论断，理论和实践意义都非常重大，有利于统一全党对于私营企业主这个新产生的社会阶层本质属性的认识，有利于国家制定合理的经济社会政策，有利于充分调动私营企业主阶层为社会主义建设服务的积极性，必将会产生巨大的社会影响。

二 私营经济继续发展的实践对理论研究提出的课题

纵观改革开放以来20多年间，个体、私营经济从孕育、萌发到发展、成长，到近几年的迅速发展，经历了中国共产党的四次代表大会，根据个体私营经济的实践进展，每次政治报告都有一些新的论述。经历了四届全国人民代表大会的多次会议，制定宪法和后来两次宪法修正案，对个体、私营经济在社会主义建设中的作用、性质和地位，都作了符合实践发展的规定和修正，从而推动和促进了个体私营经济的健康发展，发挥了个体私营经济在社会主义现代化建设中的作用。回顾、总结这个重大的实践和认识过程，很有必要，也很有意义。因为直到现在，私营经济和私营企业主这个阶层还在迅速发展，在实践中还在不断提出新的问题，而且在理论上也还有许多重要文献需要进一步研究，特别是社会上对于私营企业主这个阶层的认识仍有不少争论。所以，继续深入开展对于私营经济和私营企业主阶层的调查研究，继续进行理论探讨就十分必要。以下是私营经济和私营企业主阶层发展的趋势：

（1）私营经济还在继续发展，从表1可以看到它的过去和现在，也可推知今后的大致发展趋势。

表1

年份	私营企业户数（万）	投资者人数（万人）	从业人数（万人）	注册资金（亿元）	营业收入额（亿元）	个体私营经济年纳税额（亿元）
1981	1（户）					6.2
1988	22.50		360			89
1989	9.0851	164		84	97	134.2
1990	9.8		170.2	95.2	122	145.6
1991	10.8		183.9	123.2	147	179
1992	13.9		231.9	221.2	205	203
1993	23.8		372.6	680.5	309.2	293
1994	43.2		648.4	1447.8	758.5	370
1995	65.5		956	2621.7	1499.2	429.6

续表1

年份	私营企业户数（万）	投资者人数（万人）	从业人数（万人）	注册资金（亿元）	营业收入额（亿元）	个体私营经济年纳税额（亿元）
1996	81.9		1171.1	3752.4	2276.7	450
1997	96.1		1349.3	5140.1	3096.7	540
1998	120.1		1709.1	7198.1	5323.7	700.8
1999	150.9		2021.6	10287.3	7149.38	830
2000	176.2	395.35	2011.15	13307.69	9884.06	
2001	202	460	2253	18212	11484	

① 资料来源：《中国私营企业发展报告1—3》、《民营经济内参》等。
② 1999年以前的从业人数中包括投资者和雇工。
③ 纳税额为个体工商户和私营经济的总数。

（2）表1列的数字是私营企业在国家工商行政部门登记注册的数字，而近些年私营经济发展的实际数字比这个还要大。第一，全国乡镇企业中大部分集体企业已经转制。据1998年《中国统计年鉴》统计：1997年全国乡镇企业有2015万个，其中乡办34.2万个，村办95万个，共129.2万个。这些乡办、村办原是集体所有制的，但1995年以后，乡镇企业改制，80%以上都已转制，通过租赁、大户控股、拍卖等形式转变为私营企业或类似私营企业了，但现在统计，多数还是在集体企业里面。这大致有100万户，每户平均有3个投资者，则有300万人。这些转制的乡镇企业规模都比较大，经济实力也较强，1997年户均从业职工41人。第二，1995年、1996年以后，对国有企业改革实行抓大放小，大量的国有小企业都已转制，通过租赁、拍卖等形式转变为私营企业或私人租赁经营的企业，这大致有50万个，每户的投资者以2人计，则有100万人。第三，2001年12月底，全国个体工商户有2435万户。因为现行的政策对个体工商户还是优于私营企业（如税制和税率等），所以有些个体工商户经济实力已经很强，但仍登记为个体工商户，而不愿登记为私营企业，以总量的0.5%计，也有约122万户，每户1人则有122万人。这三部分共为522万人，加上登记在册的460.8万，投资者共为9828万人。所以近来有些文章称，现在中国的私营企业主阶层已有千万之众，拥有资本金2万亿以上，是有根据的。

（3）私营经济的实力已经很大。据工商行政部门的资料，2001年全国私营企业202.8万个，从业人员2714万（占全国城镇从业人员22940万的11.3%），注册资金18212亿元，实现营业收入11484亿元，社会消费品零售额6245亿元（占全国社会消费品零售总额37595亿元的16.6%），出口创汇折合人民币913.47亿元（占全国出口总额4.2%），当年安置国有企业职工58.61万人，其中有9.69万人作为投资人创办了私营企业。如果加上上述还未统计进的已经实际成为私营企业的数值，那么，其经济总量已很可观了。在有些省、市、地区和县里，私营经济的总量已经是半壁江山或三分天下有其二，已经是举足轻重了，而且发展的势头很好，可说是方兴未艾。

（4）随着私营企业经济的发展、壮大，政治方面的活动就多了，社会影响也日益扩大，也就有了政治方面的要求，很多企业积极参与党和政府组织的活动，赞助、支持社会公益事业。私营企业主中有的原来就是共产党员、党的干部，积极参加党的活动，有的私营企业主积极要求参加中国共产党。有的被选为地方行政的干部，更多地被选为乡、县、市、省和国家的人民代表和政协委员，积极参政议政。1998年被选为第九届全国人民代表大会代表的私营企业主有48名，被推选为九届全国政协委员的有46名。1994年，一部分私营企业主响应党中央关于先富帮后富的号召，自愿组织起来，实施光彩事业计划，有一大批私营企业主到老少边穷地区，投资助学助医，兴办公共福利事业，给社会作贡献，博得了国内外的称誉。2002年的全国五一劳动奖状、奖章的评选，有300个先进集体荣获全国五一劳动奖状，997名先进个人荣获全国五一劳动奖章，其中有4名是私营企业主。主持此项评选工作的中华全国总工会一位副主席说："私营企业负责人也是劳动者和建设者，为国家和经济建设作出贡献的也可以当选。"最近，《经济观察报》等披露：江苏省和重庆市已有4名私营企业主当选为党的十六大代表。其中3位是《福布斯》公布的新一届中国内地100名富豪排行榜的，他们的资产都在7亿元以上。应该看到，当前私营企业主阶层正处在兴起和上升阶段，积极方面是很多的。但是，也应当指出，在私营企业主这个阶层中，也有一部分人唯利是图，投机钻营，行贿腐蚀党政干部，与干部搞权钱交易，盗窃国家资产，制假售假，虐待工人，办血汗工厂，为富不仁，欺压民众，挥霍浪费，生活糜烂，受到了社会的非议。

（5）在改革开放以后，在社会主义现代化经济建设过程中，孕育产生了一个私营企业主阶层，在现实的经济社会生活中发挥了越来越大的作用，党和国家已经作了多次研究和总结，也提出了比较明确的结论。但至今在社会上仍有很大的争论，党内党外还有不少人有疑虑，连私营企业主阶层中的许多人心中也不安，总怕政策还要变，所以，有一些企业主腰里攥着外国护照，在国外银行存着钱，一有风吹草动，就准备走。社会上这些疑虑的存在，对社会主义现代化建设十分不利。有必要对私营经济、私营企业主阶层继续进行研究，运用马克思主义、毛泽东思想的基本原理，作出新的理论概括。只有研究深入了，理论彻底了，才能说服人，才能有正确的政策，才能有利于实践的发展。

当今，对于如何正确对待私营经济、私营企业主阶层这样一个重大的实践和重大理论问题，虽然也有了一些调查的研究，有了一批论文和著作问世，但真正全面、系统、有说服力的研究，通过全部历史来说明问题的论著还没有。所以我们要用马克思主义的科学研究方法，对私营经济、私营企业主阶层问题做进一步的调查和研究，写出深刻而全面的论著，必将对社会主义现代化实践产生重大影响，也是社会所需要的。

（《中国社会科学院研究生院学报》2003 年第 1 期）

农民工问题要从根本上治理

农民工，这是世界工业化历史上的一个新概念，是中国在特殊的历史时期出现的一个特殊的社会群体。20世纪80年代初开始出现的时候，因为适应当时中国社会生产力发展的需要，本来只许从事农业劳动的农民被允许从事非农业生产了，虽然是冲破了计划经济框框的某种束缚，但还是在计划经济体制的大框架里面（如并没有改变户籍身份等），所以得到了政府、部门、基层和农民各方面的认同。在一段时间里，赞誉的声音甚高，有人认为，这是"离土不离乡，进厂不进城"的好形式，是建设中国特色社会主义的一种创造，是消除工农差别、城乡差别的方式，是解决大城市病的探索等。80年代中后期，政界、学界几乎都是这样认识的，包括我自己。进入90年代以来，农民工问题就逐渐显现出来——因为农民工现象的出现，本来只是在当时的情况下不得已而为之的一种应时措施，国家的经济社会体制都进行了改革，各方面的条件改变了，但农民工的体制因为种种原因反而逐渐固化了，并产生了种种矛盾，形成了诸多的社会问题和经济问题，直接影响工农、城乡关系，影响经济持续健康的发展，影响社会安定的大局。

一 关于农民工的由来

一个国家要实现由传统的农业、农村社会向现代社会转变，必须实现工业化、城市化。在工业化过程中，大量的农业劳动力转到工厂成为工人，工厂的集中形成了城市，所以通常工业化和城市化是同步的，农民进了工厂，也就自然成为城市居民。中国在50年代进行国家工业化的时期也是这样的，一面是大规模的工业化建设，一面是大量的农民进城，成为城市居民。那时，城市化率每年提高一个多百分点。但是，自从60年代初出现了三年经济困难，国家为了应对当时的短缺经济，严格实行城乡分治的户口制度，严格限制农业人口转变为非农业人口。当时工业建设仍在继续进行，但城市化却停滞了。直到1978年，全国的城市化率只有17.9%，82.1%的人口是农民。十一届三中全会以后，农村率先改革，实行家庭联产承包责任制，农业生产连年大幅度增长，粮食和农产品的供给状况大有改善。与此同时，农业剩余劳动力也大量出现，这正是加快工业化、城市化建设的好时机。60年代三年经济困难饿死人的教训实在太深刻了，所以当1984年农业特大丰收，第一次出现卖粮难的时候，有关方面并没有改革严格限制农业人口转为非农人口的户籍制度。农民要致富，而农业生产容纳不了众多的剩余劳动力，进城又不被容许，不得已，农民就地办起了乡镇企业，自发地向二、三产业转移。于是就有了"进厂不进城，离土不离乡"的农民工。农民工者，农民工人也。他们是农业户口，户籍身份是农民，在家承包有集体的耕地，但他们在乡镇企业里上班，主要从事二、三产业劳动，拿乡镇企业的工资，就职业说，他们已经是工人。"工作三班倒，种田早中晚"是他们的写照。

80年代中期，经济体制改革扩展到城市，城里的二、三产业大发展，需要劳动力，于是"进厂又进城，离土又离乡"的农民工就大量出现了。按说，这部分劳动力从农村进入工厂，从企业取得工资收入作为生活的主要来源，理应是工人了，理应是工厂、企业所在地的居民了。但是由于中国特有的户籍制度限制（全世界只有朝鲜、贝宁等极少数国家实行），他们的户口不能迁，农业户口、农民的身份不能变，他们在城市里、在工厂里工作了5年、10年、15年，他们还是农民工。

从各地发展的趋势看，一方面是城镇工业化，经济发展需要劳动力，有了强大的拉力；另一方面，农村有数以亿计的农业剩余劳动力，城乡存在巨大差别，农民要增加收入，特别是青年农民要寻找出路，有巨大的推力，农民进城打工是他们最好的选择。现阶段，我国正处于计划经济体制向社会主义市场经济体制转变，国有企事业单位正在进行改革，产业结构、就业结构正在调整，有大批的工人职员下岗转业，一方面，农民工涌进的城市并没有接纳如此众多外来劳动力的准备，另一方面，不少城市的领导想通过限制农民工进城来安排下岗职工就业。但许多企事业单位在经济效益的驱动下，还在大批接纳勤劳、肯干、价廉的农民工，而且正在逐渐形成一个企业两种工人的制度。开始农民工只是少量的，是补充、是为辅的，以后逐渐变成农民工成为多数，是为主的，正式职工反成了少数。大批的农民工还会源源不断地进城来，其势不可当。于是社会上就有了种种议论。到底我们应该怎么看待农民工进城的问题？利耶？弊耶？现在在不少城市实际上已经形成"一个工厂，两种工人，两种待遇"的格局，而且正在逐渐形成制度，这样长期下去行不行？这涉及我们国家制度性建设的大问题，涉及我们国家社会主义现代化建设的前途命运的大问题，需要认真讨论，从长计议。

二　农民工为社会主义现代化事业作出了巨大贡献

（1）农民工目前已经成为我国工人阶级队伍的重要组成部分，而且正在逐渐演变为工人阶级的主力军。据国家统计局统计：2000年，我国城镇从业人员23151万人，其中国有单位8102万人，集体单位1499万人，共计9601万人。除去各级各类国家机关工作人员1097万人，则我国国有和集体所有的二、三产业职工为8504万人。据2000年第五次人口普查，离开户籍所在地半年以上的人口为1.2亿。其中属于离土离乡进入城镇在二、三产业单位打工的农民工约为8000万人。

随着中国的经济高速增长，工业化大步前进，"离土又离乡"的农民工越来越多，据农业部、劳动社会保障部等有关部门估计，2002年离土离乡的农民约为9460万。从这个估计数字看，农民工在人数上已经超过城镇有户籍的公有制二、三产业的职工。而在有些行业，有些地区的二、三产业的职工已经主要是农民工，如建筑、建材、采掘、纺织、服装、玩具等行业的，第一线职工80%以上是农民工。因我们国家至今没有建立对农民工统计的指标和体系，所以到底有多少农民工、他们是怎么分布的、他们的状况如何，没有确切的统计，但农民工现在已经成为我国工人阶级队伍的重要组成部分，则是确凿无疑的。

近几年国有企业调整改革，结构优化，减员增效，已有约3000万人下岗了。据有关调查表明，有些企业把有城镇户籍的职工精减了，但因工作还需要，就另外找农民工来递补。在市场经济价值规律的推动下，这些企业不仅在搞"减员增效"，而且也在搞"换员增效"。这种趋势还在发展，农民工队伍还在继续扩大。另外，还有一类是"离土不离乡"在本地乡镇企业里工作的农民工。国家统计局1998年统计，1997年有乡镇企业的职工13050万人，其中在工业企业工作的有8563万人，在建筑业的有1814万人，在交通运输的有544万人，三项共计10921万人。这些人是亦工亦农的劳动者，如果按《工会法》规定，"以工资收入为主要生活来源的体力劳动者和脑力劳动者"可确认为职工身份的条款，若以半数而论，那么又约有5000万职工。所以说，农民工已经是我国工人阶级的主力军，这已经是客观事实。

（2）农民工为中国的工业化、城市化和社会主义现代化建设作出了功勋卓著的巨大贡献，农民工创造的伟大业绩将永载中国现代化事业的史册，在一定意义上可以说农民工是新时期我国工人阶级的杰出代表。农民工从他进城的第一天起，就是在极其困难的条件下开始打工的。农民工以其能吃苦、肯出力、勤奋进取、任劳任怨且又廉价，获得用工单位的青睐，站住了脚跟，以后逐渐扩展，形成了今天这样的庞大队伍。现在全国各地各个城市、各个行业、各条战线，都有农民工在劳动。现在的矿山，真正在井下第一线工作的80%—90%是农民工，现在的建筑工地，80%—90%是农民工，北京、上海、深圳、各大城市的高楼大厦、楼堂馆所、公路铁路、基础设施、站台码头，在90年代以后，有哪一栋哪一条不是主要由农民工施工、建造的？现在许多行业的工厂、车间在第一线劳动的多数也是农民工，在汽车、家电等产业工厂生产线上操作的，也都是农民工。上至星级宾馆、超级市场，下至饭摊、大排档，街道社区的送煤、送奶站点，也大多是农民工在服务。举凡城市里最累、最苦、最脏、最险的工作大多是农民工在干，在默默地劳动着。现在的农民工已经融进了我国正在工业化、城市化过程中的方方面面，成为各行各业不可缺少的重要力量。每到年关，农民工多数要返乡过年，不少餐饮、服务行业不得不歇业，许多城市到春节出现了无人送煤、送奶，老年人无人照料，早点铺无人服务的窘境，一些重要工地和要完成订单的工厂就想方设法挽留农民工，城市已经离不开农民工了。

十多年来，数千万农民工为中国的工业化、城市化、现代化建设作出了巨大的贡献，创造了难以估量的财富，提供了各种各类的服务。深圳有一项调查说："在特区 20 年的发展史中，千百万外来工始终是各种新兴经济部门的主力军，他们为深圳创造了城市经济和社会发展所必需的原始资本积累。因此，我们完全可以说，深圳奇迹与致富之'源'是这个地方充满活力的生产力——丰富而廉价的外来工和新兴经济部门为追求财富而奋斗拓进的结果。正因为千百万外来工的辛勤劳作才有深圳今天的繁荣与富裕。"早在 1990 年，深圳市委宣传部等六部委的联合调查组在《深圳百万临时工调查报告》中就指出：农民工是深圳"工人阶级的主体，他们不仅是深圳经济建设的主力军，也是深圳市和社会生活的主要组成部分"。这些调查研究的结论是完全正确的，农民工的这种丰功伟绩和在社会主义现代化建设中的巨大作用，在全国许多城市、许多行业中也是这样在实践着。

（3）农民工进城打工，有利于沟通城乡关系、调整城乡社会结构、缓解农村劳动力大量过剩的矛盾、增加农民收入、缩小城乡居民收入差距，有利于整个社会的稳定和发展。我国人多地少，不少地区人均耕地不到一亩，实行家庭承包责任制后，劳动生产率大幅提高，农业劳动力大量过剩，许多农村的青年农民无事可做，收入极低。农民工进城打工，使他们就业有了出路，也得到了一定的收入。"出外打工一人，脱贫一户。"据四川、安徽、河南、江西、湖南等省的统计，每年农民工从打工地汇回家乡的钱都在 100 亿—200 亿元，相当于甚至超过了全省的财政收入。1997 年以后，农村经济进入新的发展阶段，粮食和其他农产品由卖方市场转为买方市场，市场疲软，销售困难，价格下降，农民的农业生产收入连年下降，这五年农民收入仍能维持低速增长，靠的是非农收入的增加，其中农民进城打工收入是主要的。许多农户靠农民工的收入来弥补家用，支付农村的三提五统和各种税费，从而缓解了城乡矛盾，保持了农村社会的稳定，这对大局是有利的。各地都有一部分农民工，通过在城市打工，见了世面，开阔了视野，学习了技术，学到了市场经营的本领，也积累了一点资金，回到家乡，创办了乡镇企业，带动了家乡二、三产业的发展，为农村建设作出了贡献。

三 农民工体制的种种弊端

农民工这个特殊的社会群体,对社会主义现代化事业作出了积极贡献。但是,我们不能不注意到农民工的贡献是在工作环境很不正常、各方面条件很不利的情况下作出来的,更显得这种贡献的可贵。大家知道,在 50 年代后期,我国实行计划经济体制,实行城乡分治的户籍管理制度,对城市居民实行一种政策,对农村农民实行另一种政策。因为户籍制度至今并没有根本改革,所以,虽然农民进城了,在城里二、三产业的单位里工作了,但农民工的户籍仍是农业户口,农民的身份没有变,由此带来了一系列的问题。

(1) 在政治上,农民工干了工人的活,但没有得到工人的身份。农民工者,农民工人也,是农民身份的工人。有相当多的农民工,在工厂里、在企业里、在单位里,已经工作 10 年、15 年、20 年了,还是农民工。因为他的户籍是农业户口,不是市民,不是非农业户口,所以得不到正式职工的身份。因为是农民工,不是正式职工,即使他工作得再好(农民工是招之即来、挥之则去的,工作得不好就不可能在一个单位里工作 10 年、20 年),很能干,表现出色,也得不到应有的任用、培训、升迁,更谈不上在这个工厂里有当家做主的地位。通常,决定重大事项的职工大会,他们是无权参加的,他们不能享有应有的民主权利。他的农民身份决定了他永远是临时工(有的称他们为外来工,也有的称劳务工、轮换工、建勤工、合同工,等等)。相当一个时期里,他们不能参加工会。现在允许参加了,但也是另外登记的,享受不到正式工人的同等权利。

(2) 在经济上,农民工和正式工人同工不能同酬,同工不能同时,同工不能同权。正式工人每周有双休日,有法定的节假日,8 小时工作制;农民工一般不享有这些权利,平时基本没有节假日,还常常要加班加点。据调查,深圳的多数工厂,农民工每月工作在 26 天以上,平均每天的工时在 11 小时左右,还有连续工作 12 小时以上的,时常有工人在车间里晕倒的事件发生。农民工付出了如此辛勤的劳动,却得不到应有的经济待遇。因为身份的差别，在同一个工厂里，同工不能同酬。据深圳市劳动局企业员工收入分配课题组1995年对114家国有企业调查，在相同的岗位上，外来工的月工资是800元左右，而有深圳户籍的员工工资则高达2500元左右。在非国有企业里，城市户籍和农民户籍的员工，每月工资至少要差600元以上。更有甚者，这些年来，城市一般职工的工资水平是逐年有所提高的，但因为各种原因农民工的工资实际是下降的（其中重要原因之一是，进城的农民工越来越多，劳动力供大于求，企业主用经常更换工人的办法，使工资水平越来越低）。如深圳农民工这些年的平均工资是下降的，2001年深圳农民工的月工资平均是588元，低于80年代的水平。深圳农民工的历史已经有20多年了，现在不少工厂里有父子两代一起打工的，儿子现在挣的工资还不如老子在80年代初的数额，而物价已经涨了好几倍。农民工付出的劳动很多，而他的所得很少。工资已经很低了，但还常常受到企业主的克扣和拖欠。有的农民工干了几个月甚至一年，到头来，企业主、包工头跑了，分文无得。近几年，这种状况越来越多，由此引起的劳资纠纷和事件也越来越多。农民工的劳动所得很少，但还要交各种不合理的规费，农民工外出要交外出务工许可证费，到务工地要交办理城镇劳务许可证费，办理暂住户口证费，进城务工管理服务费，等等。有的还要给用工单位交抵押金。中央下达了取消这些不合理的对农民工乱收费的文件，但不少地方换个名目，还是照样收。农民工成了唐僧肉，不少部门和单位找个借口都争着吃一块。这几年，连铁道和交通部门也趁农民工过年大批返乡的机会，把交通费涨价20%—30%，从中分一杯羹。

（3）在社会方面，农民工因为没有城镇居民的户籍，所以他们在一个城市打工多年，却始终是这个城市的边缘群体。农民工是边缘人，融不进这个城市社会，他们为这个城市作出了很大的贡献，却不被承认是这个城市的居民，因而也享受不到应有的选举权和被选举权的民主权利，得不到这个城市社会的各种福利待遇。例如失业了，得不到失业救济；生活困难了，得不到最低生活保障；有病了，得不到应有的医疗保障；因工负伤了、致残了，也得不到应有的照顾和抚恤，只好自认倒霉回到农村，悲惨地度过余生。在一些工矿，农民工去打工，常常被收走身份证，失去人身自由，有的还被迫签下生死合同，一旦罹难了，家属只得到很少的赔偿金，有的连尸骨都找不到。因为农民工的劳动条件恶劣，这种悲剧时有发生。

农民工这个社会群体在社会主义现代化事业中作出了巨大贡献，创造了一个又一个奇迹般的重大成就，但是他们得不到社会承认（例如上海和北京，90年代以来是建设和发展得最快、最好的，各自有300多万农民工在劳动，但到统计成绩的时候，在计算人均GDP时，这总人口中，就没有把农民工的人数算进去）。农民工干了最重、最苦、最累、最脏、最险的劳动，付出了血和汗的代价，却没有得到应有报酬，他们至今仍受到社会歧视，他们是城市的边缘群体、弱势群体，这当然是不合理的，也是不公正的。这是就农民工个人而言。从农民工这个群体而言，如果我们站在国家社会的立场上，从国家长远发展历史的视角看，那么，我们就会看到这种在特殊的历史条件下逐渐形成的农民工制度，对我们国家的社会主义现代化建设事业、对社会长治久安，更是十分不利的，将会造成无穷的后患，这种制度安排是必须改革的。

（4）排除农民工的工人阶级队伍是不正常的，甚至可说是畸形的。在同一个企业里，城市和乡村两种户籍身份的工人，在政治上经济上的待遇不同，企业对他们的管理方式也不同，前者有各种优待，后者则受到歧视性的对待，实际上形成了同工不同酬、同工不同时、同工不同权的局面。据我们对工业、建筑业、商业、餐饮服务业单位的调查，现在这些企业有三部分人，一部分是企业领导层、中层干部等组成的管理者，第二部分是有城市户籍的正式工人，第三部分是农民工。现在多数企业的第二部分人正在逐渐缩小，少进多出，只出不进，而农民工已占多数或占绝大部分。企业的领导和管理层是稳定的，有城市户籍的工人减到一定数量后，也逐渐稳定了，所以这两部分人年龄在老化，而农民工是大量流动的，工作几年之后，体力消耗得差不多了，也该涨工资了，就被辞退了，再找年轻的。这部分人的平均年龄在23岁左右摆动。结果我们看到，一部分中老年干部和中老年的正式工人，领着一大帮小青年在劳动、工作，如果这种制度安排不改，再过10年、20年后将是个什么样的队伍呢？因为农民工的身份是农民，他们在工厂、企业里注定永远是临时工，同干部和正式工之间有一条人为分隔的鸿沟，有体制性的障碍，不能融为一体。在实践劳动过程中常常是"小工干,大工看"的局面,而在政治生活中,在工厂、企业的重大决策面前则是"大工定,小工看"的局面。据我们调查,在相当多的工厂、企业里,党团组织都是分设的,领导和管理干部以及有城市户籍的正式工人党员是一个支部,农民工党员是另一个支部,有的工厂、企业连农民工支部都没有,农民工的党员、团员不过组织生活,他们的党费、团费回农村交纳。因为农民工是临时工,他们在这个工厂、企业里就永远有临时观念,谈不上有以厂、以企业为家的当家做主的观念。他们白天干活挣钱,晚上想的是农村、家里的事。有的农民工在城里打工十多年了,生活习惯、思想观念还是农民,没有被城市社会化,工业化、现代化对他们的影响甚小,这样的工人阶级主体队伍怎么能适应社会主义现代化建设的需要呢?在大多数的工厂、企业把农民工只作为劳动力使用,基本上不管他们的培养和教育,开始上工的时候只作短期的培训,教会基本操作就派去劳动了,技术培训轮不到农民工。农民工自身也有临时观念,多数不好好钻研技术,能干活挣钱就行了。而正式工因为有城市户籍,基本上还是铁饭碗,也不好好钻研技术,这样就形成了目前工人队伍中熟练工人严重稀缺的状况,现在多数城市要找熟练工人、高级技工比找硕士生还难(最近有些媒体报道,有关方面正在从日本引进高级技工,在深圳现在每天有大量的香港技师早上从罗湖桥过来晚上回香港去的现象)。工人队伍的这种状况,同我们国家正在成为世界制造业大国的地位和要求是很不相称的。

(5)现行的农民工制度是农村把青壮年劳动力输送到城市,而城市却把劳动后伤残病弱者退到农村,把扶育子女、赡养老人等社会负担都抛给农村,这是一种城乡不等价、不合理的交换形式,也是城乡差距日益扩大的重要原因之一。据深圳的一项调查,仅深圳7家医院的统计,1998年平均每天有31人因工伤致残,平均每4天有1人因工伤死亡。这一年一万多伤残的农民工,多数在出院后不久就都退回农村去了。1994年深圳劳动部门对5920家从事有毒有害作业工厂的调查发现,无任何防护设施的有3108家,占52.7%;防护设施不合格的2577家,占43.7%。在个人防护用品方面,99.7%的农民工是在无防护用品或防护用品不合格的条件下劳动的。长期在这种厂里劳动,必然是中毒受害。1998年深圳卫生防疫部门检查，在9582家企业中发现，有毒有害企业4301家，作业工人11.6万人，当年中毒人数371人，死亡23人。这些在有毒害企业中劳动的农民工多数是慢性中毒，日积月累，以致丧失劳动能力，只好返回农村。有关调查表明，有相当一部分女农民工，35岁左右就因劳累过度、中毒等原因而体衰力竭，回农村养息。在深圳500多万农民工中，女性占大部分，这300多万女农民工中，几乎没有35岁以上的，过度劳累、中毒等原因使她们体力不支，已经不能胜任工厂的操作是重要因素。

因为是农民工，他们在城市打工10年、20年也还是单身，子女的扶养教育也都放在农村。相对贫穷的农村却承担着为农民工子女进行义务教育的责任，这当然是很不合理的。最近有关部门和领导已经注意到这个问题，教育部、公安部联合制定了《流动儿童少年就学暂行办法》，着手解决进城务工就业的农民子女接受教育的问题，使他们能"进得来，读得起，学得好"，这当然是很好的。但这只是刚起步，实际上还只是少数城市在做。对绝大多数农民工来说，白天在工厂里劳动，晚上挤在十多人、数十人的集体宿舍里休息，能把家属子女接到城市来居住的还只是少数几个幸运有了住房的。对多数农民工来说，农民身份不解决，临时工的身份不解决，没有居民资格，没有租或买的居所，是谈不上家庭团聚和子女在城里就学的问题的。同样的道理，老人也只好留在农村，由农村养着。

数千万农民工把最好的青春年华都贡献给城市了，为城市创造了巨额的财富，哪个城市使用的农民工多，哪个城市就最繁荣、发展最快，相比而言，输出农民工多的农村却并没有相应地富庶起来。城市把劳动中致伤、致残的，体衰病弱的农民工都退给了农村，子女和老人也多数由农村扶养着，这样的城乡关系是不正常、不合理的，需要改革、调整。

（6）农民工制度是在我国由计划经济体制向社会主义市场经济体制转变过程中产生的，本来只是权宜之计，以后逐渐演变成一种制度性的安排，但这种农民工制度对2010年要形成完善的社会主义市场经济体制十分不利，对当前要扩大内需，使国民经济持续、健康、快速增长也是很不利的。要形成完善的社会主义市场经济体制，不仅商品流通要市场化，而且也要求劳动力、资金、土地、技术等生产要素实行市场化。农民工制度是建立在计划经济体制下形成的城乡分治的户籍制度基础上的，把人分为城里人和乡下人两种,在一个工厂、企业里实行两种不同待遇的用工制度,使劳动力这个最重要的生产要素不能按市场经济的要求合理配置,造成了诸多经济问题和社会问题,显然,这种农民工制度同完善的社会主义市场经济体制是不相容的。

前面说过,农民工在城市经济建设中付出了辛勤的劳动和巨大的代价,但是他们的所得甚少。这几年工业生产的生产率提高了,城里的干部和职工工资普遍提高了,城市居民的生活水平也普遍提高了,但是农民工的工资、福利却没有相应地提高,有的地区和城市反而还逐年下降。农民工的工资少,购买力就低,消费水平就低。据我们在深圳做的各类不同社会群体消费水平的调查,在住房、交通、用水、用电、用气、饮食、服装、电信、医疗、教育、文娱、休闲、旅游等方面的消费,从综合数据看,一个农民工同有深圳户籍的职工相比,相差5—6倍。就是说5—6个农民工的消费支出,才抵得上一个有户籍职工的消费支出。这里面当然一方面是因为农民工收入低,另一方面也是因为他们是外来工,他们的家在农村,自己节衣缩食,尽量压低自己的消费,省出钱来,捎回乡里养家糊口。所以他们职业上已是工人了,也生活在城市里了,但他们的身份还是农民,他们的观念还是农民,他们的生活方式、消费水平也还是农民。

如果说,农民工只是几千人、几万人,他们有这种消费观念、消费水平,那是无碍大局的。但现在,农民工是8000万—9000万人,这是个硕大的消费群体。如果我们通过改革、调整,逐步把农民工这个群体转变为城市居民、城市职工,姑且不论其他方面,仅就提高消费水平、提高社会购买力一项,就有很大的潜力,内需就自然扩大了,现在供过于求的农产品、家电、服装、生活用品、各种轻工产品,就会很快卖出去了。所以,从建立完善的社会主义市场经济体制,建设工人阶级队伍,加快城市化步伐,扩大内需,使国民经济持续、健康、快速发展这几个方面来说,农民工这个制度也该到加快改革调整的时候了。

四 解决农民工问题要从根本上治理

农民工问题表面看是要解决保护农民工的合法权益、消除在就业方面的不合理限制、给予农民工应有的国民待遇等问题，但实质却是我们国家要建设一个什么样的工人阶级队伍，构建一个什么样的社会阶层结构，是建设一个城乡一体的社会主义市场经济体制，还是维持目前城乡分割的二元社会结构的问题。农民工问题解决得好与不好，是关系我国社会主义现代化事业的前途命运的大问题。真到了应该重视、应该解决的时候了，所以，我有以下建议：

（1）要从全面建设小康社会、把我国建成富强民主文明的社会主义现代化国家的高度，来认识和解决农民工问题。现行的农民工的体制和做法，是在计划经济体制向社会主义市场经济体制转变过程中不得已而为之的权宜之计。在成熟的完善的市场经济体制条件下，可以不要也不应该要这一套农民工体制的做法。农民就是农民，工人就是工人。"农村富余劳动力向非农产业和城镇转移，是工业化和现代化的必然趋势"（十六大政治报告），所有现代化的国家，都有一个大部分、绝大部分农民转变为工人、市民的过程，并没有搞农民工这一套。我国是在当时的国情条件下，农村容纳不了这么多劳动力，农民要发展，城市也需要用工，但户籍制度等没有改革，不得已，只好当农民工。应该说，农民进城当工人，这是符合历史规律的，所以这些年作出了这么大的贡献；但搞成农民工这一套，这是计划经济体制后遗症的表现，也是我们改革不及时、不到位的恶果，所以给农民工带来了许多的苦难，给社会、给政府造成了这么多的"麻烦"。客观地说，这都是计划经济体制、户籍制度惹的祸，本来可以不是这样的。因此，要解决农民工问题，不能就事论事，就农民工问题解决农民工问题，那是永远也解决不好的，而是应该从根本上改革现在已经形成的农民工这套体制和做法。要釜底抽薪而不能扬汤止沸。当然，现在已经形成了这样的格局，政府和有关部门出面做一些保护农民工的合法权益的工作，也是完全必要的，是好事。

（2）要改革户籍制度。现行的户籍制度是计划经济体制的产物，是为计划经济服务的，把公民分为农业户口和非农业户口两类，实际是两种不同的社会身份，既不科学也不合理，许多问题由此产生出来，同现在实行的社会主义市场经济体制很不适应，是到了非改不可的时候了。要"统筹城乡社会发展"，要解决三农问题，要从根本上解决农民工问题，就一定要改革现行的户籍制度。作为主管户籍管理的公安部门也认为应该改革了，他们在1985年就开始起草《户籍法》，数易其稿，但遭到一些部门和部分大城市的反对，只好采取逐步放开的做法。现在像江苏、宁波、石家庄等省市已经率先进行户口改革，像江苏省今年就宣布取消农业户口、非农业户口的区别和称谓，废除"农转非"计划指标管理体制，实行居住地户口登记制度。实行以后，效果都比较好，并没有引起不少部门和有些同志担心的那种大量农民涌入城市造成秩序混乱、社会不稳定的状况。但户口制度是涉及人口流动、迁徙等全局性的问题，必须由国家审时度势，做出决策，在全国实行，才能解决这个问题。这件事已不宜再拖了。迟早要解决的，早解决比迟解决好。改革了户籍制度，消除了农业户口和非农业户口的界限，也就消除了实际上存在的农民和非农民的身份制，这就给农民工摘掉了农民的帽子，这就为根本上解决农民工的问题准备了体制性的条件。数以千万计的农民工早就在盼望户籍制度的改革了，户籍制不改，他们就永远不能转为正式工人，不能成为城市的居民，永远只能当农民工，融不进城市的社会，圆不了他们的梦！

（3）要改革现行的人事劳动制度。原来企事业单位使用农民工是要经过行政审批的，2003年1月5日国务院办公厅1号文件指出："各地区、各有关部门要取消对企业使用农民工的行政审批，取消对农民进城务工就业的职业工种限制，不得干涉企业自主合法使用农民工"，"逐步实行暂住证一证管理。各行业和工种尤其是特殊行业和工种要求的技术资格、健康条件，对农民工和城镇居民应一视同仁"。这个问题有了初步的解决。但企事业单位录用农民工以后，在工种分配、工资发放、劳动管理、技术培训、职务升迁等方面，还是实行着对两种户口的工人用两种办法，而不能同工同酬、同工同时、同工同权，不能做到农民工和城镇居民户口的工人一视同仁。这种一厂两制的做法，从近期看对工厂有利，但从长远看，很不合理，也带来一系列的后遗症，不利于管理，更不利于调动农民工的积极性，充分发挥其潜力，也不利于形成统一的工人阶级队伍。所以这套人事劳动就业制度应该及时改革，逐步实行现代企业的一体化管理。

（4）制定规划，采取措施，逐步从根本上解决农民工的问题。农民工问题是在特定的历史条件下逐渐形成的，已经有20多年的历史，要从根本上解决农民工的问题，是一项大的系统工程。这不仅涉及上亿农民工的切身利益，而且也关系到用工单位、用工城市有关部门和城市居民的利益，改革的难度很大。农民工是改革的动力，他们早就盼望改了，但他们势单力薄，无能为力。而有的城市、有的单位和企业、有的同志却认为现行的这一套很好，农民工价廉物美，招之即来，挥之即去，对他们最有利，并不想改革。所以此项改革要靠党和政府从国家的长远和根本利益出发来推行。要制定一套解决这个大问题的总体规划，出台若干政策和措施。可选择若干个城市进行试点，取得经验后，再在全国实施，从根本上解决农民工问题。"冰冻三尺，非一日之寒"，解冻和消融也需要一个过程。但这个问题一定要解决。农民工问题的本质是农民问题。农民工是农民中比较先进、比较积极的部分，他们是带头和开路的，解决农民工问题也就是解决农民问题。用社会主义市场经济的办法，使农民工真正成为二、三产业的工人和职员，真正成为城市居民并融入城市社会，这就为更多的农民转变为工人、职员，转变为城市居民开通了道路，最终实现工业化、城市化、现代化，实现从根本上解决中国的农民问题的宏大目标。解决农民工问题的重大意义就在这里。

(《新华文摘》2003年第12期)

当代中国社会阶层结构的演变

当代中国正处在由传统的农业、农村社会向工业化、城市化、现代化社会转型。1978 年实行改革开放，开始了由计划经济体制向社会主义市场经济体制转轨。25 年来，经济体制改革不断深化，所有制结构已经由单一的公有制转变为以公有制为主体的混合所有制，产业结构发生了深刻的变化，国民经济持续稳定快速增长。2003 年，国民生产总值 11 万多亿元，比 1978 年翻了三番多，平均每年递增 9.4%，经济总量已跃居世界第 6 位。随着经济发展和经济结构的变化，社会结构也发生了深刻的变化。职业结构改变了，城乡结构改变了。工人、农民、知识分子、干部等组成的社会阶级阶层结构分化了，有些社会阶层分化、缩小了，有些社会阶层扩大了；有些社会阶层的地位提高了，有些社会阶层的地位下降了，还产生了一些新的社会阶层。整个社会阶层结构正在向多元化方向发展，社会分化和流动机制变化了，社会流动普遍加快，各个社会阶层间的政治、经济关系发生了并且还在继续发生着各种各样的变化，整个社会结构正在向与社会主义市场经济体制相适应的现代社会阶层结构方向演变。

总体说来，过去我们对于经济体制改革、经济结构调整、经济发展变化的研究，投入了很大的力量，取得了很好的成绩，对社会主义经济建设事业作出了很大的贡献，这当然是完全必要的。但是，对于社会结构变迁、社会阶层结构变化，这个同样重要的基本国情的研究，则相对少了一些；而且由于一些传统观念的影响，对这方面问题的研究还有一些不同看法，存在不少争论，还没有得到应有的讨论和澄清，这也妨碍着对于这个基本国情的研究和认识。随着经济体制改革的深化，随着经济建设事业的迅速发展，经济社会生活的方方面面都发生了深刻的变化，它不仅要求新的经济理论、新的经济政策与之相适应，而且要求新的社会理论、新的社会政策与之相适应。正确认识当前社会阶层结构发生的变化，正确认识各个阶层的地位特点以及他们之间的相互关系和发展趋向，正确认识各个阶层在社会主义现代化建设事业过程中的作用，有利于加深我们对当代基本国情的认识，有利于我们制定正确的发展战略和经济社会政策，用以协调好国家和各个社会阶层的关系，正确处理好社会各阶层之间的关系，进一步调动各个社会阶层的积极性，使之各得其所、各展所长，促进整个经济社会的发展和安定，这对社会主义现代化事业的发展是十分必要的。

有鉴于此，中国社会科学院社会学研究所于1999年初组建了当代中国社会结构变迁研究课题组，在领导和有关方面的积极支持下，开展了中国社会阶层结构变化的调查和研究。5年来，课题组先是对全国10个县、市和2个国有大型企业、1个大学进行了长期深入调查，取得了11000多个问卷和近千份对各阶层人员的访谈资料。又于2001年开展了全国规模的抽样问卷调查，用概率抽样方法，在全国12个省、市、自治区中的72个县、市、区做了6000份问卷调查，取得了大量数据和资料。课题组依据这些调查数据和资料，结合对社会结构理论和各种文献的研究，于2001年8月开始撰写第一个研究报告。并于2002年1月出版了《当代中国社会阶层研究报告》一书，以后又陆续发表了一些研究报告。现在课题组正在撰写以《当代中国社会流动》为题的第二个研究报告，争取在年内出版。根据课题组五年来的调查研究，我们对当代中国社会阶层结构变迁有如下六点认识。

第一，现阶段中国社会已分化为由十个社会阶层组成的社会阶层结构。

划分阶层的标准是，以职业分类为基础，以组织资源、经济资源和文化资源占有状况为根据。在当代中国社会中，依据每个社会成员从事何种职业和对这三种资源的拥有状况，可以认定这个成员属于哪个阶层，认定他在社会阶层结构中的位置和个人的综合社会经济地位。十个社会阶层的现状如下：

（1）国家与社会管理者阶层。是指在党政、事业和社会团体机关单位中行使实际行政职权的领导干部。在中国现阶段由计划经济体制向社会主义市场经济体制转变过程中，他们拥有组织资源优势，社会经济综合地位比较高。这个阶层在整个社会阶层结构中约为2.1%（1999年数据，下同），在大中城市中较多一些，在县以下较少。

（2）经理人员阶层。指在大中型企业中非业主身份的中高层管理人员。这个阶层是在20世纪80年代以后新生的。现在经理人员阶层由四部分人组成：国有大中型企业的中高层管理人员；城乡集体所有制大中型企业的中高层管理人员；三资企业的中高层管理人员；大中型私营企业的中高层管理人员。这个阶层拥有文化资源和经济资源优势，约占全部就业人口的1.5%，随着经济的继续发展，经理人员阶层还会逐年增多。

（3）私营企业主阶层。是指拥有私人资本和固定资产，并雇佣职工进行经营以获取利润的人员，按现行政策，雇工在8人以上的企业主称私营企业主，他们是改革开放以后新生的一个阶层。按1999年的数据，私营企业主阶层占0.6%，现在已超过1%。

（4）专业技术人员。指在国家机关、事业单位和各种经济成分的企业中从事专业性工作和科学技术、人文社会科学工作的专业人员。他们大多受过中高等专业知识和专门职业技术的培训，具有适应现代化经济社会事业发展的专业知识和专门技术，拥有文化资源的优势。这个阶层在社会结构中占5.1%，多数分布在经济文化发达的大中城市。随着国家现代化事业的发展，专业技术人员的队伍将日益扩大。

（5）办事人员阶层。指协助党政机关企事业单位的领导处理日常行政事务的专职办公人员，主要是党政机关中的中低层公务员、各种所有制企事业单位中的基层管理人员和非专业性办事人员。这个阶层是现代社会和社会中间阶层的重要组成部分，在社会阶层结构中所占比重为4.8%。

（6）个体工商户阶层。指拥有少量私人资本，从事小规模生产、流通、服务业等经营活动，并以此为生的人，自己参加劳动和经营，有些还有专业的技术和手艺，有些还带一些徒弟，雇请少量帮工（不超过7人）。他们被称为小业主、小雇主、个体工商户，国外有称自雇佣者的。这个阶层也是改革开放以后新生的，在整个社会阶层结构中占4.2%。

（7）商业服务人员阶层。指在商业、服务行业中从事非专业性的体力和非体力劳动的工作人员。他们的社会经济地位与产业工人较为类似。现在一些新兴的服务业，如金融、保险、旅游、通信、房地产、社区服务等行业正在蓬勃发展，预示着这个阶层未来会有一个较大的发展。现阶段这个阶层在社会阶层结构中的比重为12%，其中约1/3是农民工。

（8）产业工人阶层。指在第二产业（工业、建筑业）中从事直接和辅助性生产的体力、半体力劳动的人员。经济体制改革以来，产业工人人员的构成发生了根本性的变化。2000年全国第二产业就业人员为16219万人，其中国有单位的职工有7640万人，只占47.1%；多数是在非公有制企业（如三资、股份制、私营企业、个体工商户等企业）里就业。特别是90年代以来，有大量的农民工涌进产业工人阶层，成为产业工人阶层的重要组成部分。1999年产业工人阶层在整个社会阶层结构中占22.6%，其中农民工已占大多数。

（9）农业劳动者阶层。指承包集体所有的耕地，主要从事农（林、牧、渔）业生产经营，并以农（林、牧、渔）业为唯一或主要收入来源的劳动者，也就是通常所说的农民。据我们调查，农业劳动者阶层1999年占全部从业人员的44%。随着工业化、城市化的发展，以及相应的社会政策到位，这个阶层还会继续缩小。

（10）城乡无业、失业、半失业人员阶层。指无固定职业的劳动者人群。经济体制转轨、产业结构调整和国有企业改革使一大批工人和商业服务人员处于失业、半失业状态。就业机会不足，使许多新进入劳动力市场的青年长期待业。1999年这个阶层在整个社会阶层结构中的比重约占3.1%，他们是这几年媒体所称的弱势群体，是社会的底层。

第二，中国已经形成了现代社会的阶层结构，但还只是一个雏形，正在继续成长。

为什么这样说呢？首先，随着经济体制的改革和经济发展，中国正在形成现代社会的产业结构和职业结构，与此相适应，现代社会阶层结构的基本构成成分都已经具备，上述十个社会阶层的状况构成就是证明。凡是现代化国家所具备的社会阶层都已经在中国出现，有的已经具有相当的规模。随着工业化、城市化的发展，有的社会阶层的规模还会继续扩大（如经理人员阶层、专业技术人员阶层、私营企业主阶层、个体工商户阶层以及办事人员阶层等），有的社会阶层的规模将继续缩小（如农民阶层），但基本构成成分不会有大的改变。

其次，中国现代的社会阶层结构中社会阶层位序已经确立。所谓社会阶层位序是指各个阶层在社会地位分层等级中的排列次序。社会阶层位序取决于各个阶层所拥有的组织资源、经济资源和文化资源的数量及其综合实力。拥有三种资源越多、综合实力越强的阶层，其阶层位序就越高，反之就越低。这十个社会阶层的位序排列，是我们根据大量多方面的社会调查，并对多种文献和数据进行分析，根据各个社会阶层所拥有三种资源及其综合实力的多少和强弱排列的，而不是随意的。

第三，现代社会的流动机制正在形成，正在逐渐代替传统社会的流动机制。

在1978年改革开放前，中国实行的是身份分层、政治分层，在城乡分割的户籍制度下，出生在农民家庭的人就只能从事农业，只能做农民；凡出生在工人、干部家庭的人，一般就是工人和干部。农民想转变为工人，转变为城市居民，工人想转变为干部，几乎是不可能的，因为存在着制度性的障碍。这种先赋性的社会流动机制限制了人们通过努力奋斗获得向上流动的积极性，当然是很不公平、很不合理的，国家缺乏发展的活力和动力，也就阻碍了经济社会的进步。改革开放以来，中国改变了以身份论阶层的做法，改变了原来以阶级出身成分作为选拔干部、人才标准的做法，城乡分割的户籍制度虽然还未彻底改革，但已经有了不少改进，农民有了选择职业的自由，可以从事农业以外的各种职业，工人、干部也可以跳槽，可以下海，可以经商办企业，有了择业的自由。社会流动渠道越来越多元化，虽然还有一些制度性限制和障碍，但是每个人只要自己努力，就可以凭借自己的聪明才智，获得向上流动改变自己原来社会地位的机会和可能。

在现代化的社会阶层结构中，虽然社会各个阶层的位序已经确定，但各个阶层的个人，仍然可以通过自己的努力，逐步改变自己的社会地位，从一个阶层的低位攀升到本阶层内较高的地位，如不熟练工人通过努力掌握技术成为熟练工人。或者从原来某一个社会阶层向上流动，成为另一个社会阶层的成员，如农民出身的青年，可以通过努力学习，参加考试，成为大专、本科大学的学生，毕业后可以成为专业技术人员，成为国家社会管理的干部。当然，更多的农村青年可以外出打工，也可以经商办企业，成为工人,成为个体工商户,成为私营企业主。原来城市的工人和干部则有更多的机会,通过学习努力,通过经商办企业,在本单位或离开原单位,获得向上流动的机会,改变和提高自身的社会阶层的社会地位。而现在的中国,正在大规模地进行经济建设,工业化、城市化、市场化、社会化的发展都很快,经济社会事业蓬勃发展,整个职业结构呈趋高化趋势,客观上也为每个公民实现向上流动、提升自身社会地位,提供了各种条件和机会,每个公民都有施展抱负、实现人往高处走的理想的广阔空间。

在现阶段的中国,尽管先赋性因素还在继续发生影响,但是,获致性因素对社会流动的影响越来越大,并将逐渐成为社会流动的主要因素。这就是说,当今中国社会流动机会是面向所有公民的,是开放的,已经不再受个人的出身、成分、家庭背景、户籍等的限制,只要你自己努力,就有机会实现向上流动的理想。

第四,现阶段中国的社会阶层结构是在经济结构调整、经济发展的过程中,自然、自发形成的,还在继续变动过程中,还不合理,与社会主义现代化建设及其要求还不相适应。

纵观发达国家现代化社会阶层结构形成过程,是一个长期发展的历史过程。它是随着第一次产业革命、第二次产业革命发展,又经过多次社会冲突、社会整合、社会政策调整而逐渐形成了具有一个庞大规模的社会中间阶层,使社会阶层结构形态具备所谓的"橄榄形",形成了现代化的社会阶层结构。相比之下,中国要在一个不大长的时期里,把两个阶段压缩为一个过程,实现现代化的社会阶层结构的理想形态,其艰巨和复杂程度是可以想见的。其中不可避免地会出现种种失调、摩擦、矛盾和冲突。但中国要建成社会主义现代化事业,就必须形成这样一个合理的现代化社会阶层结构,这是必不可缺的。

我们经过20多年的渐进改革,已经使GDP翻了三番还多,使工业化达到中级发展阶段,已经初步建成社会主义市场经济体制,市场已成为配置资源的主要力量。应该说,中国的经济体制改革、经济结构调整和经济发展取得了空前的成功,所采取的一系列经济政策是有效的。相比较而言,中国的社会体制改革、社会结构的调整和社会事业的发展则相对滞后一些,理应采取的社会政策,有些是滞后了(如社会保障体系的建立),

有些则因为各种原因至今还未出台。所以目前形成的社会阶层结构是在经济结构调整、经济发展的影响下自然形成的，也可说是自发形成的。虽然已经形成了现代社会阶层结构的雏形，但它还有以下一些特点和不足的一面。

（1）现阶段中国的社会阶层结构还处在不断的变动过程中，有时，某一社会阶层的规模会扩展得很快，而有的社会阶层的经济社会地位理应有所改善和提高，却又长期停顿。整个社会阶层结构变动不居，很难以常理来预测。当然，像我们这样一个正在进行大规模经济社会建设的国家，社会结构变动不居是常态，这既是它的优点，也是它的问题。我们对它进行研究分析，是选取某一时点的社会阶层结构的横断面，作定性和定量分析研究，得出应有的判断和认识。上述我们作的十个社会阶层结构的研究，就是选取1999年这个时点，对中国社会阶层结构所作分析研究的结果。

1999年至今，仅仅几年时间，中国社会阶层结构内部已经又有了不少新的变化。例如，1999年私营企业主阶层只有150.9万户，有投资人322.4万人。我们在十大社会阶层的分析中，指出1999年私营企业主阶层在整个社会阶层结构中占的比重为0.6%。由于这几年整个经济社会环境对私营企业发展有利，社会舆论对私营企业主阶层的评价也好了，所以这几年，私营企业主阶层发展很快，到2002年底，私营企业发展到243万户，投资人已超过600万人，近两年又有新的发展。

中国特有的农民工这个社会群体近几年变动也很大。1999年，我们引用有关部门的数据，为8000多万人，这几年由于务农收入减少，乡镇企业和农村经济不景气，农村劳动力大量进入城镇打工，到2003年底，据农业部门统计，农民工已达9900多万人。这就使产业工人阶层、商业服务人员阶层、个体工商户阶层等的规模有了不同程度的扩大。据2000年第五次人口普查数据，在全国二、三产业总就业人口中，农民工已占46.5%，其中第二产业工人数中农民工占57.59%，第三产业就业人员中农民工占37.03%，农民工已经成为工人阶层的主体了。尽管这几年中国不同社会阶层的规模有所变化，但是整个社会阶层结构的基本构成成分并没有变化，十个社会阶层的位序也没有变化，不过是有些社会阶层的规模扩大了，有些社会阶层的规模进一步缩小了。

（2）中国现有的社会阶层结构还不合理，与社会主义现代化进程及其要求还不相适应。现代化国家需要有一个合理的现代化社会阶层结构，这个社会结构应该是与现代化的经济结构相适应的、相辅相成的，使经济社会能够协调发展。从世界各个已经实现了现代化国家的历史经验看，这些国家的社会阶层结构形态都是中间大两头小的橄榄形结构。所谓两头小，是指拥有较多的组织资源、经济资源、文化资源，因而处于最高和较高社会等级地位的阶层的规模比较小；而只有较少资源或几乎不拥有什么资源，因而处于社会等级地位较低和最低的社会阶层的规模也比较小。所谓中间大，是指社会已发育、培育成了一个庞大的中间阶层，他们拥有相当多的各种资源，足以使他们过上小康以至更富裕的生活。他们是政治社会稳定的中坚力量，也是经济持续发展的重要力量，更是先进文化创造者和消费者。实践证明，一个国家一个社会形成了这样一种橄榄形的社会阶层结构形态，这个国家也就实现了现代化，经济社会事业就能够健康稳定持续地发展。拿中国传统语言讲，这个社会就能够长治久安。

比较而言，中国现阶段的社会阶层结构，离现代化的社会阶层结构还有很大的距离。就目前中国社会阶层结构形态说，还是一个中低阶层过大、上中层刚发育还没有壮大、最上层和底层都较小的结构，形象地说，是一个洋葱头形的社会阶层结构形态。前面说过，中国现阶段的社会阶层结构是在经济发展的推动下，社会体制改革滞后、社会政策没有相应到位的情况下，自然、自发地形成的，有诸多的不合理，其中最重要的，就社会阶层的规模而言，可以概括为两个方面，就是该缩小的社会阶层规模没有相应地小下去，而该扩大的社会阶层规模还没有相应地大起来。该缩小的没有小下来，是指我国农业劳动者阶层的规模过大。在发达国家，产业结构就业结构和阶层结构的比重基本上是很相近的，例如日本，1990年第一产业占GDP的比重为2.5%，而就业结构中的比重为10%（1992）[①]。农民阶层的规模为7%。中国由于存在着体制性的障碍，如户籍制度的限制、城市化的滞后，1999年，农业在GDP的比重为17.6%，从事农业的

[①] 托马斯·K.麦格劳：《现代资本主义——三次工业革命的成功者》，江苏人民出版社1999年版。

人员占整个就业人员的50%（2000）[①]。而当年的农业劳动者阶层占整个社会阶层结构的比重为44%（这是把外出的农民工计算在外的结果）。该扩大的社会阶层的规模还没有相应地大起来，是指社会中间阶层规模过小。严格地讲，社会中间阶层不是一个社会阶层，而是由整个社会阶层结构中的若干个社会阶层所组成的。在国外是由新老中间阶层两部分组成。老中间阶层是指中小企业主和中小农场主，他们是有产的；新中间阶层是指中小企业经理人员、公务员、专业技术人员、办事人员等白领为主的阶层。相比较而言，中国的社会中间阶层不仅产生得比较晚，而且规模过小，据我们课题组测算，1999年，这个中间阶层只占整个社会结构的15%左右[②]。这三年来由于中小私营企业主阶层、个体工商户阶层、专业技术人员阶层等发展得都很快，所以，2003年，社会中间阶层的规模约为19%。这个规模大约相当于美国1950年、日本1975年的社会中间阶层的规模。

社会中间阶层规模过小，意味着社会结构的不稳定，这是当前中国诸多经济社会问题产生的重要原因。今后中国经济社会发展面临的一个战略性任务是要继续深化改革，采取恰当的经济、社会政策，使社会中间阶层的规模扩大起来，使农业劳动者阶层的规模能较快地缩小下去，以适应国家社会主义现代化事业健康发展的需要。

第五，一个国家要形成一个合理的、有活力的社会阶层结构，不仅要靠这个国家的经济结构调整、经济发展的带动，要靠"无形的手"的推动，使之自然地演变和成长，还要靠国家在恰当的时机采取恰当的社会政策，也就是还要靠"有形的手"加以调控和引导。

现阶段中国的社会阶层结构的变迁，基本上是在经济体制改革、经济持续高速增长的影响和推动下发生的。好处是在经济变革和发展中催生了一批与现代化事业相适应的新的社会阶层，形成了现代化的社会阶层结构雏形，但是这个社会阶层结构的形成具有明显的自发性，因而也具有诸多的不合理性，最不合理的是该大的社会阶层没有相应地大起来、该小的社

[①] 《中国统计摘要》，中国统计出版社2002年版，第16、38页。
[②] 《当代中国社会阶层研究报告》，社会科学文献出版社2002年版，第37页。

会阶层没有相应地小下去。如果我们对过去20多年的经济社会政策作一个反思，那么就可以看到，我们在推动市场经济体制的改革和发展、宏观调控经济朝着稳定健康持续高速发展方面，及时采取了一系列有效的经济政策，这就是说国家这只有形的手是充分发挥了调控引导的作用的。相比较而言，在促进现代社会阶层结构的发育成长方面，迄今还没有像宏观调控经济的经济政策那样明确而自觉的社会政策。有效及时的社会政策缺位和不到位是造成现阶段社会阶层结构不合理的主要原因，国家这只有形的手没有起到应有的作用。具体说，有以下几个方面：

（1）应改革的一些社会体制、社会政策没有适时进行改革和调整。例如城乡分治的户籍制度，严格控制城市发展，这是与计划经济体制相适应的。但改革开放以后，实行社会主义市场经济体制，理应改革户籍制度，加快城市化的步伐。但因为有关决策部门囿于一些传统观念，对户籍制度至今没有根本性的改革，城市化的发展仍然受到种种限制，致使农村大量的农民仍然滞留在农业上，即使农民进城打工、经商了，仍然受到种种体制性的歧视，沦为二等公民。由此产生了种种社会问题。城市化严重滞后于工业化，第三产业发展不起来，城乡关系失调，城乡差距扩大，这是目前中国亟须解决的最主要的结构性矛盾，也是现代化社会阶层结构不能合理发育成长的主要原因。

（2）该出台的社会政策没有适时出台。例如社会保障制度是社会的安全阀、稳定器，实行社会主义市场经济体制，一定要有相应的社会保障制度。原来在计划经济体制下的社会保障体系是不能适应的。我们对原来的社会保障制度的改革和新的社会保障制度的建设，晚了5—8年，至今还没有完全建立起来，致使国有企业的改革受到制约和阻碍。特别是由于社会保障制度不健全，保障力度不够，没有起到保护弱势阶层、贫困阶层的作用，不能确保这部分人的基本生活的需要，这也是一些地区社会不安定的重要原因。又如社会分配政策。在市场经济条件下开展竞争、追求效率是必然的，但作为政府，为培育合理的现代社会阶层结构，需要出台相应的社会政策，应当以公平为目标，通过各种再分配手段，调节各阶层的利益关系，缩小城乡之间、地区之间、各阶层之间的收入差距，不能使富者愈富、贫者愈贫，应保证贫困阶层的基本生活需要，防止出现严重两极分化，缓和社会矛盾。我们在这方面的工作滞后了，一些比较重要的再分配政策却迟迟没有出台，如遗产税、财产税等。现在政界和学界公认，城乡差距、工农差距、地区差距已经过大了，而且至今还有继续扩大的趋势。

（3）改革开放以来，拨乱反正，工作重点从阶级斗争转移到了以经济建设为中心的轨道上来，这当然是完全正确的，没有这个转移，就没有今天中国的繁荣昌盛。经济建设是中心，是第一位的，而要建设一个社会主义现代化国家，经济建设是第一，但不是唯一。有第一，就应该有第二、第三……有些同志以为，经济发展上去了，蛋糕做大了，人民富裕了，社会结构就会得到改善，社会就能安定，国家就能长治久安。因此，若干年来，我们制定了这样那样的经济政策，推动经济健康持续稳定快速地增长，这方面的成绩是巨大的，但我们没有投入一定的力量来制定相应的社会政策，以引导培育一个合理的现代社会阶层结构。有的同志甚至以为经济政策可以替代社会政策，可以自发产生社会政策所需要的结果。可以说，这正是我们国家在政策层面考虑上的一个严重误区。综观近现代国际发展的历史，要建设一个现代化国家，仅仅在经济上人均 GDP 达到 3000 美元是不够的，也就是说仅有经济发展的成就是不够的。现代化国家现代化社会是一系列综合指标的总和，建设一个现代化国家是一项巨大的系统工程。世界上有一些国家经济上人均 GDP 已达到 5000 美元、8000 美元，一部分人的生活也相当富裕了，但却没有形成合理的现代化的社会阶层结构，一有风吹草动，一场金融危机，几十年的经济成就，几天、几个月就倒退回去了，又沦落为发展中国家。

第六，对中国社会阶层结构未来 20 年发展的预测。

2003 年，我国人均 GDP 已经超过 1000 美元，预计到 2020 年达到 3000 美元。国际经验表明，这是整个现代化进程中一个非常关键的阶段，也是经济社会结构发生深刻变化、会产生诸多经济社会矛盾的重要阶段。有两种可能：搞得好，经济持续健康发展、社会安定进步，就能顺利实现工业化、现代化；搞得不好，经济虽然上去了，但社会结构没有相应调整好，城乡关系不协调，贫富悬殊，两极分化，大多数人没有从经济增长中得到相应的利益，社会矛盾尖锐，引起社会冲突和政治动荡，就会使社会陷入拉美化的陷阱。前车之鉴，我们一定要引以为戒。

我对未来发展持谨慎乐观的看法。我赞成吴敬琏教授关于"中国正在过大关"的说法。从社会结构变迁的角度来观察，中国的社会结构调整、社会管理体制的改革、公共领域的建设、社会事业的发展等方面，有的正在过关，有的还没有过关。如我国的经济结构已经是工业化发展的中级阶段，但城乡结构、区域结构、就业结构、分配结构等方面还处于工业化初级阶段，有的甚至还处于工业化前级阶段。具体地说，我对经济发展前景比较乐观，因为已经走上了社会主义市场经济发展的轨道，但社会结构、社会管理体制、社会事业发展等方面，原来在计划经济体制条件下形成的格局还没有改变，影响还比较大，有的甚至还基本没有改革（如城乡二元社会结构），所以今后的社会发展难度比较大。而中国要建成社会主义现代化国家，这些方面的改革是必须实行的。

2002年冬天召开的党的十六大，制定了今后20年全面建设小康社会的伟大目标。提出了经济要更加发展、民主要更加健全、科教要更加进步、文化要更加繁荣、社会要更加和谐、人民生活要更加殷实六个方面的要求。这是全面建设小康社会的蓝图。这六个方面，经济发展是要点，重点在农村，而难点在社会。十六届三中全会提出了今后要贯彻落实以人为本，全面、协调、可持续的发展观，要实施统筹城乡发展、统筹区域发展、统筹经济社会发展、统筹人与自然和谐发展、统筹国内发展和对外开放，坚持走生产发展、生活富裕、生态良好的发展之路。

从社会结构调整、社会发展方面看，今后20年是十分关键的阶段。在经济持续稳定快速发展的前提下，同时要重视调整社会结构，发挥政府调控和引导的作用，使中国的社会结构向着合理的、有活力的现代化社会阶层结构方向变化。借鉴国际上发达国家现代化过程中实施社会政策的经验和教训，结合我国发展很不平衡的国情，今后20年有以下若干社会方面的指标，是应该得到重视和实现的。

（1）城市化方面。2001年全国的城市化率是37.7%，今后平均每年要增长1个百分点，到2020年达到58%左右。

（2）就业结构方面。2001年全国有73025万就业劳动力，三次产业的就业结构是：第一产业是50%，第二产业是22%，第三产业是28%；而当年的GDP中一产业只占15.3%，这表明农业劳动力过多。今后必须加快农业劳动力向二、三产业转移，平均每年减1个百分点，到2020年农业劳动力降到30%以下。

（3）基尼系数。1978年基尼系数是0.22，这一数字偏低，对发展生产、提高经济效率不利。80年代以后逐年提高，近几年提高得更快，现在到底已经达到多少各家说法不一，但多数学者和政界人士认为已经超过0.4，这说明差别超过合理的范围了。今后，要通过二次分配，抑高调低，使之降到0.4以内。

（4）城乡居民收入差距要缩小。2001年城镇居民可支配收入与农民人均纯收入之比为2.79:1，2002年扩大到3.1:1，2003年为3.23:1。有关部门指出，城市居民还有如住房补助、社会保障等方面的隐性收入，而农民没有这些收入，还要扣除一些生产费用，所以实际上城乡差距是5—6:1，而且还有扩大的趋势。这是中国面临的最重大的社会问题。近期应采取非常措施，首先遏制城乡差距扩大趋势，然后要缩小这种差距。2003—2010年，每年能缩小0.1—0.12个百分点；2010—2020年平均每年缩小0.05个百分点；到2020年把城乡居民收入差距控制在1.5:1的水平。

（5）加快高等教育事业的发展。我国的基础教育办得比较好，但高中和高等教育还相对滞后，不能满足经济社会发展的需要。1999年大学扩大招生后，到2003年我国高等教育总规模达到1900万人，毛入学率17%。十六大已经提出到2020年要"基本普及高中阶段教育"。高等教育还要积极稳步地发展，争取使高等教育毛入学率平均每年能提高1个百分点，到2020年能达到35%左右，使在校大学生达到3500万。当然要实现高等教育发展的这个目标，基础是要把九年义务教育进一步办好，特别是要把各地基本普及高中阶段教育的事办好，未来高等教育能不能实现上述目标，关键是能不能把高中阶段教育办好。

（6）扩大社会中间阶层的规模。十六大指出，要扩大中等收入者的比重。社会中间阶层和中等收入者并不是一个概念，但在不少方面，其内涵是一致的。据我们课题组测算，1999年，在社会阶层结构中，社会中间阶层占15%。近几年，由于经济社会事业发展得比较快，私营企业主、专业科技人员、经理人员等增长得都比较多，到2003年，中国社会阶层的规模扩大到19%。今后20年，如果能按这个发展速度，每年增长1个百分点，到2020年，社会中间阶层的规模将达到38%—40%的水平，那么，中国的社会阶层结构将基本形成一个合理而有活力的现代化的社会阶层结构；就阶层结构形态而言，也将不再是洋葱头形，而是一个两头小中间大的橄榄形，不过中间部分比现在发达国家的规模还显得略小而已。到2020年，在经济方面，在优化结构和提高效益的基础上，实现国内生产总值比2000年翻两番，达到人均3000美元；在社会方面，上述六方面的社会指标能够实现了，那么，全面建设小康社会的伟大目标也就基本实现了。从此开始跨入中等发达国家的门槛，再继续奋斗几十年，到21世纪中叶基本实现现代化，把我国建成富强、民主、文明的社会主义现代化国家。

（2004年5月8日在北京大学哲学系成立90周年纪念学术研讨会上的讲话）

当代中国社会流动研究[①]

本书是中国社会科学院当代中国社会阶层结构课题组集体创作的第二个研究成果，是《当代中国社会阶层研究报告》的续篇。上一本书主要的根据是课题组在全国10个县市所作的1.1万个抽样调查问卷和近千份各阶层成员访谈的数据资料，本书的主要根据是课题组在2001年、2002年所作的全国6000份抽样问卷调查的数据和资料。所以本书同样是一本实证研究为主的探索性著作。

现就本书研究的主题、研究意义、研究方法、研究发现和发展趋势作以下说明。

一 研究社会流动的意义

《当代中国社会阶层研究报告》的主题是当代中国社会已经分化成十大社会阶层。《当代中国社会流动》的主题是十大社会阶层怎样从"两个阶级，一个阶层"结构分化演变而形成的，社会流动机制发生了哪些变化，这十大社会阶层今后各自将怎样继续演化，现有的社会流动机制哪些是合理的、哪些还不合理，需要做怎样的改革和调整。

社会分层和社会流动是对某个国家或地区同一类社会现象所作的两种视角的分析和描述。社会分层是从静态的角度，分析描述社会阶层结构的分化内容、形式、形成的层次和分布形态，是研究社会阶层结构分化的质变过程。社会流动是从动态的角度，分析描述社会阶层结构分化中层次间的互动、动力机制、时空范围、方向和速度，是研究社会阶层结构分化的

[①] 本文为《当代中国社会流动》（社会科学文献出版社2004年版）一书的导言。题目为编者所加。

量变过程。研究社会分层与社会流动，互为表里，不可或缺，是相辅相成的关系。

社会流动是指社会成员从某一种社会地位转移到另一种社会地位的现象。在一个既定的社会阶层结构里，如果转移流动的方向是由低到高，可称为上升流动，反之，则称为下降流动，这两种流动统称为垂直流动。有些社会成员从一种职业转移到了另一种职业，但其收入、声望、社会地位却基本相同（如大学的讲师调到研究单位任助理研究员），是在同一水平线上流动，则称为水平流动。

总体说来，社会流动在人类社会发展的历史过程中，呈不断扩大的趋势。在中世纪、封建社会及以前的时代，个人的社会地位是由先赋因素决定的。生在哪个阶级、阶层，一辈子就是哪个阶级、阶层的成员，一般不会变易。中国古代有"士之子恒为士，农之子恒为农，工之子恒为工，商之子恒为商"[1]的说法。阶级、阶层之间的等级森严，界限十分清楚，几乎不可逾越，社会流动几乎等于零，所以称为封闭型社会。随着生产力的发展、近代社会化大生产的出现，生产形势和产业结构经常发生变化，新的产业部门不断涌现，而有些产业部门则被淘汰，在这种情况下，只有实现劳动力和人才的流动，才能满足社会大生产的要求。马克思说："大工业的本性决定了劳动的交换、职能的更动和工人的全面流动性。"[2] 科技的进步、社会化大生产不断拓展、产业结构不断向更高层次演变，客观上创造了新的社会岗位，通过社会流动才能实现劳动力和人才的合理配置。社会流动越畅通，社会流动率越高，就越能调动社会各个阶层，尤其是中低层社会成员的积极性，使他们充满希望，通过后致性规则也即通过个人后天的努力奋斗，实现上升流动到更高层次的社会地位的愿望。客观上也就推动社会化生产的发展，形成经济结构变动和社会结构变动相互促进的良性循环。这样的社会，就称为开放性社会。总体而言，在封闭性社会里先赋性规则是主要的社会流动规则；而在开放性社会里，后致性规则是主要的社会流动规则。

---

[1] 管仲：《管子·小匡》，《诸子集成》（第5册），中华书局1954年版，第121页。
[2] 《马克思恩格斯全集》（第23卷），人民出版社1972年版，第534页。

自 1949 年中华人民共和国成立以来，中国发生了两次重大的制度变革。第一次制度变革发生在 1949 年以后，新中国借鉴苏联社会主义制度模式建立新的政治经济体制，通过诸如土地改革，对农业、个体手工业和私营商业的社会主义改造，国家工业化、"大跃进"、人民公社化、四清等一系列政治经济运动，一方面，经济建设取得了很大成就，工业化水平有了显著的提高；另一方面，在制度层面上，公有制取代了私有制，中央集权的计划经济体制取代了以小生产为基础的市场经济体制。与此相应的整个社会阶级阶层结构也发生了深刻变化，通过没收官僚买办资本，官僚买办阶级消灭了；通过土改，地主阶级消灭了；通过对私营工商业改造，资产阶级消灭了；通过农业、手工业改造，合作化、人民公社化，使亿万农民成为集体经济——人民公社的社员。整个社会阶级阶层结构演变为由工人、农民、知识分子（干部）构成的两个阶级一个阶层的社会结构。

在这数十年的历史过程里，中国的政治运动连绵不断，经济剧烈变动，社会政策多变。这样的制度政策和社会结构变动的背景，直接影响人们的社会流动，个人、家庭，乃至某个阶级阶层的社会地位的获得和沉浮，都不是自己掌握自己的命运，而是由当时的制度、政策的变化来决定。但从更长远的历史视角来观察，1978 年前的中国，特别是到了"文革"的后期，整个社会趋向封闭，先赋型规则成为社会流动的主要规则。

1978 年党的十一届三中全会实行改革开放，中国开始了第二次重大制度变革。改革先从经济体制开始，次及政治体制和社会体制的改革，改革的方向是实现由计划经济体制向社会主义市场经济体制转变，到 2000 年，基本形成了社会主义市场经济体制。改革促进了经济持续高速发展，加快了中国由农业社会向工业社会、由乡村社会向城市社会的转变。经济体制改革、经济发展、经济结构的变化，推动了社会结构的分化，催生了诸如私营企业主、农民工等一些新的社会阶层和群体，使社会分化为由十大社会阶层组成的社会阶层结构。总体说来，在这个时期，特别是在改革开放的前期，国家制度政策的安排对人们社会地位的获得和沉浮还起过重要乃至决定性的作用，但越到后来，整个社会在逐渐走向开放，后致性规则逐步成为社会流动机制的主要规则。

党的十六大指出："21 世纪头二十年，对我国来说，是一个必须紧紧抓住并且可以大有作为的重要战略机遇期。"而目前,我国正处在历史发展中的一个关键时期,也是经济社会结构将发生深刻变化的重要阶段。"许多国家的发展进程表明,在这一阶段,有可能出现两种发展结果:一种是搞得好,经济社会继续向前发展,顺利实现工业化、现代化;另一种是搞得不好,往往出现贫富悬殊、失业人口增多、城乡和地区差距拉大、社会矛盾加剧、生态环境恶化等问题,导致经济社会发展长期徘徊不前,甚至出现社会动荡和倒退。"①

从改革开放以来的实践看,经济继续向前发展的势头很好,再翻两番的目标能够实现,因为我们已经走上了社会主义市场经济体制的轨道,政府也积累了调控经济的能力和经验。中国能不能在这个历史发展的关键时期抓住机遇,实现新的跨越,关键是能否做好社会继续向前发展这篇大文章。就目前中国的情况看,社会发展已经严重滞后于经济发展,经济社会发展并不协调,由此引出了种种社会问题,上述列举的六大社会问题,在中国都已相当严重的存在,而且还有社会治安状况恶化、刑事犯罪率居高不下、贪污腐败屡禁不止、奢靡之风盛行、民工潮、三农问题严重、黄赌毒黑泛滥成灾等诸多社会问题。社会发展、社会治理的工作,我们是抓晚了,而经济和社会不协调发展是不行的。这就解释了为什么我们在经济发展方面取得了举世盛赞的辉煌成就,人民的生活也普遍改善提高了,但却有相当一部分群众不满意的问题。20世纪80年代中期就有"端起碗来吃肉,放下筷子骂娘"的说法,现在则有"领着低保金,骂政府"、"开着买的新轿车,骂社会"的现象。这不值得我们反思吗?2003年10月党的十六届三中全会提出了"坚持以人为本,树立全面、协调、可持续的发展观,促进经济社会和人的全面发展",并且同时提出了要实施五个统筹发展,有很强的针对性,是很及时的。

要实现社会继续向前发展,切实做到经济社会协调发展,这是一项巨大的系统工程。例如:社会结构要调整、社会事业要发展、社会管理要改善、社会事业的管理体制要改革、社会环境要和谐、社会公正要实现,等

---

① 温家宝:《在省部级主要领导干部"树立和落实科学发展观"专题研究班结业式上的讲话》,2004年3月1日《人民日报》。

等，任务非常繁重，但这是过好关键时期的关键之一，是一定要做好的。在某种意义上可以说，社会发展这门课一定要补好。

本课题组六年来专门研究了当代中国社会阶层结构，研究了社会分层和社会流动。社会阶层结构是社会结构的核心内容，经济发展了，经济结构改变了，社会结构也要相应地调整和改变，社会结构要与经济结构相协调。随着经济结构、产业结构、职业结构的发展变化，社会阶层结构一定要相应地调整和改变。

课题组前三年重点研究了社会分层问题。研究发现，中国社会已分化为十大社会阶层，凡是现代化社会阶层的基本构成成分都已具备，现代化的社会阶层位序已经确立，一个现代化的社会阶层结构已经在中国形成。但是我们的研究也同时发现：这个现代化阶层结构还只是个雏形；就其结构构成而言，该缩小的阶层还没有小下去（农业劳动者还占44%），该扩大的阶层还没有大起来（社会中间阶层只占约15%），所以还不是一个公平、开放、合理的现代社会阶层结构，与社会主义现代化进程还不相适应，存在引发社会危机的结构性因素。[①]

课题组近三年来研究了当代中国的社会流动。研究发现，改革开放20多年来，我国已经初步形成了一个现代社会流动机制的模式，这一方面是经济发展、经济结构、产业结构变化的直接推动，另一方面，社会流动机制多元化、社会流动渠道开通，也是重要原因。改革开放前，中国实际上实行的是身份分层，先赋性因素是决定其社会地位的主要因素，社会是一潭死水，社会流动率很低。改革开放以后，中国逐步改变了身份分层的做法，社会流动渠道逐渐开通，诸如农民可以到城镇务工经商，社会成员可以自谋职业、自主创业，高等学校恢复了统考招生制度等，使后致性因素逐渐成为社会流动机制中的主导规则，社会流动率提高了，社会有了活力。但是为什么该扩大的社会阶层还没有大起来，该缩小的社会阶层还没有小下去，现有的社会阶层结构还不能适应社会主义现代化发展的要求呢？原因是多方面的，而重要的原因之一则是当前社会流动渠道还不畅通，一些计划经济时代留下来的制度性的障碍（如户籍制度、就业制度、

---

① 参见《当代中国社会阶层研究报告》第二、第三部分，社会科学文献出版社2002年版。

人事制度、社会保障制度等）仍在阻碍着人们向上流动以获得更高层次社会地位的实现，表现出新老社会流动机制两重性并存的特点。也就是说，现代化公正合理的社会流动机制还未形成。

因此，在当前开展社会流动问题的研究具有非常重要的理论意义和实践意义。中国要建设社会主义现代化社会，就一定要在经济结构现代化的基础上形成一个现代化的社会阶层结构。如果不能相应地形成现代化的社会阶层结构，那么，经济现代化的发展就很困难，即使建起来了，也是不稳定、不巩固的，乃至有倒退的危险。国际上这类教训的例证屡见不鲜。目前，中国还只是形成了现代社会阶层结构的雏形，与经济结构还不相适应，应该加紧工作，使之逐渐形成公正、合理、开放的现代社会阶层结构。而其中的一个重要方面，就是要解决好社会流动方面的问题。首先要深化改革，消除诸如户籍、就业、人事等方面的制度性障碍，使社会流动的渠道更加畅通，加快社会流动的速度，使社会各类成员各得其所，使各种人才脱颖而出，尤其是要促进数以千万计的农村剩余劳动力向二、三产业转移，使社会阶层结构中该缩小的社会阶层尽快地小下去。其次，要出台一些新的社会政策，鼓励社会成员个人奋发努力，充分发挥后致性社会流动机制的作用，加快培育社会中间阶层的成长，使该扩大的阶层大起来，促进社会阶层结构形态向橄榄形转化。再次，要建立公平的竞争机制，并同时建立强有力的监督机制。现代社会竞争的唯一条件是能力或业绩，只要在竞争中遵守公平原则，每个人都可能有向上流动的机会，使"能者上不能者下"成为社会普遍认同的规则。而阶层之间的边界是开放的，这样的社会流动是生动活泼的，在这样的社会流动机制基础上形成的现代社会阶层结构才是公正、合理、开放的，而且是有活力的，也才能适应社会主义现代化建设的需要。

二 研究中国社会流动的基本框架和方法

社会流动研究是社会分层研究领域中最重要的一个部分，许多国家的社会学家都对各自国家的社会流动做过系统研究，并且还进行了大规模的国际比较研究，从而形成了丰富的研究成果和理论观点，这为我们的研究提供了重要的参考。然而，50多年来的中国社会流动有着极其特殊的方面，它是在几次重大的社会政治变迁背景下发生的，并且受到国家政策的强烈干预。这些特殊性使我们对当代中国社会流动的研究采取了一些特殊的研究方式，同时，我们的主题也与通常的社会流动研究有所不同。

一般的社会流动研究主要采用两种方式来进行分析。一种是流动表分析，通过职业或阶级阶层的等级划分，对父辈职业地位与子女职业地位进行交互分析，或者对本人最初职业地位与当前职业地位进行交互分析，考查代际的和代内的职业地位或阶级阶层位置的变化，并且在此基础上，采用一系列的对数线性模型（如 quasi-independence model、quasi-symmetry model 或 level model 等），对流动机会、流动规则和流动模式进行分析。另一种是布劳—邓肯的地位获得模型，它主要是考查和比较先赋因素（如家庭背景）和后致因素（个人能力、进取心、教育水平等）对个人的职业地位获得产生什么影响。原来的地位获得模型大多采用路径分析，后来的学者对此加以修正，多采用多元回归、事件史分析和结构方程等方法。上述这两种分析方式成为社会流动研究的主流研究模式。然而，这两种研究方式在分析当代中国社会流动时存在一些局限性，它们比较适合于分析社会结构和社会分层架构基本稳定、变化不太剧烈的社会中发生的社会流动，而中国社会在50多年里发生了几次重大的社会结构调整，社会分层的基本形态和社会地位等级体系以及社会选拔规则都发生了根本性的变化，原先处于较低社会地位的个人或群体，由于社会制度巨变或国家政策改变，上升到较高社会位置，与此同时，另一些原先处于较高社会地位的个人或群体落入社会底层；而在另一次社会制度变化中，个人或群体的社会地位变化又正好相反。在这样的社会背景下，采用流动表和地位获得模型所做的流动分析，很有可能因相反方向作用力相互抵消，而掩盖了某些时期的流动现象和流动规则。为了解决这一问题，我们在采用抽样调查数据进行流动表和地位获得分析的同时，还利用历史文献资料和国家统计资料，对50多年中国社会政治变迁和国家政策调整及其对社会流动产生的影响，进行深入系统分析，从而从更广泛的视角观察和描述当代中国社会流动。

在研究主题和理论取向方面，我们的研究也与一般的社会流动研究略有不同。一般的社会流动研究大多围绕着工业化理论命题而展开，重点讨论工业化是否导致了流动机会的增多，特别是上升流动机会的增多、流动机会结构的公平化水平提高，以及决定个人流动机会的因素由先赋性（家庭背景）转向后致性（个人努力），从而最终得出结论，工业化导致了社会结构变得更加开放，或者说，社会结构由封闭走向开放。另一方面，研究中国社会流动问题的国外学者大多在新结构主义（部门分割或市场分割理论）和新制度主义（制度变迁和市场过渡理论）理论框架下展开研究，国内研究社会流动问题的学者基本上也采用这两种理论取向。这些研究主要讨论制度变迁背景下（经济改革前后）社会流动模式和机制的变化，以及当前国有计划部门和市场部门（再分配体制与市场体制）共存情况下，中国社会流动机制的复杂性。我们的研究并未沿着上述两种理论取向的思路展开。本书对中国社会流动研究的一个最主要的目的，是期望通过丰富的数据资料和文献资料分析，全面系统地描述50多年来的中国社会流动总体趋势。通过这种描述，使读者了解社会变迁和国家政策调整如何影响个人和群体的命运，希望学者和理论家们在解释当今中国的社会变迁时能有更开阔的思路，同时，也希望政策制定部门从中有所获益，能够意识到某些国家政策的变化可能导致重大的、长久的社会政治后果。

  基于这样一个研究目的，我们的研究主要着重于三个方面。第一，我们全面考查了1949年以来重大的社会政治变动和相关政策调整及其对社会流动的影响。我们之所以对此进行专门的深入分析，是因为我们认为，不全面了解这些社会政治变迁和政策变化，就无法准确把握中国社会流动的模式和机制的变化线索及其背后的原因。第二，我们通过观察社会流动来解释当前社会阶层的形成过程、内在特性和未来走向，并由此判断当前中国社会是否存在社会阶层、区分社会阶层的界线在哪里、社会阶层之间的社会距离有多大、社会阶层是否出现了结构化的倾向，这是我们进行社会流动研究的最主要的目的，也就是说，通过社会流动这一视角，分析当前中国社会阶层分化的主要特点，预测其未来发展趋势。第三，通过对不同时期——特别是经济改革前后——的社会流动路径、流动机制、流动频率、流动障碍和流动机会分布进行比较，我们对于最近50年的中国社会结构变迁走向做出总体判断，即在哪些方面中国的社会结构变得日益开放，在哪些方面封闭性特征有所增强或有所保留，同时，分析这些开放性和封闭性对于社会经济发展和个人发展有什么影响，并提出相关的建议。

三 当代中国社会流动的特点与研究发现

课题组根据中国特有的国情，采用宏观分析和微观分析相结合的研究策略，对1949年以来中国的社会流动做了定性和定量的研究。50多年的时间，在历史的长河中只是短暂的一瞬，但在中国这块土地上，却经历了5次结构性的社会大流动。在1978年前，阶层、群体、家庭、个人的社会地位，由国家的政治制度、经济体制、社会政策的变化所影响、所决定，上下升降，起伏不定。直到改革开放以后，随着社会主义市场经济体制的逐步建立，中国的社会流动才逐渐显现出类似工业化国家常有的社会流动轨迹。据我们研究，这50多年，中国的社会流动表现出以下一些特点。

第一，中国的社会流动模式与工业化国家的社会流动模式不同，因而社会流动研究的内容、策略、方法也应有所不同。

50多年来，中国的社会流动是在社会政治经济制度几度重大的变革背景下发生的。而工业化国家学者研究的社会流动，一般都是研究在政治、经济制度和社会政策基本稳定的背景下的社会流动，所以两者在社会流动的机会、规则、方向、速度、规模上都是不同的。工业化国家是一个开放性的社会，后致因素在社会流动中起主导作用，而在中国无论是后致因素还是先赋因素常常都要通过制度与结构的因素而发挥作用。所以仅仅应用现在国际上比较通行的社会流动研究理论、模式来研究中国的社会流动的许多现象，都不好解释。课题组经过长期反复研究，设计了"中国社会流动机制分析框架"，本书就是根据这个分析框架对中国这50多年来的社会流动作的研究。

第二，1978年改革前和改革后，中国社会流动的模式、机制都发生了巨大的变化。

在改革开放前，国内的政治运动不断，国家实行计划经济体制，国家控制了一切政治、经济、文化资源，垄断了资源配置权，国家的政治经济制度和政策安排，直接影响着社会、个人、乃至整个阶层的社会位置和社会流动机会。个人社会地位的升降、阶层的兴衰，主要系于国家、政府、制度和社会政策的变化。所以，这个时期的社会流动，可称为政治主宰型的社会流动模式。

1978年改革以后，国家的工作中心转到经济建设的轨道上，开始了市场经济为导向的一系列改革，使计划经济体制逐步向社会主义市场经济体制转变，大大加快了经济发展的步伐，推进了农业社会向工业社会的转变。工业化、城市化、市场化的力量，推动经济发展、经济结构的改变，也推动社会结构的分化，后致性因素对社会流动机制的影响逐渐扩大，社会流动渠道越来越多元化，能力主义原则在社会经济地位获得上作用日益显著。需要指出的是，国家制度性政策安排对个人、阶层的社会地位的获得仍在起相当大的作用，但是，现代社会流动机制、现代社会流动模式正在逐步形成。

第三，中国的职业结构正在渐趋高级化。

国际学者研究表明，职业结构高级化是工业化国家普遍发生的一般特征。高层次职业的数量逐渐增加，在职业结构中的比重不断增大，而低层次职业的比重不断减少，形成了"向上流动的潮流"。

我们的研究表明，1978年以来，中国职业结构也呈现渐趋高级化的流向。从我国第三次、第四次、第五次人口普查的数据看，2000年同1992年相比，在职业结构的总量中，初级层次职业（生产工人和农业劳动者）的比重下降8.17个百分点；而中层职业的比重则增加了7.2个百分点。整个职业结构是向高级化演变的。从职业总体情况看，中高层职业人员从1982年到2000年的18年虽然是普遍增加的，但是增幅却比较小，所以我国同工业化国家的职业结构高级化相比，还有差距，只能认为我国的职业结构正在趋向高级化。

工业化国家的职业结构高级化反映的是工业化国家在20世纪50年代、60年代以后，白领职业增加，蓝领职业减少，国家由工业化社会向后工业化社会（或信息化社会）转变的状况。而中国职业结构趋高级化，反映的是1978年以来，非农业就业增加，农业就业减少，国家正在向工业社会转变的状况。

职业结构趋高级化，同职业结构高级化一样，总的发展趋势也是较高等级职业的数量和比重大幅增加，为多数人提供了向上流动的机会。在递进式的向上的社会流动中（例如社会每增加一个办事人员的职位，就可能有个体工商户、商业服务人员或工人、农民工、农业劳动者依次递补，可以带动3—4个人都得到了向上流动的机会），大多数人的职业地位有所改善，经济收入也有所增加。

中国经济蓬勃发展的形势推动的职业结构趋高级化，使相当多的人实现了向上流动，由此产生了影响扩大的社会效益，使更多人看到了希望，对前途有了信心：只要肯努力争取，就有向上流动、改善地位的可能。这使人们从心理上倾向认可这个社会结构，而较少与之抗衡。这就可以解释：为什么目前城乡差距、地区差距扩大，失业人员众多，贫富分化加剧，在外人看来已经到了不能容忍的地步，但中国社会仍能保持基本稳定的矛盾现实。例如，现在有1亿多农民在全国城市里务工，他们从事极其艰苦的劳动，为城市创造了巨大的财富，但却得不到应有的报酬，还受到歧视和不公的待遇，沦为城市的二等公民。这么大的一个群体，居然还基本上能与城里人相安无事，居然这个队伍还在扩大，这在外人也是不能理解的。一个基本的事实是"农民工"的社会地位、经济收入比仍在农村中的农业劳动者高了半个等级。

第四，未来10年左右，中国的职业高级化水平将有一个跳跃式的提高，中国的社会中间阶层也将有一个跳跃式的扩大。

课题组对全国人均GDP和各类职业对比关系研究中发现，经济增长不仅对非农职业岗位有直接的促进作用，更对中高层职业的增加有相当大的影响，一个省的经济水平越高，其经理人员、专业技术人员、办事人员、商业服务业人员的比重就越大。

在我们的研究中还发现，一个省的年人均GDP在从5000元到7500元、由7501元到10000元、再由10001元到12500元的发展过程中，国家与社会管理者、经理人员、专业技术人员、办事人员、商业服务业人员、产业工人这些职业阶层人员都是逐年增加的，而农业劳动者是逐年减少的。而当年人均GDP超过了12500元之后，经理人员、专业技术人员、办事人员、商业服务人员、产业工人的人数和比重则有一个跳跃式的发展，农业劳动者则大幅度减少。

怎么来认识这种现象呢？从国家统计局公布的数据看，2001年人均

GDP 超过 12500 元的省市依次是上海（30674 元）、北京（20576 元）、天津（18327 元）、浙江（14628 元）、广东（13680 元）、江苏（12932 元）、福建（12510 元）。人均 GDP 12500 元是个什么概念呢？按汇率计算应是人均 1512 美元，如以购买力平价（PPP）计算，则是人均 6148 美元。国内学者认为按汇率计算，对我国的经济发展水平是低估了，如以 PPP 计算，则是高估了。但从整体经济社会发展水平来评估，这七个省市人均 GDP 水平均已超过 3000 美元，则应是比较客观的，这就是说这七个省市都已经实现了工业化的目标。他们在进入工业化社会的时候，职业结构、阶层结构有一个跳跃式的发展，既是经济社会发展的条件，也是它的结果。因为从上述七个省市看，不仅是人均 GDP 水平高，其他在城市化、科技发展事业、文化体育、社会就业、人民生活、社会秩序、社会发展方面都是很好和比较好的。可喜的是 2002 年辽宁的人均 GDP 达到了 13000 元，2003 年山东的人均 GDP 也达到 13654 元。未来 5—10 年，黑龙江、河北、吉林、湖北、重庆、海南、湖南、河南、安徽、江西、四川、陕西、新疆、内蒙古这些省市都将逐渐步入上述七个省市的行列，所以我们预计未来 10 年左右，中国的职业结构、阶层结构都有一个跳跃式的发展，与此相应的社会中间阶层的队伍将有一个跳跃式的扩大。如北京市 2000 年人均 GDP 2.2 万元，当年北京市的技术人员的总量占就业总数的 16.4%，社会中间阶层约为 32%。

第五，中国社会正在逐步走向一个开放的社会。

课题组依据全国抽样数据，分段观察 50 多年来中国社会流动模式的变化、十大社会阶层的形成过程及未来趋向，结果表明：改革前和改革后差异很大。

从代际流动率看，1980 年以前代际总流动率只有 41.4%，其中上升流动率是 32.4%，不流动率是 58.6%，也就是说，父亲是什么职业，近 60% 的子女也是这个职业地位，只有三成多的子女是上升的。1980 年以后，代际总流动率达到 54%，比 1980 年前提高 13 个百分点，其中上升流动率 40.9%，有四成的子女实现了比父辈上升的社会流动。

从代内流动看，1979 年以前，从前职到现职总流动率只有 13.3%，这就是说，有 86.7% 的社会人员在改革前往往是一个职务定终身，很少流动。从前职到现职，在1949—1979年阶段，向上升迁的只有7.4%；到了1980—1989年阶段，就有18.2%得到了升迁；在1990—2001年阶段，就有30.5%得到了升迁，获得了更高的职位。

从上述可知，代际和代内流动率以及总体流动率，改革以后都明显提高了，这表明，自1978年实行改革开放以来，中国社会正在逐步走向一个开放的社会。

从社会实践观察，随着改革的逐步深化，影响人们社会地位获得的社会流动机制变得更加公平合理，社会流动渠道更加畅通，原来阻碍人们合理流动的一系列制度和社会政策，诸如阶级出身、所有制、单位制、城乡二元体制等，有的已经退出历史舞台，有的正在式微，个人能力和业绩等后致因素正在成为地位获得的主要因素；加上经济的巨大发展，客观上提供了大量新的更高层次的社会岗位，使社会成员只要通过自己努力就有可能获得应有的社会地位，开创自己的事业。从这里也能看到：中国社会正在逐步走向一个开放性的社会。

第六，现代社会的公正、合理、开放的社会流动模式还未最终形成。

国家正在从传统的农业社会向现代工业社会转变，正在从计划经济体制向社会主义市场经济体制转变，这两个转变正在继续，还远未完成。在这种双重转变背景下的社会流动同样也表现出相当的复杂性和过渡性。一方面，像教育这样重要的后致性流动机制对个人地位的获得具有越来越重要的作用，职业地位正在取代政治地位，业绩或能力主义在社会经济地位获得上的作用越来越大，显现出现代社会的流动机制模式正在形成。另一方面，制度和政策安排在社会流动中的作用仍然相当显著（在双重转变中有负面作用，有时也起正面影响），在有的阶段甚至起到决定性作用。需要指出的是，社会流动中的一些制度性障碍如计划经济体制时期留下来的户籍制度、一部分人事制度、劳动就业制度等，有的正在改革，有的还基本没有改革，至今仍然在起阻隔作用，使社会流动渠道不能畅通运行。

值得特别注意的是，在我国社会结构趋向开放的同时，也出现了一些不利的倾向。从我们对各种职业群体和社会阶层代际、代内流动分析来看，1980年以来，几个处于较为优势地位的国家与社会管理者、经理人员、专业技术人员阶层，代际继承性明显增强，代内流动明显减少，表现出多进少出的现象。而处于经济社会位置较低阶层的子女,要进入较高阶层的门槛明显增高,两者间的社会流动障碍在强化,这表明社会阶层的边界正在明晰化。再有,90年代中期以来,经济资源、组织资源和文化资源有向上层集聚的趋势,大量拥有这些资源的人原来只拥有其中的一类或两类资源,而近些年则基本同时兼有了。这些倾向都是要特别注意的。

总体来看,当代中国的社会流动,同样显示出我们国家社会转型与体制转轨双重转变的特征。因此,要形成现代化社会应有的社会流动模式还需要有一个过程。

四 中国社会流动变化的几种趋向

在上一本书《当代中国社会阶层研究报告》里,我们曾经指出中国已经形成了现代化的社会阶层结构的雏形,并对比作了论证,同时指出这个社会结构与社会主义现代化进程还不相适应。

从当今国际特别是国内总的发展形势来看,中国已经形成的这个现代化社会阶层结构雏形,今后发展趋势的可能有三个:

第一,这个出壳不久的小鸡在国家经济社会继续向前的过程中,健康顺利地成长,形成公正合理开放的现代化的社会阶层结构,就其结构形态来说将从现在的洋葱头形演变为橄榄形。

第二,这个小鸡幼小体弱,得不到应有的调理和及时治疗,时好时坏,结果长成畸形鸡,成为病态的社会阶层结构,就其结构形态来说,可能形成蜡烛台形,即底层仍然很大,但社会中间阶层发育成长不起来。

第三,这个小鸡遭遇国际国内的恶劣环境,本身又体弱多病,得不到调理和手术治疗,停止发育成长,长期病弱,成为小老头鸡,维持洋葱头的结构形态。

我们当然是希望能够实现第一种理想,而更要竭力避免第二、第三种可能,形成公正、合理、开放的现代化社会阶层结构,也就是建成一个中等发达的社会主义现代化国家应有的社会阶层结构。这个宏伟目标邓小平同志早在20年前就在著名的"三步走"战略中提出来了,经过全国人民的努力奋斗,前两步目标已经实现了,现在正在为实现第三步战略目标而继续奋斗。形成公正、合理、开放的现代的社会阶层结构，既是现代化国家的本质特征之一，也是建设现代化国家的基本条件，应该是在建设现代化国家过程中逐步形成的。研究社会流动是研究社会发展的动力机制，公正、合理、开放的社会流动，是社会发展的动力。工业化、现代化社会是一个开放性的社会。一个国家的社会流动渠道越畅通，社会流动机制越多元化，社会流动率越高，流动的幅度越大（也就是长距离社会流动越多），实现社会流动越顺利，所形成的社会阶层结构就越开放，由此形成的社会阶层结构就是开放、合理、公平的。这样的社会结构就能使社会各个阶层的成员各得其所，各展其长，这样的社会阶层结构能够与经济相适应相协调，促进经济社会健康地发展。

我们从研究中看到，我国的社会流动正在形成现代化的社会流动模式，正在发挥越来越重要的作用，越来越多的人获得了向上流动的机会，但是，正如前所述，一些不公正、不合理的旧有的规制仍在阻碍着社会流动渠道的通畅，而且还产生了一些消极的对社会发展不利的流动倾向，甚至在有些重要领域，社会流动渠道有重新被封闭的表现。可见，我国的社会流动领域实际上也到了一个重要的时期。搞得好，采取正确的政策，继续深化改革，撤除计划经济体制留下来的一些制度性、政策性的障碍，符合建设社会主义现代化社会的要求，就会形成公正、合理、开放的社会流动模式；搞得不好，在对整个社会流动体制的改革上知难而退，迟迟不下改革的决心，任其自流，让旧有的和消极的社会流动机制横流，甚至使已经开通的、积极的流动渠道又重新阻塞、封闭，那么，社会就会停滞不前，整个社会阶层结构就可能出现上述第二、第三种结局。

我们一定要尽力实现第一种理想，努力形成公正、合理、开放的现代化的，符合中国国情的社会流动机制模式。

首先，现代社会的社会流动机制一定是公正的，在个人地位获得上应该对全体社会成员一视同仁，不能把先赋的出身、种族等作为条件，更不应有制度性、政策性的限制，而应主要是依靠个人的能力和努力，使后致性规则成为社会流动的主要机制。现行的户口制度、人事制度、就业制度等体制因素还在阻碍很多人的正常流动，应该进行改革，及早撤除。就因为户口制度的阻碍，数亿农民得不到参与公平竞争的机会，即使到了城镇务工也只能当农民工，农民受户口的限制，实际上使他们失去了向上流动的机会，对他们来说很不公正，对国家、社会发展也很不利，不仅是这么大的人力、人才资源得不到发挥和利用，而且产生很大的社会张力，引出诸多的社会问题。

其次，现代社会的流动机制一定是合理的，这主要是指国家和政府在配置各种资源方面，要全面合理统筹兼顾，要做到使各地、各种人都能普遍享有公共资源合理配置的利益，尽力做到使社会成员在公平竞争中的机会是平等的，而且起点也能做到公平。我们是个城乡、地区发展很不平衡的大国，20世纪90年代以来，城乡差别、地区差别都相当严重地扩大了，而国家在分配公共资源方面、在转移支付等方面却没有相应地跟上，例如在教育投入方面，现行的分配体制就很不合理。城镇人口只占40%，而且比农村富裕很多，但这些年分配到的教育经费，城镇占77%，60%以上的农村人口只分配到23%。在目前，一方面有不少城市和富裕地区的农村已在普及高中教育了，而在相当多的中西部贫困地区却连农村中小学教员的工资都不能按时足额发放，法定的九年制义务教育还不能普及，辍学率不小。这里的青年得不到应有的教育，起点就不公平，这是很不合理的。我们国家现在财政收入已经超过两万亿了，农村教育经费只是个小数目，各界提出这个问题十多年了，至今解决不好，非不能也，实在也还是个体制问题。

教育是现代社会主导型社会流动机制的最重要因素，我们应该把体制问题解决好。

最后，现代社会的社会流动机制一定是开放的，因为社会是开放的，各个阶层的边界也是开放的，社会流动渠道一定要畅通，无论是代际流动还是代内流动，流动率都应该是比较高的，这样才能调动各个阶层、各种人员的积极性、进取性，使之各就其位，各尽其职，大家都为社会主义现代化事业贡献才智和力量。诚能如此，则上述我们要建立一个公正的、合理的、开放的现代化社会阶层结构就能够实现。但现在的社会流动渠道还有些残存的障碍，社会流动机制也还不健全，而且又有一些消极因素在产生，所以我们还要专门注意，不断改革和消除这些消极的东西，建成一个公平、合理、开放的现代化的社会流动机制模式。

（《当代中国社会流动》导言，社会科学文献出版社2004年版）

当代中国社会阶层的分化与流动

社会阶层结构这个题目本来是一个大家耳熟能详的问题，但若干年来由于种种原因，虽然还在讲，却一直没有运用到实际工作中来。所以现在中国有哪些阶级、有哪些阶层、什么状况，不少人不是太了解。

十六届四中全会提出构建和谐社会，其中一个很重要的问题就是怎么实现全国人民的和谐，也就是实现各阶级各阶层间的和谐。所以，胡锦涛同志在中央政治局第二十次集体学习的时候，强调要进行社会结构调查，要调查分析阶层结构、就业结构、社会组织结构、城乡结构等方面的情况，非常重要。社会结构的核心或者说主要部分就是社会阶层结构。

一 当前研究社会分层的重要意义

（一）社会阶层结构是一个国家、地区的基本国情、基本地情。研究阶层结构本身就是研究基本国情

一个国家、一个地区的经济怎么样，社会怎么样，以前往往从经济结构来说，经济发展得怎么样、人均GDP多少、一二三产业多少、大致比例怎么样，由此大致可以知道这个地方的发展水平。其实，国情、地情同样也可以从社会阶层结构来判断，比如这个国家、地区的上层阶层、社会中间阶层、社会底层的比例如何，工人阶层、农民阶层有多少，通过对他们的状况分析就可以判断这个国家、地区的基本国情、地情。以前往往只讲经济方面，对社会方面了解不多。一般来说，社会中间阶层占40%以上，这个社会才能是现代化社会。过去社会建设只是笼统讲科教文卫，其实还不光这些，还有社会结构的调整和发展。这方面过去缺乏调查和研究，现在看来我们所讲的经济社会一条腿长、一条腿短，不光是说科学教育事业发展不够，更重要的是社会结构的调整也落后于经济结构的变化，社会结构跟经济结构处于不相适应的矛盾状态。

（二）改革开放大大加快了工业化、城市化、社会化的步伐，随着经济的发展、经济结构的变化，社会结构也发生了深刻的变化

一二三产业的结构变了，就业结构也变了，但是社会结构的变化没有相应跟上。

由于经济结构的变化，特别是所有制的变化，原来单一的公有制发展到现在以公有制为主体的多种所有制成分，在20世纪80年代后期，社会上产生了一些新的阶层，一些社会阶层分化了，有些阶层的社会地位提高，有些社会阶层的地位下降。当今社会阶层结构呈现出向多元化现代化发展的趋势，已经不是原来的"两个阶级一个阶层"的结构了。对于这些新情况，由于过去对阶级阶层方面的研究不够，所以现在对社会阶层结构的认识基本是笼统的，更没有取得应有的共识。

（三）根据社会阶层结构的分析，制定革命和建设的方针路线和政策，历来是我们党的传统

胡锦涛同志提出要进行社会结构方面的研究，我觉得非常重要。很多人都研读过《毛泽东选集》，其中第一篇文章就是《中国社会各阶级分析》，由于分清了依靠谁、团结谁、打倒谁的问题，我党根据这个阶级分析制定了正确的政策，从而取得了革命的胜利。但在革命取得胜利后就不是这样了。我们囿于斯大林在1936年制定苏联新宪法时指出的社会主义国家的阶级阶层结构是"两个阶级一个阶层"的理论，就不再对社会结构作实事求是的分析研究了。实践证明，"两个阶级一个阶层"的说法是不符合实际的。当时按照这个理论，我们基本放弃了对客观的阶级阶层状况的调查和分析，放弃了根据阶级阶层的实际情况制定方针的好传统，而只是抽象地强调两个阶级两条路线的对立，进行了长期的阶级斗争，导致了许多严重的失误。

改革开放以后，在这个问题上，政治学、社会学包括经济学、哲学界的一些学者，虽然也对社会阶级、阶层的变化状况做了一些小课题的调查，但是国家有计划的大规模的调查没有，所以现在我们对于阶级状况、阶层状况到底怎么样，还不清楚，而且在主要理论问题上至今还没有形成共识。

（四）只有通过实事求是的调查研究，才能对社会阶层结构有个正确的认识，制定政策才能有的放矢

现在经济多元化，所有制也多元化，社会也已分化了，多种利益群体实实在在地出现了。因此，我们应该对社会阶层结构这个变化了的基本国情有一个全面正确的认识，借以制定正确的经济社会政策，整合、协调各个社会阶层的利益关系，使得各个社会阶层在党的统一领导下，各得其所，共同为建设社会主义现代化事业而奋斗。

国家和地区都需要有这种实事求是的调查研究，只有对社会阶层结构有个正确的认识，制定的政策才能有的放矢，才能真正解决问题。例如，我们从1993年就提出了千方百计增加农民收入、千方百计减轻农民负担的方针，一讲就讲了十多年，但农民收入就是上不去，城乡差别、地区差别、阶层差别越来越大。为什么呢？原因是多方面的。但有一点很明显，就是农民本身已经分化了，全国有农民身份的至今还有9亿，但一部分农民已经富裕了，一部分农民已经不再是原来意义上的农民了，真正务农的农民，据我们调查只有42%。如果作了正确的分析，就可以有合理的政策，对那些已经富裕了的不以务农为生的农民，不要笼统地讲增加收入，而是要增加他们的税，对那些贫困的农民就要免除他们的负担，还要帮助他们。

因此，当前的一项重要工作，是要进行社会阶层结构这一基本国情的调查研究，摸清摸准我们国家现在到底有多少阶层，每个阶层有多少人，占多大比例，他们现状怎样，以此制定合理的社会政策，把各个社会阶层都团结起来，把积极性都调动起来。这样，许多问题就能比较好地解决。

根据阶级阶层实际变化的情况制定政策，对于一个地区、单位也是必要的，各类人不同，对不同人群采取不同政策很有必要。所以在构建和谐社会、全面建设小康社会时期，进行社会结构方面的调查，强调进行社会建设和管理，非常重要。这是构建和谐社会的基础性工作。

二 社会分层的标准和当前中国社会阶层结构的状况

（一）对社会结构分析研究有两种方法，一种是阶级分析，一种是阶层分析

现在社会上有一种意见，认为阶级分析是马克思主义的，阶层分析是西方学者马克斯·韦伯的，有的人干脆说是资产阶级的，这实际是一种误解。马克思主义不光进行阶级分析，同时也进行阶层分析；韦伯主要的是进行阶层分析，但也搞阶级分析。因此，从学术观点来看，不能笼统地说二者是对立的。

二者的不同点在于出发点和落脚点不同，或者说研究的目的、方法不同。譬如在革命时期，要搞无产阶级革命，革命的目的是要夺取政权。我们现在进行阶层分析不是这个目的，时代不同，目的不同，方法也要不同。

我们认为：当今中国还有阶级，也有阶级斗争，阶级分析的原则还是要坚持；但要根据变化了的情况，作实事求是的分析。在现阶段，根据我们党的执政地位，从有利于社会主义建设的需要考虑，还是运用阶层分析的方法为好。而且，国际上自20世纪60年代以后，多数国家也都采取阶层分析方法来研究认识自己的社会结构这个基本国情。如日本从1955年起，每十年进行一次社会结构调查，名称就叫"社会阶层和社会流动"。

党的十六届四中全会提出了构建社会主义和谐社会的战略任务。我认为，构建和谐社会的一个很重要的方面就是要协调社会各阶层的关系，使社会各阶层的经济利益关系和政治关系都得到恰当的实现，而且这种关系是能够不断调整的，这样的社会才会比较和谐。

（二）关于现阶段社会分层研究的一些情况

目前社会学界对当代中国社会结构的研究，从大的框架来说，有这么三种：第一种还是用两个阶级分析，认为分为两个阶级、若干个阶层，即工人阶级、农民阶级以及私营企业主阶层、经理人员阶层、技术人员阶层，等等。第二种是进行阶级分析，把现在中国分成七个阶级；分六个阶级的也有,这一观点多限于内部学术范围里。第三种主张搞阶层分析,认为目前进行社会阶层分析比较好,更符合现阶段国情。我们就是属于这一分析框架。

前两年,我们在大量社会研究资料和调查数据的基础上,对全国的社会阶层结构作了分析,分析的结果是划分成十个阶层。这里要说明一下,这主要根据一个全国的抽样调查。我们抽样调查了12个省市72个县市6000户,并对调查结果做了加权,所以这个数据跟统计局做的数据不完全一样,但基本接近(见表1)。

表1　　　　　　　　　　十大阶层及其比例

十大阶层	全国比例
国家与社会管理者	2.1%
经理人员	1.6%
私营企业主	1.0%
专业技术人员	4.6%
办事人员	7.2%
个体工商户	7.1%
商业服务业人员	11.2%
产业工人	17.5%
农业劳动者	42.9%
城乡无业、失业、半失业者	4.8%

对于这一划分,当时因为比较新,过去没有做过,社会上反应较好。但一个事情有赞同的就有反对的。据中青网做的一个调查,在线访谈了2000多人,大概65%赞同这个分法。但也有工会的同志持不同意见,有的还认得我,说老陆你们把工人阶层排到第八,你叫我们怎么办?我们给他回答的是两条:第一,工人阶级是中国的领导阶级,这是政治概念。我们这里讲的产业工人阶层,是社会学上做社会分层研究用的学术概念,两个概念是不一样的,不能相提并论;第二,要分清,不是我们把产业工人阶层排在这儿,而是调查的结果就是这样。客观地讲,我们定义社会阶层

分析的标准，一要看他从事什么职业，二要看他拥有的组织资源、文化资源、经济资源的多少。从这两点来确定他们的社会分层，不是我们把他们排在这儿，而是根据社会生活、社会位置的变动，他们现在就在这里。

三 对当前中国社会阶层结构的总体评价

跟国际上对比起来看，中国现在到底是一个什么样的社会阶层结构，对此，我们有以下四个方面的认识。

第一，中国已经形成一个现代化的社会阶层结构，但还只是一个雏形，而且还正在发展变化之中，正在继续成长。

为什么说我国已经形成了一个现代化的社会阶层结构呢？首先，国际上一些现代化国家阶级阶层的一些基本成分，比如技术工人、专业技术人员、经理阶层、企业主阶层，我们国家都有了，都已经具备了。这些阶层以前我们很少或者没有，现在都有了。与国外现代化国家的阶层结构相比，差别在于我们的结构比例还不合理。其次，中国现代社会结构中的社会阶层位序已经确立，这个排序不是随意的，而是按照他们拥有组织资源、经济资源和文化资源这三种资源的多少来排列的，而且基本上一个阶层是一个台阶。社会阶层位序取决于各个阶层所拥有三种资源的数量及其综合实力，拥有资源越多、综合实力越强的阶层，其阶层位序就越靠前，反之就越靠后。这十个社会阶层的位序排列，是根据我们多方面大量的社会调查及对各种文献和数据的分析进行的，而不是任意的。

而且，从我们的分析看，现在中国的职业正在趋高级化，国家正处于工业化、城市化和现代化的快速发展之中，整个社会职业在趋高级化，整个社会在发展，社会是在往上走，这样群众就有了希望，这个社会就充满活力、充满希望。

第二，现代社会的流动机制正在形成，以"后致性"为主的社会流动机制正在逐渐代替以"先赋性"为主的传统社会的流动机制。

在改革开放前，中国实行的是身份分层、政治分层，在城乡分割的户籍制度下，出生在农民家庭的人，就只能从事农业，身份只能是农民；凡出生在工人、干部家庭的人，一般就是工人和干部。农民想转变为工人，转变为城市居民，工人想转变为干部，则几乎是不可能的，或者说非常难，因为存在着制度性的障碍。这种先赋性（社会身份是先天赋予的）的社会流动机制限制了人们通过努力奋斗实现向上流动的积极性，这是很不公平、很不合理的，这种流动机制使国家的发展缺乏活力和动力，也阻碍了经济社会的进步。

改革开放以来，我国正在由"先赋型"社会演变为"后致型"（社会身份经过后天努力可以改变）社会，农民可以进城来打工，年轻人通过学习、努力，可以上大学，毕业以后可以当教员、当国家干部，所以这是一个开放的、能流动、有活力的社会。一个现代社会一定是一个开放、社会流动畅通、公正的社会，现在我们已经往这个方向走，正在发展。但是现在的户籍制度、某些人事制度、某些社保制度还没有完全改革到位，还不能说现在已经是开放的社会。但是总的来说，社会流动的机制已经改变了，现代社会结构包括现代社会的流动机制正在形成。只要你自己努力，就有机会实现向上流动的理想。

第三，现阶段中国的社会阶层结构是在经济体制改革、经济发展和社会体制改革滞后的背景下自然、自发形成的，还不合理，还在发展变化之中，与社会主义现代化建设还不相适应。

现代化国家需要有一个合理的现代化社会阶层结构，这个社会结构应该是与现代化的经济结构相适应的，相辅相成的，使经济社会能够协调发展。从世界各个已经实现了现代化的国家的历史经验看，这些国家的社会阶层结构形态都是"两头小中间大"的橄榄形结构。实践证明，一个国家、一个社会形成了橄榄形的社会阶层结构形态，这个国家也就实现了现代化，经济社会事业就能够健康、稳定、持续地发展。拿中国传统语言来讲，这个社会才能够长治久安。

我们经过20多年的渐进式改革，已经基本建成了社会主义市场经济体制。应该说，中国的经济体制改革、经济结构调整和经济发展已取得了空前的成功，所采取的一系列经济政策是有效的。相比较而言，中国的社会体制改革、社会结构的调整和社会事业的发展则相对滞后一些，理应采取的社会政策，有些是滞后了（如社会保障体系的建立），有些则因各种原因至今还未出台。目前的社会阶层结构是在经济结构调整、经济发展的影响下自然形成的，也可说是自发形成的。虽然已经形成了现代社会阶层结构的雏形，但它还有不足的一面。

首先，现阶段中国的社会阶层结构还处在不断的变动过程中，有时某一社会阶层的规模会扩展得很快，而有的社会阶层的经济社会地位理应有所改善和提高，却又长期停顿。整个社会阶层结构变动不居，很难以常理来预测。当然，像我们这样一个正在进行大规模经济社会建设的国家，社会结构变动不居是常态，这既是它的优点，也是它的问题。从1999年至今六七年的时间里，中国社会阶层结构内部，已经又有了不少新的变化。私营企业主阶层有了新的发展，外出农民工这个大的社会群体的变动也很大。但总的来看，尽管这几年不同社会阶层的规模有所变化，但整个社会阶层结构的基本构成成分并没有变化，十个社会阶层的位序也没有变化。变化的不过是有些社会阶层的规模扩大了，有些社会阶层的规模进一步缩小了。

其次，中国现有的社会阶层结构还不合理，与社会主义现代化进程及其要求还不相适应。中国现阶段的社会阶层结构离现代化的社会阶层结构还有较大的距离。就目前中国社会阶层结构形态说，还是一个中低阶层过大、上中层刚发育还没有壮大、最上层和底层都较小的结构，形象地说，是一个洋葱头形的社会阶层结构形态。不合理之处有二：一是该大的没大起来，中国社会的中间阶层产生比较晚，而且现在的规模还小。社会中间阶层规模过小，意味着社会结构的不稳定，这是当前中国诸多经济社会问题产生的重要原因。二是该小的没有小下去，是指农业劳动者阶层规模应该缩小。户籍制度早就该改革，这也是社会政策，城市的就业制度、人事制度、社会保障制度改革的关键，现在这几个制度卡在那里，这些都不利于农业劳动者阶层的缩小。

今后中国经济社会发展面临的一个战略性任务，是要继续深化改革，采取恰当的经济、社会政策，使社会中间阶层的规模扩大起来，使农业劳动者阶层的规模能较快地缩小下去，以适应国家社会主义现代化事业健康发展的需要。

第四，一个国家要形成一个合理有活力的社会阶层结构，不仅要靠国家的经济结构调整、经济发展的带动，靠"无形的手"的推动使之自然地演变和成长,还要靠国家在恰当的时机采取恰当的社会政策,也就是还要靠"有形的手"加以调控和引导。

现阶段中国社会阶层结构的变迁,基本上是在经济体制改革、经济持续高速增长的影响和推动下发生的。我们在促进现代社会阶层结构的发育成长方面,迄今还缺少明确而自觉的社会政策。有效及时的社会政策缺位和不到位是造成现阶段社会阶层结构不合理的主要原因,国家这只有形的手没有起到应有的作用。具体说,有以下几个方面:

(1) 该改革的一些社会体制、社会政策没有适时进行改革和调整。中央提出要构建和谐社会,要加强社会建设和管理,这很有必要。我们现在经济上实施宏观调控,很有经验也有力量,而且进行的效果也很好。而对于社会的调控,社会情况、信息的掌握、反映机制等各方面都不健全,对社会发展中的社会问题进行宏观调控的机构还没有,有些事情有人在管,有的还没有管起来,一般是出了问题以后再管;一些应该改革的社会体制、社会政策没有实质地进行,例如户籍制度,多少年解决不了这个问题,现有户口政策是为计划经济服务的,早该改了,有些省市已经改了,但效果不明显,因为这是一个全局性的问题,要国家统一改才行。

(2) 该出台的社会政策没有适时出台。社会保障制度是社会的安全阀、稳定器,实行社会主义市场经济体制,一定要有相应的社会保障制度。原来在计划经济体制下的社会保障体系是不能适应的。我们对原来的社会保障制度的改革和新的社会保障制度的建设,至少晚了5—8年,至今还没有完全地建立起来,由于社会保障制度不健全,保障力度不够,没有起到保护弱势阶层、贫困阶层的作用,不能确保这部分人的基本生活的需要,这也是一些地区社会不安定的重要原因。又如社会分配政策。在市场经济条件下开展竞争,追求效率是必然的,但作为政府,要培育合理的现代社会阶层结构,需要出台相应的社会政策,应当以公平为目标,通过各种再分配手段,调节各阶层的利益关系,缩小城乡之间、地区之间、各阶层之间的收入差距,不能使富者愈富、贫者愈贫,防止出现严重两极分化,缓和社会矛盾。我们在这方面的工作滞后了,一些比较重要的再分配政策迟迟没有出台,如遗产税、财产税,等等。

(3) 过去有关方面对社会政策的引导作用认识不够。改革开放以来,拨乱反正，把工作重点从"以阶级斗争为纲"转移到以经济建设为中心的轨道上来，这当然是完全正确的，但经济建设是中心，是第一，却不是唯一，有第一，就应该有第二、第三……因此，若干年来，我们制定了这样那样的经济政策，推动经济健康、持续、稳定、快速地增长，这方面的成绩是巨大的，但我们没有投入一定的力量来制定相应的社会政策，以引导培育一个合理的现代社会阶层结构。

有的同志以为经济政策可以替代社会政策、可以自发产生社会政策所需要的结果。可以说，这正是我们在政策层面考虑上的一个严重误区。现在，社会方面的调控、社会结构的调整以及社会政策的研究还远远没有到位。比如，现在中央已经提出，在进行经济建设、文化建设、政治建设的同时还要进行社会建设和管理，这非常正确，但社会建设和管理应该包括哪些方面、怎么使构建社会主义和谐社会的战略任务落到实处，等等，显然有一系列的问题要解决。这方面力量的投入、政策的设计、机构的设置，有大量的工作要做。好在这方面中央已经提出要进行调查研究，起点是很好的。

四　中国社会阶层结构演变的前景

21世纪头20年，是我国改革发展的战略机遇期，也是我国经济社会发展的关键时期。从发展前景看，经济增长的目标可以说是能够实现的，因为我们已经实行了社会主义市场经济体制，国家也积累了宏观调控的经验，也有了宏观调控的手段和能力；但是社会结构的调整、社会事业的发展、社会事业管理体制的改革、社会问题的治理等方面，难处还很多，如何真正做到经济社会的协调发展，还有很多改革和调整、发展工作要做。如果社会体制方面不改革，社会建设上不去，社会结构改不过来，该大的大不起来、该小的小不下去，农民还是占总人口的百分之六七十，那现代化肯定实现不了。

中国社会阶层结构变化的前景，我看有三个：

一是按照科学发展观统领经济社会发展全局，统领构建和谐社会，真正这么办了，进行社会方面的改革和建设，社会结构的调整，该大的大起来、该小的小下去，形成中产阶层比较大的橄榄形的社会结构，建立一个现代化的、公正公平的、有活力的、开放的、和谐的社会阶层结构，这样现代化就实现了。

二是如果改革改不动，改革不下去，那么即使经济上达到人均3000美元，社会结构还是这样，一些社会政策就是出不来，比如累进所得税、遗产税、财产税就是出不来，户籍制度就是改不了，农民工的制度就是改不了，那现代化的社会结构仍实现不了。

三是我国的发展遇到阻碍。现在看，我们的发展遇到了一个大好的机遇期。但同时要看到，咱们的邻居特别是东边那位不希望咱们大起来、富起来、强起来。另外，国际环境也有恶劣的一面。如果上述这些国内问题解决不了，现在的洋葱形结构不是变向良性的橄榄形，而是变向烛台形，即中下层变得越来越大，中间阶层可能反而缩小。中央提出科学发展观，提出构建社会主义和谐社会，这是一个大的战略决策。只要按照这个去做，我想会逐步解决上述问题的。

我们设想，如果今后继续深化改革，继续按照中央的部署去做，今后15—20年可能发生以下变化：

（1）通过改革和调整，城市化的步伐会加快，改变现在城市化滞后于工业化的状态。2003年的城市化率是40.5%，今后每年能够提高1个百分点，到2020年城市化率能够达到55%—60%。

（2）调整产业结构与就业结构的关系。举例说，2003年的经济结构中第一产业占14.6%，但是就业的劳动力占49.1%，差35个百分点。这是农民收入低的根本原因。如果今后第一产业的劳动力能够平均每年减少1—1.2个百分点，使农业劳动力降到30%左右，我想这个社会结构方面该小下去的就有可能小下去。"三农"问题的根本点要解决农民问题，现在有关方面只注意解决农业问题，对这么多农民的问题却不重视解决，这是不行的。

（3）城乡差别、地区差别能逐步缩小。地区差距实际上也是城乡差别表现的一个方面。城乡差别从收入上看，2003年城市居民可支配收入为8472元，农民人均纯收入为2622元，城乡之比为1∶3.23。如果加上城市居民的其他隐性收入和多种福利、社会保障，城乡差距约为1∶5。要采取措施，今后每年能缩小0.1—0.2个百分点，使城乡差距缩小到1:1.5，实际差距在1:2之间，社会就安定了。

（4）贫富差距要逐步缩小。1978年，我国的基尼系数为0.22，现在已超过0.4。在0.4以内是正常的，0.2以下是平均主义。这几年收入差距急剧拉大，现在是0.458，要制定政策，每年能降一点，要降到0.4以下。

（5）扩大社会中间阶层的规模。这是构建和谐社会、保持社会稳定的社会基础。中间阶层2004年约20%，今后每年能扩大1个百分点，到2020年达到38%左右，如果能达到40%就进入现代化社会了。有了这样一个社会阶层结构，国家社会就可以比较稳定。

社会结构真能如上述预计的那样，中国经济社会发展就比较协调了，社会也会逐步趋于和谐，经济社会就会更加繁荣稳定。

（中国人民大学书报资料中心复印报刊资料《社会学》2006年第8期
原载《北京日报》2006年6月19日）

中国社会阶级阶层结构变迁 60 年

中国目前正处在社会大变动时期。这个变动始自 1840 年鸦片战争，历经辛亥革命、北伐战争、抗日战争、解放战争、新中国成立、"一化三改"、人民公社化、"文化大革命"、改革开放等阶段。就其社会性质来说，1949 年中华人民共和国成立以前，属新民主主义革命阶段，革命的主要任务是反帝反封建，改变殖民地、半殖民地、半封建的社会形态，为建立社会主义社会作准备。中华人民共和国成立，标志着新民主主义社会的建立，社会主义革命和社会主义建设随之开始。

中华人民共和国成立 60 年来，中国社会一直处于大变动中，变动的目标主要是使贫穷落后的传统农业、农村社会转变为繁荣富强的工业化、城市化、现代化的社会主义社会。在中国共产党的领导下，全国各族人民经过艰苦奋斗，经过"一化三改"、人民公社化、"文化大革命"、改革开放、第一个到第十五个五年计划等多个社会大变动的阶段，正在逐步实现中华民族伟大复兴的目标。

不同的社会发展阶段有不同的社会阶级阶层结构，本文专就新中国成立 60 年来社会阶级阶层结构的变动情况作一分析。

周秦以来，中国是一个由皇权和封建官僚集团控制的农业社会，是由地主和农民两大社会阶级为主体的社会阶级阶层结构，两千多年没有什么变化。1840 年鸦片战争以后，中国被迫开放口岸与外国通商，开始了洋务运动，有了近代的工业和商业，有了中国工商业资产阶级和工人阶级，走上了由农业社会向工业社会转变的道路。由于外国帝国主义的侵略和国内地主、官僚阶级的封建统治，近代的工业和商业发展非常缓慢，社会阶级阶层结构变化也非常缓慢。直到 1949 年，中国的农业产值占工农业总产值的 70% 以上，农民占总人口的 89.4%，中国仍是个农业社会的国家。

1949年，中华人民共和国成立。60年来，中国各族人民在中国共产党的领导下，努力进行社会主义革命和社会主义建设，取得了辉煌的成就，使社会经济面貌发生了历史性的变化，中国的社会结构也发生了"几千年来未有的大变局"，以下分五个历史阶段勾勒中国社会阶级阶层结构演变的轮廓。

一 中华人民共和国成立前的社会阶级阶层结构

1926年，毛泽东同志关于《中国社会各阶级的分析》系统深刻地阐述了关于新中国成立前的社会阶级阶层状况，他从"分清谁是革命的敌人、谁是革命的朋友"这个视角分析了旧中国的社会阶级阶层。当时中国社会各阶级阶层的情况体现在七个方面。

第一，地主阶级和买办阶级。

这是两个代表中国最落后和最反动的生产关系的阶级，他们是帝国主义统治中国的社会基础，是中国革命的对象。该文中还指出，特别是大地主和大买办阶级，他们始终站在帝国主义一边，是极端的反革命派。后来，提出了官僚资产阶级。在《目前形势和我们的任务》一文中，毛泽东说："新民主主义的革命任务，除了取消帝国主义在中国的特权外，在国内就是要消灭地主阶级和官僚资产阶级（大资产阶级）的剥削和压迫。"[1]

关于这几个阶级的数量，有关方面没有公布过详细数据。关于地主阶级，在《中国革命和中国共产党》一文中，有过一个数据，富农约占农村人口5%（连地主一起共约占农村人口10%）。但这个约占农村人口5%的说法是个估计数。1950年代，全国进行土地改革，浙江省在土改后公布过一组数据，全省地主占农户总数的2.8%，占有土地总量的20.67%；富农占总户数的2.01%；占土地总量的6.7%。河北省定县，地主占总农户数的1.9%，人口占3.01%；富农占农户总数的4.43%，人口占7.07%。[2] 定县是老解放区，1947年土改，划定的地主富农多一些，浙江

---

[1] 毛泽东：《毛泽东选集》第4卷，人民出版社1991年版，第1254页。
[2] 陆学艺：《当代中国社会阶层报告》，社会科学文献出版社2002年版，第162页。

是 1950—1952 年土改的，划定的地主富农要少一些。全国大多数地区是 1950 年代初土改的，所以浙江的数据有代表性。

第二，民族资产阶级。

毛泽东同志在其论文中称他们为中产阶级。1860 年代以后，中国开始有了近代工业，产生了第一批资本家。他们开办工厂、矿山、银行等新式企业，这些人大多是由原来的官僚、地主和富商转化过来的。开始发展相当缓慢，直到 20 世纪初，特别是第一次世界大战期间，英法德等列强陷于战争，中国的近代工商业才较快地发展起来，上海、天津、武汉、广州等新兴城市迅速崛起，一批民族资本家涌现出来。

民族资产阶级是中国城市资本主义生产关系的阶级代表。民族资产阶级是一个带有两重性的阶级，他们对于中国革命具有矛盾的态度。一方面民族资产阶级受帝国主义的压迫，又受封建主义的束缚，他们要自强，要发展，他们同帝国主义封建主义有矛盾，所以他们也是革命的力量。另一方面，民族资产阶级在政治上经济上软弱，自身力量并不强大，有不少民族资本家原本就由官僚、地主转化而来或出生在官僚、地主家庭，与这些阶级有千丝万缕的联系。民族资产阶级同工人、农民又有剥削被剥削的关系，这就决定了他们的两重性，在整个新民主主义时期是动摇不定的中间派。

第三，小资产阶级。

如自耕农，手工业主，小知识阶层——学生界、中小学教员、小员司、小事务员、小律师、小商人等都属于这一类。这个阶级一般拥有少量的生产资料或拥有专业技术知识，自己劳动，不剥削人。自耕农和手工业者、小商人都是小生产经济；中小学教员、小律师、医生、事务员属自由职业者，都处于小资产阶级经济地位。这个阶级人数众多，同时受到帝国主义、封建主义和大资产阶级的压迫，一般都能拥护革命和参加革命，是革命很好的同盟军。

第四，半无产阶级。

包括半自耕农、贫农、小手工业者、店员、小贩等。这里的半自耕农是指自有的耕田不够种，还要租别人的田种，或者还要出卖劳动力，受人剥削，这就是后来称的下中农。贫农是农村中的佃农，他们受剥削最重，是农民中的极艰苦者，极易接受革命宣传。下中农和贫农在农村人口中约占70%。所谓农民问题，主要就是他们的问题。小手工业者（农村中的五匠）、店员、小贩的经济地位同贫农不相上下，也是革命的力量。

第五，无产阶级。

他们是现代工业的产业工人，当时主要是铁路、矿山、海运、纺织、造船等产业的工人。中国的工人阶级人数不多，毛泽东估算当时约为200万人。[①] 但他们是中国新的生产力的代表者，是近代中国最进步的阶级，做了革命运动的领导力量。他们的经济地位最低下，除双手外别无长物，他们受到帝国主义、军阀、资产阶级的极残酷的待遇，所以他们特别能战斗。此外，城市中的苦力、搬运夫、清道夫和农村中的雇农，也属于工人阶级一类，他们的经济地位同产业工人相似，唯不及产业工人集中和生产上的重要。

第六，游民无产者阶层。

城市失业的人群中，有很多人被迫沦落到没有任何谋生的正当途径，不得不寻找不正当的职业过活，成为土匪、流氓、乞丐、娼妓，成为游民。他们是人类生活中最不安定者，往往结成各种秘密组织，这是个动摇的阶层，一部分容易被反动势力所收买，也有参加革命的可能性。

第七，农民阶级。

毛泽东这篇纲领性的文件中，精辟地分析了占当时人口绝大多数的农民群体。但他没有把农民阶级单独列出来分析，而是分散在各节中。他把农民阶级分为4个阶层：①富农，农村中的资产阶级；②自耕农（中农），农村中的小资产阶级；③半自耕农、贫农，农村中的半无产阶级；④雇农，农村中的无产阶级。据后来毛泽东在《中国革命和中国共产党》一文中的估算，富农地主各占农村人口的5%，中农约占农村人口的20%，贫农连同雇农约占农村人口的70%。[②]

[①] 毛泽东：《毛泽东选集》第1卷，人民出版社1991年版。
[②] 毛泽东：《毛泽东选集》第1卷，人民出版社1991年版，第6页。

二 1949—1952年经济恢复时期的阶级阶层结构[①]

1949年10月中华人民共和国的成立，不仅彻底打碎了旧的国家机器，建立了新的共和国和各级人民政府，而且通过没收官僚资本等措施改变了原来的经济体制和经济结构，同时也改造了旧中国的社会阶级阶层结构，形成了新的社会结构。早在1949年4月，中央通过《中国人民解放军布告》宣布："凡属国民党反动政府和大官僚分子所经营的工厂、商店、银行、仓库、船舶、码头、铁路、邮政、电报、电灯、电话、自来水和农场牧场等，均由人民政府接管。"据此，人民解放军所到之处，立即将上述官僚资本收归人民政府所有。到1949年底，人民政府共没收官僚资本的工业企业2858个，没收了中央银行、中国银行、交通银行、中国农业银行和地方银行2400多家，没收了国民党政府交通部系统的运输企业和铁路车辆及船舶修造厂30多家，没收了中国石油、中国盐业、中国茶业、中美实业等数十家垄断性贸易公司。没收这些官僚资本，归全民所有，经过改造、调整，成为后来国有企业、国有经济的主体。在没收的工业企业中，仅职工就达129万余人，其中生产工人75万人。到1949年底，在全部91亿工业资金中，国营工业有70.9亿元，占78.3%，已处于主体地位。

1950年6月，新成立不久的中央人民政府颁布了《中华人民共和国土地改革法》，该法明确指出，"废除地主阶级封建剥削的土地所有制，实行农民的土地所有制，借以解放农村生产力，发展农业生产，为社会主义中国的工业化开辟道路"。自此，土地改革运动在全国新解放区全面展开，到1952年底胜利结束，土改使全国3亿多无地少地的农民分得了7亿多亩土地和一部分生产资料，实现了耕者有其田的理想。

土地改革运动彻底摧毁了中国的封建剥削制度，消灭了地主阶级。土地改革运动的总路线、总政策是"依靠贫、雇农，团结中农，中立富农，

[①] 文中第二、三、四、五节中未特别注明的数据，均出自历年《国家统计年鉴》，或由此数据推算而来。

有步骤有分别地消灭封建剥削制度",所以土改之后农村中的贫农、下中农、雇农的政治地位、经济地位大大提高。贫雇农和一部分中农成为农村基层政权、基层组织的领导骨干,成为中国共产党的社会基础。

1949—1952年,历史上称作国民经济恢复时期,在此期间还进行了抗美援朝、三反五反、镇压反革命等运动。通过这些运动和斗争,打击严惩了国内外的敌对势力,人民政权在各地普遍建立,并且得到了巩固,国民经济恢复发展,社会生活秩序正常。新中国的社会阶级阶层得到了重构。官僚买办阶级、地主阶级被消灭,工人阶级、农民阶级的经济社会地位有了极大的提高,成为国家的领导力量和社会基础,形成了工人阶级、农民阶级、小资产阶级、资产阶级四个基本阶级格局。

三 1953—1956年社会主义改造时期中国社会阶级阶层结构

学术界一般把1949年10月—1956年12月称为过渡时期。又把过渡期的前期1949—1952年称为国民经济恢复时期,把1953—1956年称为社会主义改造时期。本节讨论的是社会主义改造时期阶级阶层的变动状况。

毛泽东说:"党在过渡时期的总路线和总任务,是要在十年到十五年或者更多一些时间内,基本上完成国家工业化和对农业、手工业、资本主义工商业的社会主义改造。"这是后来常说的"一化三改"。

1. 国家工业化

经过3年的整顿治理,到1952年底,国民经济恢复了,工农业生产都达到了历史最高水平(1936年)。1952年的工农业生产总值827.2亿元,比1949年增长77.5%,约比最高水平增长20%;财政收入183.7亿元,钢产量134.9万吨,粮食3088亿斤,职工工资和农民收入都有较大增长,人民生活普遍得到初步改善。这就为进行经济建设准备了条件。早在1951年中央政府就酝酿制定经济建设计划,1952年初成立了以周恩来、陈云为首的领导小组,经过长期的研究讨论,并且听取了苏联领导和专家的意见,数易其稿,编制成了第一个五年经济发展计划。并且决定从1953年1月1日起开始实施,进行大规模以工业为主的国民经济建设。第一个五年经济建设计划进行得很顺当，首先是党和政府倾注了最大的力量，且中央和各级领导认真执行，动员了全国的人力、财力和物力投入经济建设，广大群众非常拥护，建设热情极高。"一五"计划还得到了苏联党政的大力支持和援助，先后援建了156项重点工程，加上各地自建的694项限额以上的重点工程，"一五"期间共投入建设资金766亿元，约合7亿两黄金，其中在工业制造、交通、运输、邮电等基本建设上的投资占大多数，而工业建设上又以重工业为主。"一五"建设奠定了中国工业化的基础，为后来的工业化发展开了个好头。

2. 三大改造

就在国家进行工业化建设的同时，政府对农业、手工业和资本主义工商业实行了社会主义改造。三大改造原来准备用10—15年时间完成，但在实践过程中，都大大超前实现了。首先是农业，这是具有决定意义的，通常称作农业合作化运动。早在1951年12月，中共中央就作出决定，准备通过互助组（生产资料私人所有、家庭经营、集体劳动）、初级农业合作社（生产资料私人所有、集体劳动、集体经营）、高级农业合作社（生产资料集体所有、集体劳动、集体经营）的形式，逐步把农户组织起来。但到1955年夏天以后，农业合作化的步伐大大加快了。到1956年底，全国实现了合作化，有96.3%的农户入了社，其中87.8%入了以土地和主要生产资料集体所有的高级农业合作社。有很多农户并没有经过互助组、初级社就直接成了高级社的社员。

全国众多的手工业者，有的是在农村的木匠、瓦匠、石匠、裁缝、铁匠等，有的在城镇，如铁匠铺、木工铺、理发店、农具修理店等。由于在农村的手工业者大都还种着田，所以在农村合作化运动中都入社成了农业合作社的社员。在城镇中的绝大部分手工业者也都参加了各地城镇的各种手工业合作社或是手工业联社，这些合作社都实行生产资料集体所有制，城镇手工业者成了大集体经济的合作社成员。到1956年底，全国90%的手工业者都加入了城镇的合作社，实现了手工业的社会主义改造。

在三大改造中，对资本主义工商业者采取了和平改造的"赎买"政策，先是通过国家资本主义的初级形式，由国营经济部门对私营企业实行加工、订货、统购、包销、经销、代销等，再逐步过渡到国家资本主义的高级形式，实行公私合营。到1956年底全国普遍实行了全行业的公私合营。在公私合营的企业里，由国家投资或者国家派遣干部进入企业代表公股负责企业的领导和管理，原来资本主义工商业者的资产作价入股。此时的企业生产关系发生了根本变化。生产资料由资本家私有改变为公私共有，企业的领导权基本上是属于国家，生产经营纳入国家计划。资本家本人按照"量材使用，适当照顾"的原则，在企业里变成一般管理人员或技术人员。企业每年经营的盈余，按国家的所得税、企业公积金、职工福利奖金和企业股东股息分配。资本家得到的股息规定为上述作价资产的5%。"公私合营"的时间原定为7年，而后又延长3年。7—10年后，所有公私合营的企业都完全转变为国有经营经济，资本家本人也转变为国营经济中的一般管理人员或技术人员。中国的民族资产阶级作为一个阶级消失了。

到1956年底，中国的"一化三改"取得了超过原定设想的进展。第一个五年经济发展计划提前实现，国家工业化发展很好。1956年工业总产值达到703亿元，比1952年的343亿元增长105%，翻了一番还多。全国职工队伍由1952年的1580万人发展到1956年的2420万人。

3. 三大改造基本完成

通过农业合作化运动把11171万个农户、5亿多农民组织到500多万个农业合作社里；把约2000多万手工业者，其中约有1200多万城镇手工业者组成了104430个手工业联社等合作组织，农村的手工业者参加农业合作社；约71万民族资本主义工商业者和10万资方代理人转变为公私合营企业的职工。到1956年底，全国的生产资料私有制基本被消灭，在城镇实行全民所有制和集体所有制，在农村实行集体所有制，国家和集体掌控了各种资源的配置权，这就是说，到1956年，以生产资料公有制为基础的社会主义制度已经建立起来。中国实现了从新民主主义向社会主义的转变。也就是在这个"一化三改"的过程中，向苏联学来的计划经济体制逐步在全国各地各行各业建立起来，成为社会主义制度一个基本特征。与此同时，随着所有制的变革，中国社会的阶级阶层结构也发生了深刻的变化，由原来的工人阶级、农民阶级、小资产阶级、资产阶级组成的阶级阶层结构演化为工人阶级、农民阶级和知识分子阶层组成的所谓"两个阶级、一个阶层"的阶级阶层结构。对此，在1956年9月召开的中共八大的政治报告中作了阐述:"官僚买办阶级已经在中国大陆消失,地主阶级也已经消灭,富农阶级正在消灭中,这些剥削阶级的成员正在被改造为自食其力的新人;民族资产阶级的分子正处在由剥削者变为劳动者的转变过程中;广大农民和其他个体劳动者,已经变为社会主义的集体劳动者;工人阶级成为领导阶级,知识分子已经改变了原来的面貌,组成了一支为社会主义服务的队伍。"

1949—1956年的7年多时间里,中国的社会结构发生了两次巨大的变动,而且是在这样一个拥有6亿人口的大国中实现,这在人类历史上非常罕见,也为后来数十年间中国发生的长期尖锐的、错综复杂和激烈的政治、经济、社会斗争埋下了伏笔。

四 1957—1977年中国社会阶级阶层结构

1957—1977年的中国在毛泽东的领导下,经历了正确处理人民内部矛盾、反右派运动、"大跃进"、人民公社、中苏论战、三年灾难、四清运动、"文化大革命"、中苏开战、尼克松访华、林彪事件、批邓反右、打倒四人帮等运动。中国这20年,经历的这些都是全国性的,把每个人每个家庭都卷入其中,起伏沉浮,震动朝野,震惊世界。但是,对于这段历史,有人说是不堪回首,认为是大折腾,黑得不能再黑;有人说是历史必然,在所难免,认为这是试验和探索,孕育了"改革开放"的好结果。政界、学界至今没有一个公允的说法。2008年,对改革开放30年做了许许多多的总结,到2009年新中国成立60年,至今却没有一个像样的总结。最大的问题是对前30年和后30年如何界定、如何衔接,还没有正确公允的评说。

以阶级阶层理论的视角来观察,这20年,是中国阶级斗争进行得异常剧烈、异常频繁的20年,但都是哪个阶级同哪个阶级斗争、为什么利益而斗争,至今还没有说清楚。一个很特殊的现象是,自从1950年代中期以后,用了苏联关于社会主义社会的阶级阶层结构是"工人阶级,农民阶级和知识分子"的说法以后,20年间,基本上没有讨论过,上下默认,也没有为此专门进行过系统的调研。

关于这一阶段的社会阶级阶层的变动情况，只能从统计数据和资料中作出一些判断。

在经济上，随着第一个五年经济发展计划超额完成，"156项"重点工程陆续建成投产，公私合营企业逐步转变为国营经济，全民所有制的工业商业空前发展。在农村又实现了人民公社化，政社合一，集体所有制又进一步发展，有一个时期，农民的自留地被没收，家庭副业受到限制，农村农贸市场被关闭，一度想建立一个纯而又纯的公有制社会，彻底消灭私有经济。在这个过程中，高度集中的计划经济体制在全国成立起来。至此，国家完全掌握了城乡社会全部经济资源配置的权力。当然，这种违背了经济规律的举措必然遭到抵制。在"大跃进"失败之后，出现了三年经济困难，不得不进行大调整，发还农民的自留地，开放家庭副业经营和农贸市场，缩小基本核算单位等。到1965年，经济稍有好转。1966年10年动乱开始，引发"全国内战"，这实质又是一场严重的阶级斗争，最后把经济拖到了崩溃的边缘。但是生产资料、社会的经济资源全部实行公有制（全民所有制、集体所有制）的格局没有变化，国家通过计划经济体制配置人、财、物等多种资源的体制没有变，社会全体成员都不再拥有生产资料所有权，绝大多数人都是依靠"按劳分配"的收入过生活。二三产业的职工靠单位的工资，农民靠生产队的工分。社会成员之间的差异主要是社会分工的不同、职业的不同。从这个意义上论，社会成员的阶级阶层差别确实是大大地简化了。表面上看，工人阶级、农民阶级和知识分子阶层的概括有一定的道理，但两个阶级和一个阶层都有太多的内涵，否则怎么能有这么复杂、尖锐、连绵不断的阶级斗争？

从表1中看到，这20年，国内生产总值增长3倍，人均GDP增长2倍，经济结构已从一、三、二格局转变为二、一、三格局，工业增加值已占47.1%，农业增加值降到30%以下。但是在就业结构中，农业劳动力仍占74.5%，20年只下降6.7个百分点，特别是因为1959—1961年的三年自然灾害后，为了应对困难，实行城乡分治的户籍制度，严格限制农民进入城镇，城市化率倒退到17.6%，形成了中国特有的城乡二元经济社会结构，城市化严重滞后于工业化。在1977年的总人口中，农业户口占82.4%，农业劳动力占就业人数的74.5%，中国还是农业国家的社会结构。

表1　　　　　　　　1957—1977年中国经济社会发展状况

年份	总人口（万人）	城市化率（%）	GDP总量（亿元）	一产（%）	二产（%）	三产（%）	人均GDP（元）	总就业人数（万人）	一产（%）	二产（%）	三产（%）	城镇（万人）	农村（万人）
			国有生产关系产业构成					就业的产业构成					
1957	64653	15.4	1068	40.3	29.6	30.1	168	23771	81.2	9	9.8	3205	20566
1965	72538	18	1716.1	38	35.1	26.9	240	28670	80.8	10.2	9	5136	23534
1977	94974	17.6	3201.9	29.4	47.1	23.5	339	39377	74.5	14.8	10.7	9127	30250

按照"两个阶级、一个阶层"的框架分析，1977年的社会阶级阶层的状况如下。

（一）工人阶级

1977年底，在工业交通基建部门工作的职工共计4079.3万人，比1957年的1185.9万人增长2.4倍，比1965年的1866万人增长1.2倍。在商业饮食服务业、城市公用事业和金融部门的职工，1977年共有1058万人，比1957年的546.7万人增长93%，比1965年的630万人增加68%。中国的二三产业职工从1957年的1732.6万发展到1977年的5137.3万人，20年间共增加3404.7万人，平均每年增加170万人，其中约60%是从农村转移出来的。

1957—1977年，是中国国家工业化大发展时期，虽然遇到"三年经济困难"、"文化大革命"等的困难和冲击，但工业化一直在推进着，所以发展还是很快，职工人数逐年增加。在这一阶段，工人阶级的政治、社会地位很高。宪法明确规定，工人阶级是共和国的领导阶级。在实际工作中，在舆论宣传等方面，报纸杂志、各类媒体、大小会议，大量宣传工人阶级的先进性、优越性；在社会上，工人职业很有社会地位，被尊称为师傅、工人老大哥。能在国有大厂、大矿上当个工人在当时是许多青年人的理想。在有的大工矿企业里，有一家三代都在一个厂里上班的。在企业里，有职工代表大会等各种组织。工人参加管理，收入稳定，号称是捧铁饭碗的。在1950年代以后，工业战线上还涌现了诸如孟泰、郝建秀、赵梦桃、王进喜等一大批全国闻名的劳动模范，并且还从工人阶级队伍中选拔和任用了一批党政干部，有的还担任了党和政府的领导人。

（二）农民阶级

1977年底，中国农村人口78305万人，占全国总人口的82.45%，比1957年的54704万人增加23601万人，平均每年增加1180万人。中国从1952年以后，一面大搞工业化，一面农民在逐年大量增加，一直持续到1995年，这也是中国特有的现象。

1957—1977年，中国农民在计划经济体制逐渐在农村建立的过程中进一步被组织起来，进一步失去生产经营的自主权，逐渐形成了中国特有的城乡经济社会二元结构，农民沦为"城乡分治、一国两策"条件下的二等公民。

1958年1月，全国人大通过了城乡分治的户口登记办法，限制农民由农业户口转化为非农业人口，限制农民进入城镇。1958年秋季以后，全国实行人民公社化，农民组织到23630个人民公社里。1962年以后，农村实行人民公社六十条，实行"三级所有，队为基础"的体制，到1977年，全国有52923个人民公社、68.3万个生产大队、480.5万个生产队。也就是将全国7.8亿农民组织固定在480.5万个生产队中，平均每个生产队166人。

实行土地和生产资料集体所有制，集体统一经营、统一劳动、统一分配。农民在生产队参加劳动，每天赚取工分，秋后算账，分得粮食和现金收入。在这种生产关系条件下，农民生产积极性不高。在全国，国家虽然进行了大规模的水利建设，平整土地，投入了化肥、农药等生产资料，普及农业科技，但农业生产增长缓慢。1977年粮食产量28275万吨，比1957年农业总产量19505万吨增长45%，1977年农业总产值1339亿元，比1957年的537亿元增长149.3%，但20年间，农业总人口增加2亿多，所以农民收入增长缓慢，1977年农民人均纯收入为117.1元，比1957年仅增加了44.2元，平均每年只增加2.2元，其中约有1/3的农民劳动一年后还欠集体的钱。

在政治上，国家实行工人阶级领导工农联盟为基础的人民民主专政，农民阶级也是领导力量，但是这个在新民主主义革命中出了大力、起了主力军作用的阶级却被组织在人民公社的体系里，失去了对土地等生产资料和生产经营的自主权，失去了与城镇居民享受公共服务的同等权利，失去了进入城镇选择非农业产业劳动的权利，在选举市以上人民代表大会代表的选举权也受到限制。那个时期，农村青年如想脱离农村，改变农业户口，只有三条路：一是考上中专以上的学校，二是参军，三是争取到工矿的招工名额。

（三）知识分子阶层

关于知识分子的数量，由于定义笼统，没有专门的统计。1950 年代，毛泽东有个说法，是 500 万知识分子。他在八大预备会上曾说："我们党也吸收了一部分知识分子，在一千多万个党员里头，大中小知识分子大概 100 万。"直到 1962 年第二次全国人口普查，在 69458 万的总人口中，大学文化程度的有 288 万人，只占 0.4%，高中程度 912 万人。其实，因为当时文化程度普遍低，所以把一部分中专和高中程度的人也称为知识分子，关于知识分子有 500 万的说法是个约数。

到了 1978 年，知识分子队伍有了很大的增加。据 1978 年统计，仅全民所有制自然科学技术人员就有 434.5 万人（其中工程技术人员 157.1 万人，农业技术人员 29.4 万人），1978 年，有大学专业教师 20.6 万人，中等学校教师 328.1 万人，小学教师 522.6 万人，医生 310.6 万人。仅科教卫系统就有 1616 万人，另外还有文艺、文化、体育、新闻等领域的，总数约有 2500 万人。据 1982 年 7 月全国人口普查，在全国总人口 100391 万人中，大学文化程度的只有 604 万人，占总人口的 0.6%，所以上述知识分子总数中，既包括大学文化程度的人，也包括相当一部分中专和高中文化程度的人。

1957—1977 年，正是中国大规模进行工业化、现代化建设的新时期，随着经济的发展，需要科学技术，需要教育、卫生、文化等各项事业的发展，需要知识的支撑，需要大量的知识分子为国家的经济社会发展服务。早在 1956 年，国家就制定了《从 1956 年到 1967 年的全国科学技术发展规划》。同年，国家还提出了"百家争鸣，百花齐放"的方针。国家投入了大量的人力、物力和财力，创建了中国科学院和在全国各地的自然科学和社会科学的研究机构，新建、扩建了许多高等院校，在各地建立了医院和医疗卫生机构，知识分子队伍迅速扩大。

在国家经济社会建设大发展、知识分子队伍迅速扩大的过程中，一个凸显的问题，就是党和政府如何正确使用和对待知识分子，知识分子如何正确对待自己、更好地为社会服务，也就是双方如何正确处理好政府和知识分子的关系问题。毛泽东在《关于正确处理人民内部矛盾的问题》一文中，专门有一节讲知识分子问题，他说："我国人民内部的矛盾，在知识分子中间也表现出来了。过去为旧社会服务的几百万知识分子，现在转到为新社会服务，这里就存在着他们如何适应新社会需要和我们如何帮助他们适应新社会需要的问题。这也是人民内部的一个矛盾。"这篇著名的具有创新意义的论文是1957年讲的。随后就展开了全国共产党整风运动，但不久就转为全国的反右派运动，前后划了55万右派分子，定性为反党反社会主义的敌我矛盾。55万人在全国总人口中不到1%，但这55万人中，大多数是大中小知识分子。由此产生的消极影响是很大的。

从1966年开始的十年动乱，对知识分子的冲击就更为严重。"城门失火，殃及池鱼"。"文化大革命"本来是一场严重的政治斗争，但是运动一开始就是以批判《海瑞罢官》、揪出吴晗等学者为开场的。打倒走资本主义道路当权派，同时也打倒反动学术权威，直到把知识分子打成臭老九（地主、富农、反革命、坏分子、右派分子、叛徒、特务、走资派、知识分子）。这期间，各级各类大中小知识分子大多数受到打击，大学一度停办，许多科研院所被解散，社会流行"知识越多越反动"、"读书无用论"，造成了极其恶劣的影响。所幸，在多数大学和科研院所、文教事业单位里职工的铁饭碗没有砸，工资还继续发放，有不少教师和专业技术人员、研究人员，在那样困难的条件下，仍坚持本行业的业务和专业研究，他们为改革开放后各项业务恢复重建和复兴作了准备。

五　改革开放以来中国社会阶级阶层结构

1978年，中国实行改革开放，开始由计划经济体制向社会主义市场经济体制转变，经济体制改革不断深化，所有制结构已经由单一的公有制转变为以公有制为主体的多种经济成分共同发展的混合所有制，产业结构也发生了深刻的变化，国民经济持续稳定快速发展。随着经济发展和经济结构的变动，中国的社会结构也发生了深刻的变化，城乡结构、职业结构改变了，原来由工人阶级、农民阶级、知识分子阶层组成的社会阶层结构也发生了深刻的变动。农民阶级分化，规模缩小；原来的工人阶级分化了，但规模有了很大的扩展；知识分子阶层的变化最大，社会地位普遍提高，队伍也越来越大；还产生了一些新的社会阶层，整个社会阶层结构向多元化方向发展，社会分化和社会流动的机制变化了，社会流动渠道增加，流动速度加快，整个社会充满活力，正在向与社会主义市场经济体制相适应的现代社会阶层结构的方向演变。

中国社会科学院社会学研究所中国社会结构变迁研究课题组于2002年初发表了《当代中国社会阶层结构研究报告》一书。该书以职业分类为基础，以组织资源、经济资源、文化资源的占有状况为标准，把全国社会成员划分成10个阶层：国家与社会管理者阶层，经理人员阶层，私营企业主阶层，专业技术人员阶层，办事人员阶层，个体工商户阶层，商业服务业员工阶层，产业工人阶层，农业劳动者阶层，城乡无业、失业、半失业者阶层。1999年所做的抽样调查数据分析的结果显示，每个阶层成员规模（在全部就业人员中的比例）依次是：2.1，1.5，0.6，5.1，4.8，4.2，12，22.6，44，3.1。如今10年过去了，研究报告公开发表也近8年，近期，课题组又对10年来中国社会阶层结构变化做了研究，也对发表的研究成果做了回顾与反思。

第一，我们以职业分类为基础，以对组织资源、经济资源、文化资源占有状况为标准，这种划分方式总体上是符合现实的。由此划分出了当代中国社会的10大阶层，基本可以涵盖全体社会人员。有些读者建议增加宗教人员阶层、离退休人员阶层等，笔者认为，对划分标准作具体解释就可以。如宗教寺院实际也是个大单位，其成员也是可以分层的。

第二，10年来的实践表明，研究报告中关于10个社会阶层排列的位序，现在还是成立的，只是各个阶层的规模人数发生了变化。

当然，自1999年以来，中国在工业化、城市化、市场化、国际化和现代化的推动下，特别是加入WTO以后，经济发展走上了快车道，在基数已经比较大的背景下，GDP平均以10%以上的速度递增。即便在2008年遭遇国际金融危机的情况下仍达到9%，2009年超过8%。这10年，中国的综合国力有了很大提高，人民生活普遍改善，国际影响越来越大，已经成为世界第三大经济体，成为最大的外汇储备国。正是在经济发展的强力推动下，中国的社会结构、社会阶层结构发生了更加深刻的变化。以下是社会各阶层变动的情况。

（一）农业劳动者阶层的变化

2000年，国家提出了促进城镇化健康发展的方针，各地的城镇化建设发展很快，新建扩建了一批大中城市，长期僵化的户籍制度有所松动和调整，特别是十六大以后，国家取消了城市对外来农民工、农业人口设限的多种票证制度和收费制度，使农村剩余劳力进城务工渠道更加宽松，城乡结构有了较大的调整，城镇化的步伐加快了。1999年全国的城镇化率为30.89%，2000年第5次全国人口普查改变了统计指标，把在城镇居住半年以上的外来人口统计为城镇常住人口，加上原来有城镇户籍的人口，两者合并的人口成为新的城市化率，由此，2000年的城镇化率上升为36.22%（1年就增加了5.33个百分点）。自此，中国的城镇化发展很快，到2007年已达44.9%，城镇人口为59379万人。与1978年城镇人口17245万相比，纯增42134万人，平均每年增加1453万人。这样一次巨大的社会流动和社会变迁，使中国现有的许多积极的、消极的问题都可以由此得到解释。在这部分城镇人口中，有60%—70%是从农村人口中转移出来的，其中尤以18—45岁的青壮年为主，他们到城市就成了农民工。

城镇常住人口的增加，就是农村常住人口的减少。前面说过，中国的一个特有现象是一面在进行大规模工业化建设，一面是中国农民在逐年增加。1952年中国有农民50319万人，到1978年增加到79014万人，增加了 28695 万人，平均每年增加 1104 万人。1978 年改革开放以后，一直到 1995 年还是年年增加，达到 85947 万人，只是增量减少了，平均每年增加 408 万人。1996 年以后，农村常住人口开始逐年减少，到 2007 年，农村常住人口为 72750 万人，平均每年减少 1200 万人。

农村常住人口的减少，也就是从事农业为主的农业劳动力的减少，据统计，2008 年，在全部 76990 万就业人员中，从事农业的劳动者为 31444 万，占 40.8%。这比 1999 年我们抽样调查的 44% 减少了 3.2 个百分点。当然，这两者不是一个统计口径。据我们对一些地区的个案调查，农村专门从事农业的劳动者已经较少了，多数是兼业农户。所以，农业劳动者阶层实际已经少于 40% 的比例。

世纪之交以来，特别是 2002 年中国共产党十六大以来，国家对农村进行了税费改革，全部免征农业税费，给种粮农民发补贴，进行新农村建设，实行农村九年制义务教育，重新建立农村合作医疗体系，进行农村养老保障体系制度的建设，进行农村电网、公路等基础设施建设。多年来，国家为农业、农村投入了大量的人力、财力和物力，推进农业和农村各项事业的发展，农业连续 6 年获得丰收，农民收入逐年增长，2000 年农民人均纯收入为 2253.4 元，2008 年为 4760.6 元，增长 1.1 倍，是 1990 年代以来最好的。但是，因为农村原来的一些体制，如户籍、土地、就业、财政等制度还没有改革，城乡二元结构还束缚着农村、农业的发展，"三农问题"还并未解决好，总的情况是农业问题解决得比较好，农村问题、农民问题仍很严重。2008 年中共中央十七届三次会议决定指出："农业基础仍很薄弱，最需要加强；农村仍然落后，最需要扶持；农民增收仍然困难，最需要加快。"农民、农业劳动者阶层还是中国现在最大的弱势群体。

（二）产业工人和商业服务员工阶层

这两个阶层主要是二三产业中的员工，主要是蓝领雇佣者。随着经济的发展，这两个阶层的队伍扩大得很快。1978 年在二产业的职工有 6945 万人，三产业的职工 4890 万人，合计 11835 万人，占就业人口总数的 29.5%。2007 年二产业职工 20629 万人，三产业职工 24917 万人，合计 45546 万人，占就业人口总数的 59.2%，形成了庞大的工业阶层队伍。29

年间增加 33711 万人，平均每年增加 1162.5 万人。

需要说明的是，第一，因为这是就业结构的统计数据，在二三产业职工中包括二三产业的管理人员和专业技术人员，所以产业工人和产业服务业员工阶层并没有这么多，比例也就没有这么大；但管理人员和专业技术人员等的数量不会超过 20%。

第二，这个庞大的二三产业职工队伍中，其组成成员也发生了很大的变化。1978 年时，所有的职工都是城镇公有企业单位的职工，而 2007 年这两个阶层中，既有国有企业单位的成员，也有三资企业雇佣的人员及私营企业和个体工商户雇佣的员工（2005 年有 62% 的产业工人在非公有制单位工作）。还有一个很大的变化是，1980 年代以前，二三产业的职工绝大多数是非农业户籍的城镇居民，自从有了乡镇企业，就有了离土不离乡的农民工（农民身份的工人）。1992 年后，大量的农民涌进城市，他们是离土又离乡的农民工。据统计，2008 年，全国共有 2.25 亿农民工，其中在本乡镇以内就业的农民有 8500 万，离土不离乡的占 37.7%；在本乡镇以外就业、离土又离乡的农民共有 1.4 亿人，占 62.3%。整个 4 亿多从事二三产业的蓝领员工中，农民工已经占多数，在建筑、矿业、环保、纺织、服装、玩具、餐饮服务等行业中，农民工占大多数或绝大多数。

第三，1990 年代中期以后，国家对国有企业进行体制改革，其中一个方面是"减员增效"，使大约 3000 多万国有企业职工下岗，或转业、或退休，其中有一部分是国家抓大放小，即把国有企业中的中小企业转为非公有制（私营、股份制等），员工也相应地转为非公有制员工，继续在原来企业工作的工人，则实行劳动合同制，基本改变了原来长期雇用的"铁饭碗"体制。到了后来，有些国有企业还进行"替员增效"，招进大量的农民工（工资待遇比较低），替代原来长期聘用的职工。其中相当一部分有技术的工人流向非公有制企业或流向农村的城镇企业。

第四，现在大多数国有企事业单位（包括一部分国家机关），实行的是一厂两制、一店两制、一校两制，即对城镇户籍的员工实行一套政策，对农业户口的农民工实行另一套政策，聘用办法、工资待遇、福利等方面都不一样。好处是农民进了城镇，改变了职业，与原来在农村从事农业生产相比，环境和收入等都有了改善和提高，农民工的劳动积极性得到了很大的发挥，在工作中乐于服从指挥、调遣，肯加班加点。多年来亿万农民为国为社会创造了巨大财富，为中国的社会主义现代化建设作出了巨大贡献，中国被称为"世界工厂"，世界工厂的工人主要是农民工，农民工在中国工业化、现代化历史上应该有重要的地位，农民工的功劳应该载入史册。

农民工体制的另一个表现是，在一个单位里，对农民实行"同工不同酬、同工不同权、同工不同时"的政策（2002年十六大以后有了很大改善），一年、两年、几年不得已而为之尚可以，但长期实行这种不公正、不合理的体制，社会矛盾和问题就会显现激化。近些年，劳资纠纷、工伤事故、索赔纠纷、社会治安、刑事案件、群体性事件时有发生。有人说，原来城乡二元结构，城乡矛盾在空间上是分开的，主要表现在农村，现在一个单位里实行两种政策，二元结构、城乡矛盾进到城里，进到一个单位里，矛盾和问题怎能不大量增加。特别是农民工已经换代了，农民工的大部分已经变成以"80后"、"90后"为主体了，他们同第一代农民工不一样，自主性、民主权利意识更强，由此发生矛盾冲突就更尖锐。国家在2006年出台了文件，农民工的生产、生活条件已经大有改善，但并没有从根本上解决问题，需要有进一步改革的方案。

（三）私营企业主阶层

1981年在广东和安徽各产生了一批私营企业主，以后逐步成长。这个新的社会阶层是随着改革开放的大潮、随着计划经济体制向社会主义市场经济体制转变、随着社会主义市场经济体制的建立逐渐成长起来的。据国家工商总局统计，2007年，全国雇工在8人以上的私营企业有551.3万户，投资人也就是私营企业主有1396.5万人，与1989年的20.8万私营企业主相比增加1375.7万人，平均每年增加76.4万人；2007年私营企业注册资金97873亿元，雇工5856.6万人，已经是个综合实力很庞大的社会阶层（1956年全国实行公私合营时私营工商业者只有71万人）了。2007年私营企业主占全国就业人口的1.8%，其中大企业主占0.5%，中等企业主占22.7%，小企业主占71.9%[1]。随着经济的持续发展，私营企

---

[1] 数据来源于《工商行政管理年鉴》，2008年。

业主阶层还将继续发展,这是个应运而生的阶层,有以下三个方面的特点:①这个私营企业主阶层的成员绝大多数是在改革开放以后新产生的,他们同1956年通过公私合营等形式改造的民族资产阶级没有血缘和继承关系,他们是从农民、工人、专业技术人员、公务员、复员军人中,通过自身努力创业、艰苦奋斗涌现出来的。②这些私营企业主绝大多数是受过党和政府长期教育的,很多人在工厂、机关、企事业单位里工作过,他们都认为是改革开放造就了自己,是改革开放的既得利益者。③据私营经济研究会抽样调查显示,在私营企业主中约有30%是共产党员,因为有相当一部分私营企业主原来是集体所有的乡镇企业或国有企业的厂长、经理等,他们原来就是共产党员;也有一部分私营企业主是后来加入共产党的。1990年代以来,有近百名私营企业主被选为全国人大代表和全国政协委员,约有5万多私营企业主在县级以上各级人大或政协中担任人大代表和政协委员,有3位私营企业主被选为党的十七大代表。十六大政治报告中把私营企业主阶层明确称为是随着改革开放的深入、在经济文化发展过程中出现的一个新的社会阶层,他们是中国特色社会主义事业的建设者。对此,至今还有争议。所以,如何正确认识这个新的社会阶层,如何在理论和实践方面确定这个阶层的性质、地位、功能,发挥他们在建设中的作用,是需要研究解决好的重要课题。

(四) 国家与社会管理者阶层

这个阶层由党政、事业和社会团体机关单位中行使实际管理职权的领导干部组成,包括公务员、国有事业单位和社会团体单位的领导人员。这个社会阶层在社会结构中处于优势地位,他们是体制内核心部门的管理者、领导者,掌握着社会中最主要的组织资源,在社会资源和机会配置中处于优势地位。1980年代以前,很多重要的领导职位是由革命时期的军政干部转过来担任的;这一批人在1990年代以后绝大多数已退出了领导岗位,现在的领导岗位由1949年新中国成立后参加工作、共和国培养出来的干部逐渐接替。这个阶层自己并不是生产资料、经济资源的所有者,但他们可以控制、支配一部分生产资料,因而他们的工作条件和经济收入都是较高的,名义工资收入不多,但他们享有各种待遇,收入相对较高。这个阶层在1980年代中期以前，文化资源占有较少，但自此以后，原有的干部通过进修、培训等形式，提高了文化水平，特别是大量本科以上学历的青年知识分子进入这个阶层，现在这个阶层已拥有了较多的文化资源。

据2005年国家统计局1%人口抽样调查资料和2006年中国社科院社会学所《全国综合社会调查》资料的推算，国家与社会管理者阶层成员的人数在全国就业总人数中占2.30%，比1999年增加0.2个百分点，近几年又有所增加。从发展趋势上看，这一阶层除拥有的组织资源之外，经济资源、文化资源也在不断增加。从多项社会调查资料显示，这个阶层是在改革发展过程中获得成果最多的社会阶层之一，特别是在东部发达地区，这个阶层的成员工作比较稳定，有升迁机会，名义工资收入并不多，但含金量高，社会福利、社会保障好，所以成为社会上很多人理想的目标。自从1990年代中后期以后，每年的公务员考试投考的人数越来越多就可以证明这一点。2009年国家公务员报名通过审核人数超过105万人，各职位平均竞争比例为78:1。中国历来有学而优则仕的传统，最优秀的人才特别是青年才俊向国家与社会管理者阶层集中，这同一些发达国家的情况是不一样的。

（五）中产阶层正在崛起

同许多现代化国家一样，伴随着经济高速增长，经济结构由工业化初期阶段进入中期阶段、中后期阶段时，是中产阶层崛起和发展的黄金时期。中国的经济发展目前正处在工业化中期，东部发达地区和一些大城市、特大城市正在向工业化后期发展。从社会结构分析，中国目前也是中产阶层发展的黄金时期，中国的中产阶层正在崛起。

据笔者研究，在1978年改革开放发轫时，中国中产阶层的比例只占全国阶层结构中的5%，到1991年约为9.5%，1999年我们课题组作调查的时候约为15%。[①] 调查发现，近10年来，中国中产阶层的发展加快了。一方面是因为社会主义市场经济的推动，经济持续快速发展；另一方面是国家出台重大政策的调整，1997年，中共十五大明确宣布："公有制为主

[①] 陆学艺：《当代中国社会阶层报告》，社会科学文献出版社2002年版，第248页。

体、多种所有制经济共同发展,是我国社会主义初级阶段的一项基本经济制度。""非公有制是我国社会主义市场经济的重要组成部分。对个体、私营等非公有制经济要继续鼓励、引导,使之健康发展。"自此个体工商户、私营企业和股份制企业发展就更快了。1999年,国家决定当年高校扩大招生名额,在年初扩招23万人的基础上,再扩招33.7万人,使招生总数达到153万人,比1998年增加58%。以后又逐年扩招,2007年中国各类高校招生人数为611万,使在校大学生达到2700万,高校毛入学率达23%,比1998年提高13.2个百分点。高校是培育中产阶层的摇篮,摇篮多了,中产阶级发展就快了。

世纪之交以来,中国的中产阶层大概以每年增长1个百分点的速度发展,2007年已经占全国就业人口的22%左右,主要集中在东部沿海发达地区和大城市,北京、上海中产阶层已经达到40%以上。中国中产阶层的发展方兴未艾,还在以较快的速度逐年扩大。

前面讲到的几个数据可以作为例证。

(1) 有产的老中产阶层。自1989年以来中国的私营企业主每年增加75.4万人;个体工商户1978年只有15万户,2007年为2741.5万户,平均每年增加94万户。现有的个体工商户中,因为中国现行的政策,雇工8人以上的称为私营企业主,7人以下的称个体工商户,可以享受减免税的优惠政策,所以有很多业主常常在雇佣7人时就不增雇了,以申报个体工商户,叫做七不上八下。在上述每年增加的75.4万人私营企业主中,大部分或绝大部分是中产阶层,而在新增的94万个体工商户中,20%—30%也应该是中产阶层。

近10年来,农村中的专业户、规模农业经营户、运销经营户等,都是农村中的中产阶层,这些人逐渐多起来。

(2) 新中产阶层。随着中国经济持续快速增长,工业化、城市化水平不断提高,整个社会职业结构呈趋高级化动向,初级层次的职业人员逐年减少,中高级职业人员逐渐增多,农业劳动者减少(2007年农业劳动者比1978年减少29.7个百分点,比1999年减少9.3个百分点)。在二三产业中,蓝领工人减少,白领职业人员增加。例如,1990年国有企事业单位的专业技术人员为1648.35万人,2007年增加到2254.51万人,17年增加了606.16万人，平均每年增加35.66万人。众所周知，1990年以后，正是非公有制民营、私营企业单位大发展时期，有许多国有企事业单位专业技术人员流入了这些单位，加上他们自己培育选拔及新聘用的专业技术人员，也是一个很大的数目，可惜有关部门还没有针对这些人员进行专门统计。

据统计，1997年底，我国公务员总数为570.7万人，经过了1998年和2007年两次大的机构改革精简人员，机构减少了但因为全国各项经济社会事业仍在快速发展，所以人员还是在增加，2003年国家公务员总数达637万人，平均每年增加11万人。

高等院校自1999年扩招之后，现在每年的大学和专科毕业生在600万人以上，大约70%当年就能找到比较合适的工作，有部分毕业生要过一段时间才能就业。因为过去计划经济体制年代实行统招统分的制度，当年毕业的当年就能就业。现在由于各种原因不能当年就业，为此，社会上议论纷纷。其实这是就业制度还没有接轨产生的社会现象。有人指出，现在是市场经济，一个农村青年，初中毕业到城市打工都能找到工作，为什么大学毕业了反而找不到工作？这还不是问题吗？这个现象过几年将会逐渐消解。每年有几百万受过高等教育的青年就业，这是中产阶层一个很大的后备军。

据各种调查资料推算，现在我国的中产阶层每年大约增加800万人，在社会阶层结构中的比例是每年增加约1个百分点。预计到2020年将达到35%—40%。我们在《当代中国社会阶层研究报告》中曾经指出，虽然现在社会已经形成了一个现代化的社会阶层结构的雏形，而且正在成长，但当时存在的问题之一是，"该大的阶层（指中产阶层）没有大起来，该小的阶层（指农业劳动者阶层）没有小下去"。近10年过去了，情况有所好转，前述中产阶层在社会阶层结构中的比例由15%上升到22%，增加了7个百分点，但农业劳动者阶层只从44%下降到40%左右，只减少了4个百分点，还不理想。一个主要的原因，就是当年计划经济体制形成的一些重要的经济社会体制还没有得到应有的改革，如户籍制度、土地制度、就业体制、财政体制、社会保障体制等，这些体制如果不进行根本性的改革，城乡二元经济社会结构就不能破解，农业劳动力就不能顺利转入二三产业，农民就不能顺利进入城镇，中国的城市化严重滞后于工业化的局面就不能改变，中国的城市化就不能得到发展，农业劳动者阶层就不能合理、顺畅地减少，中产阶层也就不能合乎规律地成长起来。好在这些问题现已受到决策部门的重视，正在酝酿这些体制的改革。中国发展的前景是乐观的，中国的中产阶层将会有更大规模的发展，将会成为中国未来社会的主体阶层。

（中国人民大学书报资料中心复印报刊资料《社会学》2010年第10期原载《北京工业大学学报（社会科学版）》2010年3月1日）

走向全面、协调、可持续发展的中国社会[①]

2003年是全国人民在党中央领导下，落实贯彻十六大精神，全面建设小康社会的第一年。改革开放以来，经过25年以经济为中心的建设，中国已经实现了社会主义现代化战略部署的第二步，总体上达到了小康水平。2002年11月召开的十六大全面总结了基本经验和教训，进一步阐述了"三个代表"的重要思想，提出了全面建设惠及十几亿人民的小康社会，使经济更加繁荣、民主更加健全、科教更加进步、文化更加昌盛、社会更加和谐、人民生活更加殷实。

2003年是落实贯彻实现十六大精神的第一年，经济持续快速增长，社会各项事业有了进一步的发展，人民生活继续提高，社会稳定向上。

一 全面、协调、可持续的新发展观的提出和实践

（一）2003年春天召开的"两会"，选举产生了新一届国家和政府的领导人，党的十六大开始的新老交替进程顺利完成

一年来，新的党政领导班子，继往开来，统筹安排国内外各项工作，推进全面小康社会的建设，表现出亲民务实的良好作风，赢得了国际国内的普遍认同。2003年年初，新领导集体的西柏坡之行，表明了新的党政领导集体继承和发扬党的优良传统、振兴中华、把社会主义现代化事业建设好的决心。

2003年初，国务院出台了关于保障和维护农民工合法权益的文件，针

---

① 该文为《2004年中国社会形势分析与预测》（汝信、陆学艺、李培林主编，社会科学文献出版社2004年版）一书的总报告，由陆学艺执笔。

对部分单位和一部分雇主克扣、拖欠农民工工资，在就业、子女上学等方面实行歧视性做法，作出了明确要改正的指示，此举得到了数千万农民工的普遍欢迎。2003年4月，大学生孙志刚在广州被无端收容，在收容所受到虐待，被殴打致死，经媒体报道后，引起社会公愤。国务院专门召开常务会议，决定废止收容遣送条例，对流浪乞讨人员实行救助服务，革除了一项弊政，社会各界反应热烈。

（二）"两会"前后，各省市自治区也实现了党政领导班子的换届，新一届领导班子朝气蓬勃，各地出现了新的建设热潮

国务院所属部委进行了新一轮调整和精简。1998年的政府机构改革主要是裁并和精简；2003年的新一轮机构改革主要是职能转变，以适应市场化的要求，强化了经济调控、市场监管、公共服务和社会管理等方面的作用。如撤消经贸委，改计划发展委员会为发展和改革委员会，内外贸合并，成立国资委、银监会、电监会等。

（三）经济持续快速健康地发展

从1988年、1993年、1998年等年份的实践看，领导班子换届年一般都是经济高速增长年。2003年年初，同样也呈现了快速发展的迹象，这一方面是换届之后，地方上各级新班子有快上的要求，另一方面也因为国民经济已调整多年，前期大量投入的基础设施和设备更新等建设已投入使用，发挥了作用；还有因美元贬值，外贸迅猛增长的带动，国内比较富裕阶层购车和居民买房等新的消费增长的推动。2003年第一季度经济增长9.9%，比2002年第四季度提高3个百分点。全年经济增长速度将达到8%以上。自2002年冬在广东出现SARS疫病以后，于3月传延至北京，到4月中旬呈突发之势，引起部分居民恐慌。有关方面囿于陈规，没有及时采取相应措施，疫病继续蔓延至华北一带。在情况紧急关头，党中央采取了断然措施，撤换了卫生部和北京市的主要领导人，成立了以吴仪同志为首的全国防治非典指挥部，下达了抗击非典的动员令，群抗群防，经过两个多月的艰苦奋斗，终于战胜了SARS这个疫魔，世界卫生组织于2003年6月解除了对中国的禁令。SARS的突然袭击，虽然主要在北京和华北等地区，前后只有两个多月，但对 2003 年的经济发展造成了严重的损害，特别是给旅游业、商业服务业、航空、运输业、建筑业和部分制造业带来了莫大的损失。第二季度的经济增长降到 6.2%。好在经济增长的潜力很大，所以第三季度就恢复到 7.8%，第四季度发展更快。2003 年是 1998 年以来发展最快的一年。经济形势大好，为提高人民生活水平、缓解一部分社会问题、实现社会安定奠定了良好的基础。

（四）SARS 的突袭和抗击 SARS，是 2003 年度发生的一次特殊而重大的公共卫生危机事件，痛定思痛，其中的教训也为社会各界所关注

正常的政治、经济、社会生活因疫情而被打乱，反映了社会管理制度的严重疏漏。危机期间，为防止疫情向农村地区蔓延而采取了许多特殊措施，虽然抗过一劫，但深层次的问题引发了全社会的反思。其中之一是从一个侧面论证了党的十六大指出的，经过 20 多年的奋斗，我们实现了小康的目标，但这还是低水平的、不全面的、很不平衡的。尤其是在社会事务领域，管理意识落后、管理水平不高已经是多年的事实。所以抗击 SARS 取得决定性胜利后不久，中央就提出要贯彻经济和社会协调发展、城乡协调发展、区域协调发展、人与自然和谐发展的方针。

（五）2003 年 10 月 15 日，我国首次发射神舟 5 号载人飞船

16 日凌晨，宇航员杨利伟顺利返回地面。这是中国航天事业具有里程碑意义的大事，从此中国成为世界上太空俱乐部的第三个成员，标志着中国人民在攀登世界科技高峰的征程上又迈进了一大步，也标志着改革开放以来我国综合国力大大增强，这对于我国的政治、经济、社会、文化的发展也将产生深远的影响。

（六）2003 年 10 月，中国共产党召开了十六届三中全会

全会充分肯定了十六届一中全会以来中央政治局的工作，审议通过了《中共中央关于完善社会主义市场经济体制若干问题的决定》，这是进一步深化经济体制改革、促进经济和社会全面发展的纲领性文件，明确提出了在新形势下完善社会主义市场经济体制的目标、任务、指导思想和原则，具有十分重大的理论和实践的意义,是自从1992年十四大明确提出要建立社会主义市场经济体制以来的最重要文献之一。《决定》提出,要完善社会主义市场经济体制,要做到统筹城乡协调发展、统筹区域协调发展、统筹经济社会协调发展、统筹人与自然和谐发展、统筹国内国外协调发展。总起来说,就是要树立新的发展观,实现全面、协调、可持续发展。

二 社会发展中出现和存在的主要矛盾和问题

(一) "三农"问题受到中央高度关注

2002年12月26日党中央召开政治局会议,专门讨论农业、农村、农民问题,指出"三农"是全党工作的重中之重,要把解决"三农"问题"放在更加突出的位置"。2003年1月17日中央召开了农村工作会议,胡锦涛、温家宝等同志都作了重要讲话,把解决三农问题同全面建设小康社会的奋斗目标联系起来,认为"全面建设小康社会最繁重最艰巨的任务在农村"。提出了今后要更多地关注农业,更多地关注农村,更多地关注农民。会议提出了评价农村改革和发展工作的三条标准:①是否有利于解放和发展农村生产力;②是否有利于增加农民收入;③是否有利于改变农村面貌和保持农村社会稳定。2003年,党中央和国务院为解决好"三农"问题做了大量工作。年初,国务院就作出决定,今后在教育、科技、医疗、卫生、文化等方面增加的投入都要主要用于农村;上半年安排237亿元国债投资,加大对农村基础设施的建设,下半年又增加了32.5亿元,并且明确要求这些基础设施建设施工要尽可能多用农民工;全国推进农村税费改革试点,中央财政拨款300亿元,用以支持税费改革,切实减轻农民负担;农业部、教育部、民政部等联合发出通知,从2003年开始到2010年,全国要对7000万民工进行岗位培训,并做好民工外出务工的信息指导和组织等服务工作。公安部出台了户口制度改革的通知,放宽了对农民进城的限制,鼓励有条件的农民到小城镇落户,各省市自治区也相继做了很多支农、助农扶贫的工作。

但是,中国"三农"问题成堆,积累的时间太长,已经形成的二元经济社会结构根深蒂固,"重工轻农"、"重城轻乡"的国民收入分配格局已经成了路径依赖。虽然新一届政府做了大量的工作，但仍未扭转城乡差距、地区差距继续扩大的趋势。2001年农民人均纯收入与城镇居民人均可支配收入之比为1∶2.91，2002年为1∶3.11，2003年将扩大为1∶3.2。据初步测算，2003年农民平均纯收入将提高4%，低于城镇居民可支配收入的增幅，城乡差距继续扩大。而且平均数掩盖了大多数，约占60%的主要靠农业收入的纯农民的收入都在平均数以下，其中相当一部分农民的收入并没有提高，有的是下降的。1997年以后，这种收入停滞或下降的状况已经连续8年了，这是改革开放以后从来没有的。税费改革后，农民负担有所减轻，但因并没有解决好财政的转移支付等问题，中西部地区的县乡两级财政状况并没有好转，约1/2的县和2/3的乡镇在负债运行，所以农民负担屡有反弹，这些地区的农村干群关系紧张，冲突不断，农村社会并不安定。2003年9—10月，已经长期低迷的粮油市场价格突然上涨，涨价从销区波及产区。10月中旬，小麦每吨上涨40—80元，玉米每吨上涨80—100元，粮油平均涨幅在10%—20%。粮油涨价，拉动蔬菜、肉、禽也跟着涨价。这是1997年以来的第一次农产品价格较大幅度上涨，一时引起社会的普遍关注。有的部门和农村专家认为，这次涨价是市场调节的自然结果。我国自1998年粮食总产达到51230万吨的最高水平以后，已经连续5年减产。城市化带来的耕地减少、粮田改种其他经济作物、耕地的抛荒以及粮食库存的锐减，都是促成涨价的因素。不过我国有5亿吨粮食的生产能力，且仍有2亿吨粮食库存保证，粮食安全近几年仍没有问题。所以，粮油价格11月就基本稳定下来。粮油和一些农产品涨点价，对农民增加收入有利，对以后增加农业生产有利，对扩大内需也有利。这点涨幅，对于绝大多数城市居民来说，也是能够承受的。所以政府不必过大反应（有条件的地区，可以对失业、下岗和低保人群增加点补贴）。总起来说，这次农产品价格上扬，利大于弊。

（二）2003年呈现的一个突出的社会矛盾是城市拆迁和农村征地引发的社会冲突

近几年在"加速城镇化"的推动下，特别最近各省市换届后，新班子上台伊始，要建功立业，在东部沿海地区和一些大中城市，多数都提出了要率先实现现代化，率先建设全面小康社会，掀起了大干快上的热潮。目标都集中到城市建设上，要建大城市、特大城市、国际性大都市，要改变城市面貌，扩建改建，大拆大建，急于求成。财力不够，就用"以地生财"等方法，低偿、无偿地拆迁原有居民的老房子，与原有居民发生了利害冲突，引发拆迁群众上访请愿，或以极端形式表示抗争，造成极坏的社会影响。

在农村，新一轮"圈地运动"正在各地特别是东部沿海和大中城市郊区展开。据2003年上半年24个省（市、自治区）不完全统计，各种名目的开发区、高新技术区、大学园区有3500多个，占地3.6万平方公里（5400万亩）。在土地价格飙升预期的刺激下，一些没有社会责任心的官员和不法商人（包括外商）内外勾结，以各种名目和手段，强占侵夺农民承包的耕地（国家明文规定土地承包权30年不变）。占地不同农民商量，只给很少的补偿，又不做安置，失地的农民失去了生产生活的依靠，也就等于失业，他们又无社会最低生活保障，于是成为游民。

近几年，农民上访中，土地问题已占首位。2003年上半年，国土资源部的来信来访中，反映征地问题的占总量的73%。国家信访局受理土地问题的初信初访共4116件，其中苏、浙、闽、鲁、粤五省占41%。可见侵占农民耕地问题已成为当前重大的社会问题，涉及约4000万农民，而且主要集中在东部沿海和大中城市郊区等经济发达地区。这是必须高度重视并要及时采取断然措施加以制止和纠正的。

（三）就业形势严峻

90年代中期以来，城镇登记失业率逐年上升，1995年为2.9%，1999年为3.2%，2001年为3.6%，2002年为4%，2003年很可能达到4.5%，登记失业人数将超过700万人。国有企业下岗职工继续增加，2003年6月底，下岗职工达464万人，而再就业率则逐年下降，1998年为50%，1999年为42%，2000年为35%，2001年为31%。农村剩余劳动力继续增加，20世纪60—70年代是我国人口出生高峰，集中在农村，现在都进入就业年龄，目前正是高峰期。加上90年代中期以后，乡镇企业不景气，面临转制与提高技术构成，不仅不能增加劳动力的吸纳量，反而还减少了。1996年全国乡镇企业从业人员为13508.3亿人，2002年减至13287.7亿人。又因为1997年以后，我国主要农产品供大于求，粮食等主要农产品价格下降，销售不畅，农民收入徘徊，纷纷进城打工，以增加收入。2002年进城务工经商农民达9460万，2003年保持增加的趋势。

2003年是1999年大学扩招本科生后毕业的一年，加上大专毕业生，2003年有212万高校毕业生要就业。2002年大学本科毕业生初次就业率只有70%，2003年上半年毕业生找工作时又逢SARS肆虐，更是雪上加霜，政府虽然做了很多工作，效果也并不明显，有不少学校初次就业率都不足50%。到2003年7月，待就业的大学毕业生有70万人。就业是民生之本，我国是人口大国，农村人口多，现在又处于社会转型、经济体制转轨的阶段，这导致结构性失业和技术性失业等多种因素并存。据劳动和社会保障部测算，2003年全国城镇需要安排就业的劳动力总量为2400万人，而按经济增长的需求，只能新增就业1000多万个，有1400万岗位的缺口，所以就业形势十分严峻，这将是今后一个较长时期里困扰我们的一个社会问题。

（四）2003年自然灾害频发，是一个多灾之年

截止到9月底，五级以上地震发生29次，给新疆等地造成严重损失。10月，甘肃省张掖、山丹、民乐又发生地震。各地水旱灾害交替发生。淮河、渭河、汉水、黄河等流域发生洪涝，直到10月中旬，渭河、黄河还发大水，使河南、山东部分县市受灾。各类自然灾害造成农作物受灾面积5070万公顷，成灾3175.5万公顷；因灾死亡1911人，紧急转移安置631万人；倒塌房屋262万间，造成直接经济损失1514亿元。生产安全事故发生率很高，2003年已发生多起矿难事故，1—9月份死亡近5000人，约占世界矿难死亡人数的1/3，而我国原煤产量只占世界的20%。造成这种严重状况的原因是多方面的，其中一个很重要的原因是管理混乱。2002—2003年河南省煤矿矿长审核考试显示，乡镇煤矿矿长年审合格率只有49%，参加考试的8000多名乡镇煤矿矿长中，高中以上文化程度的不到10%，部分矿长的考试成绩只有12分，有的连最基本的安全常识都没掌握[1]。

---

[1] 2003年9月18日《中国矿业报》。

三 2004年的社会走势：实施全面、协调、可持续发展的新战果

2003年在国际形势多变、国内严重自然灾害和重大疫情袭击的条件下，全国仍取得了经济持续高速增长、社会各项事业的全面进步。但2003年最重大的成就，是提出和实现了发展观的转变。经过实践和探索，党的十六届三中全会明确提出了："坚持以人为本，树立全面、协调可持续的发展观，促进经济社会和人的全面发展。"胡锦涛在十六届三中全会上说："树立和落实科学发展观，这是20多年改革开放实践的总结，是战胜'非典'疫情给我们的重要启示，也是推进全面建设小康社会的迫切要求。"实施全面、协调、可持续的新发展观就要按照十六届三中全会提出的要求，做到五个统筹：统筹城乡发展、统筹区域发展、统筹经济社会发展、统筹人与自然和谐发展、统筹国内发展和对外开放。2004年是实施新发展观的第一年，我们一方面要大力阐释和宣传新发展观的主要内容和意义，得到广大干部和群众的共识，另一方面就要做好以下诸方面的工作。

（一）统筹经济社会发展，实现经济社会协调发展

目前经济社会发展不平衡，表现在以下四个方面：

（1）经济结构调整了，但社会结构没有相应的调整。如工业化已进入中期阶段，而城市化还在初期阶段，2002年城市化率为39.09％，比世界平均城市化率48％低10多个百分点，城市化严重滞后于工业化。2002年中国三大产业产值结构的百分比为：第一产业14.5％，第二产业51.8％，第三产业33.7％，而就业结构的百分比为：第一产业50％，第二产业21.4％，第三产业28.6％，就业结构与经济结构不协调。

（2）经济发展了，但教育、科技、医疗卫生、文化、环境保护等社会事业发展滞后，很不协调。仅以教育和卫生事业为例：20多年来，我国普及九年制义务教育和基本扫除青壮年文盲的工作做得很好，但高中阶段教育、职业技术教育和高等教育发展很不理想。1998年，我国普通高校在校大学生只有360万人，适龄青年毛入学率只有6.7％，1999年后，连续几

年扩招，2002年普通高校在校大学生903.4万人，毛入学率达到13%，但仍低于世界平均16.7%（1996年）的水平。改革开放以来我国的医疗卫生事业有很大发展，但滞后于经济发展，不能满足人民群众的需要，一方面是财政投入少，另一方面，尤其是体制不合理，"重城轻乡"，85%的医卫资源和经费投在城市，农村缺医少药状况严重，原有的农村合作医疗体系基本垮了。世界卫生组织在《2000年世界卫生报告》中对全世界191个国家地区排名，中国排在第188名。2003年SRAS突袭，幸好发生在大城市，而且政府采取了有效措施，否则一旦在农村传播，后果不堪设想。

（3）管理相对落后，跟不上经济社会事业发展的要求。20多年来，许多城市建设起来了，公共事业的设施建起来了，高楼大厦、豪华宾馆、各种广场的绿化美化，硬件都相当现代化了，但就是管理不善，交通拥堵，环境脏、乱、差，空气污染，噪音污染，也就是说管理不行，软件不行。以公路交通为例，1949年，全国公路通车里程只有8.07万公里，2002年达到1765万公里。1988年中国开始有第一条高速公路，2002年已经超过2.5万公里，跃居世界第二位，但交通管理水平却没有相应提高，各类交通事故频发，2002年共发生77.3万起，死亡109381人，比1986年增加了一倍。

（4）经济体制改革了，已经基本建立了社会主义市场经济体制，而社会事业的管理体制基本上还没有按社会主义市场经济体制的要求改变过来。这方面的改革还在试点、摸索，可以说还没有破题。多数事业单位还在按计划经济体制时形成的体制在运行。效率低、成本高、服务质量差，阻碍了社会事业的发展，不能满足社会发展和人民群众的需要。

经济和社会要协调发展，亟须改变目前一条腿长、一条腿短的不平衡发展。

首先，要从理论认识上提高对于社会结构调整、社会事业发展重要性的认识，国家和地方建设都要坚持经济社会协调发展的方针，改变单纯追求经济增长的战略，把社会发展提到应有的高度加以重视。

其次，要逐步增加对于社会事业发展的投入。按照社会主义市场经济体制的要求，经济建设的资金今后应主要通过市场配置资源，由社会集资，政府的财力应该主要投资于教育、科研、文化、医疗卫生、环境和社会保障等社会发展事业和公共事业。

再次,要下决心改革社会事业管理体制。改革的目标是要建立一个与社会主义市场经济体制相适应的、城乡一体化的、按社会主义市场经济规律运作的、有利于调动各方面积极性的社会事业管理体制。这也是完善社会主义市场经济体制的一个重要组成部分。

(二) 统筹城乡发展,实现城市和农村的协调发展

解决好农业、农村、农民问题,这是全面建设小康社会的重点和难点。农村本来是率先改革的,但自1985年改革的重点转向城市以后,农村的改革相对滞后了,原来与计划经济体制相适应的户口制度、就业制度、流通制度、财税制度等都没有得到应有的改革。实践证明,解决农业、农村、农民问题的根本出路在于市场化、工业化和城市化,而在计划经济体制下形成的城乡二元经济结构体制的束缚,使农民的经济地位、社会地位受到限制,使他们很难成为市场竞争的主体。

由于农民是背着上述包袱进市场的,起点就不平等,他们在市场竞争中处于劣势地位(例如农民工进城打工,在同一个工厂里干同样的劳动,只能得到大约城市户籍工人1/3或1/2的收入和福利)。自90年代中期以来,农民的人均纯收入和城市居民的可支配收入的差距逐年扩大,2002年达到1:3.1,比1978年的1:2.4还大。2003年将是1:3.2,而且还有继续扩大的趋势。

党的十六届三中全会指出:"要建立有利于逐步改变城乡二元经济结构的体制。"这是解决"三农"问题的战略举措。农村必须进行破除计划经济体制对农村生产力束缚的改革,逐步建立城乡一体的社会主义市场经济体制,不改变城乡二元经济社会结构的格局,就不可能建成全面统一完善的社会主义市场经济体制。

其一,要完善农村土地制度。土地家庭承包经营是农村基本经济制度的核心,稳定完善这一制度,是保障农民生计和农村稳定的关键。2004年,要针对近几年一些地方非法或越权审批圈占大量耕地,又不给合理补偿、不作妥善安置的问题,按照三中全会的《决定》,分别作出处置,该退的要退,该补偿的要补偿,该安置的要安置,做到农民失地不失业、失地不失利。这样才能做到保护耕地，保证国家粮食安全，保护农民的合法权益，以消除因圈地而引发的社会冲突，保持农村社会稳定。

其二，要逐步调整国民收入的分配格局，逐步改变重城轻乡的状况。国家已经决定 2003 年对于教育、科技、文化、卫生等事业新增的拨款，主要用于农村。2004 年也要继续这个方针。对有些资源城乡分配悬殊的，例如医疗卫生经费和资源城市占 85%，农村只有 15%，不仅增量要调整，存量也该适当调整。目前中西部的县乡两级财政多数仍十分困难，有不少在负债运转。现行的财政体制也应作适当调整，进一步完善转移支付制度，加大对中西部和少数民族地区的财政支持。

其三，改善农村富裕劳动力向城镇转移的就业环境。实践证明，只有减少农民才能富裕农民。2002 年农业在 GDP 中的比重不足 15%，而在农业就业的劳动力还占 50%。要加快农村富裕劳力向城镇，向二、三产业转移的步伐。深化户籍制度的改革，取消对农民进城就业的限制性规定，逐步形成城乡统一的劳动力市场，形成城乡劳动者平等就业的制度。

（三）统筹区域发展，实现东、中、西三大地区的协调发展

改革开放以来，各个地区的经济社会都有了很大发展，但由于原有基础和主客观条件不同，这些年地区差别扩大了。以城市居民收入为例，1980 年东、中、西三大区的城镇居民可支配收入之比为 1.11∶0.93∶1，1990 年扩大为 1.26∶0.92∶1，2000 年为 1.40∶0.94∶1；农民年人均纯收入 1980 年为 1.28∶1.05∶1，1990 年为 1.59∶1.19∶1，2000 年为 1.92∶1.3∶1。近几年又进一步扩大，还有继续扩大之势。调查研究表明，中西部发展之所以缓慢还有两个因素。第一是市场化的程度低，改革相对滞后。现在全国市场化率为 69%，我国已经基本成为社会主义市场经济的国家。从东、中、西三大区的市场化程度来说，其比例大致为 80%∶50%∶30%。如以 60% 为临界线的话，那么，中西部地区还没有实现市场化。第二是城市化程度低，2002 年全国的城市化率为 39.09%。除吉林、黑龙江两个中部省以外，其余中西部省市的城市化率都在 39.09% 以下，有的还不足 30%。农业人口占绝大多数，中西部的多数大中城市，经济社会的发展水平并不低。所以中西部与东部的差别，实质上也是城乡差距的表现。

自党中央1999年提出实施西部大开发战略以来，西部地区经济快速发展，一大批重大建设项目相继开工，基础设施建设进展顺利，科教文化等社会事业发展势头良好，成绩是很大的。2003年国家又提出，振兴东北老工业基地，中部几个省区正在实施中部隆起战略。要实现区域协调发展，关键是要进一步推进和深化中西部地区的改革，扫除体制上的障碍，加快市场化、城市化的步伐，做好"三农"工作，加快农村劳动力向城镇，向二、三产业转移，发展乡镇企业、县城经济和小城镇建设，增强自我发展的能力。国家要在投资项目、财税政策、转移支付等方面，加大对中西部支持的力度。要使中西部地区的发展步入良性运行的轨道，加快经济社会发展步伐，首先要做到遏制与东部差距继续扩大的趋势，逐步实现与东部发达地区并驾齐驱，实现全国各区域的协调发展。

（四）统筹人与自然的发展，实现人与自然的和谐发展

新发展观的重要组成内涵，是要实现可持续发展。我国目前尚处于工业化中期，人均资源占有量比较少，至今仍然是以消耗大量资源为特征的发展模式，对环境压力比较大。水土流失、沙漠化、石漠化问题日趋严重，政府对大江大河的治理、防沙治沙和京津风沙源的治理，库区、湖区的污水治理，大中城市大气污染治理，已经做了大量工作。毋庸讳言，生态环境继续恶化的趋势仍未从根本上扭转。今后，要把坚持可持续发展放在更加突出的位置，认真执行计划生育、保护环境、保护资源的基本国策，走新型工业化、新型城市化的道路，合理开发和使用各种自然资源。为此，在对保护生态环境加大人力、物力、财力投入的同时，要进行体制性的改革，使之既有利于经济健康发展，又有利于生态环境的保护，实现人与自然的和谐发展。

此外，要统筹国内发展和对外开放，使对外开放和国内的发展与改革相协调。做好上述五个方面的统筹工作，也就是正确处理好经济和社会、城乡之间、地区之间、人与自然、国内和国外这五个方面的关系，这是针对稳定改革和发展存在的突出问题提出来的，是完善社会主义市场经济体制的必然要求，是实施全面、协调、可持续新发展观的主要内容。

2004年是实践新的发展观的第一年，我们要把这五个方面的统筹工作做好，促进经济社会和人的全面发展，为全面建设小康社会目标的实现开个好局。

(《2004年中国社会形势分析与预测》总报告，社会科学文献出版社2004年版)

统筹经济社会协调发展是构建和谐社会的关键

一 经济社会协调发展是现代化社会的必然要求

一个国家要实现现代化,一是经济要繁荣发达,二是社会要全面进步。这两者相辅相成,互为条件,缺一不可,偏重偏轻也不成,经济社会必须协调发展。就经济社会两者关系来说,第一,经济发展是社会发展的物质基础,只有经济发展了,社会发展才有物质条件,所以必须确定经济要优先发展的原则;第二,经济要持续发展,需要科技、教育、文化等方面的发展作支撑;第三,经济发展要有和谐、稳定的社会环境,经济发展形成的物质财富要有合理的分配机制,要有健全的社会保障体制;第四,经济发展的根本目的,是满足人们日益增长的物质文化需要。所以,经济社会必须协调发展。

经济社会要协调发展,这是自进入工业时代以来,各国发展的经验和教训的总结。二战结束以来,各国发展的实践有以下几种状态:第一类,经济快速发展,社会体制适时变革,社会事业相应发展,经济社会发展协调,社会有序、稳定,如日本、亚洲"四小龙"等。第二类,经济发展比较快,社会体制改革迟缓,社会事业发展滞后,社会失序、不安,如印度、泰国等。第三类,经济较快发展,社会体制未变,社会事业发展落后,经济社会发展不协调,社会无序、不安,遇到国内外环境有大的变化,经济骤降,社会矛盾爆发,整个国家陷入混乱,如拉美一些国家。第四类,经济下降,居民收入普遍大幅减少,少数人暴富,社会秩序混乱,社会严重不安,如剧变后的苏联、东欧国家。

从世界各国发展的轨迹看,能够实现经济社会协调发展的国家并不多见。欧洲的发达国家和美国都是经过了一二百年的实践,不断探索、不断调适才逐步实现的。日本的发展是个特例。二战以后,日本的经济退回到农业社会,经过约十年的艰苦努力,经济才恢复到战前水平,与此同时,国内进行了民主改革、农村改革和解散财阀等重大改革,为后来的发展奠定了较好的政治、社会基础。在经济高速增长中,日本比较重视社会体制的改革和社会事业的发展,出台了相当多的社会政策,逐步形成了一个与经济结构相适应的社会结构,形成了一个庞大的中产阶级,社会秩序良好、社会稳定。

从一个国家或地区实现现代化的全过程看,经济发展和社会发展两者的关系,是随着生产力水平变化而变化的。大体可以分为三个阶段:第一,以经济发展为主的阶段,这个阶段生产力水平低,劳动生产率低,物质产品少,只能初步解决人们的温饱问题,满足人们对基本物质生活的需要;第二,经济发展与社会发展并重,也即经济社会协调发展的阶段,这个阶段生产力已经发展到较高水平,温饱问题已经解决,人们对物质生活以外的精神文化需要越来越迫切,经济发展本身也对科技、教育、社会环境提出了要求,而经济发展也为社会发展提供了物质条件,于是社会发展加快,经济社会协调发展成为这个阶段的主旋律;第三,社会发展为主的阶段,经济持续高速发展以后,社会发展的内容日益丰富,人的全面发展成为社会的主调,对经济社会发展提出了越来越高的要求,此时,经济发展将服从、服务于社会发展,实现社会全面进步。总的来说,在整个现代化过程中,经济发展和社会发展的关系要把握好,经济社会要协调发展,在一定意义上说,社会发展的比重要不断增大,社会发展的地位也在不断提高。

改革开放以来,我国的经济发展取得了巨大的成就。2005年,我国的GDP达到18.39万亿元,比1978年增长了10倍,总量已名列世界第4位,综合国力显著增强,人民生活水平有了很大的提高。与此同时,我国的社会事业也有了很大的进步,教育、科技、文化、医疗卫生、体育等各项社会事业也都取得了很大的成绩。但与经济体制深刻变革、经济结构重大调整、经济发展的巨大变化相比较,我国社会结构的调整、社会体制的改革以及社会事业的发展都相对滞后,经济社会发展并不协调,由此产生了诸多的社会矛盾和社会问题。党的十六届六中全会决定,要坚持以经济建设为中心,把构建社会主义和谐社会摆在更加突出的地位,这是完全正确的。就构建社会主义和谐社会来说,当务之急是要把统筹经济社会协调发展放到应有的突出位置。

二 经济社会发展不协调是当前亟待解决的主要矛盾

第一,社会结构没有随着经济的发展、经济结构的调整而得到相应的调整。社会结构同经济结构一样,是一个国家或地区的重要结构,它包括的面比较广,指人口结构、就业结构、城乡结构、地区结构、组织结构、阶级阶层结构等。仅以就业结构、城乡结构和阶层结构来说,2004年,我国的经济结构中,第一产业占13.1%,第二产业占52%,第三产业占34.9%;二、三产业之和占86.9%,已经是工业化中期的经济结构。但在就业结构中,农业劳动力占46.9%,第二产业占22.8%,第三产业占23.3%,还是工业化初期的就业结构。在城乡结构中,2004年的城市化率为41.8%,农村人口占58.2%,也还是工业化初期的结构。社会阶层结构是社会结构中最重要的结构,是社会总体结构的集中表现。一个现代化国家,必须有一个社会中间阶层占相当比重的阶层结构,这个社会才能比较和谐、稳定、健康。据调查,2004年的社会阶层结构中,社会中间阶层占20%—22%,也属于工业化初期的社会结构。总的说来,我国当前的经济结构是工业化中期的结构,而社会结构则是工业化初期的结构,两者不相称、不协调。这种结构性的矛盾是产生当前诸多经济、社会矛盾和社会问题的重要原因。

第二,教育、医疗、文化等社会事业没有得到相应的发展,社会事业的发展严重滞后于经济发展,由此产生种种矛盾。以教育、医疗为例,改革开放以来,我们在普及义务教育、扫除青壮年文盲方面做了较多工作、取得了较大的成绩;但在高中阶段教育、职业技术教育和高等教育方面则发展得不理想,不能适应经济发展的需要,也不能满足广大群众要求自己的子女能接受较好、较高教育的需求。1999年,国家决定大学扩大招生名额，2005年在校大学生的总额猛增到1562万人，使大学生的毛入学率达到21%。大学教育从精英教育过渡到了大众化教育阶段，这方面的成绩应该充分肯定，但也带来一些新的问题，如合格优秀的师资缺乏，校舍、场地、教学设施跟不上扩招的需要，经费严重不足，不少大学在负债运行，特别是大学毕业生的就业成了问题。这需要有一个调整、消化和解决新问题的阶段，才能走上正常的发展阶段。

医疗卫生方面的问题则更为严重。看病难、看病贵成为近几年群众最为关注社会问题。追根溯源，近年来，经济发展迅速、城市人口急增，人们对医院看病治病的需求日益提高，但医院、医护人员以及国家在医疗卫生方面的投入却没有相应地增加，即医疗体制改革没有到位。这是经济社会发展不协调的典型例证。在许多国家，医疗是政府的公共产品，大部分由公共财政支出，如看病治疗支出100元，英国政府提供69元，美国政府支出39元，一般发展中国家也在30元左右（如印度31元，泰国30元），而我国政府支出只占卫生总费用的16%—17%。

第三，伴随经济的迅猛发展、财富的急剧增加，公正合理的收入分配制度却没有适时建立，收入分配秩序混乱。随着经济体制改革的深入，国家提出了按劳分配为主体、多种分配形式并存的分配制度，这无疑是正确的，但具体政策和措施尚有待完善。特别是20世纪90年代中期以后，一方面经济高速增长，另一方面则由于各种原因，分配问题凸显。正是在这一时期，我国城乡、地区之间的差距急剧扩大。相当一个时期，一些地区、一些部门自行其是，自作主张，为本地、本部门谋利，这也是形成城乡之间、地区之间、部门之间收入差距过大的重要原因之一。十六大以来，党和政府采取了多项政策和措施，推进农村税费改革，减免农业税，给种粮农民直补，加大对农村的各项投入等，已初见成效，但城乡、地区、阶层之间收入差距扩大的趋势仍未根本扭转。经济发展了，把分配问题搞好，统筹协调好城乡、地区之间的利益关系，真正做到人人共建、人人共享，这是构建社会主义和谐社会的基础。

第四，社会管理相对滞后，社会治安状况有待进一步改善。一个现代化社会，既要有现代化的经济建设、各类基础设施建设和现代化的社会事业发展，也要有现代化的社会管理。也就是说，"硬件"要现代化，"软件"也要现代化，改革开放20多年来，我国在经济发展的基础上，无论是各类基础设施建设，还是各类学校、医院、科研院所、文化场馆等方面的建设，都有了较大的发展，有的还相当现代化，但社会管理却比较落后，交通拥堵、空气污染、饮用水不干净、公共交通不便等，社会管理跟不上，影响了人民生活质量的提高。

安居乐业，是我国人民传统的基本要求。自20世纪90年代以来，刑事犯罪案件、社会治安案件持续增加。当然，社会治安恶化，不仅是社会管理不完善的问题，还有更深层次的原因，需要通过综合治理来解决。近几年，国家提出了建设社会主义新农村、构建和谐社会等战略任务，采取了诸如减免农业税、改善农民工的生产和生活条件、加快城镇社会保障体系的建设和发放最低生活保障款项等措施，再加上近几年政法、公安部门也做了很多工作，采取了一些新举措，2005年，刑事犯罪案件、社会治安案件在持续多年增加的情况有所下降。2005年刑事犯罪案件下降了1.5%，全国县以上党政信访部门受理上访上告的件次也比2004年下降6.5%，2006年上半年比2005年同期下降14%，情况正在好转。

第五，社会体制应随着经济的发展和经济体制的改革而进行必要的、相应的改革。十六届六中全会《决定》指出："必须坚持改革开放，坚持社会主义市场经济的改革方向，适应社会发展要求，推进经济体制、政治体制、文化体制、社会体制改革和创新。"提出社会体制改革和创新，这在十一届三中全会以来我们党的文件中还是第一次。社会体制改革，这是新的提法，包括的内容是多方面的，应该包括哪些内容，要在实践中逐步明确。社会事业的体制，是社会体制的重要组成部分，亟须改革和创新。

教育、科研、医疗卫生、文化、体育等事业单位，虽然也进行了多次改革，取得了一定的进展，但总的来说，整个事业单位的体制改革还没有取得根本性的进展，还没有完全按照社会主义市场经济体制的要求得到相应的改变，其与目前经济发展的水平、人民群众对公共服务的需要以及社会全面发展进步的要求还不相称。社会事业单位改革的难度较大，这个问题必须通过发展和改革来解决。

(2006年12月28日《中国社会科学院院报》)

关于社会建设的理论和实践[①]

十六大以来，我们党领导全国人民继续进行中国特色社会主义建设实践，在理论方面，也不断探索创新，提出了科学发展观、构建社会主义和谐社会等重大战略思想，提出了"以人为本"、"社会建设"等一系列新概念、新理论，使中国特色社会主义理论体系不断发展和完善。本文就社会建设的理论价值和实践意义谈几点看法。

一 社会建设理论的提出和形成

2004年党的十六届四中全会有两个重大的理论贡献。一是提出了构建社会主义和谐社会这个非常重要的战略思想，一经提出就受到了全国上下广大干部和群众的强烈关注和认同，成为与全面小康社会、社会主义现代化社会齐名的战略目标。现在，构建社会主义和谐社会已经落实贯彻到社会主义现代化建设的实践中，起到了精神变物质的巨大作用。二是提出了社会建设这个很重要的新概念，适应了我们国家工业化、城市化新的发展阶段的需要，把正在进行着的各项社会组织、社会结构、社会秩序、社会事业等方面的建设，作了一个明晰的概括，明确叫做"社会建设"，从而使上述诸方面工作的地位得到了提高，理论上有了依据，建设的目标更加明确，未来建设的前景也更加清楚。所以，"社会建设"这个新概念的提出，使中国社会主义建设的总体布局，由原来的经济建设、政治建设、文化建设的三位一体，变为包括社会建设在内的四位一体的新格局。党的十

[①] 本文系即将出版的《北京社会建设六十年》（科学出版社2008年版）一书导言的部分内容，系北京工业大学人文社科学院"北京社会建设六十年"课题组成员集体讨论的成果，最终由陆学艺执笔定稿。

七大政治报告则明确把社会建设单辟一节，与经济建设、政治建设、文化建设并列为四位一体。十七大还把四位一体的布局写进了新修改的党章总纲里。大会秘书处负责人就《中国共产党章程（修正案）》答记者问时，指出："党的十六大以来，党中央提出了深入贯彻落实科学发展观，构建社会主义和谐社会等重大战略任务，从而使中国特色社会主义事业总体布局由经济建设、政治建设、文化建设三位一体扩展为经济建设、政治建设、文化建设、社会建设四位一体。这体现了我们党对共产党执政规律、社会主义建设规律、人类社会发展规律认识的深化。"由此可见，提出"社会建设"这个新概念的重要意义。

十六届四中全会提出的构建社会主义和谐社会与社会建设，就两者关系来说，实质上前者是战略目标，后者是重要手段——社会主义和谐社会要通过经济建设、社会建设、政治建设、文化建设等方面的建设来实现。

在这里，和谐社会中的"社会"与社会建设中的"社会"，虽然是同一个词，但含义不同。"社会"是一个多义词，有三种含义：第一种是大社会概念，这里的社会就等于是国家整体。如毛泽东在《新民主主义论》中说：我们的目的，"在于建设一个中华民族的新社会和新国家。在这个新社会和新国家中，不但有新政治、新经济，而且有新文化"。第二种是二分法，例如我们制定的五年计划叫做第N个国民经济和社会发展计划。把经济发展之外的领域都归为社会发展。通常讲的经济社会要协调发展，这个社会就是二分法的，是中社会概念。第三种含义是专属意义上的社会，是小社会，是与经济、政治、文化、科技等并论的社会，如四位一体中的社会建设。社会主义和谐社会中的"社会"是大社会，是第一种意义上的社会；社会建设中的"社会"是小社会，是第三种含义的社会。对此，我们在理解、使用"社会"这个概念时，要做出区别。

社会主义建设的总体布局由经济建设、政治建设、文化建设三位一体扩展为包括社会建设在内的四位一体，这个事实本身既反映出当今中国社会已经发生深刻变化的客观实际，也反映出我们对于这种经济社会结构深刻变化有了新的概括，有了突破性的新的认识。最早把中国的建设分为政治、经济、文化三个方面，是毛泽东同志1941年在《新民主主义论》一书中提出来的。他说："新民主主义的政治、新民主主义的经济和新民主主义的文化相结合,这就是新民主主义共和国,这就是名副其实的中华民国,这就是我们要造成的新中国。"① 那时的中国还是半封建的农业社会,小农经济是汪洋大海,农民占90%以上。在这样的背景下,对未来作构想,勾勒出政治、经济、文化三大领域,是符合中国国情的。中华人民共和国成立以后,我们在谋划社会主义建设总体布局时,还常以经济建设、政治建设、文化建设为架构。1982年,制定第六个五年计划时,增加了社会发展的内容,从此以后的五年计划都冠名为"国民经济与社会发展第N个五年计划"。又过了20年,到十六大,在政治报告中,还是经济体制改革与建设、政治体制改革与建设、文化体制改革与建设的三位一体的布局,但在讲到2020年实现全面小康社会的目标时,指出要达到"使经济更加发展、民主更加健全、科教更加进步、文化更加繁荣、社会更加和谐、人民生活更加殷实",加进了社会更加和谐一项。这反映了改革开放20多年后,中国的经济社会已经发生了深刻的转变,国家总体上已经从农业社会转变为工业社会,已经从乡村社会转变为城市社会,这种转型对于经济社会建设提出了新的要求。生产力极大提高,经济结构深刻变化,要求社会结构变化与之相协调;经济高速发展,要求社会事业发展与之相配合;人民物质生活的极大提高,要求社会安定有序。所以,十六大提出的"社会更加和谐"反映了生产力发展的要求,反映了我们党对社会主义现代化建设规律的新认识。这之后不久,十六届四中全会提出构建社会主义和谐社会与社会建设的新概念,十六届六中全会专门就构建社会主义和谐社会若干重大问题作出决定,十七大则进一步指出要加快推进以改善民生为重点的社会建设。几年来,关于构建社会主义和谐社会、关于社会建设的理论正在逐步形成,成为中国特色社会主义理论体系中的一个重要组成部分,这是一项新的理论成就。

十六大以来所提出的社会和谐、和谐社会、构建社会主义和谐社会、建设和谐社会、社会建设等一系列新名词、新概念、新理论,反映了我国社会主义现代化建设事业发展的新阶段的要求和特点。就我个人的理解,在这一连串新名词、新概念、新理论中,"社会建设"应是最关键、最重

---

① 毛泽东:《毛泽东选集》第2卷,人民出版社1991年版,第709页。

要的。因为,社会和谐要通过"社会建设"来达到,构建社会主义和谐社会要通过长期的"社会建设"等方面的建设来实现。

社会建设这个新概念,实际上在1910年代和1930年代的中国政界和学界都曾经提出过。1919年孙中山先生将他于1917年撰写的《民权初步(社会建设)》收入《建国方略》中,构成了他关于国家建设基本构想内容的重要组成部分。在《民权初步(社会建设)》中,孙中山表达了他的"社会建设"思想,即"教国民行民权"①。1934年著名社会学家孙本文先生撰写的《社会学原理》一书的最后一章中专门写了一节"社会建设与社会指导",一开篇就给"社会建设"下了个定义:"依社会环境的需要与人民的愿望而从事的各种建设,谓之社会建设。社会建设的范围甚广,举凡关于人类共同生活及其安宁幸福等各种事业,皆属之。有时此等事业,属于改革性质,就固有之文物制度而加以革新。有属于创造性质,系就外界传入或社会发明之文物制度,而为之创造。无论创造或改革,要之,皆为社会建设的事业。"②孙本文还创办过一本杂志,刊名就叫《社会建设》。孙中山和孙本文先生提出的社会建设虽然含义各有侧重,不尽相同,但都饱含着他们对国家与中华民族的美好愿望与理想。只是,在多灾多难的旧中国,这个好的思想与概念没有得到应有的传播和应用。

1949年中华人民共和国成立,但不久中国社会学因故被取消,社会建设这个重要的概念也就没有得到应有的传承和诠释。在十六届四中全会提出社会建设概念以后,很多人感到陌生。我查了《汉语大词典》、《辞海》、《辞源》,也查了大百科全书社会学卷,查了1980年代以来出版的各种社会学教科书,都没有"社会建设"这个词条。我请教过几位资深的经济学家,他们告诉我,在西方经济学的词汇里面,是没有经济建设这个概念的,只有经济发展、经济增长等意义相近的概念,"经济建设"这个词是从苏联计划经济体制来的。首先有经济计划,也就是国家制定了经济发展蓝图,然后组织力量,实施这个计划,把蓝图变为现实,这就是经济建设。关于社会建设,我们也可以作类似的理解。

---

① 孙中山:《建国方略》,华夏出版社2002年版,第300—301页。
② 孙本文:《社会学原理(下册)》,台湾商务印书馆1974年版,第244页。

社会建设是指社会主体根据社会需要,有目的、有计划、有组织进行的改善民生和推进社会进步的社会行为与过程。社会建设的内涵很广,主要有两大方面：一是实体建设,诸如社区建设、社会组织建设、社会事业建设、社会环境建设等；二是制度建设,诸如社会结构的调整与构建、社会流动机制建设、社会利益关系协调机制建设、社会保障体制建设、社会安全体制建设、社会管理体制建设等。社会实体建设提供公共产品和公共服务,社会制度建设则使社会更加有序与和谐。

从社会建设如此丰富的内涵看,十六届四中全会不仅是提出了社会建设这个新概念,而且提出了社会建设新理论。对此,几年来,学界、政界已经作了多方面的阐述,社会建设新理论正在形成之中。随着实践的深入,社会建设理论将逐步完善,也会像经济建设理论、政治建设理论、文化建设理论一样,成为中国特色社会主义理论体系中的一个重要组成部分。

二 社会建设的含义和主要内容

社会建设的实践一直在进行着。新中国成立以后,我们在大规模进行经济建设的同时,也展开了大规模的社会建设,只是过去我们没有用"社会建设"这个概念去指称它,而是把它分别归到经济建设、政治建设、文化建设的名下。改革开放以后,我们把社会领域的建设都称为社会发展。其实,社会建设和社会发展是两个概念,有相同的方面,也有不同的方面。这两者的异同有下面几点。

其一,社会发展是指社会由简单到复杂、由初级到高级、由旧质到新质的有规律的变化过程,是不以人的意志为转移的客观过程。而社会建设则是在历史的某一阶段,根据社会的需要,由社会主体有目的、有计划、有组织进行的社会领域的各项建设,是一个有意识有目标的主观能动过程。

其二,社会发展是由诸多主客观因素交互作用以后形成的客观结果和趋势,其中每一个个体的作用相互抵消,正如马克思说的,是一个自然历史过程,这个过程可以说几乎是无主体的。而社会建设是有确定主体进行的社会行动。这个主体主要是政府，也可以是社会组织，还可以是民众个人。

其三，社会发展是人们自身不能按照自己的意愿控制的客观进程，虽然有宏观前景的趋向，但目标并不具体。而社会建设则是人们有目的、有计划、有组织而进行的一项一项具体的建设，目的性很强，目标很明确，而且是可以量度、可以控制的。

当然，社会发展与社会建设是内在统一的，社会建设要有利于社会发展，必须遵循社会发展的规律，而社会发展则在很大程度上是通过人们主观能动进行的各项建设来推进的。

社会建设的含义应是：从社会所处的发展阶段的实际出发，顺应社会发展的趋势，遵循社会发展的规律，有组织、有目的、有计划地动员各种社会力量，在社会领域从事的各项建设。其中，社会建设的主体主要是政府、社会组织与民众等；社会建设的原则是公平与公正；社会建设的目标是实现社会和谐与社会进步；社会建设的保证是社会安全运行，包括社会安全阀构建；社会建设的动员机制是建立协调各阶层利益的机制，充分动员民众参与社会建设；社会建设的重要手段是社会管理，主要是在社会运行方面科学管理，保证社会良性运行。因此，社会建设是一项庞大的系统工程。有人以为，社会建设就是科学、教育、文化、体育、卫生等社会事业的建设，这显然是把社会建设的含义理解窄了，作为中国特色社会主义建设总体布局四位一体中的社会建设，其含义和内容要宽广、深刻得多。下面，就社会建设中的几个主要方面分别加以说明。

（一）社会结构的调整与构建

一个国家，最重要最基本的是经济结构和社会结构。这两个结构要协调，相辅相成，互为表里。没有经济的发展与经济结构的调整，社会建设与现代社会结构的形成不可能实现，反过来，社会的建设与现代社会结构的形成又有力支撑起经济的进一步发展。但是经济发展不等于社会建设与现代社会结构调整会自发实现，这有赖于社会主体有目的有计划地进行各方面的建设的推动。

现在，我们国家的经济结构已经从前工业化时期的经济结构（也就是传统的农业经济时代下的农业占的比重很大，工业、商业、服务业占的比重都很小）转变为工业化中期的经济结构。2006年的经济结构是一产业占11.7%，二产业占48.9%，三产业占39.4%。但是我国的社会结构还是工业化初期的结构。2006年我国的城乡结构是56.1∶43.9；就业结构中农业劳动力占42.6%，非农就业的劳动力占57.4%，其中二产业劳动力占25.2%，三产业劳动力占32.2%。社会结构中的核心结构是社会阶层结构，社会阶层结构中标志性指标是社会中间阶层（或称中产阶层）的比重。据我们课题组的调查分析，2006年中国的社会中间阶层约占22%，离工业化国家应有的两头小中间大的"橄榄形"的社会阶层结构形态差距还很大。总体分析，当今中国的经济结构已经是工业化中期阶段的结构，而社会结构还处于工业化初期，存在着经济结构与社会结构的矛盾，这是当今中国产生诸多经济社会矛盾的问题的结构性根源。解决这些社会矛盾和问题，构建社会主义和谐社会，一个很重要的任务就是要继续深化改革，创新社会政策，构建与经济结构相适应、相协调的社会结构。

（二）社会流动机制建设

社会流动是指社会成员从一种社会地位转移到另一种社会地位的社会现象，通常有垂直流动（社会地位上升或下降）和水平流动（社会地位基本相同）。在农业社会，个人的社会地位主要由先赋性因素决定，而且世代相替，"士之子常为士，农之子常为农，工之子常为工，商之子常为商"，这种社会称为封闭型社会。在工业社会，随着社会化大生产不断拓展，产业结构不断向高层次演变，社会分工发达，职业结构渐趋高级化，不断创造出了新的社会岗位，需要社会流动的加快。只有通过社会流动，新的社会岗位才会有人去充实，才能实现人力资源的合理配置。个人通过学习和努力奋斗，可以实现上升流动，获得更高层次的社会岗位，个人的社会地位主要由后致性因素决定，这种社会称为开放型社会。

改革开放30年来，随着经济发展，工业化、城市化的推进，中国已经从一个基本封闭的社会转变为基本开放的社会，社会流动渠道多元化，社会流动频率加快，亿万群众通过努力奋斗，实现向上流动的愿望，涌现了诸如私营企业主、个体工商户、经理、自由职业者、农民工等一些新的社会阶层和社会群体，产业工人、科技人员、国家与社会管理者等社会阶层的队伍极大地扩大了，农业劳动者阶层的规模缩小了。整个国家正在形成合理、开放的现代化社会阶层结构，以后致性规则为主的现代社会流动机制也正在形成。但是计划经济时期形成的户籍、就业、人事等体制还没有得到根本性的改革，还在限制着社会流动的顺畅进行，致使该扩大的阶层（如社会中间阶层）大不起来、该缩小的阶层（如农业劳动者阶层）小不下去，阻止社会结构的正向演化。所以，要通过改革和创新，构建社会流动新体制，是一项重要的任务。

（三）社会组织建设

工业化、城市化的现代社会是一个高度组织化的社会，社会成员都分属于这样那样的社会组织，许多人同时是多个社会组织的成员。中国原来是个农业社会，小农经济自给自足，社会组织很不发达，有人形容是"一盘散沙"。1949年中华人民共和国成立之后，实行计划经济体制，在城市的企事业和机关实行单位制，在农村实行政社合一的人民公社体制，从而把全国人民组织起来了。改革开放后，单位制式微了，单位人成了社会人；农村人民公社解散了，改为乡镇政府和村民自治组织，绝大多数农民回到一家一户的生产生活状况，很多村几年也开不起一个群众会。当今中国，客观上需要在新的条件下，用新的形式，把群众组织起来。党的十六届六中全会的文件指出："健全社会组织，增强服务社会功能。坚持培育发展和管理监督并重，完善培育扶持和依法管理社会组织的政策，发挥各类社会组织提供服务、反映诉求、规范行为的作用。发展和规范律师、公证、会计、资产评估等机构，鼓励社会力量在教育、科技、文化、卫生、体育、社会福利等领域兴办非企业单位。发挥行业协会、学会、商会等社会团体的社会功能，为经济社会发展服务。"[1] 这里讲的社会组织，指的是社会民间组织、社团组织。这类社会组织在工业化国家是很多的，发挥着社会公益服务和社会福利服务的功能，弥补了政府和市场的不足，在有些

---

[1] 《中共中央关于构建社会主义和谐社会若干重大问题的决定·辅导读本》，人民出版社2007年版，第27页。

方面还起到了政府和市场不能起的作用。

因为各种原因，我国现在的民间组织、社会团体还很少。据统计，到2006年9月底，全国共有社会团体174841个，民办非企业单位151430个，基金会1057个，共计327328个。每万人不到2.5个（美国为52个，法国为110个，阿根廷为25个），远远不能适应经济社会发展的需要，不能满足广大人民群众的要求，这对促进经济社会协调发展、加强社会管理、推进社会主义和谐社会建设是很不利的。我们需要按照十六届六中全会的精神，培育和支持各类民间组织、社会团体的发展。

（四）社会阶层利益关系协调机制建设

当前，我国的社会结构已经发生了深刻变迁，社会利益关系也随之发生了深刻变化，社会利益主体多元化、利益要求多样化、利益关系复杂化。在目前经济发展水平的背景下，不同社会阶层的利益要求很难都能得到充分实现，难免会产生这样或那样的社会矛盾和社会冲突。建设协调社会利益关系的机制，统筹协调各社会阶层的利益关系，使各社会阶层能够共建、共享、共赢，形成各得其所和谐相处的局面，这是一项重大的任务。

统筹协调社会阶层利益关系的机制，应包含以下三个方面。

一是要建立科学合理的阶层、群体、个人的利益诉求表达机制，拓宽民意民求的表达渠道，使社情民意能够畅通上达。要改革创新领导干部和上级机关向下作调研的方式和惯例，使领导干部和上级机关能及时、正确了解真实的下情和民间疾苦。

二是要建立新形势下的劳资之间、干群之间、阶层之间、群体之间的平等对话协商机制。在工业社会，最重要、最普遍的社会关系是劳资关系。20多年来，因为多种原因，我国现在的劳资关系还不和谐，工人处于弱势地位，已占产业工人阶层多数的农民工处于非常弱势的地位，基本权益长期得不到应有的保护，引发出很多社会矛盾。这次出台的劳动合同法，是有利于农民工维权的，但遭到资方的抵制，连华为、沃尔玛等大企业都公然带头玩花样规避，势孤力单的农民工个人如何抵御？历史的经验是要建立政府、资方、劳方三方代表平等对话协商的机制，要有谈判对话的平台，工人、农民工要有组织、有代表，否则即使有了像《劳动合同法》这样的好法，也难以维护弱者的权益。

三是要建立社会矛盾和社会问题的排查调处的工作制度。大中城市应该有专门的机构和人员，密切关注本地各主要阶层、群体最关心、最直接、最现实利益关系的变化状况，做出分析和判断，及时采取政策和措施，统筹协调好各方面的利益关系，从根本上减少和缓解社会矛盾和冲突。

（五）社会事业建设

中华人民共和国成立后，我们一般把教育、卫生、科研、文化、艺术、体育机构称为社会事业单位，与经济领域的企业单位并称为企事业单位。社会事业同广大人民群众的生产生活密切相关，关系到每个家庭和个人的福祉和前途。因为教育、医疗、文化等事业面对的是全体民众，所以在国外也称公共服务或公共产品。改革开放以来，我国的科、教、文、卫、体各项事业都有了很大发展，使城乡居民在衣、食、住、行等各个方面的水平都有了很大的提高。毋庸讳言的是，1990年代中期以来，在一些地区和有些部门把经济建设为中心曲解到唯一的地步，致使科技、教育、卫生等社会事业发展相对滞后了，出现了诸如就业难、上学难、看病难、住房难的问题。党的十七大作出"加快推进以改善民生为重点的社会建设"的决策非常正确，顺应了广大人民群众改善生活的要求，也有利于调整社会结构，有利于经济社会协调发展，促进社会和谐。现在的问题是，因为社会事业建设方面（如教育、科研、医疗卫生）欠账太多，同客观需求差距太大，要真正做到"学有所教、劳有所得、病有所医、老有所养、住有所居"，还有很多工作要做。所以必须按照十六届六中全会和十七大的决定，把社会建设工作放到突出重要的位置上来。

推进社会事业建设要像经济建设一样，必须进行社会事业体制的改革。现行的社会事业体制，基本上是计划经济时期形成的，是与计划经济体制相适应的。改革开放以来，虽然也进行过一些改革，但多数是各个领域的自身的改革，有些取得了一定的成效，有些改革并不成功（如1990年代的医疗卫生产业化改革）。总体来说，社会事业体制还没有按照社会主义市场经济体制的要求改革调整过来，与社会主义市场经济还不相适应。我国的科技、教育、文化、体育、医疗卫生等社会事业领域至今还是主要由国家包揽和承担一切的管理体制，客观上既不能满足社会日益多元化的需要，国家事实上也没有这个能力，而且效率不高，所以必须像实行经济体制改革一样，进行社会事业体制的改革。

（六）社会保障制度建设

社会保障制度是现代国家经济社会基本制度的重要组成部分，是工业社会的稳定器、安全网。同传统的农业社会不同，现代化的工业社会除了仍会遇到旱涝、风暴、地震等自然灾害的侵袭外，还会遇到经济危机、战争、核泄漏、瘟疫、社会动乱等社会风险；公民个人也会遇到失业、伤残、疾病、年老、贫困等个人和家庭难以抗拒的困难。所以必须建立与本国国情相适应的社会保障体制，保证国家的长治久安，使个人在遇到困难时能获得救助和服务。

中国的社会保障制度是在仿照苏联的社会保障制度的基础上逐步建立起来的。1980年代中期以后，开始进行改革。1990年代，随着社会主义市场经济的发展，适应城镇国有和集体所有制企业改革的需要，逐步建立了"社会统筹和个人账户相结合"的社会保障体制。十六大以后，在农村逐步建立新型农村合作医疗和农村最低生活保障制度。应该说，现行的社会保障制度还很不健全，社会保障的覆盖面小，保障基金严重不足，社会统筹层次低，城乡差距很大，地区间差距也很大，这与经济发展和广大居民迫切需要很不适应。十七大提出了要"加快建立覆盖城乡居民的社会保障体系，保障人民基本生活"的目标，这个任务是很重很艰巨的。如何建设一个符合中国国情、适应经济发展需要，标准合理、运行健全、管理有效，适应人民群众的要求，维护社会公平、化解社会矛盾、保证国家社会稳定的社会保障制度，是亟须抓紧解决的问题。

（七）社区建设

这里讲的社区，主要是指基层政权、基层组织治理形式。人民公社解体以后，公社改为乡镇，大队变为行政村，生产队变为村民小组，三级治理的组织架构未变。1980年代以后，农村实行村民自治，民主选择、民主决策、民主管理、民主监督，不少地区搞得有声有色，虽然各地参差不齐，有些地区的基层组织几近瘫痪，但9亿农民是有组织的。现在基层组织治理问题主要是在城区。1980年代中期以后，城镇化发展很快，1978年我国只有220个城市，11994万城镇人口；2006年各类城市数量达到662个，城镇人口增加到57706万人，其中有城市户籍的共36548万人，无本市户籍的常住人口21158万人。28年间，城市人口增加了45712万人，有城市户籍的人口增加了24554万人。几亿人住进城镇来了，但多数是无组织的，只有公安系统有个统计数。

目前像北京、上海、天津等大中城市，市以下设区、县，区、县以下设街道、乡镇，街道以下设居民委员会，也称社区委员会（上海把街道称为社区，居委会称小区）。在北京，1990年代以前的居委会是没有脱产干部的，也没有党组织。近几年由街道办事处向居委会派出脱产干部（事业单位编制），建立党组织，管辖数千居民，正在逐步把居民组织起来。有很多大中城市，因为各种原因，在城区中有很多城中村，街道办事处以下，既有居委会，也有村民委员会。像深圳、东莞等城市，实有居民已超过1000万人了，但相应的基层组织还未建立起来。深圳有个布吉镇（2004年改为布吉街道办事处），有110万居民，实际已是个大城市的规模，但仍是街道办事处的架构，只有80名干部编制，下面有居委会（社区）也有村民委员会。在这样的条件下，要进行社会建设和有效的社会管理，实在是为难。

全国两千多个县（市）的县（市）政府所在地，在1980年代一般只有几千人，多的也只有上万人、几万人，多数是通过城关镇，同管理农村一样管理的。随着经济的发展，现在有很多县（市）城区，已形成几万人、十几万人乃至二十万、三十多万人的规模了，街道、大马路、高楼大厦、楼堂馆所等设施也建起来了，但是基层的组织建设、社区建设都没有相应建起来，很多还是通过城关镇在兼管着，还是农村式的管理。这可以说社会矛盾多发、社会治安状况不佳的主要原因，这种状况亟须改变，要通过社区建设，把城市基层组织建设完善起来。

（八）社会安全体制建设

国家要长治久安，人民要安居乐业，必须搞好社会安全体制建设。任何社会都不可能没有社会矛盾，现代工业社会是开放的多元社会，相对于农业社会，社会矛盾更多、更复杂。维护国家安全、保护人民权益、化解社会矛盾、预防惩治犯罪、维护公平正义、促进社会全面进步，是社会安全体制的主要任务。我们已经建立了一个社会安全体系，创造了诸如群防群治、专群结合、综合治理等做法，是比较有效的。但是，在实现社会转型、经济体制转轨的现阶段，单靠增加警力、多安装摄像头等办法不能从根本上解决问题。社会利益矛盾凸显、社会冲突多发的背景下，如何做好维护国家稳定、保护人民权益的工作，特别是要在完成这个新任务的同时，积极探索适应社会主义市场经济体制的要求，建设起一个中国特色的社会安全体制，是我们面临的新任务。

（九）社会管理机制建设

社会管理是政府和社会组织通过行政、法律等各种形式对社会生活的各个领域、各个环节进行组织、指导、规划、服务、协调控制、监督的职能，以保证社会正常有序、安全地运行，实现社会和谐、全面进步的目标。改革开放以来，经济社会各领域都发生了很大变化，原来城乡社会治理的格局已经不能适应，要求我们深入研究社会管理规律，更新社会管理观念，创新社会管理的体制机制，修正和制定社会政策和法规，整合社会管理资源，加强社会管理。

十六届四中全会提出了要建立"党委领导、政府负责、社会协同、公众参与的社会管理格局"，这个指导方针是符合客观实际需要的，各地正在贯彻落实。从近几年社会管理的实践看，在创新社会管理体制机制方面，有一个问题值得重视，就是如何使政府的调控作用顺应社会发展规律逻辑运行的方向（像经济调控要顺应价值规律一样），如何使政府调控机制同社会协调机制相结合，如何使政府行政功能与社会自治功能相结合，如何使政府调节的力量同社会民间组织的调节力量相结合，逐步形成与社会主义市场经济体制相协调的社会管理机制体制的新体系。

三　像抓经济建设一样，抓好社会建设

党的十六届六中全会提出要把构建社会主义和谐社会摆在更加突出的地位，党的十七大又进一步提出加快推进以改善民生为重点的社会建设，这是党中央根据经济社会发展的全局，审时度势，做出的重大战略决策。当前我国面临的发展机遇前所未有，面对的挑战也是前所未有。就国内来说，经济建设取得这么好、这么快的成就，是许多人没有预料到的；而在经济大好形势下，出现了这么多的社会矛盾和社会问题，也是许多人没有想到的。党的十六大提出了社会和谐的目标，十六届三中全会由五个不协调提出五个统筹兼顾，十六届四中全会提出加强党的执政能力建设，其中包括加强构建社会主义和谐社会建设的能力，十六届六中全会进一步做出了构建社会主义和谐社会的决定，这些都得到了广大干部和群众的广泛认同与拥护。

从社会学的视角来看，进行社会主义现代化建设一定要遵循经济社会协调发展的规律。首先，经济发展是社会发展的基础，经济要优先发展；其次，经济要持续发展，一定要有科学技术、文化教育的进步，要有社会建设作为支撑，要有和谐、稳定的社会环境作为保证，否则经济发展不可持续；再次，经济发展的目的是满足人们的物质文化需要，实现人的全面发展，因此，经济发展的最终目标是服务与服从于人的发展，可以说经济发展是手段，社会发展才是最终目的。

前一阶段，有些地区把经济发展作为唯一的目标，搞GDP挂帅，牺牲了其他方面的发展，社会发展、社会建设及社会体制改革明显滞后。当前社会主要矛盾是经济社会不协调——经济结构已经达到工业化中期阶段的水平，社会结构还是工业化初期的水平，这种结构性的矛盾是产生今天诸多矛盾的主要原因。中央提出构建社会主义和谐社会，更加注重社会建设，就是要解决好这个主要矛盾。

构建社会主义和谐社会是贯穿中国特色社会主义事业全过程的长期历史任务，为此，要把和谐社会建设摆在更加突出的地位，要改变目前社会发展、社会建设滞后于经济发展与经济建设的状况，使经济社会协调发

展。如何抓好社会主义和谐社会建设呢？现成的经验，就是要像抓经济建设那样抓好社会建设，要把社会建设作为社会主义建设总体布局中的重要内容去对待，去抓好抓实。

第一，要更加注重社会建设。在一定意义上也可以说是补课，过去疏漏落下了，现在要抓紧补上这一课。

要深入贯彻落实科学发展观，继续解放思想、实事求是，提高对于构建社会主义和谐社会的重要性、紧迫性的认识，真正把和谐社会建设放到议事日程上，摆到突出位置上，改变经济建设孤军独进的状态，真正从思想上树立起经济社会要协调发展的全局意识。

第二，要抓发展。这是执政兴国的第一要务，也是和谐社会建设的内在要求。

改革发展中出现的问题都是发展中的问题，需要通过发展来加以解决，特别是当前诸如教育、医疗、住房、社会保障等民生问题都是源于社会建设滞后，因此唯有发展才是解决问题之道。但是，发展必须是包含社会发展在内的全面发展，不能仅仅是经济发展，而应是经济与社会协调的发展，是全面、协调、可持续的发展。

第三，要继续坚持改革开放。

十七大明确指出："必须在经济发展的基础上，更加注重社会建设，着力保障和改善民生，推进社会体制改革，扩大公共服务，完善社会管理，促进社会公平正义。"我国的社会体制，包括社会事业体制，虽然也进行过一些改革，有些取得一定的成效，但有些并不成功，有些则还没有破题，整个社会体制还带有很浓的计划经济时期的色彩，还没有按社会主义市场经济体制的要求根本改变过来，在经济社会运行中，两种体制并行的矛盾很大，社会成本很高。诸如城乡二元结构的体制，户口制度，就业人事制度，社会保障制度以及教育、医疗卫生制度等都需要改革，社会体制不改革，社会建设就不能顺利进行，因此，必须"推进体制改革"，为社会建设顺利进行开道。当然，在现阶段进行社会体制改革，难度很大，阻力也很大，会牵涉不少社会阶层、社会群体的切身利益，这实际上是又一场革命，必须精心策划，周密安排，采取自上而下、自下而上相结合的方式进行。好在我们已经有了进行经济体制改革并取得了伟大成功的经验做基础，社会体制改革也一定会成功的。

总结50多年来社会主义建设的实践，在计划经济体制下，我们的政府管得太多了，包揽了经济事务、社会事务，实践证明政府包打天下是不行的，要尽可能少管。通过经济体制改革，放手让老百姓去干，我们管的少了，经济大跨步地前进了。社会事务更复杂，我们也要像经济改革一样，进行社会体制的改革，放手让老百姓去干，放手让社会团体、民间组织去干，社会建设也一定会成功的。

第四，社会建设要有组织领导，从组织上落实。

我们搞经济建设，曾经建立了计委、经委、基建委和若干个经济部门，还有中央财经领导小组，统筹、规划、组织、协调、控制、监督、领导、指挥经济建设有序有效地进行，虽然也产生过这样或那样的问题，但总体上是成功的。近60年来国家建设的一条基本经验，是提出的任何一项战略任务必须在组织上落实，要有组织、有人去贯彻执行，才能实现，如果只停留在文件上、会议上，那只能是一纸空文，正反两方面的经验都可以说明这点。如计划生育的成功就是最好的例证。社会建设要取得成功，也必须有组织保证。

2007年，北京在市委系统建立了社会工作委员会，在政府系统建立社会建设办公室，两块牌子，一套人马，合署办公。下设规划、项目、社会组织、社区建设、党建、社工人才队伍建设6个处，55个编制，把民政局、计生委等有关部局部分处室的职能、编制、人员成建制地划过来，领导组织、协调全市的社会建设工作。2008年，北京市还将在各区、县建立相应的机构。这个做法很值得借鉴。

第五，社会建设要有相当的投入。

首先要有领导和人员的投入。十六届六中全会的决定指出："各级党委要把和谐社会建设放在全局工作的突出位置，把握方向，制定政策，整合力量，营造环境，切实担负起领导责任"，"坚持正确的用人导向，选好配强领导班子，注重培养选拔熟悉社会建设和管理的优秀干部"。"建设宏大的社会工作人才队伍，造就一支结构合理、素质优良的社会工作人才队伍，是构建和谐社会的迫切需要"。在经济建设过程中，我们培养、选拔、造就了一支很大的经济工作者队伍。要把中国的社会建设搞好，同样需要造就一支很大的社会工作者队伍。但是，现在这支队伍还很小，而且分散在各个领域，还没有形成合力，没有形成组织优势。我们应该按照十六届六中全会决定的精神，通过建立相应的机构，把社会工作方面的人员、人才队伍组织起来，并在实践中逐步扩大，培养造就有相当规模的社会工作者队伍，把社会建设的事情办好。

其次是要有财力和物力的投入。曾经有一种观点，认为经济建设投资是挣钱的，社会建设投资是花钱的。在一个相当长的时期里，有些地区和部门把财力的主要部分乃至绝大部分投到经济建设上，有的甚至削减社会事业必要的开支，牺牲社会事业的发展，造成了经济社会发展不平衡、不协调的状况，实践证明，这种观点是不对的。十六大以来，国家加大了对社会事业、社会建设的投入，情况正在好转，但因为欠账太多，加上国民收入分配格局还未调整过来，路径依赖，有钱还是习惯于往经济建设方面投，这在市场经济国家是不应该的，经济建设投入应该主要通过市场去解决。据联合国开发计划署《2004年人类发展报告》的数据，在2001年前后，瑞典、丹麦、法国、德国和古巴等国家用于教育、卫生保健的公共支出相当于GDP的比例为13%—15%，加拿大、美国、英国、澳大利亚、日本等国家这一比例为10%—12%，而中国只有4.5%，还不如巴西、泰国和印度。[①] 近几年，国家增加了对教育、医疗卫生的投入，但差距还很大。我们应该按照十六届六中全会的决定，"完善公共财政制度，逐步实现基本公共服务均等化。健全公共财政体制，调整财政收入结构，把更多财政资金投向公共领域，加大财政在教育、卫生、文化、就业、就业服务、社会保障、生态环境、公共基础设施、社会治安方面的投入"，真正加大对社会建设的投入，把社会事业、公共服务搞得更好，减少社会矛盾、降低社会成本，对经济发展反而是有利的。

第六，两点具体建议。

其一，建议把中国特色社会主义事业总体布局四位一体排序中的社会建设由第四位摆到第二位，调整为经济建设、社会建设、政治建设、文化建设。现在，在社会主义现代化建设四位一体的总体布局中，是按经济建

---

① 转引自《科学发展共享和谐》，社会科学文献出版社2007年版，第16页。

设、政治建设、文化建设、社会建设的顺序排列的。这是因为经济建设、政治建设、文化建设三位一体的总体布局沿用多年，习以为常了，社会建设是十六届四中全会才提出后加进去的，把社会建设排在最后了。但是按社会主义现代化建设的逻辑顺序，经济建设达到一定水平之后，应该是重点进行社会建设，然后是政治建设、文化建设。从社会主义现代化建设的实践看，改革开放以来，我们把工作重点放到经济建设为中心上，十六届六中全会根据全局发展的要求，提出把构建社会主义和谐社会放到更加突出的位置上，要更加注重社会建设。2000年前后，学术界有个议论，认为前二十年是中国经济学繁荣作贡献的时期，后二十年应该是中国社会学发展的黄金时期，再二十年则是政治学作贡献的时期。这个说法有一定道理。因此，把中国特色社会主义事业总体布局中四位一体的排序中的社会建设由第四位进到第二位，调整为经济建设、社会建设、政治建设、文化建设，是有必要的。

其二，建议中共中央、国务院在每年召开经济工作会议前后召开一次社会建设工作会议，或者把社会建设工作的内容纳入经济工作会议中，把会议名称改为全国经济社会工作会议。自1993年召开第一次全国经济工作会议以后，已经持续开了十五次。每到年终，由中共中央、国务院主要负责同志主持召开一次高级别干部参加的经济工作会议，分析形势，总结工作，确定第二年经济工作的指导方针、主要任务、总体要求和工作重点，这对于统一各地各级干部认识、明确任务、集中力量搞建设很有必要。实践证明，这是一种很好、很有意义的会议形式和工作方法。现在构建社会主义和谐社会、进行社会建设的任务突出了，要改变经济社会发展不平衡不协调的矛盾，而且，社会建设的任务提出来还不久，有些干部还不像经济建设那样熟悉。所以，每年召开一次社会建设工作会议很有必要，对于加快社会建设、推动科学发展、促进社会和谐很有意义。

（摘自《北京社会建设六十年》导言）

新阶段社会建设的核心任务：社会结构调整

一 中国进入以社会建设为重点的新阶段

现代化实践表明，一个国家或地区在发展的不同阶段，其发展任务、发展模式呈现出阶段性特征。在发展初期阶段，生产力水平低，劳动产品少，解决温饱问题和满足人们基本物质生活的需求成为社会发展的主要任务。因此，这一阶段以经济发展为主导，经济发展优先于社会发展，经济社会发展不协调作为这一发展阶段的特征有其一定的合理性。在进入发展中级阶段后，生产力落后状况得到显著改善，温饱问题和基本物质生活需求得到初步解决和满足，人们对物质生活以外的精神文化和人的全面发展的需求越来越迫切。如果不调整阶段性的战略目标来满足人们的阶段性需求，经济社会发展不协调的矛盾就会变得更加突出。

（一）突出的经济发展成就与尖锐的社会矛盾问题并存

一方面，经济发展成就突出。改革开放30年来，中国国内生产总值以世界经济发展史上罕见的年均9.8%增长率快速增长，综合国力迈上了新台阶，成为世界第三大经济体。按1978年可比价格计算，全国城乡居民人均可支配收入和农村居民人均纯收入从1978年到2008年分别增加了7.16倍和6.93倍，人民生活总体达到了小康水平。[①] 中国自2006年跃居世界第一大外汇储备国以来，外汇储备以月均两位数的速率增长，到2009年6月底国家外汇储备余额已达21316亿多美元，占全球外汇储备总额的

[①] 数据来源：《中国统计年鉴》相关年份。本文后面引用数据若无特别注明，均引自《中国统计年鉴》。

1/4 强。这是 30 年前还处于短缺经济状况下的中国和世界都没有想到的，也大大超出了改革开放之初设计者们的蓝图。中国发生的变化用"翻天覆地"来形容一点也不为过。

另一方面，社会矛盾和问题尖锐而突出。在经济建设成就之大超乎预想的同时，社会问题和矛盾之多也出乎意料。1978 年改革开放发轫之初，社会普遍的认识是：当时中国面临诸多矛盾与困难的主要原因是贫穷与经济发展落后，搞好了经济建设，这些问题就会迎刃而解。但如今，在经济建设取得巨大成就的同时，社会领域中的矛盾和问题不是少了，而是多了。如住房、教育、医疗、养老等民生问题日益突出，贫富差距、城乡差距、区域差距持续扩大，劳资关系等社会利益群体矛盾日益显化，土地征用、房屋拆迁、企业改制、涉法涉诉等容易引发不稳定事件的问题凸显；一些地方杀人、绑架等严重暴力犯罪增多，抢劫、抢夺、盗窃等侵财犯罪上升，社会治安出现不少新情况。特别是群体性事件，从 1993 年到 2005 年，群体性事件增加了近 10 倍。[①] 2008 年以来，以贵州瓮安事件、吉林通化事件等为代表的群体性事件呈现出蔓延趋势，社会稳定问题日益突出。

经济建设成就之大超乎预想，社会矛盾问题之多出乎意料，这"两个想不到"是在中国进入发展的关键时期，即工业化中期阶段之后开始集中显化出来的，这便是当前中国经济社会发展的新的阶段性特征。

（二）中国进入社会建设为重点的新阶段

国外社会建设经验的启示表明，当前中国发展所处的阶段特征，在世界各现代化国家的发展历程中也曾出现过。19 世纪末 20 世纪初是美国具有关键意义的转折时期，在经济迅速发展的同时，也出现了贫富差距悬殊、秩序紊乱等社会危机，但美国在这个阶段及时进行了社会体制改革，加强社会建设，较好地化解了社会危机，使社会发展适应了工业化进程。第二次世界大战后日本经济快速增长，特别是 1960 年之后经济增长更为迅速，超过了预期，但同时也出现了突出的社会问题，经济结构与社会结

---

① 于建嵘：《转型期中国的社会冲突》，《凤凰周刊》2006 年第 176 期。

构失衡导致民众生活处于不正常状态。1970年代末期就有学者评论："以当时日本的经济发展与社会发展的均衡情形来说，生产为第一流，国民所得与消费为第二流，住宅等生活环境则属第三流。"[①]为了解决失衡的问题，日本进行了相当规模的社会建设，但由于种种原因，社会建设并没有得到有效落实，日本为经济大国的成功付出了相当大的代价，例如生活环境等方面的问题至今仍未得到完全解决。"拉美发展道路"同样显示了社会建设的重要性。20世纪90年代后期，拉美地区经济状况严重恶化，失业率持续攀升，贫富悬殊，两极分化，社会动荡，各种社会矛盾凸显和激化，形成被人们认为是难以跳出的"拉美陷阱"，而其根源则是拉美国家对社会建设认识不足，社会体制改革力度不够，没有形成与经济结构相适应的社会结构。

不论是美国成功的经验、日本"成功的代价"，还是拉美国家的前车之鉴，都显现了社会建设在发展进程中的不可忽视和不可替代的作用。

从社会建设的高度来认识当今中国社会发展阶段。十六大以来，中国对社会建设的重要性有了更高的认识，并将社会建设任务写入执政党的党章等重要文献。2004年，中共十六届四中全会第一次提出"构建社会主义和谐社会"和"社会建设"的战略任务。2007年，建设中国特色社会主义事业的总体格局由社会主义经济建设、政治建设、文化建设三位一体发展为经济建设、政治建设、文化建设、社会建设四位一体。社会建设成为总体发展的重要一环。进入21世纪，政府在坚持以经济建设为中心的同时，反复强调要将社会建设摆在更加突出的位置，始终注重社会建设的实践，这标志着进入21世纪以来中国正在经历第二次转型，迈入了社会建设为重点的新阶段。

(三) 社会建设的核心任务是调整社会结构

党的十七大报告指出："社会建设与人民幸福安康息息相关，必须在经济发展的基础上，更加注重社会建设，着力保障与改善民生，推进社会体制改革，扩大公共服务，完善社会管理，促进社会公平，努力使人民学

[①] 福武直：《日本社会的结构》，王世雄译，东大图书公司1994年版，第107页。

有所教、劳有所得、病有所医、老有所养、住有所居，推动建设和谐社会。"从社会学的角度分析，社会建设的这些内容，可以归结为调整社会结构。抓住了社会结构的调整，就抓住了社会建设的核心。在当前，通过各项工作，构建成一个与经济结构相适应的现代社会结构，推进经济社会协调发展，是我们面临并着力解决好的关键性任务。

所谓社会结构，概括地说，是指一个国家或地区占有一定资源、机会的社会成员的组成方式及其关系格局。[①]

总体上说，社会结构具有复杂性、整体性、层次性、相对稳定性等重要特点，一个理想的现代社会结构，应具有公正性、合理性、开放性的重要特征。具体而言，社会结构包含着各种重要的子结构，除了作为基础要素的人口结构外，还有体现社会整合方式的家庭结构、社会组织结构，体现空间分布形式的城乡结构、区域结构，体现生存活动方式的就业结构、收入分配结构、消费结构，体现社会地位格局的社会阶层结构等。在这些子结构中，社会阶层结构是核心，直接或间接体现社会子结构各方面的状况，各子结构间的变化存在互动关系，某一子结构的变化会影响其他子结构的变化。而调整社会结构也就意味着调整它的多项子结构，尤其是阶层结构，使它们与经济社会发展的进程相契合。

二 当代中国社会结构深刻变动

改革开放以来，中国社会结构已经发生了深刻变动，可以说是"几千年来未有之变局"。经济体制和社会体制改革大大加快了由农业社会向工业社会、农村社会向城市社会、传统社会向现代社会的转型，中国社会结构发生了深刻变动，主要表现在五大方面。

[①] 关于社会结构，不少社会学教科书定义为：是一个国家或地区内部诸要素间的构成方式与状况。我们认为这一概括还没有充分反映出构成社会结构的要素与机制，而这正是认识社会结构何以可能不可缺少的分析维度。所以，我们认为社会结构是社会资源在社会成员中的配置，以及社会成员获得社会资源的机会（公平性）的结果，这对于社会结构状况以及调整更具有重要的理论与实践意义。

（一）基础结构：人口结构发生巨大变化

人口结构是社会结构的基础结构。1978—2007年，中国人口出生率从18.25‰下降到12.10‰，人口死亡率保持在6.5‰这一较低水平上下，人口自然增长率则相应地从1978年的12.00‰下降到2007年的5.17‰。在此基础上，中国人口的年龄结构、素质结构和空间分布结构发生了很大变动，突出表现在：人口平均预期寿命延长、人口年龄结构进入老龄化阶段、人口文化素质显著提高，人口空间分布由农村向城市、由落后地区向沿海经济发达地区大量迁移、集聚。人口结构的基础性变动影响着家庭结构、就业结构、阶层结构等社会结构的深刻变化。

（二）社会整合结构：家庭结构、组织结构不断变动

家庭是社会的细胞。随着人口结构变化，中国家庭结构、结构模式及其社会整合功能也发生了重大变化。一是家庭规模小型化。户均人口规模下降趋势明显，由1982年的4.41人下降到2008年的3.16人。二是家庭类型多样化。随着婚恋价值观念日益多元化和城乡人口流动，家庭类型呈现出多样化的趋势，在城市出现了丁克家庭、空巢家庭和单身家庭，在农村隔代家庭比例上升，漂泊家庭和分离的核心家庭增加。三是家庭结构模式变化。在城镇突出表现为"四二一"模式，在农村基本形成以"四二二"模式为主体的格局。四是家庭关系平等化。主要表现在夫妻之间和家庭成员之间关系趋向平等化。

组织结构及其整合功能发生变化。改革开放以来，随着计划体制的解体和市场体制的建立，组织结构的最大变化是，伴随着组织结构的分离和成长，资源与机会的配置发生重大变化，组织功能也不断再造。首先，政府组织对于经济社会的管控方式和职能在转变，正由"全能型"回归到公共服务职能。其次，伴随着企业组织的成长并成为市场的主体，国有企业的生产功能被强化，非生产功能被剥离，非公有制企业组织和个体工商户大规模成长。再次，社会组织开始发育，并发挥着国家与市场之外的社会整合功能，如2008年全国登记注册的社会组织达到约41.4万个，其中社会团体约22.8万个，民办非企业单位约18.2万个，基金会1597个，吸

纳社会各类人员就业475.8万余人，它们已经成为构建社会主义和谐社会的重要整合力量。

（三）生存活动结构：就业、收入分配与消费三大结构市场化变动

人们的生存活动结构主要包括就业结构、收入分配结构与消费结构，体现资源、机会的分配与配置过程。

就业结构表现为劳动力在产业、行业、岗位等方面的配置。当代中国劳动力配置已经从新中国成立前的自然经济、改革开放前的计划经济状态转变到当前的市场经济方式，从农业就业人口占绝大多数转变为非农产业就业人口超过农业就业人口，同时第三产业就业人口超过了第二产业就业人口。直到1978年，全国4亿的就业人口在三次产业中的分布结构仍然为70.5∶17.3∶12.2。1978年以后，就业结构发生显著改变，到2008年，全部就业人口的三次产业分布格局演变为39.6∶27.2∶33.2，非农就业人口占60.4%。1978—2008年，第二、三产业从业人员平均每年增加1166.4万人。

收入分配问题不仅事关民生，而且关系到社会公平公正，更关系到国家长治久安。改革开放以来，中国收入分配制度改革不断深化，收入分配体制和再分配框架发生根本变化，收入分配结构的巨大变动打破了平均主义、"大锅饭"局面，形成了按劳分配为主体、多种分配方式并存的分配制度，极大地激发了社会成员以及众多行业部门的活力，调动了劳动者的积极性，有力地促进了经济社会发展。当前，中国收入分配方面的问题，主要是城乡、区域、阶层之间收入差距过大，贫富发生分化，已对社会和谐稳定产生了不利的影响。

消费不仅从一个方向推动社会分化，同时也是重要的社会整合机制。改革30年来，中国居民消费结构已从生存型、温饱型走向小康型、富裕型。城镇居民家庭的恩格尔系数已由1978年的57.5%下降到2008年的37.9%，达到了富裕水平；农村居民家庭的恩格尔系数由67.7%下降到43.7%，进入小康。这虽然与发达国家30%以下的水平仍有距离，但意义重大。消费结构中科教文卫等消费支出比例正在不断提高，越来越呈现出现代社会消费结构的趋高级化重要特征。另外，推动中国居民消费结构变

迁的主导力量发生了重要变化，消费功能更加多样化，尤其重要的是消费的社会标识正在逐渐增强。

（四）空间结构：城乡、区域间的资源与机会配置不断调整

城乡结构和区域结构是社会资源和机会在空间配置而形成的结构状态。

中国城乡结构变动首先表现为城市化，即伴随着工业化的进程，大量农村人口转变为城市人口，传统农村社会逐步向城市社会转变。1952年中国的城市化率只有12.8%，1978年城市化率也只有17.9%，26年间仅提高5.1个百分点。1978年以后，城市化进程开始加快，按城镇常住人口计算，2008年城市化率达到45.7%，正在接近一般公认的城市人口占总人口50%的城市化水平。其次，表现为城乡二元体制转型，即市场经济的发展打破了城乡资源和机会配置的行政垄断，使计划经济时期形成的城乡二元社会结构松动。1978年开始的农村改革首先冲破了城乡二元产权制度的约束，农村在资源配置上获得了相对的自主权利，诱发了城乡体制的一系列变动。21世纪以来，国家先后提出统筹城乡发展战略，相继出台一系列惠农举措，使农村、农民得到相当多的实惠。但是，中国的城乡差距仍然很大。

改革开放以来，中国区域发展明显分化；区域之间互动机制从单一走向多元，东部、中部、西部等区域经济社会发展格局逐步形成，不同类型区域的经济社会发展模式和速度差异明显，社会成员之间的生活水平和发展机会落差逐步拉大。总体上看，在发展水平上东部最高、中部次之、西部最低，三大地区之间的发展差距明显。2008年，东部地区[①]以占全国9.5%的土地面积和占全国40%的人口，创造了占全国58.4%的地方生产总值，中西部内陆地区则以占全国90.5%的土地面积和占全国60%的人口，仅创造了占全国41.6%的地方生产总值。区域结构不平衡是当前中国的基本国情，协调区域发展是当前调整社会结构的重要方面。

---

① 包括北京、天津、辽宁、上海、江苏、浙江、山东、福建、广东、海南、河北11省市。

（五）地位结构：现代社会阶层结构初步形成

随着历史进程的延革，制度、结构等社会因素的变迁，资源配置和机会获取方式的变动，中国社会阶层结构产生了深刻变化，成为当代中国社会结构核心变动的表征。

1949—1978 年，中国社会的阶级阶层结构变迁是一个简化的过程，通过社会主义公有制和计划经济体制的建立，最终形成了由工人、农民和知识分子组成的"两个阶级一个阶层"的社会阶级阶层结构。1978 年以来，随着经济体制的深刻变革，资源和机会的配置方式发生了重大变化，原来单一的中央集权配置方式转变为国家、市场、社会共同配置的方式，推动了社会结构的深刻变动，催生了诸如私营企业主、农民工等一些新的社会阶层和群体，使社会分化为"十大阶层"的社会阶层结构。[①] 在机会获取方面，总体而言，1978 年以来，特别是在改革开放初期，国家制度政策的安排，对人们社会地位的获得和沉浮，发挥着重要乃至决定性的作用，"先赋因素"作用明显。但越到后来，整个社会变得越是开放，"后致努力"逐步成为获得向上流动机会的主要规则。

新中国成立 60 年来，特别是改革开放 30 年来，中国社会结构深刻变动，推动着一个现代社会阶层结构的初步形成。资源和机会在社会阶层的分配，构成了阶层位置的客观基础，阶层成员获取资源和机会的能力成为改变其阶层位置的重要因素。改革开放之前的"两阶级一阶层"结构逐渐解体，新的社会阶层逐渐形成，社会阶层结构由简单化到多元化，由封闭转向开放，现代社会阶层结构已基本形成。此外，在这种新的社会阶层结构中，中产阶层的规模比例不断扩大，是当代中国社会阶层结构的突出表现。据我们测算，2007 年中国的中产阶层占总就业人口的 22%，比 1999 年的 15% 增加 7 个百分点，现在中产阶层的比例每年约增加 1 个百分点，约有 800 万人进入中产阶层。当然，必须看到，中国社会阶层结构的现代化转型远未完成，社会中下阶层比重仍然很大，中层比重偏小，整个结构总体上呈现出洋葱头形状。

[①] 陆学艺：《当代中国社会流动》，社会科学文献出版社 2004 年版，第 9—23 页。

三 社会结构变动对中国经济发展的贡献

中国社会结构的变动对于中国经济发展有着重大的贡献。在现代社会中，除了国家干预与市场调节之外，社会结构转型是影响资源配置与经济发展的另一只"看不见的手"，它既是经济增长的结果，也是社会变革的推动力量。[①]

（一）家庭经济功能的恢复推动着经济发展

1949 年以后，随着社会主义改造的完成，农村土地收归集体所有，农村家庭的生产功能严重受损。1978 年以后，随着家庭联产承包责任制的实施，以家庭为单位，农民获得了土地生产经营使用权，农民家庭的生产功能得到恢复，极大地释放了农民的生产积极性，中国农业发展进入快速增长的新阶段。

在城镇，家庭的经济功能在 1956 年以后基本被改造掉。一方面，随着个体经济被改造，以家庭为单位的个体经济失去了存在空间；另一方面，随着国家供给制的建立，以及经济建设中"高积累、低消费"的政策安排，城镇家庭的消费功能被抑制在国家严格的制度安排之中，失去了自主消费空间。改革开放政策重点由农村转向城市以后，个体经济的发展首先得到政策允许，城镇家庭重新获得了对生产资料的拥有与支配，个体经营户雨后春笋般出现，拉开了城市改革的序幕；同时，随着商品经济的发展、市场的繁荣，家庭的消费功能自主回归，极大促进了商品经济的发展。

（二）就业结构调整使劳动力配置合理化

在改革开放之前，中国用工制度由国家高度统一配置，就业结构相当刚性，劳动力流动受阻。改革开放之后，随着经济体制改革，大量的农业劳动者从第一产业向二、三产业快速转移，农民获得了非农就业的权利与机会，不仅解决了二、三产业急需大量廉价劳动力的问题，农业劳动者收

[①] 李培林：《另一只看不见的手：社会结构转型》，《中国社会科学》1992 年第 5 期。

入更加多元化，而且使中国成为"世界工厂"，在全球化的趋势下产品更具竞争优势。从另外一个意义上讲，大量的农村劳动力进入城市，不仅加快了城市化步伐，改变了城乡结构，而且实现了人力资源的城乡优化配置，这对于促进经济的整体发展具有重要意义。

（三）社会组织功能的自主性回归，促进了经济体制改革

改革开放以前，国家对整个社会进行总体性控制，形成一种总体性的组织结构。[1] 1978 年以后，在中国组织结构的变化中，国家、经济与社会三大组织的功能开始朝着自主性方向回归。一是国家的总体性控制不断收缩，并且朝着规范化、法律化的方向演进，从而逐步改变了以往国家包揽一切的状况。二是企业组织的生产功能得到强化，企业的社会性功能被逐步分离出去，这对于市场经济的发展意义重大。三是社会生活领域的自主性不断增强，相对独立的社会组织开始发育成长。社会组织是在国家不断从社会领域退出、作为市场主体的经济组织不断剥离其社会职能同时又未能承担应当承担的社会责任的过程中发展起来的，因而它们具有以组织化的形式填补国家和企业组织退出以后在社会生活领域留下的空白的职能。从这些变化来看，各类不同组织功能的自主性回归，强化了专业分化下资源配置机制的多样化，换言之，资源和机会的配置由国家完全掌控，转变为由国家、市场、社会共同配置，从而大大提高了配置的效率，对经济增长和社会发展作出了重要的贡献。

（四）城乡结构调整使得资源、机会的空间聚集效应得以展现

城市是降低资源配置成本的地区性结构安排，城市规模越大，资源配置成本越低。改革开放以来的城乡结构变化，实质是资源、机会在城乡间的重新配置。虽然今天城市化滞后于工业化，城乡结构依然不合理，但是，改革开放 30 年间，中国城市化加快，使得城乡间的资源与机会配置的效率提高，有力促进了经济的发展。一是促进了职业生产的聚集效应；二是促进了产业结构的调整；三是促进了消费主体的成长，消费的扩大又

---

[1] 孙立平：《转型与断裂——改革以来中国社会结构的变迁》，清华大学出版社 2004 年版。

推进了经济的增长。

（五）新社会阶层的兴起和发展使得社会主义市场经济的活力倍增

在改革开放以来不断发展的新的社会阶层结构中，掌握和运作经济资源的阶层不断兴起和壮大，他们主要包括私营企业主阶层、经理人员阶层、个体工商户阶层。改革开放以来中国经济的持续快速增长，与这些掌握和运作经济资源的阶层的壮大是密切相关的。可以说，没有市场经济中这些新的社会阶层的发展壮大，中国经济的增长不可能取得今天这么大的成就。2007年，全国的私营企业已经占国内企业总数的62.25%，注册资金93873亿元，上缴税金4771.5亿元，已经成为推动中国市场经济发展的重要力量。此外，新社会阶层结构中的农民工阶层的出现，为国家创造了巨大财富，农民工阶层的伟大功绩，在中国工业化、现代化、城市化建设的历史上应当占有很重要很光辉的地位。

四　当前诸多社会矛盾问题的症结在于社会结构变动滞后

在经济增长过程中，资源与机会配置的效率优先，并非总能导致公平的实现。也就是说，经济结构的变化并不总会推动社会结构的合理变动。一旦社会结构滞后于经济结构变动，而且各种社会结构本身存在不协调性，社会矛盾和问题就会层出不穷。

改革开放以来，中国社会结构虽然发生深刻的变化，并产生积极的经济意义，但在相当长的时期里，过于追求经济增长速度，社会建设受到某种程度的忽视，资源配置明显不足，社会结构调整因之而明显滞后。与此同时，计划经济体制时期形成的一些已经不合时宜的体制（如户籍制度）没有从根本上得到改变，而且改革开放以来制定的一些政策（如分配调节政策）也没有随着形势发展而及时调整，这些问题不同程度造成或加剧了中国社会资源和机会获得的不公平。这样，在社会系统中，一方面是资源配置机制不合理导致社会结构变动与经济结构演变脱节，社会成员的发展差距扩大；另一方面是相当部分社会成员获得发展的资源和机会的难度加大，导致社会结构调整滞后，而且这种滞后已经超出了合理的限度。

中国社会结构变动滞后经济结构发展大约15年。现实发展中的若干重要指标已表明，当前中国的经济结构已进入工业化中期，甚至有些指标表明已经进入了工业化后期。从产业结构的变化情况看，产业结构已经从工业化初期的"一、二、三"模式转变为工业化中期的"二、三、一"模式；从人均收入水平看，人均GDP或GNP美元表明工业化水平总体上处于工业化中期。但是，社会结构指标还没有随着经济结构的转变而实现整体性转型，多数社会结构指标仍然还处在工业化初期。比如，城乡结构变化的城市化率在工业化中期应该达到60%以上，但到2007年，中国城市化率仍为44.9%；再如，在工业化中后期，一个国家或地区中产阶层规模经验值一般在22.5%—65%，但根据本课题组研究，2007年中国的中产阶层规模约为22%，表明中产阶层规模仍然处于工业化初期状态。

经济结构与社会结构两者不但出现了结构性的偏差，而且结构性偏差比较大。比如，中国就业结构中，第一产业从业人员以改革30年来年均下降1%的速度来计算，目前的就业结构转化并达到工业化中期的相应指标，需要25年左右；又如，就城市化率而言，如果以改革30年来城市化率年均增长1%的速度来计算，城市化率要达到工业化中期60%以上的指标，大约需要15年多的时间；再如，就消费结构中的恩格尔系数而言，根据30年来，城镇和农村居民恩格尔系数每年分别下降0.82%和0.71%计算，该系数下降到工业化中期的指标即30%以下，分别至少需要9年和16年左右；最后，就中产阶层规模而言，与发达国家中产阶层规模比较，如以近期中产阶层每年增加1个百分点计算，要达到中产阶层占40%的水平，则需要约18年时间。

综合这几个指标并考虑到中国近年经济发展态势等多种因素，中国社会结构滞后经济结构大约15年。如果在近期不进行相应的社会体制改革，不加大对社会建设的力度，那么，按目前的格局发展，中国社会结构的演变要到2025年左右才能进入工业化中期阶段。

与此同时，社会结构内部即各类社会结构之间也存在偏差。根据现代化过程的一般国际经验，城乡结构现代化的转变要按次序经历三个转换点：首先是产值结构的转换点，即非农业产值占国内生产总值的比重上升到 85% 以上；其次是城乡结构的转换点，即城市人口占总人口的比重上升到 50% 以上；再次是就业结构的转换点，即非农业从业人员上升到全部从业人口的 70% 以上。[①] 到 2008 年，中国的农业总产值在 GDP 中只占 11.3%；城镇常住人口占总人口的比重仅为 45.7%，与 50% 以上的指标相差 5 个百分点；从事非农业的劳动力仅占总就业人口的 60.4%，与 70% 以上的指标相差近 10 个百分点。三者之间出现结构性偏差，这是造成当前中国三农问题久解不决、农民在解决温饱问题以后难以普遍富裕起来的一个结构性原因。又如，根据工业化国家的发展经验，平均每 100 人就有一个社会组织。现代社会组织是工业化、城市化社会中一支重要的整合力量，在社会管理中发挥着非常重要的作用。根据有关部门的统计，截至 2008 年底，中国相当于每 3115 人有一个社会组织，与工业化国家相差 30 多倍。

总的来说，中国社会结构变动滞后于经济结构发展，以及社会结构内部存在种种偏差和不协调，正是导致社会出现结构性紧张，诸多社会矛盾和问题不断涌现的主要根源所在。

五 社会结构调整的政策取向

社会结构的实质是资源与机会在社会成员中的配置。当资源、机会配置得当时，社会结构也就合理，反之社会结构便会出现不协调问题。因此，社会结构调整的基本原则就是如何最大化地实现资源、机会的公正合理配置。加快社会结构的调整，改变社会结构滞后于经济结构的局面，协调经济社会发展，这是当前中国社会结构调整的目标。

（一）社会结构调整的重点

第一，加快城市化步伐，调整城乡结构。当前，中国城市化率不仅低于世界平均水平，甚至低于不少发展中国家的水平，而且这种低水平的城

---

① 汝信、陆学艺、单天伦主编：《2001 年中国社会形势分析与预测》，社会科学文献出版社 2001 年版，第 6 页。

市化还包括统计在城镇常住人口中的 1 亿多农民工,这部分人严格说来还不是完全的城市人。所以,大力推进城市化,改变当前这种不合理的城市化模式是迫切的任务。当然,这涉及一系列政策的调整,如城市化政策中的户籍、就业、教育、社会保障等制度方面的调整。但是,赋予进城农民工以城市居民身份,使现代产业工人的经济身份与社会身份相一致,这是历史潮流。

第二,完善收入分配制度,调整收入分配结构。在收入分配结构方面,完善收入分配制度,逐步解决好初次分配和再分配中的不公平问题。首先,要调整宏观上的收入分配格局,增加劳动收入在初次分配中的比重。其次,要加快改革和完善社会保障体制。当前社会保障体制在不少方面存在着不合理的地方,如发达地区、优势部门、优势阶层和群体的福利和社会保障要大大高于一般社会群体,特别是弱势部门和阶层。社会保障等二次分配制度不应该成为优势阶层的"福利网",而要真正成为社会弱势群体的"安全网"。

第三,规范劳动力市场,治理劳资关系,调整就业结构。一般来看,在一个国家或地区发展的不同阶段,发展的主要任务与模式会呈现出差异,就业结构、劳资关系也会有所不同。在发展的初期,许多发展中国家或地区为了吸引投资者,通常利用本国或本地区劳动力廉价的优势,相应地会在劳工保护方面降低对投资者的要求,"资强劳弱"成为这一阶段劳资关系中的普遍特征。但是,随着工业化的发展,劳动法规必然需要相应调整。一方面,"资强劳弱"的劳资关系格局所造成的利益失衡与冲突,不仅有失公平,而且也影响效率。另一方面,随着工业化发展,劳动力密集型企业逐渐被技术密集型企业取代成为趋势,产业结构进一步调整和升级成为必然选择,这就要求劳动者要具备更高的素质,以适应工业化发展的新需要。因此,这一时期的劳动关系立法基本立场由抑制人工成本转向鼓励发展高度熟练、掌握较高技能和生产率的劳动者,能够及时实现这种转向是一个国家或地区能否成功转变发展模式的关键之一。

第四,促进中产阶层的发育,推进现代社会阶层结构形成。就目前中国社会阶层结构状况而言,社会政策调控的重点应围绕壮大中产阶层、缩小社会中下阶层、协调整合阶层利益关系展开。首先,要壮大中产阶层。

在多个方面，国家已经出台了扩大中等收入者比重、提高居民财产性收入、高校扩招等具有积极意义的政策，并在实践中取得了比较好的效果。当然，目前对于中小企业的扶持，以及对于中产阶层的住房、医疗、社保等相关的政策还需要进一步完善和落实。其次，要缩小社会中下阶层。主要是农业劳动者阶层和无业、失业、半失业者阶层的规模要缩小，同时提高这些阶层成员的经济社会地位及待遇。为此，需要积极增加就业，促进农村劳动力转移，为无业、失业、半失业人员创造就业机会，尽可能使他们业有所就，劳有所得；还需要继续关注农民工的权益保障，使他们能以各种形式融入城市；同时，要注意社会上层与底层之间利益关系的整体协调，减少和缓和二者之间利益冲突。

（二）社会结构调整的具体政策建议

第一，加快推进社会建设，调整公共资源配置格局，提高公共产品供给的普惠水平。在社会建设的新阶段，应该下决心调整公共资源配置格局，从以往较多地倾斜于经济建设相关领域转向倾斜于社会建设相关领域，增加对教育、医疗、科技、文化等社会事业投入，加快社会事业的发展，实现资源的合理配置。这样才能改变经济发展与社会发展不平衡、不协调的困境。

第二，推进社会管理体制的改革。以往重视经济管理体制的改革，重视经济结构的调整，是必然的时代要求。现在则需要更加重视社会管理体制改革，促进社会自我的发展和成长。当前的重点是要加快户口、就业、社会保障、社区建设等方面的体制改革，这是解决诸多经济社会矛盾、构建社会主义和谐社会的重要环节。

第三，不断加大利益整合机制建设，确保社会安定有序。中国社会结构转型是在政策体制变动、经济体制转轨、利益格局调整的背景下展开的，不同利益群体的分化随之而出现。从总体上看，当前的利益整合机制调整滞后经济社会发展的需要，种种利益关系状况突出表现为城乡之间、区域之间、社会阶层之间的利益矛盾冲突不断出现。与此同时，结构化、系统化，甚至固定化的趋势也已开始出现。这些都使得加大社会利益整合机制建设、确保社会安定有序显得更加重要和迫切。

第四，积极推进政府职能转变。长期以来，中国政府一直是"经济建设型政府"，在计划经济体制下，政府直接是经济建设的主力。改革开放以来，即使在社会主义市场经济体制已经确立起来以后，由于计划经济时期思维惯性的影响，政府过多干预微观经济的问题仍然没有得到彻底解决，公共服务被忽视和边缘化在所难免。而这些问题不是单纯靠发展经济、靠政府直接从事经济活动所能解决的。因此，中共十七大报告明确提出了建设"服务型政府"的目标，这就要进一步理顺政府与市场的关系，政府要真正转向"以社会建设为中心"，将发展经济、提高效率等事务更多地交给市场。

第五，进一步发展壮大社会组织。首先，要尽快改革社会组织登记注册管理制度、双重管理制度、分级管理制度，逐步摒弃非竞争性原则，消解社会组织发展的"注册困境"。一切不违反国家宪法和相关法律的社会组织、一切旨在促进社会公益和合法成员共同利益的社会组织，应该直接准予注册登记。要解决好现行挂靠制度造成被挂靠机构不愿承担管理责任的困境，让社会组织成为独立社团法人，独立承担必要的法律和政治责任。其次，要深化社会管理体制改革，切实实行政社分开，同时改革与社会组织发展息息相关的公共资源和社会资源的分配制度，消解社会组织发展的"融资困境"。通过政社分开的改革，从体制上解决好国家与社会组织之间的行政化"脐带"关系，使大多数行政化社会组织尽快实现社会化转型，大规模减少国家导向的社会组织数量，增加社会导向的社会组织数量。

(《中国社会科学院要报 领导参阅》2010年第3期)

建设社会主义新城市应成为"十二五"规划的战略重点

纵观近60年来的十一个五年计划的制定和实施历程,可以看到,其中绝大多数的五年计划都有一个战略重点。这些战略重点任务的完成,使我国的国民经济登上了一个又一个新的台阶,使我们国家成为世界经济大国。如第一个五年计划的战略重点是"一化三改",第六个五年计划的战略重点是"调整、改革、整顿、提高"和改革开放,第八个五年计划的战略重点是"建设有中国特色的社会主义市场经济体制",等等。①

再看第十一个五年规划的战略重点,是"建设社会主义新农村"。党中央审时度势,认为"三农"问题是制约我国发展的根本问题,只有解决好"三农"问题,才能盘活经济和社会发展的全局,明确把建设社会主义新农村作为重大历史任务,列入"十一五"规划②,并作出了相应的决定。近五年来,中央各部门和全国各地投入了很大的力量贯彻落实这个战略重点任务,从而使农业在2004—2005年增产的基础上,又连续夺取了第六个、第七个丰收年,农民收入连续七年增收,农村消费市场扩大,农民生活普遍改善,农村社会稳定,这就为抵御2008年世界金融危机,为国民经济持续、稳定、快速发展准备了很好的条件。

然而,随着经济的快速发展,我国的城市化却长期滞后于工业化,并由此产生了许多经济、社会矛盾和问题。因此,我们认为用10—20年时间,着力解决好城市化滞后的问题,是推动经济社会协调健康发展、全面建设小康社会的关键。更认为很有必要把建设社会主义新城市、加快推进

---

① 参见第一个、第六个、第八个五年计划纲要相关内容。
② 参见新华网"十一五"规划纲要(www.xinhua.net.com)。

城市化，列为"十二五"规划的战略重点。其理由是：

第一，"三农"问题的根本解决，要靠城市化。

农业要现代化，农民要富起来，城乡要一体化，必须解决人往哪里去、钱从哪里来的问题。只有靠工业化、城市化吸纳众多农民，工业真正反哺农业，城市真正带动农村，才能解决好"三农"问题。

第二，扩大内需，使我国从投资出口主导型转变为内需主导型国家，要靠城市化。

城市是消费工业品、服务业产品的载体。中国已经是制造业大国，必定要构建成消费大国，才能实现良性运行。1990年代中期就提出要扩大内需，而内需之所以扩大不上去，主要是因为城市化没有发展起来。

第三，转变经济发展方式，要靠城市化。

当前中国经济发展质量不高，效益不太好，从产业结构分析，是制造业太重，服务业太轻。2008年的一、二、三产业结构是11.3∶48.6∶40.1。城市是第三产业的助产婆。第三产业长期发展不起来，主要是因为城市化滞后。要转变经济发展方式，就必须加快城市化。

第四，社会要更加和谐，社会要稳定有序，就要改变目前"半城市化"的状况，建设社会主义新城市，加快城市化步伐。

中国现在13.3亿人，按居住地和身份划分，大致是非农户籍并住在城镇的人口占1/3，进城的农民工和离土不离乡的农民工及其家属占1/3，住在农村务农的农民占1/3。但从产生社会矛盾和问题的原因及其当事人分析，2/3的矛盾产生在上述第二个1/3的人群里。2008年公安机关立案的刑事案件488.5万起，其中盗窃、诈骗、抢劫三项侵财案占80.85%。据相关部门统计，这些侵财案件，70%以上发生在城市和城乡结合部；这些案件中抓获的犯罪人，70%以上是外地人；在这些抓获的犯罪外地人中70%以上是农民工。再有，这些被盗窃、被诈骗、被抢劫的受害人，70%以上也是农民工。

从这四个70%以上的事实可以看到，当今中国有很大部分的社会矛盾和问题产生于不合理的城乡体制、不合理的户籍体制和不合理的农民工体制。在各现代化国家工业化、城市化过程中，都有大批农民进城，成为工人、成为市民，他们的经济、社会地位都是提高的，他们并不是产生社会矛盾的主要群体。所以，从维护社会稳定有序、促进社会更加和谐的角度，也要加快城市化的步伐。改革目前的户口体制，改革农民工体制，使农民工脱帽成为工人，使农民成为市民，这既是加快城市化的需要，也是从源头上化解社会矛盾治本的重大措施。

城市是现代文明的中心，是工业化发展的条件和必然结果。城市能够聚集和配置好各种资源，最大限度降低成本和提高效率。从20世纪末，国家提出城镇化战略以后，城市化的步伐已经加快了。1998年的城市化率为33.4%，2008年达到45.7%，提高了12.3个百分点，平均每年提高1.23个百分点，每年增加城镇常住人口1906万。城市化已经很快了，但为什么还会产生如此繁多的社会矛盾呢？问题主要出在建设什么样的城市和实现城市化的道路问题上。

第一，因为历史原因，我国形成了城乡二元经济社会格局，长期实行限制城市化的发展。1998年提出建设小城镇，实施城镇化战略，设想把农民引导到小城镇就业和居住。但一经开放，蓬勃发展起来的是大城市和特大城市，后来又提出"以大带小，促进大中，小城市和小城镇协调发展的城镇化道路"。近几年，有180多个城市提出要建立国际化都市，也有人提出中国要建20个大都市圈的设想。中国特色的城市化道路怎么走？未来14亿多人口在空间上如何分布？要实现什么样的城镇化格局？这些大事都要及早有个明确的说法，不能再这样各自为政地走下去。

第二，我们是社会主义市场经济国家。我们实行城市化，当然要遵循社会主义市场经济规律，要按公平交易、等价交换的法则办事。但是，这次城镇化浪潮开局就从无偿、低偿圈占农村的土地开始。名曰经营城市。十几年功夫，近亿亩良田被征占（1996年国家公布有耕地19.6亿亩，现在已不足18.3亿亩，减少了1.3亿亩，其中的一部分是退耕还林），由此产生了约5000万失地的三无农民，产生了数以万计的贪官污吏，也产生了数以万计的发土地横财的亿万富翁。近些年，国家三令五申要保护18亿亩耕地，于是，这些人就转向农民的宅基地和城市的老房子。有些城市成片、成区地被拆，有些县成村、成乡、成县地被拆（如山东诸城）。美其名曰：改造危旧房，建设新民居，实质是贱买强抢城乡居民的土地，牟取暴利。当下城乡的这股拆迁邪风愈演愈烈，而且还正在蔓延，后果极其严重。村民居民，平头百姓，无力抵抗，只好上访上告，集体抗争，投诉上级政府，这是这些年信访总量和群体事件居高不下的主要原因。现在是到了立即叫停这种不按社会主义市场经济规律办事、野蛮拆迁、强抢贱买居民土地的时候了。

第三，十六大提出要"统筹城乡经济社会发展"，十六届三中全会提出要"建立有利于逐步改变城乡二元经济结构的体制"，十七大提出要"建立以工促农、以城带乡长效机制，形成城乡经济社会发展一体化新格局"。

实现城乡经济社会一体化，这本是建立社会主义市场经济体制的题中之意。十六大以来，党和国家也投入了很大的力量，做了很多工作，力求加快实现城乡一体化。但是，由于对"城乡分治，一国两策"的社会体制和社会政策还没有进行必要的改革（如户籍制度等）和调整，所以城乡二元经济社会结构基本上还没有破解。表现之一是，虽然我们破天荒地免除了农业税费，采取了多项惠农强农政策，但是城乡差距还是在扩大。1998年城乡居民的收入差距是 2.51:1，到 2008 年扩大为 3.31:1。表现之二是，虽然在 1996 年国务院发布了《关于解决农民工问题的若干意见》，各地政府认真贯彻落实，解决了农民工的很多问题，农民工的政治、经济、社会地位有了很大的提高，但是，农民工仍然存在着与正式工人两种身份、两种待遇、两种期待、两种心理等问题，这些问题还没有得到根本的解决。严重的问题还在于，现在，新一代的农民工每年还以近千万人的规模向城市涌来，渗透到城市的工厂、商店、机关、学校、团体等各个角落。上海市长感言，现在城乡二元结构已经进到城市里来了。亿万农民工的到来，为城市的发展作出了巨大贡献，城市实际上已"少不了"、"离不开"农民工了。毋庸讳言的是，由此也产生了前面讲过的诸多社会矛盾和问题，显然，农民工体制必须改革，因为这是不可持续的。我们要建设城乡一体化格局背景下的社会主义新城市，要遵循社会主义市场经济的规律。

第四，马克思主义认为，"社会是一个活的有机体"，城市的发展是一个自然历史过程。城市发展有其自身生长、发育、发展的自身规律。城市有机体的诸要素必须协调发展，特别是经济和社会必须协调发展。可是，我们有相当多的城市，长期以来，把经济建设为中心强调得过了头，没有在经济发展的同时进行必要的社会体制改革，没有进行相应的社会建设，形成了经济建设这条腿长、社会建设这条腿短的不协调状况。就业难、上学难、看病难、养老难、住房难的呼声多年不绝，这样的城市怎么能平安？怎么能宜居？怎么能和谐？我们要建设经济和社会发展协调的城市，真正能够实现业有所就、劳有所得、学有所教、病有所医、老有所养、住有所居的理想，这是我们要建设的社会主义新城市。

早在65年前，毛泽东同志预言："农民——这是中国工人的前身，将来还要有几千万农民进入城市，进入工厂。中国需要有强大的民族工业，建设很多的近代的大城市，就要有一个变农村人口为城市人口的长过程。"①

用了60年，历尽艰难险阻，我们终于把强大的民族工业建立起来了，工业化实现了。600多个城市也建设起来了，但还不够现代（1945年时叫近代），2亿多农民进来了，还没有变为城市人口，是一个二元结构城市，只能说实现了半城市化。得过诺贝尔经济学奖的美国教授斯蒂格利茨说过：21世纪人类最大的两件事情，一是高科技带来的产业革命，另一个就是中国的城市化。

实现城市化，这是中国的大事，也是世界的大事。这是建设中国特色的社会主义现代化事业面临要实现的重要任务。所以，有必要把建设社会主义新城市列为"十二五"规划的战略重点，从此，走出一条实现符合中国国情的城镇化道路、实现中国的城市化，这既有极其重要的现实意义，也有极其深远的历史意义。

（《江苏社会科学》2010年第6期）

---

① 毛泽东：《论联合政府》，《毛泽东选集》第3卷，人民出版社1991年版，第1077页。

当前中国经济社会形势与社会建设

一 对当前经济社会形势的分析

当前中国的总体形势可以概括为：经济高速发展，政治基本稳定，社会矛盾凸显，文化繁而未荣。总的形势很好，2002年十六大提出的六个"更加"，都取得了很大的成就和进展。

改革开放30多年来，就经济和社会发展来看，中国的GDP从1978年的3645亿元增长到2008年的300670亿元，按不变价计算，经济总量增长15倍，年均递增9.8%，人均国民收入增长12倍，年均增长8.6%；2009年，人均GDP达到3268美元，综合国力有了极大的提高，人民生活普遍改善，中国进入了中等收入国家，这是巨大的成就，怎么估计都不为过。在经济方面捷报频传的同时，社会矛盾、社会冲突大量增加。1978年，全国刑事犯罪55.7万件，2008年为488.5万件，增长8.77倍；1978年社会治安事件123.5万件，2008年为741.2万件，增长6倍。群体事件1994年开始统计，有1万多起，2008年9万多起。各种社会问题、社会矛盾、社会冲突此伏彼起，负面的消息也是频传。

如何正确分析认识这种纷繁复杂的经济社会形势，采取有效的策略解决这些问题，使社会主义现代化大业又好又快地前进，这是我们面临的新任务。

长期以来，在经济建设为中心的大背景下，我们已经习惯用经济理论和方法来观察分析问题，用经济手段和政策来解决问题，这在一定阶段是必要的，而且也确有实效，解决了很多问题；但是，当经济社会发展到新的阶段，出现了经济报喜、社会报忧的矛盾和问题时，就有必要同时运用社会理论和方法来观察分析问题，采取必要的社会政策来解决问题。

二 当前中国社会的主要矛盾

进入 21 世纪以来，在全球化、市场化、工业化、信息化和城市化的大潮中，中国的发展面临新的形势。"我国已进入了改革发展的关键时期，经济体制深刻变革，社会结构深刻变动，利益格局深刻调整，思想观念深刻变化。这种剧烈的社会变革，给我国发展进步带来巨大活力，也必然带来这样那样的矛盾和问题。"当今中国，活力四射，光彩夺目，吸引着全世界的眼球。农业连续六年丰收，经济坐三望二，改革发展成就辉煌；但另一方面，群体事件、民工跳楼等负面消息很多。国内主流媒体一片光明，大会小会齐声颂扬，但网络、短信、私家聚会、民间谚语多半消极，令人担忧。上月某文摘报头版载两个消息，一则是福建偷渡民工，在欧洲被截；另一则是富豪们到北美买豪宅、定居。为什么国家发展得这样好，被不少人赞扬为盛世，却还有这么多人要向国外跑？

30 多年来，中国发生了如此巨大的变化，这是许多人没有预料到的；与此同时也产生了种种社会矛盾和问题，这也是许多人没有预料到的。我们该如何认识和分析这种复杂而又相互矛盾的形势呢？

毛泽东在《矛盾论》中指出："在复杂的事物的发展过程中，有许多的矛盾存在，其中必有一种是主要的矛盾，由于它的存在和发展规定和影响着其他矛盾的存在和发展。""任何过程如果有多数矛盾存在的话，其中必定有一种是主要的，起着领导的、决定的作用，其他则居于次要和服从的地位，因此，不管任何过程，如果是存在着两个以上矛盾的复杂过程的话，就要全力找出它的主要矛盾，抓住了这个主要矛盾，一切问题就迎刃而解了。"

当前，出现了这样多的矛盾和问题，如何来认识？第一，要弄清楚这是些什么矛盾和问题；第二，要弄清楚其中哪些是主要矛盾，以及矛盾的主要方面是什么；第三，要提出解决这些主要矛盾和矛盾主要方面的方法和策略。

对此，我们有一个逐渐认识的过程。

2002年11月党的十六大政治报告中指出："我国正处于并将长期处于社会主义初期，现在达到的小康还是低水平的、不全面的、发展很不平衡的小康……城乡二元结构还没有改变，地区差距扩大的趋势还未扭转，全国贫困人口还为数不少。"到2020年，要"全面建设惠及十几亿人口的更高水平的小康社会，使经济更加繁荣、民主更加健全、科教更加进步、文化更加繁荣、社会更加和谐、人民生活更加殷实"。在这六个"更加"中，第一条是经济，第二条是政治，后四条都是要通过社会发展才能解决的问题。

2003年，在经历了一场SARS危机后，当年10月召开的党的十六届三中全会指出我国社会存在着城乡、地区、经济与社会、人与自然、国内和国外之间发展等方面的不平衡，明确提出要"坚持以人为本，树立全面协调、可持续的科学发展观"。并指出要"统筹推进各项改革，实现宏观经济改革和微观经济改革相协调，经济领域改革和社会领域改革相协调"，"及时化解一系列矛盾，确保社会稳定和工作有序进行"，"经济和社会发展必须相互协调，不能一条腿长、一条腿短。要适当深化社会领域的改革，为加快社会发展提供体制保障"。

十六届四中全会主要是讨论加强党的执政能力建设的问题，指出要不断提高驾驭社会主义社会市场的能力、发展社会主义民主政治的能力、建设社会主义先进文化的能力、构建社会主义和谐社会的能力、应对国际局势和处理国际事务的能力，并就此作出了相应的决定。文件公开发表之后，受到了全党全国普遍响应，反响最强烈的是关于构建社会主义和谐社会和社会建设，认为这是党中央提出的新战略、新理论和新概念。一时和谐社会、社会建设成为热门话题，各地关于建设和谐地区、和谐农村、和谐城市、和谐企业、和谐社区的议论很多。党中央顺应民意，2005年春节后就举办省部级主要领导干部专题研讨班，就构建社会主义和谐社会与社会建设的理论和实践问题进行研讨，并随后在全国大规模开展起来。

2006年10月，党的十六届六中全会审议通过了《中共中央关于构建社会主义和谐社会若干重大问题的决定》，决定明确指出："新世纪新阶段，我党要带领人民抓住机遇，应对挑战，把中国特色社会主义推向前进，必须坚持以经济建设为中心，把构建社会主义和谐社会摆在更加突出的地位。"

2007 年，在党的十七大政治报告中，单设一节，名为"加快推进以改善民生为重点的社会建设"。"社会建设与人民幸福息息相关。必须在经济发展的基础上，更加注重社会建设，着力保障和改善民生，推进社会体制改革，扩大公共服务，完善社会管理，促进社会公平正义，努力使全体人民学有所教、劳有所得、病有所医、老有所养、住有所居，推动建设和谐社会。"十七大通过的《中国共产党章程（修正案）》中，把党的奋斗目标由原来的"把我国建设成为富强民主文明的社会主义国家"改为"把我国建设成为富强民主文明和谐的社会主义现代化国家"，把经济建设、政治建设、文化建设三位一体的社会主义事业总体布局，改为经济建设、政治建设、文化建设、社会建设四位一体的社会主义建设事业总体布局，这充分反映了我们党对共产党执政规律、社会主义建设规律、人类社会发展规律认识的科学化。

从这些年的实践来总结，在纷繁复杂的矛盾中，经济发展和社会发展不平衡、不协调应当是当前中国社会的主要矛盾。正如《矛盾论》指出的："不能把过程中所有的矛盾平均看待，必须把它们区别为主要的和次要的两类，着重于抓住主要的矛盾。""万千的学问家和实干家，不懂得这种方法，结果如坠烟海，找不到中心，也就找不到解决矛盾的方法。"

三 对经济社会发展不平衡、不协调矛盾的结构性分析

从理论上分析，经济发展和社会发展不平衡、不协调，也就是经济结构和社会结构不平衡、不协调。经济结构与社会结构是一个国家或地区的两个最基本的结构，两者互为表里，相互支撑，互为基础。一般而言，经济结构变动调整在前，带动影响社会结构的变化；社会结构调整了，也会促进经济结构的完善和持续变化。所以，经济结构与社会结构必须协调，相辅相成。经济结构不能孤军独进，社会结构可以稍后于经济结构，但这种滞后有一个合理的限度，超过了这个限度，就会阻碍经济结构的持续变化。现阶段中国，在经济体制改革、经济持续快速增长的推动下，经济结构已经达到了工业化社会中期的水平，但是，中国现在的社会结构严重滞

后于经济结构。

（一）中国的社会结构已经发生了深刻的变化

社会结构同经济结构一样，是由若干个分结构组成的，主要包括人口结构、家庭结构、就业结构、城乡结构、区域结构、组织结构和社会阶层结构等。改革开放以来，在经济体制改革、经济高速发展、经济结构变化的推动下，社会结构也发生了深刻的变动。例如就业结构，1978年时劳动力在三次产业中的就业状况是一产占70.5%，二产占17.3%，三产占12.2%；2008年变化为一产占39.6%，二产占27.2%，三产占33.2%。1978年我国的二、三产业职工人数只有11835万人，2008年二、三产业有46826万人，30年共增加了34991万人，平均每年增加1166万人。非农产业的劳动力从1997年开始，已经占50.1%，超过了50%的临界点，进入了工业化国家的就业结构。又如城乡结构，1978年我国的城市化率为17.9%，2008年我国的城市化率为45.7%，平均每年提高0.91个百分点。1978年，我国的城镇人口有17245万人，2008年达到60667万人，30年增加了4.34亿人，平均每年增加1447万人。再如社会阶层结构，已经从"两个阶级一个阶层"的结构，转变为由国家和社会管理者阶层、经理人员、私营企业主、科技专业人员、办事人员、个体工商户、商业服务业人员、产业工人、农业劳动者和失业半失业人员十个阶层构成的社会阶层结构。

这样大的社会结构变动是中国历史上从未有过的。清朝末年，李鸿章、梁启超等人惊呼：中国正在发生"几千年来未有之变局"，他们只是看到了这个变局的发生，改革开放才使这个大变局真的在中国实现了。自周秦以来，中国一直是个农业国家，是个农业社会的社会结构，直到1978年，农民仍占82.1%，只能说还是农业国家的社会结构。真正发生这个大变局，转变为工业国家社会结构是在这30年。但是因为我们在进行经济体制改革、经济大发展、经济结构大调整的时候，没有适时抓好社会体制的改革，没有适时抓好社会建设，没有适时抓好社会结构的调整，因而与经济结构的变化相比较，我国现在的社会结构是落后了。

(二) 当前中国的社会结构滞后经济结构约为 15 年

据我们课题组的研究，我们现在的社会结构还是工业社会初级阶段的水平，而经济结构已经是工业社会的中级阶段。我们经过对比和测算，当前的中国社会结构大约滞后经济结构 15 年。

有人会问，改革开放 30 年，怎么会滞后 15 年呢？这是因为早在 1978 年，我们的社会结构已经比经济结构落后了。例如，在 1978 年，我国的二、三产业在 GDP 中已经占了 72%，但当年在二、三产业就业的劳动力只占 29.5%，农业劳动力占到 70.5%，1978 年城市化率只有 17.9%，可见，1978 年的社会结构已经比经济结构落后很多了。改革开放 30 年来，如前所述，这种状况不仅没有扭转，反而是更加严重了。还以就业结构、城乡结构等为例，根据外国学者钱纳里等人的研究，在工业化中期，就业结构中，二、三产业的职工应该占到总劳动力的 80% 以上，但 2008 年中国的二、三产业就业职工只占总劳动力的 60.4%，差了 20 个百分点。过去 30 年，非农劳动力平均每年增加 1.03 个百分点，需要 20 年才能持平。以城市化为例，工业化中期，城市化率应该达到 60% 以上，但 2008 年中国城市化率只有 45.7%，差了 14.3 个百分点。以过去 30 年城市化率每年增加 0.91 个百分点计算，需要 15.7 年才能达到。再以社会阶层结构为例，工业社会中期，中产阶层应该达到 40% 以上，2008 年中国只有 23%。如以近来每年中产阶层规模增加 1 个百分点计，要 17 年才能达到。当然，这是指在现有社会体制运行状况下会是这样。如果我们能及时进行社会体制等方面的改革，那么，社会结构的变动就会加快，将会较快缩小并消除这个差距。

总体来看，当前我国的经济结构已经是工业社会中期的结构，而社会结构还处在工业社会的初期，存在着严重的结构差，这是中国经济社会发展中最大的不协调，也就是我们常说的一条腿长一条腿短的畸形尴尬状况，这是产生当今中国诸多经济社会矛盾和问题，而且久解不决的结构性原因。

三农问题为什么长期解决不好，说到底，三农问题也是个结构性问题。我们搞工业化，但没有按社会发展规律搞城市化，而是用种种办法把农民封闭在农村里。工业发展了，农业发展了，但农民从1952年的50319万，到2008年反而增加到95500万（农业户籍人口），按现在统计，农村常住人口还有72135万。经济结构调整了，社会结构没有相应的调整，这是产生诸多矛盾的典型案例。2008年，在GDP中，农业只占11.3%，但在就业结构中从事农业的劳动力占39.6%，在城乡结构中，当年农村的常住人口占总人口的54.3%。也就是说，在2008年39.6%的劳动力创造了11.3%的财富，这不是农业劳动生产率太低了吗？这不是中国农民不能干、不好好干，而是在现有的结构和体制下，他只能种这点田，他种了1000亩田，其他900多人干什么？吃什么？54.3%的农村人口，分配11.3%的财富，农民岂能不穷。而所有这些问题都可以说是结构问题、体制问题引起的。因为这样的结构，是计划经济时期形成的户口、就业、劳保等一系列体制形成的城乡结构，不改革这些社会体制，不破解城乡二元结构，三农问题就解决不了。

又如扩大内需的问题。从1995年我国就提出要扩大内需，十多年了，内需还是上不去。加入WTO，外贸迅速发展，商品过剩问题稍有缓解。国际金融危机一来，出口成了问题，再次提出要扩大内需问题。为什么总是扩大不了呢？这本来是经济问题，但光靠调整经济结构是解决不了的。现存的城乡二元结构体制，把农民固化在农村，即使不干农活了，找到了二、三产业的工作，但是户口不能动，进城只能当农民工，成为城市的非正式的常住人口。他们住在城市干活，但消费还是农民式的消费。农民有巨大的消费需求，但他们无钱购买。有人计算过，3个农民只顶上1个城市人口的购买力，如果把现在已经进城来的务工经商的2亿多农民逐步转变为城市居民，就将增加数以万亿计的消费。不改革这种城乡二元经济社会体制，只用经济办法，内需能扩大吗？

四　中国进入社会建设的新阶段

进入新时期以来，关于住房、教育、医疗、养老等民生问题日益突出，城乡差距、地区差距、贫富差距持续扩大，官民关系、劳资关系等社会阶层关系矛盾显化，土地征用、房屋拆迁、企事业改制等引发的社会不稳定问题增多，贪污腐败等大案要案频发，一些地方杀人、绑架等暴力犯罪增加，诈骗、抢劫、盗窃等刑事犯罪案件增加，特别是各种群体性事件居高不下，近几年瓮安事件、石首事件、吉林通钢事件接连发生，影响恶劣，使得经济社会稳定问题日益突出；近来又发生了虐杀儿童、富士康民工跳楼事件。面对这些复杂多变的社会矛盾和问题，我们显然不能用头痛医头、脚痛医脚的救火式的办法来解决，也显然不能只用经济的理论和方法来应对，有一段有人提出用"花钱买平安"来解决，但这只能解决一时，不是治本的办法。

中国的革命与建设是分阶段推进的，在不同的发展阶段，形势变了，就要采取不同的战略和策略，这是我们的基本经验。前面已经说过，"我国已进入改革和发展的关键时期"，新时期的特征是经济建设已取得很大成功，工业化已达到工业国家的中期水平，但社会结构还相当滞后，由此引发了诸多社会矛盾和问题。对照国外一些现代化国家的发展经验看，我们已经从经济建设为主的阶段，进入了经济社会协调发展的新阶段。新阶段的任务，是要在继续抓经济建设的同时，也要进行社会体制的改革，重点进行社会建设，抓好社会管理。十六大以后，特别是在十六届四中、六中全会以后，提出要构建社会主义和谐社会和社会建设的战略思想，明确指出，"要在坚持经济建设为中心的条件下，把构建社会主义和谐社会建设摆到突出的位置"。

这些判断和决定都是十分正确的，各地区各部门贯彻落实了这些中央文件的决定和精神，效果也很明显，各地和谐社会、平安社会的建设也已比较普遍地展开，社会矛盾有所缓和，一个明显的例证是刑事犯罪率下降了。但2008年国际金融危机的冲击使一些地区和一些部门又转到了GDP挂帅的路上，把和谐社会的建设放松了，社会矛盾和问题因此又反弹上升。

五　新阶段社会建设的主要任务

十六届四中全会、六中全会以来，我们对构建社会主义和谐社会做了比较深入的研讨，进行了大量的宣传，使广大干部和群众对此有了认识，而且还宣传到了全世界，得到了很好的反映。比较而言，关于社会建设的研讨要相对弱一些。就两者的关系来说，社会主义和谐社会是我们要为之长期奋斗的宏大的战略目标，社会建设是战术部署，是手段。构建社会主义和谐社会要通过社会建设等一系列的建设来实现。

（一）关于社会建设的含义

社会建设就是为适应国家由农业农村的传统社会向工业化城市化的现代社会的转变，适应人们的生产方式、生活方式和人际关系发生的深刻变化，积极面对由此产生的各种社会问题，有组织、有目的、有计划进行的各种有利于改善民生、建立新的社会秩序、促进社会进步的社会行动与过程。社会建设的主体，是政府、社会组织和民众，社会建设的原则是以人为本，坚持公平和正义，社会建设的目标是实现社会和谐和社会进步。

（二）社会建设的主要内容

中华人民共和国成立之后，在大规模进行经济建设的同时，也大规模地进行了社会建设。只是那时没有用"社会建设"的概念去指称它，而把它分别归到经济建设、政治建设或文化建设的名下。改革开放以后，我们又把社会领域的建设都称为社会发展。其实社会建设与社会发展是两个概念，有异有同。十四届四中全会把社会建设与构建社会主义和谐社会同时明确提出来，使中国特色社会主义建设的总体布局由原来的经济建设、政治建设、文化建设三位一体扩大为包括社会建设在内的四位一体的新格局，是适应了中国进入新世纪以后经济社会发生了新变化，适应全国贯彻落实科学发展观、建设社会主义和谐社会的新要求。因此社会建设的任务很重，是一个庞大的系统工程。

既要加快推进各项社会事业的建设，为十多亿人民提供良好均等的社会公共服务，又要进行社会体制的改革，创新社会政策，完善社会管理，其核心任务是要构建一个与经济结构相适应相协调的社会结构。

有人认为社会建设就是科技、教育、文化、卫生、体育、社保等社会事业的建设，这显然是把社会建设的含义理解窄了。作为中国特色社会主义建设总体布局四位一体中的社会建设，其含义和内容要宽广、深刻得多。概括来说社会建设主要有以下四个方面的任务。

1. 社会事业建设

过去我们一般把科研、教育、卫生、文化、体育等统一称为社会事业，其实，从实践看，劳动就业、收入分配、社会保障、住房等民生事业建设，也应该是社会事业。社会事业同人民群众的生产生活密切相关，关系到每个家庭和个人的福祉和前途。因为教育、医疗、社保、文化等事业面对的是全体民众，所以不少国家把这些社会事业称为公共产品或公共服务。改革开放以来，我国的教育、医疗、文化、社保等各项社会事业都有了很大的发展，城乡居民生活有了很大改善，享受到了一定水平的公共服务。

但是，在1990年代中期以后，我们的有些地区和有些部门把经济建设中心强调到了唯一的地步，致使科、教、文、卫、体等的建设相对滞后，出现了就业难、上学难、看病难、养老难、住房难等问题。这也是社会矛盾增加的原因之一。十七大专门做出了"加快推进以改善民生为重点的社会建设"的决策，非常正确。这是顺应广大人民群众的要求，也有利于经济社会协调发展，有利于促进社会和谐，很得人心。

但要真正做到"学有所教、劳有所得、病有所医、老有所养、住有所居"还有很多工作要做。从近些年的实践看，应该再加上"业有所就"，并将其放在第一位，因为这是民生之本，这就像农民要有田种一样，城镇居民如果没有就业，一切就无从谈起。所以，各地正在推进解决零就业家庭的问题，这是一项善举。搞好社会事业，改善民生，就是让全体社会成员共享改革发展的成果，这是建设和谐社会的基础性任务。

2. 社会体制和社会规范

一个和谐的社会，应该是社会体制合理和社会规范有序的社会。我们国家已经从农业、农村社会转变为工业社会、城市社会，人们的生产方式、生活方式发生了根本性的变化，整个社会体制就要相应变化，应该按照社会发展规律，建设好新的社会体制，建设好新的社会规范，社会才能和谐有序进行。

在社会体制方面，就当前来说，应该建设好中央和地方的体制、城市和乡村体制、劳动就业体制、收入分配体制、社会流动体制、社会各阶层利益关系协调体制,等等。有学者提出要重建社会,形成国家、市场、社会三足鼎立的格局,是有道理的。建设新的社会体制,这是个大问题,需要从长计议。但有一点是肯定的,当下现存的城乡分割的二元经济社会体制是计划经济体制的遗产,与现行的社会主义市场经济体制很不相称,由此产生了许多的经济、社会问题,必须首先破除,不能再犹豫不决了(例如现行的城乡分治的户籍体制,必须尽早改革)。新的社会体制就将在破除这些过时的旧体制的基础上逐步建立起来。

新社会新体制要有新的社会规范。中国的农业社会有几千年历史,农业文明很发达、完整,在世界是领先的。现在转变为工业社会、城市社会,就应建设好工业文明、城市文明的社会规范。例如应该建好保证新社会生产、生活有序进行的法律、法规,人人有遵法守规的习惯,要建设好适应新社会的伦理道德规范。当然,在原来的农业文明中一些具有普遍意义的优秀传统的规范,还应该继续保持和发扬,使之逐渐融合到新的社会规范中,形成新的中华文明。

最近各地发生的残杀全家,残杀自己的父母、妻子乃至儿女的事件,残杀幼儿园无辜儿童的事件,令人震惊,旷世鲜闻。这是说,社会连起码的规矩都没有了,没有做人的底线了,表明社会规范出了大问题,很值得我们深思。

3. 社会管理和社会安全体制

完善社会管理,保证社会正常有序,维护社会稳定,是构建社会主义和谐社会的必然要求。要创新社会管理体制,整合社会管理资源,提高社会管理水平。十六届四中全会提出了"党委领导、政府负责、社会协调、公众参与的社会管理格局",这个决定符合客观实际需要,各地区正在贯彻落实,效果是好的。从几年来的实践看,有两个问题值得重视。

一是要重视县域社会的管理。中国有2000多个县,县城所在地的镇,1980年代时,一般只有几千人,多则几万人,多数是由城关镇管理,既管农村农民,也管居民。现在的县城都已发展起来了,少则几万人,多则几十万人,大马路、大商场、楼堂馆所都建立起来了,但基层组织、社区建设等还没有跟上来,多数还是由城关镇统管,基本上还是农村式的管理,由此引发了很多社会矛盾,社会治安状况也不佳。这些城镇总共有几千万、上亿人口，还处于没有相应有效的组织管理的局面，这种状况亟须改善。要通过建立社区组织，完善基层社区管理网络，增强社会组织的服务功能，加强社会治安管理，使城镇社会管理完善起来。

二是在发达地区，因为有宽裕的人力、物力和财力，他们把基层社区做大了。原来有的居委会是个自治组织，没有脱产干部，现在有不少城市的居委会（也叫社区）派去了十多人、几十人的脱产干部（多数是事业编制），使基层自治组织行政化。有人认为这是为了加强社会管理，很有必要，也有人认为这样的社会建设反而把社会建小了，这是个值得商榷的问题。

4. 调整社会结构

一个国家或地区，最主要和最基础的是经济结构和社会结构，这两个结构一定要协调，相辅相成。前面讨论过，我国现在的经济结构已经是工业社会的中期水平，但社会结构还处于工业社会的初级阶段，这是产生诸多经济社会矛盾和问题的结构性原因。我们现在的任务是要继续深化改革，转变经济发展方式，通过重点加强社会建设、推进社会体制改革、创新社会管理，加快社会结构调整的步伐，构建与经济结构相适应相协调的现代社会结构，改变"一条腿长、一条腿短"的状况，推进经济社会协调发展。

社会结构的核心结构是社会阶层结构。社会阶层结构的标志性指标是中产阶层的比重。2008年，我国中产阶层的人数只占总就业人员的23%，离现代化国家应有的两头小中间大的"橄榄形"的社会阶层结构还有很大距离。前面讲过，即使达到工业社会中期水平的社会阶层结构也还差很多。由此，也可以看到我们社会建设任务的繁重。

六　关于推进社会建设的几个问题

十六届六中全会明确指出："构建社会主义和谐社会是一个不断化解社会矛盾的持续过程。我们要始终保持清醒头脑，居安思危，深刻认识我国阶段性特征，科学分析影响社会和谐的矛盾和问题及其产生的原因，更加积极主动地正视矛盾、化解矛盾，最大限度地增加和谐因素，最大限度地减少不和谐因素，不断促进社会和谐。"在现阶段，中国社会的主要矛盾是经济结构和社会结构不平衡、不协调的矛盾，这种结构性的矛盾，是产生当今诸多社会矛盾和问题的根本性原因。因此，我们有必要重申十六届六中全会《关于构建社会主义和谐社会若干重大问题的决定》，把社会主义和谐社会建设摆在更加突出的地位，重点加快推进社会建设，努力改变经济这条腿长、社会这条腿短的状况，使经济社会协调发展。

如何抓好社会建设，现成的经验就是要像抓经济建设那样抓社会建设。好在经济建设的巨大成功已为我们创造了进行社会建设的雄厚的物质基础，有了进行社会建设的条件，而且经济建设要持续发展，也要求通过社会建设提供科学、人才、智力和社会环境等方面的支撑，有着客观的需求。所以，在当今中国，重点推进社会建设，就是抓住了解决矛盾的关键，其他许多矛盾也可得到较好的解决。国际上实现了现代化国家的经验，也是在抓经济建设取得一定成就之后，就重点抓社会建设。

关于进行社会建设，有以下几点：

第一，要重申十六届六中全会的决定，开展关于构建社会主义和谐社会、重点推进社会建设的研讨，弄清楚什么是社会建设、为什么要进行社会建设、怎样进行社会建设等重大理论和实践问题，进一步在全党、全国取得共识。

在现阶段，贯彻落实科学发展观，必须坚持全面协调可持续发展，发展是执政兴国的第一要务，也是和谐社会建设的内在要求。改革发展中出现的问题，要通过发展来解决。但是科学发展一定是包含社会发展在内的全面协调的发展。当前，出现了经济报喜、社会报忧的局面。把经济社会看作一对矛盾，矛盾的主要方面已从经济方面转到社会方面，所以"把中国特色社会主义伟大事业推向前进，必须坚持以经济建设为中心，把构建社会主义和谐社会摆在更加突出的地位"，着力解决好社会建设方面的问题，就非常必要。

据我们的调查，在相当多的经济发展快的地区，社会矛盾和问题反而更多，群众的满意度和幸福指数不高，住房难、上学难、看病难、养老难的呼声很高。但是，从最近媒体透露的一些发达地区关于"十二五"规划的信息看，长三角、珠三角的几个县市，人均GDP已经超过一万美元，他们还是在提今后要实现 GDP "三年翻番"、"四年翻番"、"五年翻番"的目标，而构建社会主义和谐社会与社会建设方面的目标和任务则比较空泛，这很值得我们深思。

第二，推进社会建设要有组织保证。

60 年来，国家建设有一条基本经验，凡是中央决定的战略任务，都必须在组织上落实，要有组织、有干部去贯彻执行才能实现。如果只停留在会议、文件上，那往往就会落空。正反两方面的经验，都证明了这一条。计划生育是天大的难事，但自上至下建立了计生委，坚持认真贯彻实行，取得了极大的成功。我们抓经济建设，建立了计委、经委、基建委和多个经济部门，还有经济体制改革委、中央财经委领导小组，终于取得了极其辉煌的伟大成就。新农村建设已经进行了五年，会议开了，六个"一号文件"发下去了，也取得了一定的成绩，但三农问题还是层出不穷，原因是多方面的，没有在组织上落实是一个很重要的原因。

社会建设是社会主义现代化建设总体布局中的一大建设，现在又成为亟待加强的领域，应该建立一个相应的机构，从组织上落实这个战略任务。2007 年北京市建立了社工委和社会建设办公室，2009 年上海也建立了相应的组织机构，已经做了很多工作，也很有成绩。从这两个市社工委的实践看，他们遇到了困难和问题。最关键的是社工委的功能定位问题。社工委是做对整个社会建设工作进行宏观统筹协调的工作，还是就社会建设的某几个方面进行具体的组织工作？现在他们在做的是后者。例如北京市社工委成立了社区建设处、社会组织处，而这两方面的工作在民政部门都有相应的处室，业务就有了交叉，如何明确分工要由市委市政府协调。而要进行社会建设的宏观统筹、规划、协调，则更要由上级组织决定。

当前要重点进行社会建设，推进经济社会协调发展，促进社会和谐。社会建设本身是一项庞大的系统工程。社会事业、社会组织、社会管理和社会安全等方面的工作，都已经有了相应的机构和部门在做，现在要紧的是要整合这些社会工作的资源，协调组织各方面的力量，形成合力，把这件大事办好。所以，要像当年国家进行经济建设，组建国家计划委员会那样，组建一个社会建设工作委员会，就很有必要。社会建设工作委员会的任务主要就是对整个社会建设进行宏观协调统筹、规划、组织、调控，使各项社会建设工作有序有效地进行。现在这些方面的很多工作，都是由发改委中的社会司承担，而社会司只是发改委 35 个司局中的一个，显然不能胜任社会建设这个重大任务。这也就是为什么讲了多年要改变"经济这条腿长、社会这条腿短"的状况，而至今没有改变的组织上的原因。把社会司的职能，连同现有的人员和资源从发改委划出来，组建社会建设工作委员会，这是做好社会建设工作、实现构建社会主义和谐社会的组织保证。建议选一个省或市或县进行建立对整个社会建设进行宏观统筹协调的社会建设工作委员会的试点，以便取得经验，再逐步推行。

第三，社会建设要有相应的人力、物力、财力的投入。

要进行大规模的社会建设，就应同经济建设那样，要有相应的人、财、物的资源投入。首先是人才和人力资源的投入。十六届六中全会指出："各级党委要把和谐社会建设放在全局工作的突出位置，把握方向，制定政策，整合力量，营造环境，切实担负起领导责任"，"建设宏大的社会工作人才队伍，造就一支结构合理、素质优良的社会工作人才队伍，是构建和谐社会的迫切需要"。在经济建设过程中，我们选拔培养造就了一支规模宏大的经济工作者队伍，要把社会建设的事业办好，同样需要造就一支宏大的社会工作者队伍。

毋庸讳言，现在社会工作的队伍还很弱很小，而且分散在各个领域，还没有形成合力。我们应该按照十六届六中全会的决定，"坚持正确的用人导向，选好配强领导班子，注重培养选拔熟悉社会建设和管理的优秀干部"，组建好社会建设工作委员会，把社会工作各方面的人员组织起来，并在实践中锻炼提高、逐步扩大，发挥组织优势，动员社会力量，形成千军万马搞社会建设的阵势，把社会建设的事情办好。

进行社会建设要有相当的财力、物力投入。曾经有一段时间，一些地区和部门削减必要的社会建设的开支，把绝大部分的财力都投到经济建设上，造成经济社会发展的不平衡。十六大以来，国家加大了对社会建设的投入，情况已有好转。但因为过去欠账太多，经济社会不平衡、不协调的格局还未改变，而且已经形成了路径依赖，有钱还是习惯于往经济建设方面投。例如都说教育重要，但至今还未达到教育法规定的教育经费要达到占 GDP 4% 的目标。我们应该按照十六届六中全会的决定，"完善公共财政制度，逐步实现基本公共服务均等化。健全公共财政体制，调整财政收入结构，把更多财政资金投向公共领域，加大财政在教育、卫生、文化、就业、就业服务、社会保障、生态环境、公共基础设施、社会治安方面的投入"，真正加大对社会建设的投入，使民生事业、社会事业、公共服务方面的工作做得越来越好，惠及大多数、绝大多数的民众，使他们共享改革发展的成果，社会矛盾、社会问题就会大幅减少，社会成本就会大幅降低，这对经济发展反而是有利的，这也是转变经济发展方式的一个重要方面。

第四，搞好社会建设，必须进行社会体制改革。

总结新中国成立60年来社会主义建设的实践，前30年，在计划经济体制下，政府几乎包揽了经济事务，也包揽了社会事务，虽然也取得了很大的成绩，但成本太高、效率太低，形成了短缺经济，人民生活没有得到应有的改善。后30年实行改革开放，通过经济体制改革，放手发动群众，调动了各方面的积极性，政府进行宏观调控，经济事务管得少了，经济建设却取得巨大的成就。现在进行社会建设，要学习经济建设的经验，要进行社会体制改革，形成社会建设的动力机制，放手发动群众，调动各方面的积极性，大力发展社会组织、社会团体、民间组织，社会事务交给社会去做，政府进行宏观统筹和协调，社会建设也一定会取得成功。

我国现行的这套社会体制，是在1950年代以后，在全国实行计划经济体制的背景下形成的，是计划经济的一个重要组成部分，是与计划经济体制相适应的，是为计划经济体制服务的（如户籍制度、城乡二元结构体制等）。

这些年来，我们对于社会体制包括社会事业体制，也进行了改革，有些取得了成功，有些并不成功，有些则还没有破题，整个社会体制还没有按社会主义市场经济体制的要求根本改变过来。所以现在的经济社会运行中，两种体制并行，产生了许许多多的矛盾和问题，社会成本很高。十七大明确指出："必须在经济发展的基础上，更加注重社会建设，着力保障和改善民生，推进社会体制改革，扩大公共服务，完善社会管理，促进社会公平正义。"实践证明，现行的社会体制不改革，社会建设就不能顺利进行。因此，必须"推进社会体制改革"，为进行社会建设鸣锣开道。当然，进行社会体制改革，难度很大，会触及某些人、某些群体和某些既得利益，阻力会很大。这实际又是一场革命。需要审时度势、果断决策、科学策划、周密安排、逐步推行。但社会体制改革势在必行，也一定会成功的。

（"当前中国经济社会形势与社会建设"，《中国社会经济发展战略》2011年第5期；"加强社会建设与社会管理势在必行"，2011年3月21日《学习时报》）

中国进入社会建设的新阶段

国情是一个国家某个时期的基本情况，是一个国家的文化历史传统、自然地理环境、社会经济发展状况以及国际关系等各个方面的总和。正确认识、科学分析基本国情，是制定正确的路线、方针、政策的基础。在建设小康社会、和谐社会的进程中，社会结构这个分析工具，对我们了解基本国情、制定社会政策、加强社会建设具有很强的针对性意义。

一 社会结构是分析认识国情最重要的方法之一

社会结构是全体社会成员组成社会的方式，以及社会成员之间的关系格局。

在现代社会中，分布于国家、市场、社会三大领域的要素，可以简单抽象为资源和机会两大类别。在当代中国，组织资源、经济资源、文化资源是划分社会阶层结构最主要的三种资源。机会是社会成员获得资源的可能性。社会成员是资源和机会的载体，可以是个人，也可以是群体、组织。由于社会成员在资源占有和机会获得上具有差异性，因而组成不同的社会形态。社会成员资源和机会的不平等，还会促进不同社会意识和社会行动产生，形塑特定的关系格局。

另一方面，社会结构也会影响社会成员的资源和机会占有。因为，社会结构会约束社会成员的组成方式，也规范社会成员的社会关系。

同经济结构一样，社会结构也由若干个分结构组成。主要包括人口结构、家庭结构、就业结构、收入分配结构、城乡结构、区域结构、组织结构和社会阶层结构等。

人是社会的主体，人口的数量和质量是社会最基本的构成要素。人口结构包括年龄、性别结构，还包括素质、空间分布、族群、职业分布结构等。由于人口问题的基础性，古今中外的领导者都将人口作为国家或地区战略决策的最基本依据，认真加以对待。可以说，人口结构是最基本的国情、社情。

家庭是社会的细胞，家庭结构是社会结构的初级单位，是对资源和机会的基本整合。由于家庭是每个人联系最紧密的社会组织，它的变动也相应影响社会结构的再造。家庭类型的变化、家庭规模的变化、家庭内部关系的变化、家庭功能的变化，都间接或直接影响社会结构的变化。近30年，我国计划生育政策导致的家庭结构变化，给社会结构带来了巨大的影响，并影响社会政策的制定，就是非常明显的例证。

就业问题，我们经常从经济角度来分析，其实，这也是一个重要的社会结构指标，反映着社会的基本规定性。马克思就曾经从工人阶级和资产阶级的冲突关系入手，推导出现代工人革命运动的产生，闻名世界的当代法国工人大罢工所反映的也是就业结构的内部紧张性。因此，分析就业岗位的数量、类别和层次分布，研究就业岗位的形成、从业者的就业路径、就业者之间的关系形态等这些就业结构问题，对于分析国情、社情具有极为重要的意义。

收入分配也是经济学研究的重要领域。社会学研究收入分配结构，更注重从社会成员间的经济收入数量比例关系和收入获得机会出发，研究不同人群或同一群体内部不同成员之间收入分配比重及其实现途径，进而研究经济不平等可能带来的社会问题。马克思的社会分层研究中，强调收入分配结构引致的生产资料占有状况问题；而马克斯·韦伯的社会分层中，收入分配结构主要是从经济财富资源占有的角度反映社会结构平等性问题。二者都强调了收入分配结构对社会分层、社会结构的重要意义。

城乡结构和区域结构都直接反映着空间上的平等问题，包括地区之间的人口分布、产业布局、发展的平等性、发展模式等方面，也包括社会成员的生活水平、发展机会、社会权利、地位等级等方面。差别产生激励和动力，但差距过大也带来张力。中国目前的城乡二元结构深深嵌入中国社会的各个方面，给我们带来治理上的巨大困难。研究城乡结构和区域结构的形成过程，厘清各种影响因素间的因果关系，对于小康社会和和谐社会建设，都具有十分重大的现实意义。

组织是人们在社会行动中为了一定目的联合而成的共同体。现代社会中，国家组织、经济组织和社会组织三类组织，都深刻地影响着人们的利益、权利、资源和机会获得等各个方面，决定着人们的社会经济地位。现代社会的良性运行和治理，也需要相应的组织结构加以支撑。比如，城市的单位制和农村的人民公社制度，在相当长时期内充当了我国社会管理的基本工具，对我国社会结构的形成起到了重要的塑造作用。研究组织结构，需要研究组织形成的背后推手，分析各类组织的社会功能和职责，摸清组织变化的客观规律和社会条件。

社会阶层结构是社会结构的内核。在社会结构的其他领域，如就业结构、城乡结构、组织结构等背后，都可以看到社会阶层结构的存在。通过分析资源和机会在社会阶层中的差异，研究各社会阶层的分化和层级排序，搞清社会阶层结构变化的推动力量和未来取向，有利于制定科学合理的社会政策、保障社会的长治久安、促进经济社会的协调发展。

正是因为社会结构是从以上质的规定性角度入手，对社会进行了多剖面、多层次的结构化分析，是对社会静态分析的终点，也是对社会动态分析的起点，所以说，认清一个国家或地区的社会结构，也就从本质上把握了这个国家和地区的社会变动状况和趋势。比如，仅从经济指标如GDP增长率、一二三产比例等角度看日本社会，在持续约二十年的"无增长性发展"后，日本的经济社会都应当会受到巨大的冲击。但事实是，由于家庭结构和组织结构的稳定有效、就业和分配结构的基本合理，尤其是阶层结构的进化程度高（几十年前就已经"一亿皆中流"，中产阶层庞大，形成了理想的橄榄形社会结构），日本虽然经济停滞不前、政权更迭频繁，但社会运行正常，社会秩序良好，民众生活幸福。印度是近年来经济增长很快的国家，经济发展成就全球瞩目，但由于就业和分配结构的畸形、阶层结构的紧张，导致社会矛盾和社会问题高发、易发，并隐藏着巨大的持续发展困难。

因此，社会结构是社会学研究的核心问题，是观察思考社会现象的重要工具，是分析认识国情最重要的方法之一。长期以来，在以经济建设为中心的大背景下，我们已经习惯了用经济理论和方法来观察分析问题，用经济手段和政策来解决问题，各级干部相对比较熟悉和了解经济结构问题，但是并没有掌握，甚至可以说，并不了解社会结构这种分析国情的基本方法和思路，这方面亟待补课。

二 当前中国的社会结构已经严重滞后于经济结构

(一) 我国的社会结构已经发生深刻变化

改革开放以来，在经济体制改革、经济高速发展、经济结构变化的推动下，我国的社会结构也发生了深刻的变化。例如就业结构，1978年时劳动力在三次产业中的就业状况是一产占70.5%，二产占17.3%，三产占12.2%；2009年变化为一产占38.1%，二产占27.8%，三产占34.1%。1978年我国的二、三产业职工人数只有11835万人，2009年二、三产业有48287万人，31年共增加了36452万人，平均每年增加1176万人。非农产业的劳动力从1997年开始，已经占50.1%，超过了50%的临界点，进入了工业化国家的就业结构。又如城乡结构，1978年我国的城市化率为17.9%，2009年我国的城市化率为46.6%，平均每年提高0.93个百分点。1978年，我国的城镇人口有17245万人，2009年达到60667万人，31年增加了4.49亿人，平均每年增加1450万人。再如社会阶层结构，已经从"两个阶级一个阶层"的结构，转变为由国家和社会管理者阶层、经理人员、私营企业主、科技专业人员、办事人员、个体工商户、商业服务业人员、产业工人、农业劳动者和失业半失业人员十个阶层构成的社会阶层结构。

这样大的社会结构变动，是中国历史上从未有过的。可以说，正是改革开放促成了"几千年来未有之变局"的实现。仅从就业结构来看，自周秦以来，中国一直是个农业国家，是农业社会的社会结构。直到1978年，农民仍占82.1%，还是农业国家的社会结构。真正发生这个大变局，转变为工业国家社会结构是在改革开放的30多年中。但是，我们在进行经济体制改革、经济大发展、经济结构大调整的时候，没有适时抓好社会体制改革，没有适时抓好社会建设，没有适时抓好社会结构的调整，因而与经济结构的变化相比较，我国现在的社会结构是落后了。

(二) 当前中国的社会结构滞后经济结构约为 15 年

据我们课题组研究，我们现在的社会结构还是工业社会初级阶段的水平，而经济结构已经是工业社会的中期。我们经过对比和测算，当前的中国社会结构大约滞后经济结构 15 年。

改革开放 30 多年了，怎么会滞后 15 年呢？

因为早在 1978 年，我们的社会结构已经比经济结构落后了。例如，在 1978 年，我国的二、三产业在 GDP 中已经占了 72%，但当年在二、三产业就业的劳动力只占 29.5%，而农业劳动力占到 70.5%，城市化率只有 17.9%，可见，1978 年的社会结构已经比经济结构落后很多了。

改革开放 30 年来，这种状况没有扭转，反而更加严重。还以就业结构、城乡结构等为例，根据钱纳里等人的研究，在工业化中期，就业结构中，二、三产业的职工应该占到总劳动力的 80% 以上，但 2009 年中国的二、三产业就业职工只占总劳动力的 62%，差了将近 20 个百分点。按过去 30 来年的增长比例，非农劳动力平均每年增加 1 个百分点左右，需要 20 年才能持平。以城市化为例，工业化中期，城市化率应该达到 60% 以上，但 2009 年中国城市化率只有 46.6%，差了 13.4 个百分点。以 1978—2008 年城市化率每年增加 0.91 个百分点计算，需要 15.7 年才能达到。再以社会阶层结构来说，工业社会中期，中产阶层应该达到 40% 以上，而 2008 年中国只有 23%。如以每年中产阶层规模增加 1 个百分点计，要 17 年才能达到。

当然，以上是现有社会体制不做变动情况下的估算。如果我们能及时进行社会体制等方面的改革，那么，社会结构的变动就会加快，就会较快缩小并消除这个差距。

总体来看，当前我国的经济结构已经是工业社会中期的结构，而社会结构还处在工业社会的初期，存在着严重的结构差。这是中国经济社会发展中最大的不协调，也就是我们常说的经济社会"一条腿长一条腿短"的病态状况。这种结构性矛盾，不但阻碍中国社会的正常运行，而且开始影响经济发展的可持续性，不断产生诸多经济社会矛盾和问题。

例如，三农问题为什么长期解决不好，其实质就是社会结构的转型滞后于经济结构。我们搞工业化，但没有按社会发展规律搞城市化。工业发展了，农业发展了，但农村人口从 1949 年的 48402 万人，绝对数提高到 2009 年的 71288 万。2009 年，乡村人口比例占人口总数的 53.4%，农业就业人口占总劳动力的 38.1%，农业贡献的国内生产总值只占 10.3%。这几个数据的结构性巨大差异，再加上一些体制性因素（如户籍制度、城乡分治等），造成农民穷困、农业难以规模化经营、城乡差距越拉越大。

又如，早在 1995 年，我国就提出扩大内需，但至今内需仍未真正启动。这本来是经济问题，但光靠调整经济结构解决不了。因为，城市居民消费进入平稳期，贫困地区农民不具有消费能力。最大的潜在消费群体是农民工。现存的城乡二元结构体制下，农民进城打工，但不能成为城市人。这个庞大的潜在消费群体如果不能在城市留下，这个群体就很难转化成现实消费群体，扩大内需就会沦为空谈。

三 社会结构调整是社会建设的核心工作

（一）我们对社会建设重要性的认识是不断深化的

党的十六大政治报告中说："我国正处于并将长期处于社会主义初期阶段，现在达到的小康还是低水平的、不全面的、发展很不平衡的小康……城乡二元结构还没有改变，地区差距扩大的趋势还未扭转，全国贫困人口还为数不少。"到 2020 年，要"全面建设惠及十几亿人口的更高水平的小康社会，使经济更加繁荣、民主更加健全、科教更加进步、文化更加繁荣、社会更加和谐、人民生活更加殷实"。在这六个更加中，第一条是经济，第二条是政治，后四条都要通过社会发展才能解决。

2003 年 10 月召开的党的十六届三中全会指出我国存在着城乡、地区、经济与社会、人与自然、国内和国外之间发展等方面的不平衡，明确提出要"坚持以人为本，树立全面协调、可持续的科学发展观"。并指出要"统筹推进各项改革，实现宏观经济改革和微观经济改革相协调，经济领域改革和社会领域改革相协调"，要"及时化解一系列矛盾，确保社会稳定和工作有序进行"。指出"经济和社会发展必须相互协调，不能一条腿长，一条腿短。要适当深化社会领域的改革，为加快社会发展提供体制保障"。

十六届四中全会主要是讨论加强党的执政能力建设的问题。指出要不断提高驾驭社会主义市场经济的能力、发展社会主义民主政治的能力、建设社会主义先进文化的能力、构建社会主义和谐社会的能力、应对国际局势和处理国际事务的能力，并就此作出了相应的决定。文件公开发表之后，受到了全党全国普遍响应，反响最强烈的是关于构建社会主义和谐社会和社会建设，认为这是党中央提出的新战略、新理论和新概念。一时和谐社会、社会建设成为热门话题，各地关于建设和谐地区、和谐农村、和谐城市、和谐企业、和谐社区的议论很多，创新做法很多。党中央顺应民意，2005年春节后中央就举办省部级主要领导干部专题研讨班，就构建社会主义和谐社会与社会建设的理论和实践问题进行研讨。随后，全国大规模社会建设开展起来。

2006年10月，党的十六届六中全会审议通过了《中共中央关于构建社会主义和谐社会若干重大问题的决定》，决定明确指出："新世纪新阶段，我党要带领人民抓住机遇，应对挑战，把中国特色社会主义推向前进，必须坚持以经济建设为中心，把构建社会主义和谐社会摆在更加突出的地位。"

2007年，党的十七大政治报告单设一节，名为"加快推进以改善民生为重点的社会建设"。提出"社会建设与人民幸福息息相关。必须在经济发展的基础上，更加注重社会建设，着力保障和改善民生，推进社会体制改革，扩大公共服务，完善社会管理，促进社会公平正义，努力使全体人民学有所教、劳有所得、病有所医、老有所养、住有所居，推动建设和谐社会"。十七大通过的《中国共产党章程（修正案）》中，把党的奋斗目标由原来的"把我国建设成为富强民主文明的社会主义国家"改为"把我国建设成为富强民主文明和谐的社会主义现代化国家"。把经济建设、政治建设、文化建设三位一体的社会主义事业总体布局，改为经济建设、政治建设、文化建设、社会建设四位一体的社会主义建设事业总体布局。这充分反映了我们党对共产党执政规律、社会主义建设规律、人类社会发展规律认识的科学化。

党的十七届五中全会再次强调了社会建设的重大意义，提出要加快推进社会体制改革，并单列出社会事业体制改革。在中央政治局第二十三次关于"正确处理新时期人民内部矛盾问题"集体学习时，分析了所有制结构和分配结构的变化，社会结构的变动和社会流动加快，人民构成情况的变化，城乡、区域结构的现状等问题，可以说，已经充分认识和客观把握了我国的基本社会结构，提出的今后一段时期解决人民内部矛盾的方法和措施，其中不少是从调整社会结构、加强社会建设角度来阐述如何正确处理人民内部矛盾问题的。

(二) 社会建设当以社会结构调整为核心

社会建设的内涵和外延，学界有不同的认识和看法。可简单分为三个不同的派别：以清华大学孙立平教授为首的团队，从学理角度入手，将社会视为与国家和市场并列的第三主体，提倡社会建设的核心是"将社会越建越大"，提出要大力培育和推进社会的独立性，要用社会制约国家、节制资本。同时，一定要防范国家权力与市场力量合谋，挤压社会发育空间。中国社会科学院的李培林教授以及实务界的一些领导干部，认为社会建设当以社会事业建设、民生事业充分发展为中心，主张大力推进就业、社会保障、教育科技文化卫生等各项事业发展。社会建设另外一派主要是实务界的各级干部。随着社会矛盾和社会问题的日益增多，各级干部都从社会建设汲取话语资源，强调要加强和创新社会管理，保障社会的良性秩序，如维稳、社会治安综合治理、民族宗教管理等方面。

我们认为，社会建设必须以调整社会结构作为核心任务。

一方面，如前所述，社会结构和经济结构一样，是一个国家的基本国情，能够准确客观反映一国一地社会基本状况、社会发展程度、未来发展路径。当前我国的社会建设，是为适应国家由农业农村的传统社会向工业化城市化的现代社会的转变，适应人们生产方式、生活方式和人际关系的深刻变化，积极面对由此产生的各种社会问题，有组织、有目的、有计划进行的各种有利于改善民生、建立新的社会秩序、促进社会进步的社会行动与过程。简言之，最终目的是实现社会结构的良性转变。

另一方面，无论是哪个派别的社会建设主张，都会从增加就业、完善社会保障、扩大公共服务、促进教科文卫事业发展、推进城乡基层基础建设、培育壮大社会组织、扩大中产阶层、维护社会稳定等方面，提出政策建设。虽然这些政策建设的着力点不同，所采取的方式各异，但其工作依据、工作基础、作用对象，都是相应的社会结构，而社会建设的过程就是影响社会结构变动的过程。简言之，社会建设就是推动社会结构变动的活动。

四 当前我国社会建设的主要任务

新时期以来，住房、教育、医疗、养老等民生问题日益突出，城乡差距、地区差距、贫富差距持续扩大，官民关系、劳资关系等社会阶层关系矛盾显化，土地征用、房屋拆迁、企事业改制等引发的社会不稳定问题增多，贪污腐败大案要案频发，一些地方杀人、绑架等暴力犯罪增加，诈骗、抢劫、盗窃等刑事犯罪案件增加，特别是各种群体性事件居高不下，近几年发生的瓮安事件、石首事件、吉林通钢事件、富士康员工跳楼事件等，影响恶劣。面对这些复杂多变的社会矛盾和问题，我们不能用头痛医头、脚痛医脚的救火式的办法来解决，也不能只用经济的理论和方法来应对。

中国的革命与建设是分阶段推进的。在不同的发展阶段，形势变了，就要采取不同的战略和策略。这是我们的基本经验。我国已进入改革和发展的关键时期，新时期的特征是经济建设已取得很大成功，工业化已达到工业国家的中期水平，但社会结构还相当滞后，由此引发了诸多社会矛盾和问题，对照国外一些现代化国家的发展经验看，我们已经从经济建设为主的阶段进入了经济社会协调发展的新阶段。新阶段的任务，是要在继续抓经济建设的同时，进行社会体制的改革，重点进行社会建设，抓好社会管理，促进社会结构的优化转型。

(《社会学家茶座》2011年第2辑)

社会建设就是建设社会现代化

党的十六届四中全会有两个理论贡献：一是提出了构建社会主义和谐社会，二是提出了社会建设。前者提出了适合中国国情民意的战略奋斗目标，像当年提出"小康社会"一样，一经提出，就受到全国群众的普遍欢迎，反映了群众对和谐社会的渴求；后者则是为实现社会主义和谐社会服务的，和谐社会要通过社会建设等一系列建设才能实现。

在党中央领导下，全国开展了关于构建社会主义和谐社会与社会建设的实践探索和理论研讨。2007年，党的十七大通过的党章（修正案）中，把社会建设列入中国特色社会主义建设事业总体布局，从原来的三位一体扩展为经济建设、政治建设、文化建设、社会建设四位一体的总体布局。这个修改体现了我们党对社会发展规律、社会主义现代化事业建设规律认识的深化，是深入分析我国基本国情和发展的阶段性特征的重要理论，标志着我国进入了以社会建设为重点的新阶段。

党的十七届五中全会通过的"十二五"规划建议中，特别强调把"加强社会建设"作为加快实现经济发展方式转变的根本出发点和落脚点。今年初，党中央召开了省部级主要领导干部关于创新社会管理的专题研讨班，再次重申了加强社会建设和创新社会管理的重要性和紧迫性。目前，加强社会建设、创新社会管理正在全国蓬勃展开。

在这样一个新阶段开局的时候，对于什么是社会建设、社会建设的主要内涵和主要任务是什么，怎样进行社会建设等问题，很有厘清的必要。

一 社会建设就是建设社会现代化

中华人民共和国成立以来，尤其是改革开放以来，我们坚持以经济建设为中心奋斗了 30 年，干成了一件大事，基本实现了经济现代化。2010 年我国的 GDP 达到了 39.8 万亿元，总量达到世界第二，制造业总量已经达到世界第一，外贸进出口总量世界第一，国家外汇储备世界第一。2010 年的经济结构中，第一产业占 10.2%，第二产业占 46.8%，第三产业占 43%。我们国家的发展已处于工业社会中期，北京、上海等地已经进入工业社会的后期。

与此同时，我国的社会建设也取得了很大的成就，社会结构发生了深刻变化。相比较而言，由于多方面的原因，我们的社会建设还相对滞后，社会结构还相对落后。例如社会结构中的就业结构，1978 年的总就业人口中，一产占 70.5%、二产占 17.3%、三产占 12.2%，2009 年变化为一产占 38.1%、二产占 27.8%、三产占 34.1%。1978 年我国二、三产业职工人数只有 11835 万人，2009 年发展为 48287 万人，31 年增加了 36452 万人，平均每年增加 1176 万人。二、三产业职工占总就业人口的 61.9%，已经是工业社会的就业结构，但农业劳动力仍占 38.1%。

从社会结构中的城乡结构看，1978 年我国的城镇人口只有 17245 万人，城市化率为 17.9%。2009 年，城镇人口达到 62186 万人，31 年共增加 44941 万人，平均每年增加 1450 万人，城市化率达到 46.6%（其中有很多是在城镇居住半年以上的农业人口，如按 2000 年前的统计标准，城市化率只有 34% 左右）。

社会结构的核心结构是社会阶层结构。1978 年是"两个阶级一个阶层"（工人阶级、农民阶级和知识分子阶层）的结构，现在已转变为由国家与社会管理者、经理人员、私营企业主、科技专业人员、办事人员、个体工商户、商业服务人员、产业工人、农业劳动者和失业半失业人员十个社会阶层，[1] 其中中产阶层约占 25%。[2] 离工业化中期应有的水平还比较远。

随着我国经济的高速发展，在经济结构变化的推动下，我国的社会结构也发生了深刻的变动，已经是一个工业社会的社会结构。但是，如果按

---

[1] 陆学艺主编：《当代中国社会分层研究报告》，社会科学文献出版社 2001 年版。
[2] 陆学艺主编：《当代中国社会结构》，社会科学文献出版社 2010 年版。

照国际学术界关于工业社会中期的指标衡量，我国现在的就业结构、城乡结构和社会阶层结构还只是工业社会初期的社会结构。同前述我国已经是工业社会的中期的经济结构很不平衡、很不协调。

经济结构和社会结构是一个国家（或地区）最基本、最重要的社会结构，两者互为基础、相互支撑。一般来说，经济结构变动在先，带动影响社会结构的变化；而社会结构调整了，也会促进经济结构的完善和持续变化，所以社会结构与经济结构必须协调，相辅相成。经济结构不能孤军独进，社会结构可以稍后于经济结构，但这种滞后有一个合理的限度，超过了这个限度就会阻碍经济结构的持续有序的变化，阻碍经济社会的协调发展。

现阶段的经济结构已经是工业社会的中期水平，但社会结构还是工业社会的初期水平，两者存在严重的结构性矛盾。从理论上分析，社会结构严重滞后于经济结构，这两个结构不平衡、不协调、不整合，是中国目前很多经济社会矛盾的主要根源。好比一幢大楼，地基很好，已经是钢筋水泥的，四梁八柱也是钢筋水泥的，但房顶和上层建筑还是木板和塑料的，一有刮风下雨，就会进风漏雨，如遇狂风暴雨就不可设想了。

很多现代化国家的实践表明，现代化社会是一个完整的系统，不仅要实现经济现代化，而且还必须实现社会现代化、政治现代化和文化现代化。在这四大建设中，经济建设是最重要的，是基础性的、决定性的，是第一位的。新中国成立60多年来，特别是改革开放30多年来，在共产党的领导下，全国各族人民团结奋斗，几经曲折，千辛万苦，终于基本实现了经济现代化、经济结构的现代化，才有了今天的繁荣昌盛，欣欣向荣，这是空前未有的伟大成就，是实现中华民族复兴的希望所在，是建设富强、民主、文明、和谐社会主义现代化国家的基础，这个成就怎么估计都不过分。但是要实现四位一体的社会主义现代化事业，仅是建设经济现代化还远远不够。

经济建设取得一定成绩之后，就应该适时地重点加强社会建设，使经济社会协调发展。因为各种原因，我们在进行社会建设方面是晚了一些，形成了经济这条腿长、社会这条腿短的尴尬局面，引发了诸多社会矛盾和社会问题。在当前，我们应该抓紧补课，加快社会建设的步伐，推进经济社会协调发展。

重点加强社会建设，这既是"适应国内外形势新变化，顺应各族人民过上更好生活新期待"的需要，也是加快转变经济发展方式、促进经济长期平稳较快发展的需要，是一举托两头的大事。

从长远发展和国际国内的实践观察，社会建设就是要建设社会现代化。社会建设同建设经济现代化一样，将是一个复杂、艰难的长期历史任务，显然不是5年、10年能够完成的。建设社会现代化，就必须实现民生事业现代化、社会事业现代化（例如教育现代化、科技现代化、医疗卫生现代化，等等）、社会体制现代化、社会管理现代化、社会组织现代化、社会生活现代化、社会结构现代化，等等。可见，建设社会现代化，是一个宏大复杂的系统工程。在我们这样一个自然条件、社会历史条件都很不平衡的国家，要建设社会现代化，既要统筹协调好同经济建设、政治建设、文化建设系统外的各种关系，也要统筹协调好系统内各子系统的关系，使之能够全面、平衡、协调、可持续地发展。这是一项非常复杂、艰巨的任务，对此，我们要有足够的认识。

二 社会建设的主要内涵和主要任务

2004年，党中央提出构建社会主义和谐社会与社会建设这两个新概念、新思想以后，特别是十七大把社会建设列入四位一体的社会主义事业总体布局之后，全国各地开展了社会建设、社会管理的实践和探索，各种新的做法、新的试点、新的经验大量涌现。学术、理论界也深入实际，调查研究，总结新经验，发现新问题，展开了各种研讨，报刊、媒体也发表了各种文章和信息，议论很多。怎样在现阶段中国国情条件下进行社会建设，创新社会管理，自2010年春节以后，成为大家关心的热点、重点问题。中国社会学会在京的一部分理事和学者，以座谈会的形式，就现阶段中国的社会建设的内涵和主要任务等问题进行了多次研讨，[①] 汇集会上各

---

① 如2010年8月，清华大学人文社会学院与北京社会科学联合会在清华大学联合召开了"社会建设圆桌讨论会"。2010年12月，北京工业大学人文学院在北京工业大学主办了"中国社会建设与社会管理学术研讨会"。

方面的意见,关于社会建设的内涵和主要任务,归纳起来有以下四种主张和观点。

第一种观点,认为社会建设应以保障改善民生为重点。大力推进就业、住房、保障和科技、教育、文化、卫生等各项民生事业和社会事业。建立健全公共服务体系,推进基本公共服务均等化。加快收入分配制度的改革,增加城乡居民收入,调整收入分配关系,完善再分配调节机制,加快扭转城乡、区域、行业和社会成员之间收入差距扩大的趋势并逐步缩小到合理的水平。统筹、兼顾、协调城乡各社会阶层的利益关系,使改革和发展惠及全体人民,走共同富裕的道路。

第二种观点,认为社会建设当前要加强和创新社会管理。应以解决影响社会和谐稳定的突出问题为突破口,提高社会管理科学水平。完善党委领导、政府负责、社会协同、公众参与的社会管理格局,逐步建立健全中国特色社会主义管理体系。通过政府主导、多方参与,规范社会行为、协调社会关系、促进社会认同、秉持社会公正、解决社会问题、化解社会矛盾、维护社会治安、应对社会风险,为经济社会发展创造既有活力又有秩序的基础条件和社会环境,促进社会和谐。

第三种观点,认为之所以要进行社会建设,是因为随着改革开放和经济的发展,我国已经实现了由农业社会向工业社会转型、由计划经济体制向社会主义市场经济体制转轨,人们的生产方式、生活方式、人际关系发生了很大的变化,人们的思想意识、道德观念、价值取向也发生了很大的变化,并由此产生了许多社会矛盾和社会问题,需要加快社会建设,建立新的社会秩序,促进社会进步。同时要进行社会体制改革,创新社会政策,调整和优化社会结构,建立与社会主义市场经济相适应、与经济结构相协调的社会结构。认为社会建设的核心任务就是要构建一个合理的社会结构。

第四种观点,认为社会建设的根本目标是要建立一个能够驾驭市场、制约权力、遏制社会失序的社会主体。在工业社会条件下,不仅要有市场、有政府,还要有发育良好的社会(社会组织)。健全的社会是市场经济的基础。从工业化社会几百年历史看,市场经济并不是万能的,市场本身有失灵的时候,例如周期性地爆发经济危机。所以,必须由政府适时地加以调控。工业化社会的历史也表明，政府也并不是万能的，也总有失误的时候，所以要有发育良好的、多种形式的、健全的社会组织，也就是要有组织起来的社会，形成市场、政府、社会三足鼎立的格局。在工业化、信息化、社会化大生产的条件下，必须有发育良好的社会环境，整个经济社会才能健康有序地可持续发展。

上述四种主要观点，代表了现阶段实际工作部门和学术界的主要看法，当然，还有很多不同的主张和看法。例如有人认为社会建设当前应该重视发育社会组织，调动广大群众的积极性，协助政府做好公共服务和社会服务，等等。随着社会建设、社会管理在全国各地蓬勃开展，一定会创造出许多适合国情、各地地情的社会建设、社会管理的经验和模式来，走出一条中国特色社会建设之路。实践出真知，关于社会建设的主要内涵和主要任务的认识，随着实践的深入，也一定会更加具体、更加丰富，创造出中国特色社会主义社会建设的理论篇章。

三　社会建设的三个阶段

从社会发展规律的视角看，社会建设作为社会主义事业总体布局四位一体中的一大建设，要实现的历史任务宏大而又艰巨，既要进行保障改善民生的各项社会事业建设，又要进行包括社会事业体制在内的社会体制改革的创新；既要加强社会管理、社会安全体制的建设，又要进行社会理念、社会规范的建设；既要加快收入分配关系的调整，有效调节过高收入，扭转四种差距扩大的趋势，促进社会公平正义，又要积极培育中产阶层的发展壮大，加快优化社会结构的步伐，使之形成与经济结构相平衡、协调的社会结构。所以，社会建设将是一个长期的历史过程。

在党中央的领导下，现在全国各地的社会建设、社会管理正在蓬勃展开，那么未来的发展将会是怎样的状况呢？前面讲到的四种关于社会建设主要内涵和主要任务的不同观点——有主张搞社会事业建设的，有主张抓社会管理的，有主张搞社会结构的，有主张抓建设社会主体的——虽然各自意见不同，但都是为了搞好社会建设，都讲到了要实现社会建设的某一个方面，都有可取之处。把这些意见横向罗列起来看是四种不同的主张，如果把四种意见纵向立起来看，可以看作是今后中国社会建设的三个阶段，这四种不同的主张分别是这三个阶段要实现的不同的重点任务。

在国内外进行现代化建设的经验和教训的基础上，结合中国目前的基本国情，中国的社会建设未来的发展将经历以下三个阶段。

第一阶段，也就是我们目前正在做的，即先从人民群众最关心、最现实、最紧迫要求解决的保障和改善民生事业、社会事业建设做起，着力解决好就业难、上学难、看病难、社保难、住房难、养老难等基本民生问题；并从加强和创新社会管理入手，解决影响社会和谐稳定的突出问题，化解社会矛盾，解决社会问题，加强源头治理，标本兼治，最大限度地防止和减少社会矛盾的产生，最大限度地增加社会和谐因素，促进社会公平正义。这两个方面的工作，党的十六届四中全会以来，特别是十七大以来，正在大力推进，例如教育和卫生、社会保障等民生、社会事业，都受到高度重视，加大了人力、物力、财力的投入，情况正在好转。政法系统开展了化解社会矛盾、创新社会管理、公正廉洁执法三项重点工作，做出了很大的成绩。近几年，这些工作有序推进，很有成效，是顺民意、得民心的。这两方面的工作，实际也就是上述第一种、第二种主张要解决的问题。"十二五"期间，我们能把保障改善民生事业、社会事业和创新社会管理这两件大事做好了，我们的社会建设就上了一个台阶，经济社会协调发展就前进了一大步，就可以转到社会建设的第二阶段。

第二阶段，要着力推进社会体制改革，创新社会政策，完善社会管理。推进新型的城镇化，破解城乡二元结构，逐步实现城乡一体化。拓宽社会流动渠道，培育和壮大中产阶层，构建一个合理、开放、包容的社会结构，使之与经济结构相协调。

构建一个合理开放的工业社会中期阶段的社会结构，这是社会建设最重要、最核心的任务。我们常说现在处于改革发展的关键时期，关键时期要做好的关键工作就是要通过社会建设，特别是社会体制改革，构建好一个合理的社会结构。要过好社会建设这一关，也可以说是要迈过一个大坎儿，一些发展中国家过不了这个坎，就进不了现代化国家的行列。

中国现行的包括社会事业在内的社会体制，还是在计划经济体制时期形成的。要推进社会建设，就要像1980年代以来抓经济建设先进行经济体制改革一样，一定要进行社会体制改革，包括户籍制度、城乡体制、就业体制、社会保障体制和各项社会事业体制都要逐步进行改革，形成一个与社会主义市场经济体制相适应、相配套的社会体制。如果不进行或延缓社会体制改革，目前这些诸多的社会矛盾、社会问题就解决不好，也解决不了；社会结构也就调整不了，更优化不了。例如，户籍制度再不改革，城乡二元结构就破解不了，"三农"问题、农民工问题就解决不了，城市中的二元结构问题就会越来越严重，也就谈不上城乡一体化。社会主义市场经济能长久建立在城乡二元结构的基础上吗？这种在计划经济时期形成的、为计划经济体制服务的户籍制度，如果不改革，不仅社会结构调整优化不了，社会主义市场经济体制也完善不好。

从改革发展的历史过程来观察，中国社会建设的第二阶段也可以看作是社会体制改革的攻坚阶段，是决定性的阶段，时间约在"十三五"前后。从现在起，"十二五"期间，在进行的社会建设的第一阶段，我们就要为这个改革阶段的成功作好准备。

第三阶段，随着社会主义市场经济体制不断完善，经济建设持续健康较快发展，到21世纪中叶，经济达到中等发达国家水平，形成现代型的经济结构。社会建设经过社会体制改革，将加速发展，使社会体制逐步完善，社会管理体系更加健全，社会流动渠道更加畅通，中产阶层更加壮大，社会组织广为发展，社会结构更为优化，形成一个与社会主义市场经济体制相适应、与现代经济结构相协调的现代社会结构，形成一个橄榄形的社会结构，为全面、协调、可持续科学发展提供一个良好的社会环境。社会建设的目标就是实现社会现代化，实现"民主法治、公平正义、诚信友爱、充满活力、安定有序，人与人和谐相处的社会主义和谐社会"。

当然，这三个阶段并没有一个截然分开的界限，将会是互有交叉地进行，只是某一阶段凸显某一方面工作的重点，在不同的阶段、不同的地区，针对实际状况将有不同的做法。从去年十七届五中全会以后，各地都在积极推进社会建设和社会管理的工作，创造了很多新的做法、新的经验和新的实践模式。经过一段实践之后，经过各种经验、多种模式的比较和交流，一定会涌现出一批适合中国国情、有中国特色的社会建设的实践模式和相应的中国社会建设的理论体系来。

可以预见，通过这三个阶段，到 2040 年前后，我国将会达到中等发达国家水平，进入现代化国家行列。现在看来，经济建设方面的趋势很好，国内国外的预测都比较乐观，虽然还有一些难题，但我们已经走上了社会主义市场经济这条道路，这些难题是可以解决的。关键是能不能搞好社会建设，能不能过好社会建设这一关，这是我们今后 5 年、10 年、20 年工作的重中之重。搞好社会建设，建设社会现代化，是一个新领域，也是一项新任务，我们还不熟悉，还没有经验，还需要"摸着石头过河"，需要我们一边学习一边做，一边做一边学习。社会建设这项历史任务一定会在我们民族的勤奋实践中，成为中国特色的社会现代化的一个重要组成部分。

(《社会学研究》2011 年第 4 期)

中国未来三十年的主要任务是建设社会现代化

现代化是一个国家或地区从传统的农业社会向现代工业社会转变的历史进程。不仅要实现经济现代化，而且还要实现社会现代化、政治现代化、文化现代化，等等。现在，社会建设已在全国各地展开，本文就中国社会建设的动因、现状、目标和发展阶段做一个分析。

一 中国的经济建设已经基本现代化，社会建设还相对滞后

中华人民共和国成立62年以来，特别是改革开放30多年来，中国坚持以经济建设为中心，艰苦奋斗、几经曲折，终于基本实现了经济现代化。2010年，中国的GDP达到39.8万亿元，按不变价格计算，比1978年的3645亿元增长20.6倍，年均递增9.9%。三次产业结构由1978年的28.2∶47.9∶23.9转变为2010年的10.2∶16.9∶43。经济结构已经达到工业社会中期阶段水平。

改革开放以来，中国的社会建设也取得了很大成就，社会结构发生了深刻的变化。相比较而言，由于多方面的原因，社会建设还相对落后。以就业结构为例，1978年的总就业人口中，一产占70.5%，二产占17.3%，三产占12.2%；2009年变化为一产占38.1%，二产占27.8%，三产占34.1%。1978年中国的二、三产业职工只有11835万人，2009年发展为48287万人，31年共增加36452万人，平均每年增加1176万人（其中约60%是农民工），2009年的二、三产业占总就业人口61.9%，已经是工业

社会的就业结构，但在农业中就业的劳动力仍占38.1%。

在城乡结构中，1978年，中国总人口为96259万人，其中城镇人口只有17245万人，城市化率只有17.9%。2009年总人口达到133474万人，31年纯增37215万人，比1978年增加44941万人，平均每年增加1449万人。2009年的城市化率达到46.6%，比1978年增加28.7个百分点，平均每年增加0.93个百分点。

在社会阶层结构中，1978年是"两个阶级一个阶层"（工人阶级、农民阶级和知识分子阶层）的结构，现在已转化为由国家与社会管理者阶层、经理人员阶层、私营企业主阶层、科技专业人员阶层、办事人员阶层、个体工商户阶层、商业服务人员阶层、产业工人阶层、农业劳动者阶层和失业半失业人员阶层十个阶层，其中中产阶层约为25%。

改革开放30多年来，在经济持续高速发展的推动下，社会大分化，社会大流动（每年有大批农民转化为二、三产业职工），每年有大批农民转为城镇居民，这是中国几千年未有的大变局，社会结构发生了深刻变化，已经由农业国家的社会结构转型为工业社会的社会结构。中国现在的一切进步皆源于此，都是由这个社会转型派生出来的，当然，中国现在的一切社会矛盾、社会问题也源于此，都是这个社会转型产生的，确切地说，是由这个社会转型还不完善、还未完成而引起的。根据国际学术界关于工业社会阶段发展的指标衡量，我国现在的经济结构已经达到工业社会中期阶段的水平，社会结构则还只是工业社会初期的水平。

经济结构与社会结构是一个国家（或地区）最基本、最重要的两个结构，两者互为前提、相互支撑。一般说来，经济结构变动在先，影响带动社会结构变化；而社会结构调整了，也会促进经济结构的优化和持续变化，所以经济结构和社会结构必须平衡、协调，相辅相成。国内国外的经验和教训说明，经济结构不能孤军独进，社会结构可以稍后于经济结构的变动，但这种滞后有一个合理的限度，超过了这个限度，如果长期滞后，就会阻碍经济结构持续变化，阻碍经济社会的协调发展。

现代化发展过程表明，欧美诸发达国家，在社会转型过程中，经济社会发展也曾长期不平衡、不协调，经过不断的改革、调整，特别是二战以后，这些国家进行社会体制改革、社会政策调整，进行社会治理，才逐步走上了经济社会协调发展的道路。战后发展起来的日本和亚洲四小龙，接受发达国家的经验和教训，在经济高速发展的阶段，就比较重视社会体制改革、社会政策的调整，较早地进行"社会建设"，所以，这些国家和地区的社会转型比较平稳，转得比较快，经济社会发展比较平衡协调，比较顺利地进入了现代化国家的行列。20世纪60年代，如阿根廷等拉美国家，经济发展也很快，盛极一时，但他们没有及时进行社会体制改革，社会结构没有相应调整，致使社会矛盾、社会冲突愈演愈烈，社会动荡不安，严重阻碍经济发展，堕入了所谓的"拉美陷阱"。苏联剧变，一个很重要的原因，也是经济搞上去了，经济总量达到世界第二，军事、科技方面也很强，曾经是超级大国，但他们长期不进行社会体制改革，不搞"社会建设"，社会结构是"两个阶级，一个阶层"的结构，经济社会发展长期不平衡、不协调，最终是垮下来了。这样一个超级大国轰然倒塌，教训是十分惨痛的。正反两方面的实践证明，一个国家（或地区）的现代化事业是一个整体，经济建设是最主要的，首先要实现经济现代化；但仅仅实现经济现代化是不够的，还必须接着实现社会现代化、政治现代化、文化现代化等，否则，就不能实现现代化，而且经济现代化也有倒退回去的可能。

二　中国进入以社会建设为重点的新阶段

早在20世纪90年代中后期，经济社会发展不平衡、不协调的问题已经显现。一方面经济建设突飞猛进，成绩斐然，另一方面社会问题、社会矛盾大量增加，负面的消息频传。原因当然是多方面的，从主观层面说，提出经济建设为中心，肯定是正确的，但有些地区、有些部门在执行过程中做成了GDP挂帅，只搞经济建设，牺牲了农村、牺牲了资源和环境，压低了消费和人民生活，非经济方面的建设被搁置一边，导致了农村发展落后，导致了资源浪费、环境恶化，导致了城乡、地区、贫富差距扩大，导致了社会矛盾、社会冲突、群体事件频繁发生，社会形势严峻。

进入21世纪以来，中国共产党和人民政府高度重视经济社会协调发展的问题。2003年，党中央提出了要贯彻落实科学发展观，强调要以人为本，全面协调可持续发展。2004年提出要构建社会主义和谐社会，要加强社会建设和社会管理。2007年中共十七大会议上，在原来经济建设、政治建设、文化建设三位一体的社会主义建设事业总体布局中，加进了社会建设，发展为"四位一体"的总体布局。这个重要内容，写进了修改后的新党章中，这标志着中国的社会主义现代化事业进入以社会建设为重点的新阶段。

2010年10月和2011年3月，中共十七届五中全会和全国人民代表大会第十一届第四次会议制定并通过了第十二个国民经济和社会发展规划，强调今后要以转变经济发展方式为主线，把保障和改善民生作为加快转变经济发展方式的根本出发点和落脚点，要明显加强社会建设，使社会管理体制更加完善，促进社会和谐。

近几年来，特别是2011年春季以来，全国各地的社会建设和社会管理工作正在蓬勃展开。例如北京、上海、深圳、大庆、南京等市组建了社会建设工作委员会或办公室，多数省市自治区建立了社会建设领导小组，指定有关部门负责社会建设和管理的调查研究、统筹规划、协调安排、检查监督。

从中央到地方各级政府，大量增加了社会建设和管理的人力、财力、物力的投入，如中央决定把"十二五"经济发展指标定为7%（"十一五"实际增长年均11.2%），腾出力量，大量增加对科技、教育、卫生、就业、社保、住房等方面的财政投入，重点解决好保障和改善民生问题；出台了教育、医疗卫生的改革、发展方案，解决好群众要求迫切的上学难和看病难问题。提出"十二五"期间要新增城镇二、三产业职工4500万人，要建设4000万套保障性住房，要建立覆盖城乡的社会保障体系，以解决就业难、住房难、养老难等问题。这些规划都在逐步实施，推进状况良好。

中国目前正处在城市化快速发展的新时期，每年有1200万左右的农业人口进入城镇，城市化率很快将超过50%（2015年城市化率预计将达到53%—54%），成为城市人口为主的国家。各地正在加强对街道、社区、小区体制的改革和完善工作，把新老市民组织好、安排好，提供更好更方便的公共服务，做好基层社区的治理，促进新老市民的融合，建设互敬互爱、守望相助的和谐社区。成都等市正在进行户籍改革的试点，推进城乡一体化，逐步破除城乡二元结构。

2010年初，政府系统开展了"化解社会矛盾、创新社会管理、公正廉洁执法"三项重点工作，一年多来，取得了较好成绩，群体事件、刑事犯罪案件减少，社会治安状况好转，社会更加稳定，正在向构建"源头治理、标本兼治、治本为主"的管理体制发展，尽可能防止和减少社会问题的产生，尽可能化解社会消极因素，尽可能增加社会和谐因素，为经济社会发展创造既有活力又有秩序的社会环境。

总体来说，21世纪以来，在各方面力量的推动下，中国已进入社会建设为重点的新阶段，社会建设、社会管理已得到各级干部和群众的认同，全国各地各项社会建设和社会管理已经普遍开展起来，并取得了较好的成绩，正在改变经济这条腿长、社会这条腿短的尴尬状况，经济社会发展不平衡、不协调的局面有所缓和。但是，由于社会建设诸方面的欠账太多，社会建设滞后于经济建设的时间太长，积累的问题太多、太复杂，加之我们进行社会建设还缺乏经验、缺乏理论指导，所以，要搞好社会建设，任务还是十分艰巨的，还有很多工作要做，已有的一些成绩只能说是仅仅开了个头。

比照历史，现在的社会建设，就好比20世纪80年代初期的经济建设一样。经济建设为中心的历史任务提出来了，怎么进行、从何入手、经济体制怎么改革、经济发展如何进行，一系列的问题，开始也都是不明确的，好在中国共产党是一个有丰富实践经验的党，有发动群众、依靠群众的优良传统，靠着敢闯敢试的改革精神"摸着石头过河"，不断探索，不断前进，一步一个脚印，积小胜为大胜，终于把经济建设现代化这件大事办成了。

现在的社会建设，就像当年的经济建设那样。现阶段，中国发展要以社会建设为重点的历史任务已经提出来了，怎么进行，怎么实现，没有现成的答案，要靠我们大家去探索、去实践。好在前30年，中国经济建设的巨大成功已经为进行社会建设奠定了一个十分雄厚的物质基础；好在30年经济建设创造了极其成功的经验，可资借鉴；好在前几年在党中央领导下，已经为社会建设开了个好头，方向和任务是明确的。现在的社会建设，就是如何在各地、各部门落实、贯彻的问题。就各地各部门来说，就像20世纪80年代中期那样,抓住经济建设的核心任务搞工业化,创造了"苏南模式"、"温州模式"、"珠江模式"、"晋江模式",从而实现了本地的工业化,并且由此推动了全国的经济建设。各地各部门将根据中央关于社会建设的指示精神,结合本地的实际,创造出各种进行社会建设的模式来。可以相信,要不了多少年,各种符合社会发展规律又结合本地实际的社会建设的典型经验和好的实践模式就会涌现出来,中国的社会建设也会取得成功的。

三 建设社会现代化,是中国未来二十年的主要任务

中国进入21世纪以来,经济持续高速发展,经济总量不断壮大,经济形势大好,与此同时,社会矛盾、社会冲突凸显。如何保证经济持续、健康快速发展,如何消解社会矛盾,保持社会稳定,国内国外有各种议论,下一步是进行社会体制改革、重点推进社会建设,还是进行政治体制改革、重点进行政治体制建设。

党中央全面分析了国内国际的大局,审时度势,2004年中共十六届四中全会提出构建社会主义和谐社会的战略目标,并提出加强社会建设和管理的任务,很快得到了全国广大干部和群众的热烈响应。从此,社会建设、社会管理就在全国开展起来。

选择社会建设作为下一步发展战略的重点,这既是经济持续发展的需要,可以为经济发展提供教育、人才、科技等方面的支撑,也可以增加国内消费,为经济发展提供越来越大的市场,改变主要依靠出口拉动的局面,使中国成为一个消费型的社会。选择社会建设、进行社会体制改革、创新社会政策、完善社会管理,本身也是为了化解目前已经产生的诸多社会矛盾、社会冲突,并从源头防止和减少社会问题的产生,化解消极因素,增加和谐因素,保证国家的长治久安。选择社会建设、改革社会体制、建设与社会主义市场经济体制相适应的社会制度,也是为再下一步进行政治体制改革、进行政治建设作好准备。各国现代化建设的经验和教训都表明,如果没有社会体制改革的社会建设作准备,贸然进行政治体制改革往往是不成功的,苏联崩溃就是一个失败的典型。从中国的基本国情出

发，事实就是，在经济实现了基本现代化之后，选择社会建设作为下一步发展的战略重点是十分理性的，是符合社会发展规律的，可以预见，中国现代化发展的路径是：第一步，实现经济现代化，使经济持续健康发展；第二步，实现社会现代化；第三步，实现政治现代化；第四步，实现文化现代化，建成富强、民主、文明、和谐的社会主义现代化国家。

社会建设的目标，就是实现社会现代化。社会建设和经济建设一样，是一项宏大、复杂、艰巨的历史任务，显然不是五年、十年能够实现的，需要我们长期努力奋斗才能实现。建设社会现代化，必须实现民生事业现代化（如建立现代社会保障体系）、社会事业现代化（科技现代化、教育现代化、医疗现代化等）、社会组织现代化、社会管理现代化、社会体制现代化和社会结构现代化，等等。可见，建设社会现代化是一个浩大、复杂的大系统工程。在我们这样一个自然条件、社会历史条件都很不平衡的大国，要建成社会现代化，既要统筹协调好同经济建设、政治建设、文化建设等系统外的各种关系，其中特别主要的是要安排好同经济建设的关系，又要统筹协调好本系统内各要素之间的关系，使之能够全面、平衡、协调可持续发展。这是一项在中国还史无前例的重要任务，非常复杂、非常艰巨，对此，我们要有充分的认识。

从国际国内进行现代化建设的经验和教训看，结合中国目前的国情，中国社会建设的发展将经历以下三个阶段。

第一阶段，就是我们现在正在进行的，先从解决好人民群众最关心、最现实、最迫切要求解决的民生问题、社会事业发展问题做起，着力解决就业难、上学难、看病难、社保难、住房难等基本民生问题；并从加强和创新社会管理入手，化解社会矛盾，解决社会问题，妥善处理影响社会稳定的突出问题，确保广大群众安居乐业，促进社会和谐，实现公平、正义，为经济社会发展创造既有活力又有秩序的社会环境。自从十六届四中全会提出构建社会主义和谐社会、加强社会建设以来，特别是十七大提出要加强和改善以民生为重点的社会建设以来，这两个方面的工作都受到了各级政府的高度重视，加大了人力、物力、财力的投入，加强了工作力度，已经有了成效，情况正在好转，这是顺民意、得民心的，受到了人民群众的欢迎。

"十二五"期间，我们能把保障和改善民生事业、社会事业和创新社会管理这两件大事做好了，就为社会建设奠定了一个良好的基础，开了个好头，也是经济社会协调发展前进了一大步，可以顺势转入社会建设的第二阶段。

第二个阶段，是全面改革社会体制、大规模推进社会建设的关键阶段。在一定意义上说，第一阶段做的改善民生、社会事业和加强社会管理工作，实际上都有还账、补课的性质。因为过去我们过于偏重经济发展，各种资源都向经济建设集中，影响了社会建设正常、健康的发展，导致了经济社会发展不平衡、不协调。第一阶段做的两方面工作，弥补了不足，从而为社会体制改革、为大规模推进社会建设准备了基础条件。

从"十三五"开始，要着力进行社会体制改革，创新社会政策，推进新型的城镇化，破解城乡二元结构，逐步实现城乡一体化，拓宽社会流动渠道，大力发展社会组织，培育和壮大中产阶层，构造一个合理、开放和包容的社会结构，使之与经济结构相协调。

中国现行的包括社会事业体制在内的社会体制，还是在计划经济时期形成的，是与计划经济体制相适应的。改革开放之后，多数都经过一定的改革，但改革成功的不多，有的甚至还没有破题。这也是社会建设之所以滞后的一个重要原因。要推进社会建设、创新社会管理，就要像当年推进经济建设先进行经济体制改革那样，一定要进行社会体制改革。改革社会体制，必须是全方位的，包括户籍体制、城乡体制、就业体制、分配体制，各项社会事业体制都要有计划有步骤地逐步进行改革，逐步形成一个与社会主义市场经济相适应、相协调的社会体制。

作深层次的观察，我们国家社会主义市场经济体制已经实行十余年，已经成为配置资源和机会的基础性力量，但是社会体制还基本上没有改革，这两种不同体制的矛盾正是许多社会问题发生且久解不决的重要原因。我们现在有120多万个事业单位，约4000万干部职工，这些单位多数还没有进行实质性的改革，"吃大锅饭"的问题并没有完全解决，服务质量不好，效率不高。如果不进行彻底的改革，问题就解决不了。

中国目前正处于改革发展的关键时期，成功度过这个时期的关键，是要排除一切阻力进行社会体制改革，进而大规模地推进各项社会建设，再逐步实现社会现代化，在改革发展的关键时期，过好社会体制改革、社会建设这一关。许多发展中国家过不了社会建设这一关，就进不了现代化国家的行列。中国社会建设的第二阶段，是社会体制改革的攻坚阶段，是一个具有决定意义的阶段，时间约在"十三五"、"十四五"期间。为此，我们从现在起就应该为社会体制改革的成功作准备。

第三阶段，随着社会主义市场经济体制不断完善，中国的经济建设持续健康快速发展，到21世纪40年代前后，经济将达到中等发达国家水平，形成现代型的经济结构。经过社会体制改革，中国的各项社会建设将加速发展，科学现代化、教育现代化、医疗卫生现代化等社会事业现代化逐步实现，社会组织广为发展，社会管理更加完善，社会流动渠道更加畅通，中产阶层发展壮大成为社会主体，社会结构优化，形成一个与社会主义市场经济体制相适应、与现代型经济结构相协调的现代型社会结构，形成一个橄榄形社会阶层结构的社会，实现社会现代化，为全面、协调、可持续科学发展提供一个良好的社会基础，建成民主法制、公平正义、诚信友爱、充满活力、安定有序的社会主义和谐社会。

当然，这三个阶段并没有一个截然分开的界限，将会是互有交叉地进行，只是某一阶段，重点进行某一方面的建设，在不同的阶段、不同的地区，根据各自的实际情况，将采取不同的建设方法。可以预见，通过这三个阶段，到21世纪40年代前后，中国将达到中等发达国家水平，进入现代国家行列。现在看来，经济建设方面的趋势很好，国内外的预测都比较乐观。关键是能不能通过社会体制改革，搞好现在已经开始的社会建设，能不能通过社会建设实现社会现代化，这将是中国未来30年的主要任务。

（2011年7月31日）

社会建设时代已经来临[①]

本书是国家社科基金重大项目"当代中国社会管理体制创新研究"的成果，同时也是当代中国社会结构变迁研究课题组继《当代中国社会阶层研究报告》（2002）、《当代中国社会流动》（2004）、《当代中国社会结构》（2010）之后完成的第四部研究报告。自2010年以来的两年多时间里，课题组成员在四川省成都市、江苏省太仓市、广东省深圳市、广州市、南海市和北京市朝阳区、大兴区、顺义区、延庆县等地的城市和农村进行了深入调研，研究了大量的文献资料，邀请国内相关领域知名专家召开了10余次课题研讨会，数易其稿，最终完成了这部研究报告。

本书的研究主题源于对中国经济社会发展时代特征的深刻观察和系统思考。这个特征用一句话概括，就是"社会建设时代已经来临"。

经过60多年的社会主义建设，尤其是30多年以改革开放为主要特征的现代化建设，中国在经济领域取得了巨大成就，综合国力逐步增强，人民生活水平不断提高，已经达到工业化中期阶段。同时，社会领域也发生了深刻变化，但这种变化表现出与经济发展不协调的特征。总的来说，就是经济发展了，社会问题却层出不穷，社会不稳定、不和谐的因素增多，社会矛盾和冲突频发。社会发展与经济发展的不协调，已经成为当前主要的社会矛盾。如何解决这一矛盾，是时代向我们提出的重大课题。

2002年，党的十六大把"社会更加和谐"作为全面建设小康社会的重要目标之一。此后，社会主义和谐社会建设的图景日渐清晰，实现这一目标的路径也逐步明确。2004年，十六届四中全会第一次提出"构建社

[①] 本文为《当代中国社会建设》（社会科学文献出版社2013年版）一书的前言，题目为编者所加。该文由当代中国社会结构变迁研究课题组撰写，最后由陆学艺修改定稿。

会主义和谐社会"和"社会建设"的概念。2006年，十六届六中全会通过《关于构建社会主义和谐社会若干重大问题的决定》，明确提出要"着力发展社会事业、促进社会公平正义，推动社会建设和经济建设、政治建设、文化建设协调发展"。2007年，十七大提出要"加快推进以改善民生为重点的社会建设"，将实现社会主义事业总体布局发展为包括社会建设在内的"四位一体"写入新的党章。2012年，十八提出要"在改善民生和创新社会管理中加强社会建设"，"加强社会建设，是社会和谐稳定的重要保证。必须从维护广大人民根本利益的高度，加快健全基本公共服务体系，加强和创新社会管理，推动社会主义和谐社会建设"。

社会建设是党和国家在新世纪、新时期、新形势下提出的一个重大的理论和实践命题，具有重要的里程碑意义。从中华人民共和国成立到21世纪中叶实现现代化，百年征程已经走过60余年。如果说，第一个30年进程是国家基本制度建设的艰辛探索，第二个30年是经济建设的成功实践，那么进行社会建设、促进社会和谐进步，则是未来30年中国发展的主题。

从近十年来社会建设的理论发展和实践探索来看，对于为什么在现阶段要重点加强社会建设，社会建设建什么、怎么建，仍然有一些重大问题需要明确和取得共识。本课题组为此做了长期的调查研究，以下是我们的认识。

第一，社会建设滞后导致经济社会发展不协调，是现阶段我国社会的主要矛盾。

改革开放以来，中国经济持续快速增长，成就斐然，2010年经济总量超过日本，成为世界第二大经济体，总体来看，我国的经济结构已进入工业化社会的中期阶段。然而，在经济报喜的同时，却出现社会报忧。正如党的十八大报告所指出的，城乡区域发展差距和居民收入分配差距明显；社会矛盾明显增多，教育、就业、社会保障、医疗、住房、生态环境、社会治安等关系群众切身利益的问题突出，部分群众生活比较困难；一些领域存在道德失范、诚信缺失的现象。从社会各个方面测量，当前中国的社会结构尚处于工业化社会的初期。社会结构滞后于经济结构，表现为社会经济发展不平衡、不协调，这已成为当前我国社会的主要矛盾，是全面建成小康社会、实现社会主义现代化的短板。从理论上分析，经济发展与社会发展是一对矛盾，在解决了长期存在的短缺经济以后，矛盾的主要方面转到社会方面来了。因此，加强社会建设、解决社会矛盾和问题成为时代的要求。对发展战略作适当的调整，在坚持经济建设为中心的前提下，把社会建设摆到重要战略地位，实行社会建设与经济建设并重的方针，有利于促进经济与社会协调发展。

第二，现代化发展的经验和教训表明，社会建设是现代化不可逾越的阶段。

面对目前我国社会经济不协调的形势，学界、政界提出了关于改革发展的多种战略选择。有人认为，要继续深化经济体制改革，继续集中主要精力抓经济发展；有人认为，社会经济发展不协调的根本原因在于政治体制改革滞后，要求加快政治体制改革，加强政治建设。我们认为，我国下一步战略任务的重点应该是加强社会建设。有以下几方面的实践理由：

一是全面建成小康社会的需要。对照十六大后国家有关部门制定的六大类23个全面建设小康社会指标的体系，2010年全面小康已经达到80.1%了，比2002年提高了20个百分点，其中经济指标实现得最快最好；但是社会和谐、文化类指标提高较慢，有几个指标反而倒退：2000年城乡差距指标已经达到99.8%，但2010年倒退为70.3%；基尼系数、社会安全指标等都还不如2000年的水平。总体经济指标已经超前完成，但社会指标不仅没有完成，有的还倒退。距离实现全面建成小康社会的目标已经不到8年的时间，如不抓紧加强社会建设，好几个指标就会落空。

二是加快转变经济发展方式的需要。10多年来的实践表明，仅仅依靠调整经济结构是不够的，达不到转变经济发展方式的目的，更需要通过改革社会体制、调整社会结构来推进经济发展方式的转变，即通过合理配置资源、机会，提高社会中下阶层的收入水平，改善教育、就业、社保等问题，培育社会中产阶层，才能扩大内需，才能从根本上再现市场活力。

三是解决当前突出的社会矛盾和社会问题的需要。经济改革带来了经济高速发展，蛋糕做大了，但分蛋糕的规则没有定好，也没有分好，引出了许多社会矛盾和问题。现在社会上看病难、上学难、养老难等问题，不是仅增加投入就能解决的，还要通过社会体制改革，建立和完善公平公正配置资源和机会的新社会体制，才能从根本上解决这些矛盾和问题。

四是为全面推进政治体制改革做好准备的需要。国内外现代化历史发展的经验和教训也表明，在社会矛盾、冲突多发频发的阶段，进行政治体制改革，显然不是好的时机。政治体制改革一定要搞，我们现在也在搞，但要全面推进政治体制改革现在还不是时机。邓小平同志在1985年讲过："四个现代化，其中就有一个国防现代化。如果不搞国防现代化，那是不是只有三个现代化了？但是四化总得有先有后。军队装备真正现代化，只有国民经济奠定了比较好的基础才有可能。所以，我们要忍耐几年。"[1] 在社会主义建设事业总体布局中的五大建设，也应该是"有先有后"的。在经济建设取得巨大成就、社会矛盾又相对突出的时候，就应加强社会建设，通过社会体制改革把社会建设好。如把社会组织发展起来，人民就能够在基层、在社会组织中受到锻炼。先搞社会民主，再搞政治民主，先做好准备，再全面推进政治体制改革。

应当指出，在经济建设取得成功的基础上适时加强社会建设，也是现代化国家发展的一般规律。国际上有效加强社会改革和社会建设、成功实现稳定繁荣的例证很多。如美国的"罗斯福新政"，通过经济复兴政策、社会领域改革，培育形成了一个较大的中产阶级，奠定了战后美国繁荣的社会基础；战后日本振兴国民经济，全面推行社会改革，加强社保制度建设，1970年代后期形成了"一亿皆中流"的社会和"福利社会"。拉美国家则因社会改革不足导致社会动荡、社会结构断裂，陷入"拉美陷阱"；苏联在社会改革不到位、社会基础不牢的情况下，贸然推行大幅度政治改革，以致亡党亡国。殷鉴不远，足以为戒。

现代化建设是一个漫长的历史过程，也是一个阶段接着一个阶段进行重点突破的过程：当经济发展到一定程度的关键时期，就必须通过有规划、有组织的建设行动，实现社会、政治、文化等方面的现代化。综合判断基本国情和当前经济社会发展形势，我国已经处于确立社会建设为战略重点的新的历史转折期，条件充分，任务迫切，机遇难得，不可错失。

---

[1] 邓小平：《在军委扩大会议上的讲话》，《邓小平文选》第3卷，人民出版社1993年版，第128页。

第三，社会建设的基本目标、基本原则和主要任务。

社会建设的目标就是建设社会现代化。相比较而言，经济建设的基本目标是国家"富强"，实质是实现经济现代化；政治建设的基本目标是政治"民主"，实质是推进政治现代化；文化建设的基本目标是"文明"进步，实质是建设文化现代化；而社会建设的基本目标是实现社会"和谐"，实质是建设社会现代化；生态文明建设的基本目标是协调人与自然、资源与环境的"共生"，实现生态文明现代化。

美国著名学者亨廷顿认为："现代化是一个多方面的变化过程，它涉及人类思想和活动的一切领域。"[1] 他还认为：现代化是一个系统过程，一个因素的变化将联系并影响其他各种因素的变化，现代化的各种因素极为密切地联系在一起。所以，现代化是从传统社会开始，到现代社会建成的一个长期进化过程。[2] 所以，一个国家要实现现代化，仅仅实现经济现代化是不够的，还必须同时或接着实现社会现代化、政治现代化、文化现代化等。从现代化发展的规律和当下中国国情看，下一阶段，中国就应该重点进行社会现代化建设。

所谓社会建设，是指按照社会发展规律，通过有目的、有规划、有组织的行动，构建公平合理的社会利益关系，增进社会全体成员共同福祉，优化社会结构，促进社会和谐，实现社会现代化的过程。这就要以改革社会体制为中心环节和突破口，着力推进社会建设，逐步实现社会现代化。

社会建设的基本目标就是建设社会现代化，实现社会和谐、进步。社会建设的基本原则是坚持以人为本，保障人的基本权利；坚持公平正义，实现共建共享。当前中国的社会中各个阶层、各个领域的社会利益并不平衡、不协调，这是形成社会矛盾和社会问题的重要根源。调整经济利益关系的核心原则是经济资源的市场化最优配置，追求经济的效率；社会利益关系的调整有其内在的价值取向，理应是追求社会领域内资源和机会的合理配置，追求社会公平正义。在这里，社会建设遵循的基本原则与经济建设是不同的。

---

[1] 亨廷顿：《变革社会中的政治秩序》，华夏出版社1998年版，第32页。
[2] 转引自钱乘旦《世界现代化历程》，江苏人民出版社2010年版，第15页。

从社会建设任务的构成看，社会建设的领域和主要任务包括基本民生、社会事业、社会分配、城乡社区、社会组织、社会规范、社会管理、社会体制和社会结构九个方面。社会建设的内涵是一个有机整体，这九个方面分别在社会建设领域有着不同的地位和功能。

第四，遵循社会建设原则，积极稳妥推进城市化。

工业化和城市化是一个国家实现现代化的两翼。工业化和城市化应相辅相成，协调推进，城市化水平与工业化水平相适应。按分类学规则，城市属于社会领域，城市化应属于社会建设范畴。城市化建设理应按照社会建设的原则，坚持以人为本，坚持公平正义的原则，保障人的基本权利，促进人的全面发展。因为各种原因，我们的城市化建设是被纳入经济建设范畴的，自觉不自觉地按照市场经济规则行事。前一阶段出现的"经营城市"、"土地生财"、"土地财政"、"城市二元结构"等现象，就是把城市化、城市建设也作为加快GDP增长、创造经济效益的表现，必然的结果是大量滋生社会矛盾、社会问题和群体事件，加快了环境污染、垃圾围城、资源破坏、交通拥堵等"城市病"的蔓延。近几年，阴霾迷雾弥漫多个城市群，引起很多市民的不安，坊间已经喊出了"是健康第一，还是GDP第一"的呼声，这是对城市化方针不当的直接批评。目前，中国的城市化还处于加快发展的阶段，建议有关方面召开一次城市工作会议，专门研讨城市化的指导方针，就若干重大问题作出相应的决定，把城市化纳入社会建设的总体规划中，按照社会建设的基本原则，正确处理好社会建设、城市建设同经济建设的关系，围绕提高城市化的质量，因势利导，趋利避害，积极引导城市化健康发展。

第五，推进社会建设，必须进行社会体制改革，并要从对全局有影响的体制改革开始突破。

社会体制改革是社会建设的重要任务，更是社会建设顶层设计的大事。社会体制问题没有改革好，就不可能真正有效地解决现阶段诸多的社会问题，社会建设也不可能顺利进行。现阶段我国社会建设必须聚焦深层次的体制性问题，在社会体制改革上取得实质性的突破，唯此才能真正有效地从整体上推进社会建设。

改革开放以后，中国经济体制改革取得了成功，才有后来经济发展的辉煌成就；而社会体制虽然也进行了改革，但改革成功的不多，有的甚至还没有破题。改革过的经济体制与还没有改革成功的社会体制并行，是目前许多经济社会矛盾产生的一个重要原因。社会体制改革的滞后，已经影响了经济改革的推进。一些经济学家指出，中国的经济改革已经进入"深水区"，面临的阻力和困难在加大，其实就因为现在不触及社会体制改革的经济体制改革已经不可能顺利进行了。社会体制改革的目标，是要逐步建立与社会主义市场经济体制相适应的社会体制。进行社会体制改革，首先要改革对全局有重大影响的社会体制。现行的城乡二元结构的社会体制就是这样一个影响全局的社会体制，社会体制改革从破除城乡二元结构体制入手，取得突破、获得成功，有利于推动其他社会体制的改革，也将是中国社会建设取得的实质性进展。

第六，调整优化社会结构，培育造就一个庞大的中产阶层。

构建一个与经济结构相协调的工业社会中期阶段的社会结构，是社会建设最重要、最关键的任务。调整优化社会结构，核心任务是优化社会阶层结构，形成一个"两头小，中间大"的橄榄形社会阶层结构。在这种社会阶层结构中，占有经济资源、政治资源、文化资源最多的阶层是极少数，拥有这些资源最少的社会阶层也是极少数。中产阶层是这个橄榄形社会占大多数的主体人群。中产阶层是现代社会中社会管理、社会组织发展的中坚力量，是社会主流价值的引领者，社会规范的倡导者和遵守者，也是社会稳定的维护者，这是由他们所处的社会政治地位决定的本质属性。据国外学者研究，工业化中期的国家，中产阶层应占总就业人口的40%左右，才能形成橄榄形的社会结构，这个国家才能平衡、协调、稳定、可持续发展。

一个国家在经济高速增长，特别是在进入工业化中期阶段前后时，正是中产阶层大发展的黄金时期。中国现阶段正处于这样一个中产阶层大发展的阶段。但据我们测算，当今中国的中产阶层规模占28%—30%。这主要是我国社会建设滞后、社会体制改革还不到位、社会流动渠道还不畅通等问题造成的。当然，也与我们这些年来在主流媒体、重要文件中不使用"中产阶层"这个概念有关。其实中产阶层和中等收入群体不是一个概念，中产阶层并不能用收入来定义，有关方面用中等收入者、中等收入群体来代替是不妥的,引出了很多歧义和误解。有些人明明是中产阶层,但不敢理直气壮地自我认同。我们在几个城市调查,用客观指标推算,中产阶层的比重已经较高,但主观认同中产阶层的比重却很低。

我们应该加快社会体制改革的步伐,创新社会政策,调整就业结构,推进就业结构趋向高级化,畅通社会流动渠道,包括给中产阶层正名,加快培育造就一个宏大的中产阶层,这是我国进行社会建设的战略任务。

第七,推进社会建设,要把握社会现代化发展规律,实施分阶段推进的战略。

现代化的不同阶段有着具体的不同目标,这些目标的完成构成现代化全部进程。我们认为,就现阶段而言,开展社会建设、实现社会现代化将经历三个阶段。第一阶段,在"十二五"期间,把保障改善民生社会事业和创新社会管理这两件大事做好,社会建设就开了个好局,为社会体制改革作了准备,打好了基础,也推进了社会经济协调发展。第二阶段,在"十二五"后期和"十三五"期间,着力推进社会体制改革,创新社会政策,完善社会管理,破除城乡二元结构,逐步实现城乡一体化,形成一个与社会主义市场经济体制相适应的社会体制。第三阶段,2020年以后,形成一个与社会主义市场经济体制相适应、与现代经济结构相协调的现代社会结构,形成橄榄形的社会结构。当然,这三个阶段的划分是相对的,并不是截然分开的,未来的实践过程将会是互有交叉地进行,只是在某一个阶段凸显某一方面的工作。在不同的阶段、不同的地区、针对不同的实际情况,将有不同的做法。社会建设分阶段推进,符合中国国情,也是现代化一般规律的表现。可以预见,通过三个阶段的社会建设,到2040年前后,中国将全面进入现代化国家行列。

第八,社会建设是一项需要社会各种力量发挥能动作用的建设过程。

推进社会建设,既要考虑经济社会发展的宏观背景,解决大矛盾、大问题,也要做好社会建设本身的体制机制方面的实务性工作。一要深入研讨关于构建社会主义和谐社会与社会建设的理论和实践问题,进一步正视矛盾、凝聚共识,真正从理论上、思想上完成未来时期国家发展战略的重大调整。二要组建一个强有力的总体统筹规划、综合协调管理的社会建设组织机构,完善工作体制机制。建议组建社会建设工作委员会,全面负责社会建设的发展和改革，制定中长期规划，尽快改变目前各地社会建设机构不统一、上下不协调、职能不完备、工作不得力的局面。三要注意总结推广先进地区加强社会建设的实践经验，鼓励创造社会建设的各种典型和模式，鼓励地方首创精神与顶层设计相结合，创造、形成、完善、推广一批深具影响的社会建设模式。四要加大对社会建设的物力、财力和人力的投入。国家和地方财政支出应更多地倾向于社会领域，大力发展民生事业、社会事业、公共服务，使人民共享改革发展成果；要加大人力资源投入，选拔、培养、造就一支宏大的社会建设人才队伍，包括社会工作者队伍、领导干部和实际工作者队伍，以及社会建设研究人员队伍等。

以上八点认识，是我们研究当代中国社会建设的体会，也是本书阐述的主要内容。我们力图通过对问题的分析与提炼，为当前中国社会建设与社会管理提供实践的参考与理论的支撑。当然，社会建设是一项崭新的实践，也是理论研究的新领域。本书的出版，希望能够抛砖引玉，得到社会各界，特别是社会建设和管理实践第一线的同志和社会学同行的批评与指正，希望有更多学者加入社会建设的研究中来，共同关注这一时代命题。

（《当代中国社会建设》前言，社会科学文献出版社 2013 年版）

中国社会学的重建与发展

社会学自1979年在中国重建以来，已经经历了12年的发展历程，取得了举世瞩目的成就，在中国整个社会科学知识体系中，逐渐确立了其应有的地位，并在社会实际生活中发挥着越来越大的作用。本文就中国社会学12年来的发展过程、所取得的成就和经验、存在的问题和不足以及今后的发展方向等问题，作一番概要的描述和分析。

一

1978年，中国共产党召开了十一届三中全会，会议决定拨乱反正，把党的中心工作转移到经济建设的轨道上来，实行全面改革和对外开放。从此中国社会的发展出现了历史性的转折，经济、社会各方面都发生了深刻而又急剧的变革，把中国社会推到了一个新的时代。中国社会学就是在这样的历史社会背景下重建和发展起来的。从1979年3月重建开始至1991年，大致可以分为3个阶段。

（一）初创阶段（1979—1985）

1979年春，中央领导同志为社会学这门学科恢复名誉，决定重建社会学。邓小平同志在当时的一次重要讲话中明确提出："社会学要赶快补课。"胡乔木、邓力群等同志主持召开会议，筹划社会学重建工作，并委托费孝通教授召集过去从事社会学教学和研究的专家和学者开座谈会，征求恢复社会学研究的意见。经过酝酿和大量的准备工作，1979年3月，成立了中国社会学研究会，费孝通教授当选为会长，雷洁琼教授等当选为副会长，这标志着中国社会学重建的开始。

在费孝通、雷洁琼等老一辈社会学家的亲自指导下，社会学的重建工作进展得很顺利，先是有一批老的社会学家归队；1980年和1981年中国社会学研究会等单位举办了两期全国性的讲习班，得到了美国匹兹堡大学和岭南基金会的帮助，匹兹堡大学和香港中文大学分别派出社会学教授到北京讲学，为各地培训了一批从其他学科转行来从事社会学教学和研究的骨干力量。此后社会学教学和研究队伍逐渐壮大，各地社会学会或社会学研究会相继成立。1980年1月中国社会科学院社会学研究所正式成立。1980年上海大学成立了社会学系，同年秋南开大学开设社会学专修班。到1985年，全国已有21个省市自治区建立了社会学会；有20个省市建立了社会学研究所或研究室；有10所大学建立了社会学系或社会学专业。社会学的普及工作迅速发展，社会学在社会上的影响日益扩大。费孝通教授在重建学科之初提出的一个学科必须具备"五脏六腑"的计划初步实现。"五脏"即有了学会、专业研究机构、教学机构、图书资料中心、杂志社及出版社；"六腑"是社会学系必须开设六门基本课程：概论、社会调查、社会心理学、经济社会学、比较社会学和西方社会学理论。经过6年的辛勤工作，社会学就学科来说初具规模，用费先生的话说就是"戏台已经搭好，班子已经初步建成"。

在进行社会学队伍建设的同时，费孝通教授等就很重视社会学的学科建设。一方面组织人力编写《社会学概论》等教科书，以应社会和教学的急需；另一方面更重要的是费孝通教授、雷洁琼教授等身体力行，亲自下基层进行社会调查，分别主持了"江苏省小城镇研究"和"五城市家庭现状和发展趋势"等研究项目，带动了全国社会学工作者深入社会实际进行调查研究。所以我国社会学从重建开始，就培养了理论联系实际的学风，为社会主义建设现实服务，打下了一个好的基础。

（二）全面建设阶段（1986—1990）

1986年4月，中国社会学会召开了常务理事扩大会，会上费孝通教授和中国社会科学院院长胡绳作了重要讲话，对社会学重建工作进行了总结，对队伍建设学科发展进行了评价，并对今后社会学的发展进行了展望和部署。

1986年10月,"全国哲学和社会科学规划"会议在北京召开,会议期间社会学学科规划领导小组确定了"七五"期间社会学学科13个国家重点课题。这比"六五"期间确定并实施的社会学学科3个国家重点课题,无论在数量上还是内容上都大大地前进了。"七五"期间的社会学国家重点课题内容包括社会学理论和方法、社会发展理论、城乡社区研究、家庭婚姻、生活方式、社会指标体系、社会保障和老年问题、青年价值观变化等方面。从1987年开始,国家社会科学基金会每年还资助7—10个社会学学科的研究课题。此外,还有一批国家教委和各地政府资助及同国外同行的合作课题。

在这一阶段,社会学无论在队伍建设、学科建设,还是在研究的课题、项目等方面,都比前一阶段向前迈进了一大步。现在"七五"期间的国家社会学重点课题项目大部分已完成,有的成果已经发表和出版。就已经看到的成果看,质量是很好的。

(三) 重点提高、全面发展的阶段(从1990年下半年开始)

1990年8月,中国社会学会第三届理事会在北京召开。会议总结回顾了中国社会学重建十年的路程,肯定了成绩,也对不足之处作了回顾和反思。会上重申了社会学要"以马列主义毛泽东思想为指导,密切结合中国实际,为社会主义建设服务"的方针,重申了社会学"要继续重视应用研究,加强理论研究"的方针,并且提出了社会学今后的发展要规范化、科学化的意见。中国社会学界大多数同志对90年代中国社会学的发展取得共识,即要强化社会学的学科意识,提高社会学在中国社会科学体系中的地位和参与现实生活的能力,为社会主义现代化建设、为经济与社会的稳定协调发展作出更大的贡献。

目前社会学界的同志正参与酝酿制定"八五"国家社会科学重点课题的规划,并力争有更多的社会学研究项目列入国家"八五"计划。

这些都表明,中国社会学这门学科现在已经进入了重点提高、全面发展的新阶段。

二

中国社会学重建12年来所取得的成就和经验可以归纳为以下几个方面。

(一) 社会学的教学、研究和从业队伍从小到大、从少到多不断壮大

到1990年，全国（不包括台、港、澳地区，下同）30个省市的社会科学院已建立社会学所、社会学研究室的有27个，共有专业研究人员486人，其中取得副研究员以上职称的有117人。全国有12所大学建立了社会学系或社会学专业，另外还有4所大学已经建立社会学系，有待教育主管部门的正式批准。在校的教员约400人，其中75人是教授、副教授。这些社会学系相继毕业的学生共1545人，目前在校的学生1321人。全国经国家正式批准建立的博士生点3个，硕士生点10多个，在校的研究生约200人。另外全国约有近半数的理工农医大学开设了社会学课程，各级党校和干部学院、军事院校也有不少开设了社会学课程。据不完全统计，现在全国从事社会学教学和科研的专业工作者有近2000人，其中有近300人为教授、副教授或研究员、副研究员。此外，还有一大批服务在民政、工会、青年团、妇联及其他党政机关的社会工作者，他们也是社会学队伍的重要组成部分，最近已经成立了全国社会工作者协会。

到1991年3月，全国30个省市，已经有24个省市成立了各省市的社会学会或社会学会的筹备会，共有会员5909人。此外，有些省市自治区的地区、市、县也成立了社会学分会，如江苏省已经有6个县建立了县级社会学会。

按中国的现行体制，在中国社会学会以外，还有中国社会心理学会、青少年犯罪学会，都挂靠在社会学大系统里，所以到目前为止，中国社会学会，加上青少年犯罪学会、社会心理学会，全国已经有近万名会员，可谓一支相当庞大的队伍了。另外从1986年起由中国社会学会、北京市社会学会、中国社会科学院社会学研究所和北京市社会学研究所联合创办的中国函授大学两届招生共4万多人，目前正在筹划下一期招生。可见中国社会学不仅已经有了一支人数众多的专业队伍,而且有相当广泛的群众基础,已深探扎根于社会生活之中。

(二) 学科建设也取得可喜的成就

(1) 在社会学理论建设方面,社会学工作者就社会学的性质、对象和任务,马克思主义社会学、社会学体系、社会学同历史唯物主义、科学社会主义及其他学科的关系,社会发展理论和现代化理论以及社会学史和社会学方法等课题进行了大量的研究,写出了一批具有中国特色的社会学专著和教科书,诸如《社会学概论》(有10余种)、《社会学调查研究方法》、《社会学思想史》,以及《发展社会学》、《农村社会学》、《家庭社会学》、《科学社会学》、《经济社会学》、《劳动社会学》等都在各自的领域进行了开创性的研究,推出了一批很有价值的研究成果,从而表现出社会学的繁荣和兴盛,同时也促进了社会学整个学科的进一步发展。

(2) 对当前中国社会变迁、社会转型过程中的一系列重大社会问题进行了广泛、深入的调查与研究。研究领域涉及小城镇问题、婚姻家庭问题、人口控制、青少年犯罪问题、物价问题、社会发展问题、社会保障、社会指标体系、社会分层和社会结构问题、农村改革、边区问题、城市发展问题、社区建设、社区服务、改革的社会心理承受能力、青年价值观变化、移民生活方式等。对这些社会现实问题的研究,取得了大量的研究成果,为各级政府的工作决策起到了重要的咨询和参考作用,显示了社会学的社会功能。必须特别提到的是,从1988年开始由中国社会科学院组织近2000名社会科学工作者实施的全国县市情调查,有相当一批社会学工作者参与,其中不少是主力或骨干,充分显示了社会学的实力。这项调查仍在继续进行,其成果汇集《中国国情丛书——百县市经济社会调查》已正式出版5卷,并在国内外产生了很大反响。

(3) 吸收和借鉴国外社会学的研究成果。12年来翻译出版了大量国外社会学的学术著作,邀请国外的社会学专家教授来国内讲课、考察,也派出一批学者和青年学生到国外学习、考察、访问。目前正在国外攻读社会学硕士、博士学位的约有300人,其中百余人是由国内教学或科研机构送出的。同时,北京和各地社会学的教学科研机构同国外社会学家还以多种方式合作研究感兴趣的课题，诸如农村社会变迁、家庭婚姻问题、城市社区管理、青年职工劳动积极性等。所有这些都有助于我们了解和掌握国际社会学的经验和发展趋向，对中国社会学的重建和发展起了借鉴的作用。

（4）社会学研究成果的数量和质量逐年提高，社会学对社会实际生活的参与度逐渐增强。就学术论文来说，1979—1981年初创时期，社会学的学术论文和调查研究报告每年发表约100篇；1985—1987年，平均每年约400篇；此后每年在各类报刊发表的学术论文和研究报告约有500篇。1990年全国公开定期出版的社会学刊物有7种，内部不定期出版的刊物有10余种，家庭婚姻、青年、老年、社会保障等专业类的刊物20种。广东出版的《家庭》杂志（月刊）很受社会欢迎，每期发行量超过200万份。到1990年，全国出版的社会学学科的专著和译著约600本，最近每年有近100本学术专著和译著出版。中国社会科学院社会学研究所编写的《中国社会学年鉴》是中国第一部社会学专业年鉴。由雷洁琼教授主持编纂的《中国大百科全书·社会学》卷，经全国160多位社会学工作者4年多的努力，已经付印，不久即将问世。这是中国社会学界的一件盛事。它的出版对普及社会学知识、推动社会学研究的深入，将产生积极的作用。

12年来，众多社会学工作者的努力耕耘，已经使社会学在中国这块土地上扎根、成长。其影响遍及中国社会的各个领域，对我国的社会主义现代化事业产生了积极的影响，提高了党和政府决策部门对社会发展和社会问题治理的重视程度。从第六个五年计划开始，国家把"五年经济发展计划"改为"五年经济社会发展计划"。到"七五"、"八五"计划，社会发展计划的内容逐次增加、逐次具体。其后在政府机构中，社会管理、社会研究部门相继建立。国家计划委员会成立了社会发展局，国家科学技术委员会建立了社会发展司，统计局建了社会统计司，国务院发展研究中心成立了社会发展部，民政部先后建立了社会福利和社会进步研究所、社会工作和社区服务研究中心。这些年，新毕业的社会学专业本科生、研究生最好分配，有些地区还供不应求。从中央部门到地方，在制定经济社会发展战略时都会主动邀请社会学专家参加。

社会学研究的成果受到决策部门的重视，并被引入政府的决策过程，这一行为直接产生了较好的社会效益。例如费孝通教授主持的小城镇研究受到中央有关决策部门的重视，成为制定发展小城镇规划的重要依据；天津市开展的"千户调查"，将取得的信息资料及时提供给政府，转化为工作措施，取得了良好的效果。中国社会科学院社会指标课题组连续几年对世界各国、全国各省市进行社会发展对比评估，得到了国家和地方政府的重视，推动了社会发展工作。

三

当然，我们在总结社会学取得的重要成就的时候，一定不能忘记中国社会学自身还存在的不足和弱点。

从队伍来说，我们已经有了近2000人的专业队伍，有数千名社会工作者。但对于像我们这样一个11亿多人口的大国及其社会发展需要来说，无论数量还是质量都是远远不够的。特别是地区、学科间分布很不平衡。一直到现在，东北三省区、西北五省区、西南三省区，差不多是"半壁江山"还没有国家正式认定的社会学系，不能自己培养所需的社会学人才，也影响了这些地区社会学的发展。就学科来说，工业社会学、城市社会学等分支学科队伍还很小，不能适应社会的需求，而且还有不少重要的社会学分支学科至今还是空白，当然，队伍的素质更需要提高。我们现在的社会学队伍主要是三部分组成的：一是在1952年以前就从事社会学教学研究或学习的老专家、老学者；二是1980年后由哲学、外语、历史、文学、经济、政治及自然科学等专业"转业"过来从事社会学的；三是社会学重建后，进入社会学系学习，毕业后从事社会学工作的青年同志。现在，老一辈社会学家年龄大多数已超过60岁，大部分已退居第二线；中年社会学工作者目前是社会学教学研究机构的骨干，他们的社会学专业知识先天不足，转业后培训、进修、学习，在实践中专业水平有很大提高，但毕竟专业水平有限，与他们担负的承前启后的重任还有距离；一大批青年社会学工作者正在成长，他们年轻，已受过社会学的专业训练，朝气蓬勃，正在成为中国社会学的主力军，但他们对中国的历史和现实国情还缺乏研究，马克思主义和社会学理论功底还不够。所以总的来说，中国社会学的队伍从人数上说还要继续扩大，从质量上还有待提高。

就社会学学科来说，社会学是从总体上研究社会的一门科学，应该有完整系统的理论体系，有一整套调查研究的方法，还要有众多分支学科。在目前，中国社会学理论和方法都有待于继续提高和完善，相当多的分支学科还是空白，需要填补。前面说过，12年来，先后发表了大量的学术论文和专著，但是就质量而言，真正做到资料丰富翔实、理论系统完整、方法科学严密、有独到见解的论著还不多。所有这些，都有待我们继续努力。

12年来，我们翻译引进了一大批国外社会学的著作和论文，在重建中国社会学过程中起过好的作用。但是我们的鉴别消化、改造吸收的工作做得不够，相当一部分论著的翻译工作显得比较粗糙，对国外社会学的一些专著还没有认真深入地研究，还没有做真正有说服力的科学的评价工作，有些只不过是把名词、概念搬了过来。

当然，中国社会学目前最重要的问题是，参与现实生活的能力，也就是为社会服务的能力还不够。社会改革、社会发展中出现的许多重大问题，我们还不能作系统的研究，有些问题研究了，但不得要领，说不清来龙去脉，也就说不出解决问题的方法和对策，在现实问题面前，处于还没有发言权或者发言权不大的境地。这都反映了目前中国社会学作为一门学科来说，理论还不够成熟、方法还不够完善、队伍还不够健全的状况。

四

20世纪90年代，中国社会学进入重点提高、全面发展的新阶段。在这个阶段，中国社会学将怎样发展呢？

（一）继续重视加强对重大社会现实问题的研究，为社会主义现代化建设服务

中国目前正处在从自然经济社会向有计划的商品经济社会转化、从农业社会向工业社会转化、从农村社会向城市社会转化、从封闭社会向开放社会转化，也即是从传统社会向现代社会转化的转型社会时期。党的十一届三中全会大大加速了这个转化过程，整个经济结构、社会结构正在发生急剧的变化，与此相应，思想观念、生活消费以至行为模式也正在发生深刻的变化。中国社会学的发展正是在这样的历史背景下进行的。社会改革、社会发展需要社会学，对社会学提出了更高的要求。实践要求社会学能发挥学科的优势，对社会变迁、社会转型做出解释、描述和预测，并且得出对于社会发展、社会转型有所作为的理论和对策。这样，社会学本身也能在这种服务的过程中使自己充实、完整地发展起来。

12年来，中国社会学之所以得到顺利发展，受到党和国家及社会各界的关注和支持，是因为中国社会学从重建开始就密切结合中国社会实际，投身到社会主义改革开放的大潮之中，开展对重大社会现实问题的研究，并且提出解决社会发展、社会问题的对策，为社会主义现代化服务。这个传统我们一定要继承和发扬光大，社会学一定要参与社会改革，参与社会生活，关心国家大事，关心本地、本社区的大事，大胆地提出问题并提供解决问题的对策，不断开拓社会学的研究领域，并在为社会服务的过程中使社会学自身的建设得到加强和完善。

（二）要加强社会学学科的理论建设，强调学科发展要规范化、科学化

重点是两个方面：一是要加强社会学的理论建设；二是加强调查研究，系统积累资料。参与社会改革，参与社会生活，本身就要求社会学要有系统的理论、科学的方法，否则就不能比较好地发挥对社会发展做出解释、描述、预测的功能。同时一门学科要跻身于社会科学体系，一定要有自己的理论和方法。这就需要我们组织力量，加强学科建设，进行马克思主义社会学理论、社会学的基本理论、基本范畴的研究，进行社会学方法、社会学史的研究，强调规范化、科学化，使社会学理论更加完善、社会学方法更加科学，并使社会学工作者的理论修养提高一步。

（三）密切结合实际，加强调查研究

我们是在密切结合中国实际、为社会主义现代化服务的过程中重建社会学的，我们也必须在密切结合中国实际、为社会主义现代化事业服务的过程中发展社会学。

12年来，我们做了大量的社会调查，积累了很多资料，取得了很大成绩。但是社会学是一门应用性很强的学科，它必须根植于现实社会生活之中，不断从现实生活中吸取营养，才能有强大的生命力，才能充分发挥学科的优势和功能。因此，我们应当继承老一辈社会学家深入农村、深入基层做调查的优良传统。当前我国正处在急剧的社会变迁之中，新事物、新经验、新问题层出不穷，需要我们去认识、去掌握、去总结，使之上升为理论，促进社会学的发展。对于青年社会学工作者来说，调查研究是基本功，一定要掌握好，逐渐养成理论联系实际的好学风。

（四）继续加强社会学的队伍建设

我们要在现有队伍的基础上，继续扩大社会学的专业队伍。经过几年的努力，在东北、西北、西南地区办起若干社会学系或社会学专业，争取用5—10年的时间，在全国主要的综合大学里都建立社会学系，在每个省、市、自治区以及一些重要的大城市都办起社会学研究所，在大部分理、工、农、医等院校开设社会学课程。当然，更主要的是要通过各种途径提高社会学专业队伍的素质。要创造良好条件，培养一批学有专长的社会学学科带头人，以带动整个社会学队伍的成长，促进社会学的发展。

（五）继续扩大和加强同国外社会学家的交流和合作

12年来，我们开展了同国外社会学同行的交流与合作，得到了国外同行的许多帮助，使我们的社会学重建工作得以顺利进行。今后，我们要扩大和增进社会学的国际交流，采取派出去、请进来的方式，使我们更多更好地了解国际社会学的发展，同时，也让国际社会学的同行了解我们。

（1992年3月在日中社会学会学术年会上的论文）

中国现代化进程中的社会学

社会学是一门新兴的社会科学，在中国，社会学的发展更是坎坷曲折，只是在实行改革开放、中国现代化进程加速发展的时候，中国的社会学才得以重建、复兴和繁荣起来，现在已取得了长足的进步。本文将阐述以下五个问题：第一，中国社会学是在现代化进程中产生和发展的；第二，中国社会学重建后的工作和成就；第三，社会学在中国社会主义现代化进程中的作用；第四，中国社会学面临的任务；第五，中国社会学的发展前景。

一 中国社会学是在现代化进程中产生和发展的

社会学作为一门学科是伴随着现代社会的出现而产生的。现代社会的工业化与城镇化，以及以它们为表征的一系列社会变迁，从根本上改变了过去各种形式的社会结构和社会关系，也极大地改变了人们的生活方式和交往方式。社会学既是对这种社会变迁及其后果的理解和阐释，又是这种变迁的产物和结晶，可以说社会学是关于现代化及其变迁的理论。

社会学这个学科的名词，是1838年由法国实证主义哲学家孔德在《实证哲学教程》一书中首先提出来的，他在书中还对这门学科的对象方法和理论提出了构想。当时欧洲诸国在实现工业化城镇化的进程中，急速的社会变革导致两极分化和财富分配不平等，城乡矛盾，阶级对立，社会冲突日趋尖锐。孔德设想建立社会学这门学科，通过对社会现象、社会问题的研究，找到理想的方案，重建社会秩序，促进社会进步。孔德的社会理想是：爱是原则，秩序是基础，进步是目的。

社会学经过160年在世界各国的发展，涌现了一大批著名的社会学家，有了很多产生过巨大影响的社会学著作，在整个世界社会发展中发挥着越来越大的作用。现在在世界上，特别是在欧美一些经济发达、率先实现现代化的国家里，社会学在人数上和社会地位上，已经成为仅次于经济学的一门较大的社会科学学科，按中国传统的说法，它是一门显学。

古老的中国社会，在经历了晚清以来的社会动荡、革命、急变和与外部世界的冲撞以后，也开始了自身的工业化与城镇化历程。受到当时欧洲、美国已经进入工业化社会的成就包括自然科学的成就的震撼，中国社会学的前辈和先驱们，在很困难的条件下，开创了中国自己的社会学学科，开始了研究中国社会本土的社会问题的艰辛探索。

很明显，这样一种学术和学科，必须和中国社会本身的剧烈变迁相吻合，才能生存和发展。

1978年中国实行改革开放，中国社会进入剧烈的社会变革与高速的经济、社会发展时期，这就为社会学作为一门学科和学术的发展提供了绝好的认识场域和发展机遇。重新认识社会学，在一定意义上说，也就是重新认识我们身处其中的社会结构及其变迁的机制，重新认识我们的日常社会生活本身。

首先，社会学并不是对某种既定的外在客体的普遍性绝对性的认识，因为，所谓社会，只是由于人类主体的积极行动才得以被创造和再创造出来的，而这一创造与再创造过程又是由其一代一代的成员所从事的行动来实现的，虽然社会成员的这些行动饱含着他们对社会的认知和改变社会的技能，但社会成员们并不一定都能意识到自己行动的条件、预期到这些行动的后果。

其次，社会学对社会实践的理解与阐释是双向的，即是说，社会学在用自己的概念和理论去解释并理解社会和组成为社会的个人的同时，社会和组成它的个人也在用自己的语言和思维去理解社会学，这样一个双向的理解与阐释的过程，也就是社会本身的创造与再创造过程。

最后，社会学作为一门立足于实践而试图阐释社会及其变迁的学术研究，它的发展不是某些个人的建树，而是在群体的参与下不断分析、不断积累、不断积极批判的结果；而试图仅仅用某一种制度性结构性特征，例如工业化特征，去理解现代社会及其变迁，或仅仅作一些未经阐释的所谓调查，并罗列出一些"客观的"数据和图表，是有失偏颇的。

由于中国社会学所具有的来自社会实践又反过来参与到社会实践的建构中去的品质，它对社会生活的影响力和作用，实际上不仅仅是帮助人们更好地理解社会结构与社会生活，而且它本身就是构成社会结构与社会生活的一部分，它在理论上的积累和在经验上的发现本身就给人们提供了认识、理解社会的钥匙。社会学对人们在社会生活中所使用的概念系统具有积极的批判意义。

社会学是19世纪末20世纪初传入中国的。1891年康有为在广东万木草堂讲课时就讲了群学。以1903年严复翻译《群学肄言》为标志，至今社会学在中国已有94年的历史。1908年上海圣约翰大学建立了第一个社会学系。

到了30年代，中国社会学的教学和研究达到了相当的高度，在国际社会学界有了相当的地位。一批学成回国的社会学家和国内成长起来的学者到农村去，用社会学的理论和方法来研究社会、认识社会、说明社会。特别可贵的是有一批社会学家深入农村、工厂进行调查、实验，试图找到改造旧农村、改造社会的药方。当然，在当时阶级严重对立的历史情况下，他们虽然付出了很大的代价，但收到的效果是有限的。但是社会学家这种深入实际面对民众的学术品格对后世很有启迪，并且留下了像《定县社会调查》、《江村经济》等一批高品位的学术著作，至今仍然是认识旧中国农村的好书。

中华人民共和国成立之后，当时有一种不正确的认识，即认为社会学可以由历史唯物主义所包括，所以在1952年高等学校院系调整的时候，社会学系被取消了，原有的社会学系被并到民族学院等院校去。从此，大学不再讲授这门学科，科研单位也不再研究这门学科。在1957年反右派斗争中，有很多社会学家被不公正地划为右派，社会学也被批判为资产阶级的伪科学。社会学被迫中断前后达27年之久。

1978年，长期受"四人帮"迫害监禁的哲学研究所杜任之教授，在第五届全国政协会议上提出了恢复重建政治学、社会学的主张，得到了党中央领导的重视。党的十一届三中全会以后，1979年春节，中国社科院院长胡乔木、副院长邓力群，约见费孝通教授，商讨了尽快恢复社会学的事宜。1979年3月15日，由中国社科院、全国哲学社会科学规划会议筹备处主持召开了"社会学座谈会"，邀请了在京和部分省市过去曾从事社会学教学和研究的同志，以及教育、公安、民政、工会、共青团、妇联等实际工作的同志约60人，讨论了如何恢复和重建社会学、开展社会学研究工作的问题。3月16日，胡乔木同志与会作了重要讲话，他首先为社会学恢复名誉。他说："否认社会学是一门科学，用非常粗暴的方法来禁止它的存在、发展、传授，从科学的、政治的观点来说都是错误的，是违背社会主义根本原则的。"乔木同志还就历史唯物主义与社会学的关系问题、社会主义社会也有社会问题、也要研究社会问题，学习借鉴国外社会学的问题等几个重大理论问题发表了看法，并表示他愿意尽力支持社会学界成立社会学研究会，开展社会学研究。

这次座谈会为中国社会学从政治上平了反，在理论上澄清了一些流行的不正确的观点。1979年3月19日，中国社会学研究会召开了第一届理事会，选举费孝通为会长，选举雷洁琼、杜任之、林耀华、李正文等为副会长。这次社会学座谈会的召开，中国社会学研究会的成立，标志着社会学恢复重建工作的开始，从此结束了社会学27年停顿的局面。中国社会科学院社会学研究所也在这次会后由费孝通教授受中国社科院的委托开始筹建。

1979年3月30日，邓小平同志在中共中央召开的理论务虚会上发表了《坚持四项基本原则》的重要讲话。他说："政治、法学、社会学以及世界政治的研究，我们过去多年忽视了，现在也需要赶快补课……我们已经承认自然科学比外国落后了，现在也应该承认社会科学的研究工作（就可比的方面说）比外国落后了。我们的水平很低，好多年连统计数字都没有，这样的情况当然使认真的社会科学的研究遇到极大的困难。因此，我们的思想理论工作者必须下定决心，急起直追，一是要深入专业，深入实际，调查研究，知彼知己，力戒空谈。四个现代化靠空谈是化不出来的。"[①]

邓小平同志的讲话，是对社会学的重建和发展非常有力的支持，18年来，广大社会学工作者一直是铭记着"社会学需要赶快补课"这个指示，

---

① 《邓小平文选》（第2卷），人民出版社1983年版，第181页。

在努力工作、深入研究的。

我们体会，社会学是在党中央拨乱反正，实行改革开放，要加快四个现代化建设步伐的初期提出来恢复重建的，也就是说社会主义现代化事业需要社会学，社会学的恢复和重建一定要为现代化事业服务，社会学这门学科要在社会主义现代化这个宏伟事业发展中得到发展和成长。

社会学恢复重建后的18年就是这样走过来的。

二 中国社会学重建后的工作和成就

在党中央的关怀下，在中国社科院、国家教委和当时任社科院领导的胡乔木等同志的直接领导和支持下，社会学的恢复和重建适应改革开放和现代化建设的要求，进展顺利，发展很快。

1980年1月8日，中国社科院社会学所正式成立。1980年4月，由中国社会学研究会和社会学所组织举办了社会学讲习班，吸收各地有志于从事社会学研究和教学的中青年参加，聘请美国、中国香港的社会学者来讲课。1981年、1982年又继续办了两期，三次讲习班先后有120人参加听讲和学习，为各地培养了社会学的研究和教学骨干，现在各地社会学所的所长、副所长、各系主任和副主任，基本上都是这个讲习班的学员，大约有一半后来成了社会学教授和研究员。

1980年夏天，上海大学（复旦分校）成立了第一个社会学系。1980年秋，南开大学成立社会学系，并在教育部和中国社会学研究会的支持下开办了社会学专修班，从各大学选了一批二三年级的哲学、历史、经济等系的学生，进行社会学的培训。以后北京大学、中山大学、中国人民大学、山东大学等也相继建立了社会学系。与此同时，各地的社会科学院也陆续建立社会学研究机构。

到1996年，全国已经有26个省、市、自治区成立了35个社会学研究所（有的省会城市、计划单列市也成立了社会学所，如武汉、广州、哈尔滨等），有17个省市，25所大学成立了社会学系或社会学专业，另外在党校系统、成人高校系统、军事院校、政法院校、工青妇民政院校、医学院校、体育院校都建立了社会学教研室，或开设社会学和社会工作的课程。全国现在约有 3000 名从事社会学研究和教学的专业工作者队伍,其中教授和研究员约 160 人,副教授和副研究员有 500 多名。中国社会学会现在已经有 5000 多名会员,这些年报考社会学专业的学生越来越多,现在全国有近 2000 名本科生、300 多名硕士研究生、50 名博士研究生,80 年代初期举办的中国社会学函授大学,先后已培养了约 4 万名学生。现在各地的大学还在筹建社会学系,申报建社会学硕士及博士点,以满足社会的需要,社会学队伍正在日益壮大。

社会学的学科建设也在日趋完善。中断了 27 年的社会学教学,80 年代开始的时候连一本教材也没有。1982 年为适应教学的需要,由费孝通教授亲自主持,组织力量编写了第一本《社会学概论》。以后,各校各所编写了《社会调查方法》、《社会统计概论》、《中国社会学史》、《西方社会学史》、《中国农村社会学》、《社会保障》、《社会工作》、《城乡社区发展》、《社会行政和社会管理》、《社会政策》、《社会现代化》、《社会指标体系》、《组织社会学》、《科学社会学》、《文化社会学》、《家庭社会学》、《老年社会学》、《经济社会学》、《人口社会学》、《城市社会学》等,已能初步满足社会学教学的需要。当然,这方面的工作还在进行,还要继续使之更加完善,但作为一门学科,教材的基本建设经过 18 年的努力,已经初步形成了。

社会学作为一门社会科学,受到社会的重视、关注和欢迎,终于在社会上站住了脚跟。更主要的是,18 年来,广大社会学工作者运用社会学贴近生活、贴近实际的特长,投身改革开放和社会主义现代化建设的实践,研究了大量社会生活中的重大问题,提出了很多好的研究报告、优秀论文和著作,为中央、政府决策作了参考,为制定政策提供了依据和资料,澄清了干部和群众的认识、增加了知识,产生了很大的社会影响,得到了社会的欢迎和重视。下面我列举一些 18 年来社会学研究的主要课题:小城镇问题的研究;城市家庭婚姻的大型问卷调查;关于现代化理论的研究;关于社会转型问题的研究;关于社会结构、社会变迁的研究;关于社会阶级阶层问题的研究;关于社会分化和整合的研究;关于民工潮的调查和研究;关于乡镇企业在社会发展中作用的研究;关于发展小城镇和城市化的研究;关于户籍制度改革的研究;关于单位制的研究;关于中间组织的研究；关于国家与社会关系的研究；关于国情的调查与分析（百县市调查和百村调查）；关于社会形势的分析与预测；关于青少年的价值观和青少年犯罪问题的研究；关于各种社会问题的理论分析；关于社会发展和社会安定的关系；关于社会福利和社会保障；关于社会工作；关于农村扶贫和城镇贫困问题的研究；关于收入分配和分配不公程度的研究；关于公平和效率关系的理论研究；关于社会指标体系的研究；关于经济社会协调发展的研究和实践；关于住宅问题的社会学研究，等等。

社会学这些年研究的问题，都是现代化进程中已经发生、正在发生和将要发生的一些重大的问题，社会学家从社会学视角加以研究，开启了公众的视野、思路，提出了新的解决方案和办法，取得了较为显著的成就，产生了较大的社会影响，这里举几个实例。

（一）关于小城镇问题的调查和研究

20世纪80年代初期，社会学刚一恢复，费孝通教授就亲自率领社会学所同仁，对农村改革后的发展问题进行了研究，提出了小城镇大问题的研究报告，指出，农村在实行家庭联产承包责任制后，农业生产大发展了，同时有大量的劳动力剩余，下一步就应该重视发展小城镇，并推动乡镇企业的发展，以加快农村经济的全面繁荣。这个报告受到中央领导的重视和肯定，在社会上产生了广泛的影响。小城镇问题的研究，对社会学学科建设也有很重大的意义，在社会学刚刚恢复重建，在专业队伍还比较弱小、基础理论体系还不完备的情况下，费孝通教授抓小城镇问题的调查研究，深入实践从社会调查入手，抓住了社会学发展的主流，在研究程序上从典型调查开始，循着从个别到一般、从定性到定量、由表及里、由浅入深、由微观到宏观这样一条综合研究的路子，这是社会学本身的方法，丰富了社区理论、社会变迁理论和农村发展理论，为社会学学科建设奠定了基础，也训练了干部，带出了一支队伍，为中国社会学界联系实际为现实服务的踏实学风树立了一个榜样，影响是很深远的。

（二）关于现代化理论的研究

现代化问题是经济、政治、历史等各学科共同关注和研究的重大课题,也是社会从上到下普遍关注的大问题,因为实际上我们就处在现代化的进程之中。社会学工作者是以社会学的特有视角来研究和阐述现代化问题的。这项研究是由翻译开始的,随后是由描述性的介绍到深入的分析,由研究国外的现代化理论转到研究中国现代化本身,深入研究现代化的理论,研究现代化的过程和各阶段的特征、中国现代化的特点、中国现代化的环境和机遇,以及现代化的有利和不利因素、我们应采取的现代化的战略和步骤。这项研究开始只是少数人的零散研究,80年代中期以后,参加此项研究的社会学家越来越多,发表了大量的研究论文和专著,涌现了一批这方面的专家,如北大的孙立平、山东大学的吴忠民和社会学所的张琢研究员等,都有论文和专著问世,受到社会的欢迎。

(三) 关于社会结构转型和社会变迁的研究

随着经济的发展,经济结构发生了相应的变化,新中国成立初期我国经济结构一、二、三产业的比例是第一产业比重最大、第二产业次之、第三产业比重最小。经过多年的建设,1978年是二、一、三排序,第二产业占48.2%,第一产业28.1%,第三产业23.7%;1995年已转变为二、三、一的排序,第二产业48.3%,第三产业占31.1%,第一产业只占20.6%。经济结构的变化,必然引起社会结构的变化,二、三产业发展了,从事二、三产业的工人、职员大量增加,农民相应减少,就业结构发生变化。工人、职员增加,城市人口必然大量增加,农村人口就相对减少了。比较而言,工人、职员因其生产生活的要求,都相对集中,社会流动大量增加,需要开放,农村原来生产生活的封闭型的格局必须改变。国外的社会学家对这种现象进行了概括总结,提出了社会结构转型的概念和理论。

社会现代化的过程,不仅是经济增长、经济发展和经济结构的转变,更重要的是社会结构的转变。现代化的过程用社会学的视角看是农业社会向工业社会的转变、乡村社会向城市社会的转变,也就是由传统社会向现代化社会转变。这种转变是循着自己的规律发展的,是不可抗拒的,是另一只看不见的手。

对于这种社会结构转型的研究,在我国80年代中期社会学家就开始进行了，它研究了这种转变的客观必然性，研究了中国社会结构转变的特点，研究了这种转变对现代化的巨大意义，研究了转变的量化标准及转变过程中的种种问题，研究了中国社会结构转型与欧美国家的社会转型的比较。积极的一面是改革开放之后，在传统社会向现代化社会转变的过程中，政府和市场表现为两个不同的推动力量，而且这两种力量灵活地结合起来，形成很好的推动力，这在世界现代化发展史上是一个较好的范例。另一方面，社会学家专门研究了社会结构转型的一般性和特殊性，凡是现代化国家都经历过由传统社会结构向现代社会结构的转型，在转型过程中，由于农民大量进城，生产生活方式都发生了质的变化，一时出现了许多社会问题，诸如贫富差别、城乡矛盾、家庭破裂、离婚率增加、社会风气不正、社会治安问题、社会犯罪增加等，一些西方社会学家称这种社会问题为社会转型病。中国的社会结构转型还有自己的特色，这主要是中国在社会结构转型的同时还要实行由计划经济体制向社会主义市场经济体制的转轨，由此也产生了诸如价格双轨制、民工潮、买卖户口等特有的社会问题。

  社会学家这项研究对以下的一个问题做出了理论上的解释，这就是为什么改革开放以后，我们取得了举世瞩目的伟大成就，经济高速增长了，社会各项事业发展了，绝大多数人生活改善了，但为什么干部群众都还有很多意见。有同志总结说，现在的情况是，生活从来没有现在这样好过，群众意见也从来没有这样多过。为什么？这是因为我们目前正处在社会结构转型时期，结构转型期社会的生产生活正发生着激烈的变动，会像已经实现现代化社会的国家一样产生种种社会问题。同时我们又在实行计划经济向社会主义市场经济体制转轨，又产生了种种社会问题。这两类社会问题重叠在一起，加上我国是一个人口众多、发展又很不平衡的国家，群众意见大量增加也就不足为奇了。

  关于社会结构转型的问题，80年代中期，社会学研究所就这个问题进行了研究，1990年社会学研究所出版了第一本《中国社会发展报告》，在总论里就专门论述了中国社会结构转型的问题。1993年我和景天魁同志主编出版了《转型中的中国社会》一书，中国人民大学、北京大学的几位教授也都研究过社会转型的问题，出版过著作和文章。

（四）关于农村社会和农村发展的研究

农业、农村、农民问题，是中国现代化最根本、最关键的问题，没有 9 亿农民的现代化，也就没有中国的现代化。因此，农村问题的调查和研究一直是中国社会学界最关注的问题，这也是中国社会学的传统，老一辈社会学界有不少人也都是研究农村、农民问题的。现在，研究农村问题的人最多，调查资料最多，写的文章和著作最多，成就也比较多。我们研究所大约有 1/3 的人是跑农村和研究农村有关问题的。研究的范围也很宽：农村的家庭婚姻、农村的家族和宗族、农民工、农村社会分层、农村的社区、农村基层组织、农村的乡镇企业、农村的小城镇建设、农村的发展道路，等等。我所的张雨林研究员长期在太仓等农村基层蹲点，研究农村发展模式比较、农村精神文明建设；我和我的一批博士研究生研究农村社会分层、农村发展道路；黄平和沈红分别研究农村扶贫问题；折晓叶和陈婴婴等研究农村的超级村庄、农村的城镇化问题。这些研究都提出了一批有价值的学术成果。

农村问题的研究是个无穷的宝库，中国农村的现代化是具有中国特色社会主义的重要组成部分，中国农村实现现代化也将有各种模式，研究中国农村仍将是今后社会学研究主要的组成部分，而且会产生一大批有国际意义的优秀成果，会培养出一大批社会学家。

（五）关于社会指标体系的研究和应用

社会指标这个概念，是 1966 年美国社会学家提出来的，这是在世界发展观的转变中应运而生的。以前所谓的发展，就是经济增长，而在 60 年代以后，人们逐渐认识到，发展应是经济社会的全面协调发展，最终是为了人的发展。过去，一般统计只有经济指标，随着发展观的改变，社会指标问题提出来了，社会指标就是研究测度科技、经济、社会全面协调地发展中不可缺少的一个重要根据和方法。1980 年国家统计局等单位的领导就提出了社会统计的问题。不久国家统计局成立了社会统计司，1985 年出版了第一本《中国社会统计资料》。1987 年在"七五"国家社会科学基金计划中，"社会指标研究"被列为重点课题。后来这个课题是由我所朱庆芳同志主持的，这个课题做得很成功，他们不仅在理论上做了探讨，而且运用社会统计指标的方法，对100万人口以上的约100多个国家做了社会指标的分析对比，结果计算出中国在全世界100多个百万以上人口的国家中，社会发展水平名列68位。这个统计公布后，在社会上引起了很好的反响。国务院总理李鹏同志很看重这项研究，在国家的几个报告中引用了这个成果。这项研究的结论既显示了我国经济社会发展的综合国力（这在90年代初是很必要的），又保持了原来经济统计上还是低收入发展中国家的排序，此项研究的社会影响很大，不少外刊都报道了。以后，课题组又对30个省、市的经济社会发展水平作了对比研究，发表以后，有不少省的领导都很重视。如山东省1991年排到第16位，该省省长专门批给省计委研究，要求提出意见。计委经过核实后，向省委、省政府写出了报告，认为社会学所社会指标课题组的这项报告是符合实际的，山东虽然改革开放以来经济发展很好，但由于农村人口多、东西部发展不平衡、文化素质普遍低、社会发展事业相对落后等原因，所以总评分数低，并且提出了今后要重视经济社会协调发展的具体建议。省委专门批转了这个报告，从此山东省对社会发展是比较重视的，后几年的评分就逐渐有所提高。现在有些省、市，甚至有些县还以社会指标体系统计评价作为各基层组织评价工作的标准，以促进本地区的经济社会协调发展，社会效果很好。

（六）关于社会调查和国情调查工作

社会学本来是一门很强调理论分析又很重视社会调查和积累资料的学科。多年以来，社会学有很多很有影响的社会学理论著作问世，而且有很多重要的社会调查著作问世，并已形成了一套独特的社会学调查方法，如问卷设计、抽样调查、统计分析、计算机处理等，使定性研究和定量分析结合起来，这在社会科学中是有特殊地位的。

中国的社会学历来有重视社会调查的传统，特别是在1979年重建恢复之后，以费孝通、雷洁琼为首的老一辈社会学家身体力行，亲自领导和组织了小城镇问题和城市家庭婚姻问题的大型社会调查，开了风气之先。各地的社会学系、社会学所和社会学工作者有的深入农村基层，有的到工厂车间，有的长年蹲在农村，有的建立了单位或个人的长期联系调查点，社会学所有几位研究人员经常是春节期间住到山村里去，以调查那里的民情风俗。这些年各地社会学工作者做了大量的社会调查，积累了很多数据和资料，有的还有所创新，如北大社会学系的几位教授正在做口述历史的调查。他们住到农村去，请当地健在的老人讲述当年抗日、解放战争、土改镇反、统购统销、合作化、公社化、实行大包干等历史，然后加以整理、分析，更深入更细致地研究中国农村社会变迁的历史和现代化的进程。

1988年，在党的十三大以后，中央提出为了拓展社会主义初级阶段的理论认识，要求中国社会科学院等单位组织加深国情认识的调查研究。中国社会科学院提出了开展国情调查的任务，并作为重点课题列入了"七五"国家社科基金计划，具体就由社会学所等单位来组织实施。从1988年至今，历经9个年头，前后组织了全国约3000名社会科学工作者，调查了119个县市1949年以后的经济、社会、文化变迁的情况，访问了约2万—3万名干部群众，对3万多个农户和城镇居民作了问卷调查，按照统一的提纲，各地写出105卷县（市）情况报告（每卷平均有40万字，其中包括约25000个数据），现已有90卷定稿，并由大百科全书出版社出版，受到了国际国内学术界的普遍好评。这是把中国每个省3—5个县市在20世纪80—90年代的情况如实地记载下来了，这是了解认识国情的好材料。越到后来，这些资料越宝贵。1996年，这项课题成果获得了中国社会科学院优秀成果荣誉奖。到1998年全部书稿可以出齐。现在正在着手组织对全国100个村的调查。如果说百县（市）情调查是从中观层次上认识国情，那么，百村调查则是从微观层次上更深、更细致地了解认识国情。现在这又一项大型社会调查工程正在组织实施中。

（七）关于社会形势分析和预测的研究

我们党和国家历来重视形势分析，根据形势来确定自己的任务。战争年代很重视军事形势的分析，新中国成立以来，我们更多的是重视经济形势作报告，总是讲工业怎样、农业怎样、财政状况怎样，等等。随着社会主义现代化事业的发展，经济发展了，但社会问题却并不像原来设想的那样减少了，而是增加了。社会安定、社会治安成了上下很关心的重大问题。1992 年我院主管政法社会片的副院长江流同志提出，能否按经济片出版经济形势蓝皮书那样，搞一个社会形势分析和预测的课题，每年出版一本社会形势蓝皮书。具体任务是由社会学研究所来组织的。从 1992 年夏天开始组织院内外各方面的专家和实际工作部门的同志 40 余人，着手研究社会形势，对当年的社会发展、社会改革、社会安定、社会心理等方面的社会形势走向进行分析，对下一年的社会形势进行预测。1993 年出版了第一本社会形势蓝皮书，以后每年出一本，现已出了五本。这本社会蓝皮书出版后，社会上非常欢迎，第一年才印 6000 本，以后陆续增加到 1.5 万本，成为各界了解全国社会形势的比较权威的读物，上至中央机构，下至县级领导都很重视这本书，产生了较好的社会效益。现在，湖南、吉林、辽宁、浙江、上海、北京等省市也都效法每年出一本社会蓝皮书，效果也是好的。1995 年湖南出第一本社会蓝皮书，两个月工夫，初印的 3000 册就卖完了。港台同胞也很看重这本书，香港中文大学正与我们协商出这本社会形势蓝皮书的英文版。

三　社会学在社会主义现代化进程中的作用

如前所述，社会学这门学科虽然是初建，这 18 年来也经历了风风雨雨，但社会学工作者的队伍在逐渐扩大，社会学的科研成果在大量涌现，社会学在社会主义现代化进程中的作用日益明显地表露出来。那么，社会学这门新兴学科在社会主义建设中、在社会生活中已经产生了哪些作用呢？

（1）社会学作为一门新兴学科，社会学理论和知识的传播、社会学研究成果的普及，对广大干部和群众认识社会、认清国情、分析形势增加了一个视角，提高了政府部门对社会发展的重视程度，对全面贯彻经济社会协调发展的方针产生了积极的影响。

自社会学重建以后，社会学工作者就对现代化理论、对社会发展战略、对经济社会要协调发展等问题进行了深入的研究。研究成果表明，现代化建设是一个综合的系统工程，涉及经济、社会的各个组成部分和各种要素，只有考虑到经济、社会诸构成要素的全面发展，以及它们之间相互促进、相互制约的各种情况，现代化事业才能持续协调地发展，才能有高效益和高速度的发展，才能避免和尽量避免现代化过程中出现严重的社会问题。

　　社会学在这方面的研究成果，对提高全社会对社会发展在现代化进程中的地位和作用的认识是产生了积极效果的。1982 年，国家在制定"六五"计划时，明确把"国民经济发展计划"改为"国民经济和社会发展计划"，从此成为惯例，把原来的经济发展计划包容进了科技、教育、文化等各项社会发展的系统计划。与此相适应，国家政府中主管社会发展的部门和机构也相继成立，国家计委成立了社会发展司，国家统计局成立了社会统计司，国家科委成立了社会发展司，民政部成立了社会福利和社会进步研究所，还成立了社会工作与社区服务研究中心，公安部、监察部也都成立了研究社会发展、社会问题的研究机构；广东省专门成立社会保险局，上海浦东新区建立社会发展局。更为可喜的是各级政府在制定发展战略和工作计划的时候，不同程度地改变了过去只抓经济发展而忽视社会发展的观念，树立了全面整体发展、经济社会协调发展的观念，有力地推动了社会发展的各项工作。近几年，政府机关、新闻媒体主动找社会学研究和教育机构进行咨询和要求合作、协作的事大量增加，许多地方制定发展战略的规划也主动找社会学工作者参加。近几年社会学工作者成了忙人，社会学的书籍成了畅销书，社会学系毕业的学生很好分配，社会学本科和硕士点、博士点成了青年报考的热点。

　　（2）社会学研究的成果被应用于各级政府和部门的决策过程，直接为社会主义现代化建设事业服务。

　　社会学重建以来，广大社会学工作者对我们在改革和发展中的重大热点问题和难点问题进行了深入的研究，这些研究成果受到各级党政部门的重视，直接运用到实际工作中去。如前述费孝通教授的小城镇问题研究，课题组所提出的分析和建议受到中央领导和各地政府的高度重视，成为制定发展乡镇企业、发展小城镇计划的重要依据。从 1983 年开始，天津市政府委托天津社科院社会学所和统计部门，在天津市进行"千户（问卷）调查"，主要内容是居民对市政府前段工作的评价和对以后工作的期望。社会学工作者把调查的情报、信息和结果及时反馈给政府领导决策部门，作为改进工作的依据。这项"千户调查"已坚持多年,收到了良好的效果。我们社会学研究所80年代末,对农民阶级进行了分层研究,提出了农民已分化成8个阶层的结论,此项研究被农业部农研中心所采用,依照这个分析框架在1994年对全国农村进行了较大规模的调查,初步弄清了目前农民分化和流动的现状,成为制定政策的重要依据。我们研究所在1994年发表了《中国社会主义道路与农村现代化》一书,指出,中国农村的现代化将经历家庭联产承包、乡镇企业、小城镇和城乡一体区域发展四个阶段,并提出了与之相应的政策建议。此项研究成果受到各地的欢迎,不少县市据此来修改或制定本地的经济社会发展和实现现代化的规划。另外,广大社会学工作者还进行了一些专项的调查和研究,如家庭婚姻、人口控制、扶贫、民工流动、青少年犯罪、养老保险、社会保障等,这些研究成果也都不同程度地被实际工作部门所吸纳和采用,成为推动各项工作的有效参考。

(3)社会学的发展为调查社会,认清国情、地情提供了新的调查方法和工具,对提高社会调查的水平、质量和扩大调查范围起到了促进和推动的作用。

社会学与其他社会科学相比,它有自己独特的调查方法,多年来已经形成了一整套进行社会调查的方法和规则。这十几年中国社会学工作者对这套方法引进、消化、应用做了很多努力,已经逐步掌握并且尽可能使之中国化,还推广应用到社会各界(包括某些自然科学的学科)。大家知道,正确的决策应建立在对社会实际情况全面深入的认识上,进行多方面的社会调查则是认清国情的重要途径。随着社会学的发展,各种科学的调查方法逐步得到应用和推广,如问卷调查方法、参与观察方法、抽样方法、数据统计分析方法、模型方法、预测方法,等等,特别是电子计算机应用于分析处理调查的资料和数据,极大地提高了调查研究的科学性,提高了对社会现象、社会问题分析和预测的准确性,提高了速度和效率。这些社会调查所得的资料通过计算机分析得出数据,为实际工作部门进行工作和决策提供了很重要的参考。前述由中国社科院主持、由我所组织实施的百县(市)情调查,几年来,通过大量的社会调查,取得了数以万计的数据和资料,对当前我国的社会结构、社会组织、城乡状况、居民生活有了深一层的了解，而且都有了数量的根据，对于深入认识国情、各地制定进一步发展计划，都准备了条件。

（4）社会学的发展为社会管理、行政管理、企业管理以及做好社会工作，提供了必要的理论和方法。

随着我国改革开放的深化和经济高速发展，国家的行政管理和社会管理逐渐分离，社会管理的作用越来越占据重要的地位。社会管理是涉及多种社会因素的系统工程，需要很多方面的组织和协调工作。而社会学作为从总体上研究社会的科学，具有综合性的特点，能够为加强社会管理提供理论依据和具体方案。这些年来，社会学的研究成果被具体应用到各类企、事业单位制定发展规划、进行科学管理等方面，取得了良好的效果。另外，社会学有很多分支学科，诸如农村社会学、城市社会学、工业社会学、教育社会学、体育社会学、法社会学、医疗社会学、环境社会学、组织社会学、劳动社会学等，这些分支社会学的发展本来都是从各系统的社会管理实践中发展起来的，反过来又对这些系统的管理和发展起到了推动和促进作用。社会学的理论和方法帮助他们进行组织和协调，调整内外部关系，调动广大干部和职工的积极性，对推动本系统本单位健康发展起到了明显的作用。

（5）社会学知识在干部、群众中的普及和提高，也促进了社会主义精神文明建设事业的发展。

从本质上讲，社会学是研究个人和社会关系的，强调社会秩序和社会进步，强调和谐、协调发展。社会学知识应当向全体公民普及，随着社会学的这些理论和方法为广大干部和群众所掌握，人们处理家庭内部关系、教育子女、处理同单位和他人的关系、处理人际关系的水平就会相应提高，人们的生活方式就会更加科学合理。为了创造良好的社会环境，达到提高全民族素质的目标，社会学的发展和普及是必不可少的。

我国的社会学这门学科之所以能在这 18 年的时间内得到迅速的发展，取得比较好的成绩，主要有以下几方面的原因。

第一，社会学的发展适应我国现代化事业突飞猛进发展的需要。恩格斯说过，社会的需要，比办几十所大学的推动力还要大。社会学本来就是伴随着现代化的出现而产生的，它也将伴随着现代化的发展而得到成长和发展。正是源于这种需要，邓小平同志在改革开放之初就发出了社会学要赶快补课的指示。1996年，江泽民同志在中共十四届六中全会上又提出了要加强社会学等学科学习的号召。中央领导同志的指示，正是适应中国现代化事业发展要求而作的，这是社会学得以迅速发展的主要原因。

第二，社会学的健康发展，得力于我们有一个正确的发展方针。大家知道，社会学刚刚恢复和重建的时候，当时担任中国社科院院长的胡乔木同志，以及其他院领导同志对社会学这门学科的重建，是倾注了大量心血的，院党委召开会议研究社会学的重建和发展问题，对于建会和建所的方针作了明确的决定，社会学研究会和社会学研究所就是在院党委直接领导下建立起来的。社会学研究会建会的时候，就明确社会学研究要以马克思主义为指导，社会学要为社会主义现代化服务。费孝通教授对此作了明确的阐述："我国的社会学必须是反映具有社会主义性质和中华民族特点的中国社会的社会学。它的内容既不可能是新中国成立以前的社会学的简单恢复，也不可能是任何外国社会学的直接引进，我们虽要批判地继承所有过去社会学的成果，但必须立足于当前中国社会实际，通过实践的考验逐步发展我国自己的社会学。"以后又多次重申：要建立"以马克思主义、毛泽东思想为指导，密切结合中国的实际，为社会主义建设服务的社会学"。多年来，中国的社会学工作者、社会学的科研和教学机构都能够坚持这个学科方针，有效地保证了我国社会学事业的健康发展。

第三，中国社会学重建过程中，坚持了既重视社会学的理论研究，又加强应用研究的方针，坚持一手抓社会学理论和方法的学科建设，一手抓进行社会调查为现实服务的方针。这本是中国社会学的优良传统，在这方面费孝通、雷洁琼等老一辈社会学家身体力行，他们亲自深入农村、街道进行大量的社会调查，研究现实问题，提出政策建议，发挥社会学的功能，扩大社会学的影响，推动社会学的发展，而且带出了坚持理论和实际相结合的好作风，培养了一支科研队伍。正因为这样，社会学这门学科重建不久，就在社会上打开了局面，取得了各方面对社会学的支持，社会学本身也发展起来了。实践证明，为社会主义现代化实践服务，是社会学生命力的所在。

第四，我们在引进外国社会学的理论和方法的过程中，能够坚持以马克思主义为指导，正确对待各种社会学的理论流派和方法，不盲目照搬，而是有选择地吸收和借鉴，使其为我所用。如我们在引进社会学的一些新的调查方法的时候，我们也不是全盘照抄，而且将其与我们原来行之有效的蹲点调查、"解剖麻雀"、开座谈会、万户访谈等传统办法结合起来。对他们的方法也根据中国的实际加以改造利用，使社会调查和研究更加科学合理。这些年，社会学界同国外同行的合作、交流是很多的，我们在重建过程中，一些友好的学者，特别是一些华裔的友好学者对中国社会学的重建恢复起过很重要的作用，我们在和国外同行交流合作时，都能坚持洋为中用、以我为主的方针，所以这些年我们社会学的成长和发展，总的说来是健康和有序的。

四 中国社会学面临的任务

中国现代化事业现在正进入一个新的阶段。在行将跨入 21 世纪的时候，中国现代化进程中还有许多重要问题，迫切要求社会学来回答，中国社会学的任务是非常繁重的。除了上述许多重大课题还要继续进行外，社会学还有许多新的课题要进行研究。从社会学所目前正在进行的新课题看，大体可以归纳为以下几个方面的任务。

（一）社会保障问题

社会保障是社会稳定的重要条件，没有完善的社会保障机制，就不可能有良好的社会秩序和社会环境。我国的社会保障制度目前还很不完善、很不健全。在农村，社会保障的水平低、覆盖面窄，社会保障的功能不强，还是以家庭保障为主。在城市，主要以单位保障为主，城乡之间是两种保障体制，很难适应建立社会主义市场经济体制的需要，对国有企业改革也是很大的障碍。中国要建立一个什么样的社会保障制度，这是一个很值得探索的问题。现在看，完全照搬别国的模式不行，一是因为中国有中国的国情，二是因为不少国家现有的社会保障已经出现了很多弊端，如社会保障水平过高，使经济发展失去了活力，社会负担过重、过大。我们要在研究其他国家社会保障方面的经验和教训的基础上，结合中国的国情，探索出一条适合我国发展水平、特点和结构的社会保障路子来。

目前，我所在这方面有四个课题：孙炳耀副研究员承担的一项院招标课题，李培林研究员主持的国有企业社会保障研究课题，景天魁研究员主持的中国社会保障体系研究课题，李银河研究员主持的乡镇企业女工劳保问题研究。

（二）城乡关系问题

在计划经济条件下，我国形成了城乡二元结构，城乡之间界线分明，城市人口和农村人口身份不同。这种结构曾经对我国现代工业体系的建立起了一定的积极作用。但随着经济体制由计划经济向社会主义市场经济的转化，城乡二元结构所造成的问题越来越严重：一是它阻碍了城乡人口的合理流动，造成不少不安定因素；二是它不利于全国统一的劳动力市场的形成，阻碍市场经济体制的健全发展。

正确处理好城乡关系对于市场经济建设有至关重要的意义，现在也是该着手解决、研究这个问题的时候了。我所目前与此有关的研究课题有：陆学艺主持的《中国百村经济社会调查》，折晓叶副研究员主持的《超级村庄的兴起与新型城乡关系》，黄平副研究员主持的《当代我国城乡居民生活方式与消费》，陈婴婴副研究员主持的《中国沿海发达地区社会变迁调查》等。

（三）阶级阶层问题

阶级阶层问题是个大而新的课题。在由计划经济向社会主义市场经济的转化过程中农民出现了分化，城市居民出现了分化，阶级阶层问题又成为一个十分重大的课题摆在了社会学工作者面前；对这个问题社会学界已经进行了一些研究，但对中国目前的社会结构还缺乏共同的认识，有不少争论。产生争论的一个重要原因是我们对中国目前社会结构实际情况缺乏了解，所以进行调查是阶级阶层研究的第一步。目前这方面的课题有罗红光的《乡村社会阶层分化的微观研究》、张厚义的《私营企业主群体特征研究》等。

（四）可持续发展问题

在人类经济发展取得了很大成就、社会财富极大地增长的同时，人类对环境的破坏空前严重，在人口、资源、环境与经济发展的关系上，出现了一系列尖锐的矛盾。1980年世界自然保护联盟委托有关方面发表了"保护地球"这一有国际性影响的文件，提出了可持续发展概念。1987年世界环境与发展委员会提出了一份题为"我们共同的未来"的报告，对可持续发展进行了更加科学的界定。可持续发展已经成为一股世界性潮流。从20世纪70年代中期起，一些社会学家如卡通（Catton）、丹那普（Dunlap）、巴迪尔（Buttel）、斯勒伯格（Schnaiberg）等开始检讨和批判社会学对环境问题的认识，发展出环境社会学，提出了"新环境论范型"，认为社会事实和环境事实之间存在一种互动的关系。我国对可持续发展的研究已经引起了社会学家的注意。我所部分研究人员参与了由院领导牵头、几个所合作的大型课题，我所研究人员张其仔还承担了社区可持续发展案例研究课题。

（五）贫困问题研究

贫困问题是现代化过程中必须攻克的难题，也是社会学关注的重点之一。贫困的发生不仅有自然地域原因和经济原因，而且有社会和文化根源，因而贫困的消除也不仅要从经济上入手，还要着力解决社会和文化方面的问题。扶贫必须着眼于增加贫困地区的自我发展能力，解决扶贫传递系统的效率问题，解决脱贫的内在机制问题。为此，我所魏章玲研究员主持了《我国现阶段社会贫困问题研究》，沈红助理研究员主持了以云贵边远贫困地区为调研对象的《扶贫传递与社区组织》课题。

以上五个方面，仅仅是我所正在进行的科研项目的一部分，是与中国现代化关系比较直接的一部分。从这些项目可以看到，社会主义现代化事业迫切需要社会学研究，而且，社会学这门学问的特点是，它不只是站在现代化实践之外去做解释和说明的工作，而是参与现代化实践之中，去积极推动现代化事业的发展。

五 中国社会学的发展前景

(一) 走向一个综合研究中国社会发展变迁的大学科

社会学是一个年轻的学科，它自 19 世纪 40 年代产生至今，不过 160 年的时间，却迅速成长为一个重要的社会科学学科，在一些西方国家，它甚至成为从业人员最多的学科之一。究其原因，盖由于它适应了现代社会形成和发展的需要。社会学"自始"关心的中心问题就是"现代性"问题，"至终"怎么样，现代性之后还有所谓"后现代性"，它会给社会学带来什么不可预测的影响，社会学这个学科将来会不会分解，不敢断言。但在可以预见的范围内，现代性以及现代性在世界范围内迅速扩展的现代化问题，是社会学这个学科须臾不可离开的活力源泉。离开了这个源泉，社会学的生命力就会枯竭。中国的改革开放、社会现代化提出了对社会学的迫切需要，这就表明，现代性以及中国社会的现代化是社会学安身立命的根。因此，社会学者的使命感就是满腔热情地去参与社会现代化，研究中国现代化，推动中国社会现代化。

所谓"现代性"，虽然没有统一的定义，但一般是把它理解为自 17 世纪以来，先是出现于西欧，后又迅速波及世界的急剧的社会动荡、社会冲突和社会发展的过程。在这个过程中，形成了被称为具有"现代"特征的社会生产方式、社会组织结构和社会生活方式、思维方式以及文化价值观念。社会发展和变迁的急剧性、深刻性、普遍性和难以预料性，是现代性的一些主要特点。马克思说这是充满对立面的斗争的社会，韦伯称这是自相矛盾的社会，迪尔凯姆说这是需要整合的社会……总而言之，面对这种社会现象和社会问题，社会学才应运而生并迅速发展。

像中国这样的国家，一方面背负着沉重的历史包袱，另一方面又有久被压抑的发展冲动；一方面急迫需要实现社会现代化，另一方面又处于与西欧和北美当年搞现代化时完全不同的时空条件之中；人口压力、资源压力、就业压力、生存压力一起集聚到了当代人的肩上，历史又仿佛赐予了一种也许是最后一次的难得的发展机遇，激励人们不顾种种压力去奋力拼搏。在实现现代化的过程中，中国社会既要快速发展，又要保持稳定；既要拉开差距，又要基本公平；既要发展高科技，又要争取高就业率；既要激励竞争，又要缓解冲突；既要大胆引进，又要自力更生。如此高难度的目标、高难度的任务，给社会学提出了高难度的要求，这对社会学的解释能力构成了严峻的挑战，同时也为社会学的大发展提供了难得的机会。据初步统计，仅以社会学所为例，目前正在进行的20个项目中，大部分是关于诸如社会保障体系、阶级阶层结构、新型城乡关系、贫困社区发展、可持续发展研究、社会公平问题、青少年犯罪、社会心态、基层政权和社区发展、私营企业主群体等复杂而敏感、重要而迫切的问题。这些问题以及随着现代化过程不断进展而层出不穷的新问题，摆到了中国社会学面前，提出了中国社会学必须大发展的客观要求。

中国社会现代化过程既然不同于欧美现代化过程，中国社会学家也就不能指望西方社会学家会提供解决中国社会发展问题的现成答案和万应药方。中国社会学家必须发挥创造力，从中国实际出发，学习邓小平同志创造有中国特色社会主义理论的榜样并以之为指导，去苦下十几年、几十年的工夫，创造中国特色的社会学。

中国社会学界是大有希望的一个学术团体，费孝通、雷洁琼等老一辈社会学家以他们的学识、品格和威望，继续发挥着指导作用；新一代社会学家正在迅速成长，他们当中，有不少人甘于吃苦，耐得清贫，肯坐冷板凳，不为金钱所动，刻苦读书，勤勉笔耕，认真做学问；有不少人不辞劳苦深入农村厂矿，坚持社会调查，特别是一些青年人，如受到院党委表扬的副研究员沈红，长期深入西部偏远贫困地区，从事消除贫困和社区发展等课题的研究，精神十分可贵；一批已经退休的老专家仍然壮心不已，继续承担研究课题，不遗余力地为社会学事业作贡献，这些都是中国社会学有可能发展成一个大学科的重要主观条件。但同时也必须看到，社会学从业人员的素质参差不齐，专业训练不足，还缺乏必要的学术规范和制度建设，这种差距表明社会学的大发展既有主观方面的可能性，又有很大的发展余地。

（二）走向规范化的学术建设

加强学术建设是社会学发展的必然要求。

中国社会学经过了 18 年的恢复和重建，到现在已经具有相当的规模，可以说恢复和重建的任务基本完成了，今后当然还要扩大队伍，开辟新的研究领域，形成新的分支学科，但主要任务、主要困难不在这里，而在于加强社会学的学术建设。

前 18 年的学科建设，是要解决这个学科要还是不要、有还是没有的问题；有了，还要解决它的大还是小的问题。今后的学术建设，是要解决这个已经有了的学科往哪里摆的问题，在中国现代化过程中的定位问题，解决它的质量的高低问题。

学科建设和学术建设并不是界线分明的两个概念。通常，学科建设中包括学术建设，因而学术建设为学科建设的组成部分，但有些学术建设是跨学科和非学科性的，并不是"学科"这个词能完全包容得了的。简言之，学科建设中，有些是学术性的，有些不是学术性的。学科建设的主要内容包括：人才培养和调配、分支学科的设置、研究手段和设备建设、确定研究课题和领域、机构设置和科研管理等。同样，学术建设中有些是学科性的，有些不是学科性的，但不管怎么说，今天我们所说的学术建设，是以往 18 年学科建设——也包括已经做过的学术建设——合乎逻辑的继续和发展。并不是说从现在开始才搞学术建设，而只是说，是要进一步加强学术建设，是要系统而合乎规范地进行学术建设。

加强学术建设是近来所内所外、院内院外的许多社会学者的共同心声。他们指出"社会学不等于社会调查"，应该把"社会学研究"与"社会（问题）评论"区别开来，如此等等，表明了大家都在思考社会学的学术建设问题，学术意识正在增强，这是非常可喜的现象。出现这种现象，一方面是社会学学科成长和发展的标志；另一方面也表明在客观上，中国社会现代化事业要求社会学确定它的地位和作用，社会学必须表明自己独立存在的价值，确认自己在社会上、学科群中的恰当形象。恰在此时，院里提出了"精品战略"，既要求提高学术质量，也为加强社会学的学术建设提供了环境条件和体制支持。总而言之，不论客观上还是主观上，从各个方面来看，加强社会学的学术建设都是顺天应人的，这理应成为当前以及以后一个时期我们关注的重心。

加强学术建设是艰巨而长期的任务，建立一个学科也许有几年时间就可以了，但一个学科要在学术上走向成熟却不是一蹴而就的，往往需要更长时间的积累，也许需要几代人的努力。因此社会学的学术建设也应该有一个长远规划，从当前的需要和可能出发，去干眼下能干而又干得成的事。我们当前的工作重点，是踏踏实实地去培育必要的学术环境、学术气氛和学术条件，为人才的成长和学术的成熟做一些铺路性质的工作。这包括以下五个方面：①强化学术意识；②树立问题意识；③健全学术规范；④承续学术传统；⑤开展学术对话。

这五个方面的每一个，都包含着非常丰富的内涵，都需要我们慢慢去体会、去实践。社会学不论过去还是将来，它的学术建设都是密切联系当代社会实践的。不应该把理论研究和经验研究、学术研究和对策研究、基础研究和应用研究割裂开来。事实上，真正高水平的对策研究必定有它的应用价值。随着社会学研究水平的提高和决策科学化程度的提高，社会真正需要的、社会学最应该提供的是以学术研究为基础的对策研究和可以转化为应用价值的学术研究；在当前以及今后，从中央到地方各级政策研究机构林立、研究力量不断加强的情况下，社会学研究必须表现出它的独立存在的价值。当前其他政策研究机构的研究人员的学历和学位都在不断提高，将来还有进一步提高的趋势，如果我们拿出来的研究成果和人家的差不多，而人家又在获取资料和信息，以及权力资源方面占有明显优势，那么我们将何以表明自己独立存在的价值？我们的唯一优势就在学术性，就在以扎实的学术研究为基础，而学术研究在可积累性、可传承性上具有比较优势，我们必须发挥自己的优势。可见，只有重视学术建设，我们才能在与其他研究机构的比较中表明我们独立存在的价值，在与其他学科的比较中显示出社会学的独立价值，在与国外社会学的比较中显示出中国社会学的特殊价值。

（三）探索中国特色的社会学

建立中国特色的社会学是一个大题目。我想从时空条件、特殊任务、目标和策略几个方面谈点探讨性的意见。

（1）时空条件。中国社会正在发生的变革是春秋战国以来2000多年未曾有过的。5000年文明古国如何进入现代社会，世界上历史悠久的一个传统社会怎样进入世界，世界怎样进入中国？几千年未有之巨变，对于中国社会学来说，真是千载难逢的良机。社会学不就是研究社会变迁的吗？大概就是那么几年、十几年的时间，我们就可以观察到一个传统社会怎样实行社会主义计划经济；大约也只有十几年的时间，我们又可以看到一个实行计划经济的社会怎样进入市场经济体制。这么短的时间内，发生这么大的变化，在一个人有生之年的几十年时间里，就能够观察这样巨变的全过程，真是天赐良机。

在西欧，传统社会转变为现代社会用了几百年的时间，超出了一个人的生命时间，谁也观察不到这个全过程。对马克思、韦伯和迪尔凯姆来说，工业资本主义已经是一个既成的结构，是一个基本完成了的过程。他们只能解释这个过程，不能记录这个过程；只能研究这个过程，不能体验这个过程。

到了帕森斯，他一辈子也没看到美国社会结构有多大变化，他提出的功能要求（适应、目标达到、整合和模式维持），基本上描写的是一个稳定了的社会结构，而不是转型中的社会结构。为了弥补这个缺陷，他们很喜欢做跨国的比较研究，国与国比较，发达国家和欠发达国家比较，从这里找一点历史感，找一点动感。

前辈社会学大师的成功，在于他们无愧于他们的时代，他们抓住了机会，干了在他们那个时代能够干的事情。我们的问题是，应该干而又能够干的事情，我们没有干，没有干好，这就只好赖自己了。

（2）特殊任务。中国社会学当前的任务，说起来，就是城乡关系问题、社会分层问题、社会保障问题、青少年犯罪问题，等等。这些都是经验性论题，不是实质性（Substantive）论题；是描述性论题，不是解释性论题。实质性论题是什么？是传统性、现代性和后现代性的前所未有的大汇集、大冲撞、大综合。

第一，传统性、现代性和后现代性在欧美历史上是历时性的关系，在当代中国，却是共时性的关系。三个不同时代的东西集中压缩到了一个时空之中。第二，在欧美，这三者是一个取代另一个、一个批判另一个、一个排斥另一个的关系，在当代中国，却必须把这三个本来相互冲突的东西熔为一炉、融为一体，还要相互包含、相互吸引、相互协调、和谐与共。

而且这个合三为一的结果，还不能是大混合、四不像、乱七八糟、一塌糊涂，还必须是有秩序的、共生共长的、充满生机的。第三，这个过程不容许是一个慢慢进化的过程，还必须是一个在不太长的时间里就要解决的任务。

从这个实质性论题反观经验性论题，我们就可以看到，例如研究社会保障问题，就不只是技术性地去规定养老金怎么筹集、医疗费怎么计算、福利费怎么发放等，那是政策部门、行政部门的事。社会学就要看到，这实质上是一个社会怎样组织、怎样构造的问题，是怎么权衡社会公平和社会效益的问题，是国家与社会、个人与社会之间的关系问题，在中国，也是传统性、现代性和后现代性的统一问题。我们不但不能取代反而要发挥家庭养老这种传统形式，而中国过早跨入老龄社会，也使我们这个还未实现现代化的国家几乎面临着与发达国家同样的问题。再如，城乡关系问题。西方国家走过的那条工业化、城市化的道路，在中国遇到了重重困难，中国还有9亿农民，如要全部城市化，就要再建几百个乃至上千个50万以上人口的大城市，往哪里摆？实际上，中国是把工业化办在农村，工农一体、城乡一体，也是传统性、现代性和后现代性压缩在一个空间里。看看苏南农民兴办的"城市"，非常漂亮的小楼，旁边就是农田，上班去工厂，又挣工资，又有粮菜地，城市人有的好处他们有，农村人有的好处他们也不放弃，亦工亦农、亦城亦乡，就凭这一个传统性、现代性、后现代性在同一时空中的大汇聚问题，就足以使中国社会学有鲜明的特色，就足以使中国社会学自立于世界。为什么偏要用西方社会学的概念来套中国的实际呢？

（3）目标和策略。到目前为止，我们未能摆脱用西方社会学的概念来套中国事实的窘境，这实属不得已，因为我们至今仍未创造出一套最适于解释中国事实的概念语言。邓小平同志讲，我们不但要承认自然科学比人家落后，也要承认社会科学比人家落后。中国社会学重建18年来，取得了很大成绩，我们确实还需要清醒地估量一下，在学术水平上我们到底提高了多少，同国际水平相比还差多远，然后，制定一个切实可行的策略去缩小这个差距。

大体上似应分这样三层：

第一层,在方法和技术层次,共通性较强,可借鉴之处也多。尽管对抽样调查方法的局限性,台湾地区和内地学者有的已有质疑,但在方法和技术层面上,有些东西还是可以搬用的。社会统计学从布莱洛克以后已有很多新突破,不只是多变量统计分析,还要更好地处理多因多果的问题、profit 模型、logit 模型、通用结构方程,这些东西,国内还很少用。另外,像法国人搞的话语分析、叙事逻辑,也可借用。

第二层,微观或特定领域的综合研究。在一些新兴的社会学分支上,如新经济社会学,是 80 年代以后兴起的,力求在微观层面上与经济学进行对话,达到两门学科的综合。重要代表人物有哈里森·怀特、马克·格拉诺维特等,在劳动力市场、竞争市场的经济学范畴中引进了社会网的概念和方法,推动了网络分析的理论和技术的发展;再如,组织研究中的新制度主义,以鲍威尔(Powell)和迪马奇奥(Dimaggio)为代表,将制度理论和行动理论结合起来,增强了对于社会组织的解释力。这样一些微观理论,我们在很大程度上也是可以借鉴的,但比方法技术层次的借用要难一些。

第三层,宏观理论。西方社会学的宏观理论是它构成文化霸权的王牌。这些宏观理论都是在与当代中国不同的时空下形成的,严格地说,那些理论的创立者们,在创立那些理论时,基本没有考虑到中国的情况,当然他们中的有些人也许了解一些中国的情况,也许希望他们的理论也能运用于中国。但是,社会科学不同于自然科学的一个重要特点就是受时空条件的强烈制约。尽管如此,就我们而言,还是要好好研究那些宏观理论,从中受到启发,而不能故步自封。

当代值得重视的宏观理论,主要是法国的后现代社会文化理论、德国哈贝马斯的交往行动理论和卢曼的社会系统理论、英国吉登斯的结构化理论,以及美国的新功能主义和沃勒斯坦的世界体系理论等。其中,法国社会思想家敏锐地把握到 70、80 年代以来的经济社会变迁,断言已经出现了社会断代的标志,一个不同于现代社会的"后现代"社会业已来临。他们对启蒙理性的崇高地位发起了挑战。哈贝马斯则一方面维护理性主义的基本立场,认为现代性是一个未完成的过程;另一方面,他也对晚期资本主义展开了批判,尤其是对其合法性和合理性危机的批判,为他所创立的交往行动理论赢得了世界性声誉。

  人家的宏观理论怎么样,我们尽可以随意评说,但我们的尴尬之处在于,我们还拿不出可以和人家相媲美的社会学宏观理论;而一个国家的社会学的独立地位,首先是由其宏观理论作为标志的。相信再过若干年,我们也能拿出可以与《交往行动理论》、《现代世界体系》这样的巨著相抗衡的著作来。这样一步一步地、一个层次一个层次地踏实努力,中国特色社会学就可以建立起来。

(《新时期社会科学的回顾与前瞻》,中国社会科学出版社 1998 年版)

当代中国社会学要实现三项历史任务

经过福建省社会学会一年来的辛勤努力，1998年社会学年会，在福建省领导的关怀和支持下，在中国社会科学院领导的殷切关怀下，在福清市委市政府的大力协助下，今天正式开幕了。

我们这次社会学年会的主题是社会主义初级阶段的社会与社会学。大家知道，1987年党的十三大提出了社会主义初级阶段理论，1997年党的十五大又进一步阐述了社会主义初级阶段的理论。

江泽民同志在十五大报告中指出，社会主义初级阶段是逐步摆脱不发达状态，基本实现社会主义现代化的历史阶段；是由农业人口占很大比重、主要依靠手工劳动的农业国逐步转变为非农业人口占多数，包含现代农业和现代服务业的现代化国家的历史阶段；是由自然经济、半自然经济占很大比例逐步转变为经济市场化程度较高的历史阶段；由文盲半文盲人口占很大比重、科技文化落后逐步转变为科技教育文化比较发达的历史阶段。

这九项历史任务归纳起来，基本的要义是两条，就是要实现工业化、城市化。既要实现经济的现代化，也要实现社会的现代化，把我国建成富强、民主、文明的社会主义现代化国家。

改革开放以来，我们国家的经济改革与经济发展取得了很大的胜利，我国的经济结构已经发生了根本性变化，经济总量翻了两番多，综合国力已经大大增强，人民生活有了很大改善。与此同时，我国的各项社会事业也有了很大发展，我国城市由200多个增加到666个，城市化率由18%增加到29.9%，科技教育事业也有了长足的进步。但比较而言，我们的社会体制改革、社会事业的发展还滞后于经济发展与经济体制改革的要求。例如，我国目前已达到工业化中期阶段，但我国的城镇化水平还不足30%；

我们已经建立起统一的社会主义市场经济体制的基本框架，但我国科教事业还同市场经济的发展不相适应，特别是我国还未建立起统一的社会保障体制。这种状况不仅妨碍了人民生活质量的提高，而且也影响经济体制改革的深化，如有些国有企业改革就遇到了因为是单位保障制，该破产的破产不了、该合并的合并不了、该转制的转制不了的难题。这种状况显然要通过加快社会体制的改革来逐步得以解决。相比较而言，在经济体制改革、经济高速发展的同时，经济学界对经济改革和发展做了大量的研究，已经对经济发展做了很多总结和探索，发表了很多学术专著、论文。社会学自 1979 年恢复以来，在党中央领导的关怀下，在费孝通、雷洁琼等老一辈社会学家身体力行的带动下，已经取得了很大成就，全国已经有 30 所大学建起了社会学系和社会学专业，有 35 个省和省会市社会学所，有约 3000 名专业的教学科研人员，每年有近百本社会学的专著问世，有上千篇社会学学术论文和调查研究报告发表。这些成就是国内外同行及社会科学界都公认的。但总的来说，我们的队伍和学术成果，比之经济学、法学等学科的发展还差些，还不能适应社会发展对我们的要求。我们的成果数量不少，但缺乏像学科重建初期费先生的"小城镇、大问题"这样有影响的学术精品问世。

可以看到社会主义现代化的发展要求加快社会体制的改革，要求社会学理论的发展，使之与经济社会协调健康发展相适应。

我们这次年会的主要任务是研究如何完成这个重大的历史使命：社会学怎样为社会主义现代化服务以及这门学科怎样发展。

这次年会的主题是社会主义初级阶段的社会与社会学，有五个议题，我们将就这些题目进行讨论。

总结我们社会学近 20 年发展的历史经验，我认为，我们社会学工作者当前面临的历史任务主要有三个方面。

一　我们应该把经济社会变革的事实和过程如实地记录下来

这就是发挥社会学"描述、记叙"的功能。改革 20 年的变化是巨大的，一个地方几年不去就大变了。我们很幸运，生在这千载难逢的伟大时代。中国正在经历着从计划经济向市场经济体制的转化，社会正在从传统社会转向现代社会。经济体制的变革，对我们这些60岁左右的同志来说，可以说是经历了这么两个变革：1949年以前，是市场经济，它虽不发达，但是商品经济，50代年学苏联，搞了计划经济，直至用了各种票证；80年代以后，特别到了90年代，又搞社会主义市场经济，各种票证都取消了。这三四十年，不长的过程的经济变革，证明学苏联这样的计划经济搞现代化是不行的。我们搞了社会主义市场经济，才有了现在这些发展。另一个变化是由传统社会、从农业社会向现代社会转型。这个变化在有些地方已经转变发展得相当好了。如我们现在开会的会场所在地福清市宏路镇，有如此好的设施条件，作为一个乡镇已经很现代化了。15年前它只是个普通的乡镇，这是改革开放以来才有的成就，把这些变迁记录下来，是我们社会学一个很重要的任务，也是我们的机会。我们有幸能看到这个变迁的全过程，尤其是我们这样一个大国的转型的全过程。

社会学建立已有160年了，许多欧美的社会学大师，如马克思、斯宾塞、孔德及后来的帕森斯等，他们经历的仅是资本主义市场经济发展阶段中的一段。而我们，尤其是在座的年轻同志，可看到社会主义现代化在我国建成这一全过程。把这一大段我国的农村、城市是怎么变过来的记录下来，不光对社会学有利，对其他学科也有意义。

这些年，我们许多同志都做了各种社会调查，从各种不同角度记录这个过程。这是社会学的优良传统，费先生、雷先生、袁先生他们搞社会调查的传统我们继承下来了，而且还学习了国外的先进东西——问卷调查、分析资料、计算机处理。每个所、每个系的每个同志都做了大量的调查。社会变迁的过程是转瞬即逝的，而这些调查对社会学的发展是很有意义的，要抓住这个机会。我是第二次到福州这边来，1994年到福州住省委党校，到晋江去调研，由福州到晋江这段路走了一天。昨天我们由晋江来，只用了两个半小时，变化是巨大的，路上都认不出来了。所以，我们的调查越具体、越详细、越真实就越好。如果我们记录下来的不仅是表面的变化，而且把心理变迁等更深层的东西也记下来，就更好了。这些调查资料不仅当代有价值，时光越久远越有价值。这些资料不仅社会学可以用，而且经济学、历史学也可以用。现在已经完成的,中国社会科学院组织的百县市经济社会国情调查,就属于这一类,符合这个要求的。我们正在组织的百村调查也属于这一类。

二 要为党和政府的决策部门提供理论咨询和政策建议,直接参与社会主义现代化的建设,为社会主义现代化建设服务

前面说过,我们正在从计划经济向市场经济转变,从传统社会向现代社会转型,无论从全国来说还是从一个省一个市来说,都遇到了许许多多的新问题、新困难,有一大堆难题要解决。要做出回答,需要提出新的措施,很多问题在本本上没有过,与传统做法都不同。作为社会学工作者、社会学理论工作者,有责任、有条件通过调研对问题做出理论说明,做出对策研究,为改革服务。

我们知道,20年来我国政治、经济、社会形势的发展是健康的,取得很大的成绩,是历史上从未有过的翻天覆地的变化。如果说土改是翻天覆地的变化,还只限于所有制的变化。而现在是整个社会结构、经济结构都发生了根本的变化。

我想当前普遍存在的起码有四个方面的问题,要给予回答。

第一,我国经济发展了,翻了两番,可以说95%的人改善了生活,提高了生活水平(在座的是百分之百),许多在10年、20年以前不能想象的事都实现了,但为什么,正像有的同志说的生活从来没有这么好过,牢骚也从来没有这么多!这是为什么?

第二,为什么经济增长这么快,但财政这么困难,我国这些年来,GNP每年增长平均都在9%以上,经济持续这么好,财富积累了这么多,而财政如此困难,不论富的地方还是穷的地方,不论行政单位还是事业单位,包括企业,都说没钱花。这是经济学家要回答的。昨天我们在晋江,他们是福建省的首富市,年财政收入已有7亿元,但据副书记告诉我,财政相当困难。据了解,我国尚有相当一部分县不能按时发工资,而"文化大革命"那么乱,经济到了崩溃的边缘,但工资还是按月照发的。现在的

大学校长很难当,我做10年所长,没有为所里添置一件像样的家具,年年都是紧紧巴巴过来的。这是为什么?

第三,这是个理论上争论的问题:经济发展了,社会发展了,而社会上犯罪率增加了,社会治安问题多了,离婚率也增加了。为此,在80年代,我国政法部门曾有过一个争论。有的人认为,商品经济增长了,犯罪率必然会增长,当时政法部门有的领导认为那是资本主义国家的现象,社会主义国家不应如此。但事实上现在全国都如此,而且有的地方犯罪率还很严重,案件还很多。这是为什么?

第四,就是农业问题。在世界上,可以说没有哪个国家在搞现代化的过程中,像我国这样重视农业的了。回顾这20年来,每年的政府工作报告、党中央的会议及有关的会议,都把农业放到第一位,甚至提出"省长负责米袋子、市长负责菜篮子"。在理论上我们说农业是国民经济的基础、粮食是基础的基础,但总的来说,农业问题还是不少的。有人说农业是"多了多了少,少了少了多",像扭秧歌似的。我国1996年大丰收,1997年虽千方百计,还是减了240亿斤,当然不是减产就有问题。在工业化、现代化的过程中,我国农业的稳定发展保障了国家的供给,这是好事,但反过来看,我们是用了50%的劳动力来维持农业的,而且花这么大力气来抓农业,农村的问题还是不断。农业部同志说,多了也不行,少了也不行(粮食),如多了10%就难卖,但如少了10%,就要排队购粮了。还有这两年,农业生产不错,但乡镇企业有些下滑。农村、农业的问题总是层出不穷。这是为什么?

我认为,社会科学应该要回答这些问题,要研究这些现实问题。哪怕能有一个方面的回答,一个问题的解决,对改革发展都是有利的。我们研究工作要赶上社会经济发展的需要,要作出我们的贡献。

以上有些是经济学的领域,有些是政法部门的问题。此外,社会学要回答的问题也是很多的。众所周知,我们的城市化严重滞后于工业化,社会发展滞后于经济发展,那么城市化要如何加快步伐呢?世界城市化平均水平是47%,发展中国家平均是42%,而我国1996年只有29.9%(统计数据偏低),确实是滞后了。城市化滞后,带来一系列问题。如就业、第三产业的发展都有问题。特别是户籍制度,我们已实行了30多年,马上放开行不行？统一的社会保障体制如何建立？学欧美是行不通的。住房制度的改革，7月1日国家将有新措施出台，但要改完是个大工程；还有医疗保险制度等都是现实问题，都需要社会学家进行深入的研究，如果我们能对上述问题，即使帮某一省、一市，出些主意，我想政府肯定是欢迎的。这里有个问题，就是我们常讲的"科教兴国"。九届人大特别强调了这个问题，朱镕基总理专门讲了话。科教兴国当然应该包括社会科学在内，这是中国特有的事（因为有些人不认为社会学是科学）。我认为，我国的社会科学，不论在数量上还是质量上都落后，赶不上社会发展的需要，现实的许多问题恰恰是社会科学的问题，如我早就说过，国有企业的改革，不是资金、技术的问题，更不是设备问题，而是到底工人阶级这个领导阶级与厂长负责制是个什么关系；厂长是公仆，"主人"能不能管。我认为这个问题不解决，国有企业改革问题就解决不了。类似这些问题，恰恰是社会科学问题。

因此，重温1979年3月小平同志的讲话，是很有意义的。

早在1979年3月30日，小平同志提出："我并不认为政治方面已经没有问题需要研究了。政治学、法学、社会学及世界政治的研究，我们过去多年忽视了，现在也需要赶快补课。我们绝大多数思想理论工作者都应该钻研一门到几门专业，凡是能学外国语的，都要学习外国语，要学到毫无困难地阅读外国重要的社会科学著作。我们已经承认自然科学比外国落后了，现在也应该承认社会科学研究工作（就可比方面说）比外国落后。我们的水平很低，好多年连统计数字都没有，这样的情况，自然使认真的社会科学研究遇到极大的困难。因此，我们的思想理论工作者必须下定决心急起直追，深入专业、深入实际，调查研究，知彼知己，力戒空谈，四个现代化靠空谈是化不出来的。"[①] 小平同志的这段讲话对于指导我们今天的社会学研究仍然具有十分重要的意义。

这20年来，我们的社会学确实有了很大进步，但与现实需要相比还很不够，许多在现代化建设中的问题，我们自己也不懂或回答不出。要深入实际，对问题进行研究，做出解释、做出回答。

---

① 《邓小平文选》（第2卷），人民出版社1983年版，第67页。

三　要加强社会学学科建设和队伍建设

前面说过，我国社会学的恢复重建任务已经完成了，现在与国际的交流也多了，队伍正在发展，但与社会需要、与兄弟学科比较，还处于小弟弟的地位，因此，学科建设应提到日程上来。我想无非是两个方面：一是要搞好学科自身的学术建设、理论建设。这些年来，我们的社会学概论、社会学方法有了，主要搞了农村、家庭这些方面的研究，但还有许多缺乏、薄弱的分支学科。如现实急需的经济社会学、法社会学、政治社会学、教育社会学等方面的研究专著还很不够，这些相当重要的分支学科的教材也没有。另外，对西方的一些重要学术著作还没有翻译过来，已翻译的数量、质量都不够，远不如经济、法学、历史等学科的译著。特别是对西方一些社会学学术的新进展研究得不够，对西方学术的情况也若明若暗。二是我们的队伍建设还不够，现在全国还只有17个省市的大学有社会学系，还有很多省区是空白，一个几千万人口的大省，社会学工作者只有几十个人，有的只有几个人，这就很不适应了。这次到福建来，看到福建师大和福州大学建了社会学系，这是值得祝贺的。

另外，我们的学科规范建设还在建立中，我们不少文章由于不规范，在国外发表不了，几万字的文章连个注解来源都没有。不是我们文章不如外国，而是规范不够，与国际不接轨。因此，我们学科建设与队伍建设的任务都还很重，都要通过努力来提高。

总之，对社会学学科而言，一方面我们有一个好的机遇；另一方面任务也很重，要通过回答这些问题来发展自己，我认为现在是发展社会学的最好时期。对社会现实问题开展研究，提出建议，作出我们的贡献，社会就会更加认同我们。如果能像雷先生、费先生那样作出贡献，贡献越多，我们社会学的地位就越高，社会学发展会越好。

(1998年5月26日在中国社会学会学术年会上的讲话)

要加快社会学的学科建设和队伍建设

在这个庆祝会上,我将以两个身份讲几句话。

第一,我在社会学所工作13年了,参加今天这样的盛会,来了这么多领导和朋友,我感到特别兴奋,感谢大家的光临,十几年来在工作中得到了费孝通先生、雷洁琼先生,我们院领导、院直各部门的领导,以及兄弟单位的同志们很大的关怀和支持。刚才景天魁教授讲到社会学所发展到今天,取得了一些成绩,跟诸位领导和同志们,特别是费先生、雷先生一贯的支持和帮助是分不开的,所以我要借这个机会来表示感激之情。

我在社会学所十几年,现在回顾起来,只做了一件事,就是在费孝通先生第一任所长、在何建章先生第二任所长的基础上,又把建设社会学研究所的工作向前推了一步。刚才费老深情地讲到,1979年3月21日在成立中国社会学研究会的时候,提出要筹建中国社科院社会学所,到今天正好是21周年。国务院发文正式批准成立社会学所是1980年1月18日,开始只是几个人借了几间房筹建起来的,费先生当初创办这个所的时候是很不容易的。披荆斩棘,开拓前进,凡事开头难,费先生给我们开了个好头。何先生和我在这个基础上又接着做。费先生讲过,他在社会学所所做的工作,就是把戏台搭起来了,也请了一批演员。在这个舞台上,费先生一开始就导演了一出非常好的戏。建所以后,搞的一次大的活动就是小城镇调查,这个调查正如费先生讲的是"重实、求知",开了这么一个好风气,也使得我们社会学界从一开始就建立一种到实践中去做调查、向实践学习、为社会主义现代化服务的好风气。在这个调查的基础上,才有了"小城镇大问题"这篇文章。正像李铁映院长刚才讲的,这篇文章在整个现代化发展中是起了作用的,对推进农村的工业化、城市化,走中国有特色的社会主义道路是有贡献的,而且为我们社会学界的学风奠定了一个良好的基础。我们在座有不少同志都是跟费孝通先生走过来的，所以，这第一台戏是演得很好的。后来，何先生和我就是在费先生这个基础上，继续建设这个所，建设这支队伍，现在可以这样说，经过二十年我们三届班子的工作，已经建立起一支初具规模的专业队伍，又请了一批演员，像京剧那样，生、旦、丑、末各色演员基本配齐了，可以演戏了。但是我这个导演水平不高，这几年只导演了几场小戏。刚才费先生讲了，演员和导演还要补课，还要提高。在提高业务水平的基础上，社会学所是可以为国家演几场大戏的。我希望社会学所将来能在社会上演几场漂亮的大戏，为社会主义现代化建设作出新的贡献。

  第二点，我代表社会学会说几句话。中国社会学会，也是费先生、雷先生在21年前在党领导下创建的，费先生是第一任会长，雷先生是第一任副会长。在1990年第三届理事会之后，费孝通教授、雷洁琼教授一直是我们的名誉会长，第三位名誉会长是我们第二任会长袁方教授。中国社会学会是由中国社会科学院主管的，秘书处就设在社会学所，20年来一直按照当年建会的宗旨，在中国共产党的领导下，遵循马克思主义的基本理论，团结广大社会学工作者，开展各项学术活动，为社会主义现代化事业服务。现在社会学会在全国已经有5000多个会员，分布在各省、市、自治区的社会学分会和七个专业委员会里，学会的队伍正在逐渐壮大，学术活动丰富多彩，发展的势头是很好的。现在全国各地每年都有新的社会学系和社会工作系在建立。刚才李铁映院长说，社会学大有作为。铁映同志这个讲话对社会学的发展、对社会学的前景，分析得非常深刻，也非常令人鼓舞。现在，中国社会主义现代化事业正在蓬勃发展，中国社会正在由一个传统社会向现代社会转型，这么一个大变革的时期，正是社会学工作者大显身手，为祖国、为现代化事业作出贡献的时机，也是社会学繁荣发展的黄金时代。从历史上看，中国社会学自1979年恢复以来，现在，全国已有40多所大学设立了社会学系和社会学工作系，有35个省、市、自治区和部分大城市设立了社会学研究所。全国已有3000多名社会学专业工作者，每年有几百部的专著和上千篇的学术论文发表，就社会学本身来说，仅仅20年工夫，发展得已经很不错了。但和社会的需要相比，还相差很远，特别是跟我们的兄弟学科相比，相差还很大。在发达的市场经济国家里，社会学是与经济学、法学并立的三大学科之一，但是在中国，现在我们与经济学相比，地位很悬殊。据国家统计年鉴，1998年经济类毕业的本科生有58095人，加上大专毕业的，一年有132900人，而我们社会学系同年大学本科毕业生不到1000人！还有一个数字，1998年出版系统出版的各种经济类的书籍是8224种，而社会学类的书不到1000种。两相对比，差距实在太大了，这跟我们实际需要相差也实在太大了。当然，这一方面是反映了我们国家社会发展同经济发展的不平衡，另一方面也与我们长期以来的科教战略方面重理轻文有关。而在社会科学里面，又重经济学科轻社会学科，造成了这种不平衡状况，这对整个现代化事业发展是很不利的，这种情况亟须改变。

在现实生活里面，我国的经济发展了，经济结构改变了，而社会结构没有相应的改变，城乡的二元社会没有相应的改变，城市化严重滞后于工业化，社会事业发展跟不上经济发展的需要，也跟不上人民群众的需要，由此产生了种种社会问题。所有这些，当然需要决策部门的战略调整。现在中央已经提出经济社会要协调发展的战略任务，我们社会学工作者应该多做工作，一方面要深入社会主义现代化经济建设的主战场，为实现经济社会协调发展多做研究、多出主意、多提建议、多作贡献；另一方面我们也要为加快社会学队伍建设和学科建设多作贡献。铁映同志刚才说，社会学大有作为，这不光是说社会学工作者在现代化建设中大有作为，也是说我们本身的队伍建设和学科建设也应该大有作为、多出人才、多出精品，来满足社会的需要，加快我们社会学队伍的成长。

（2000年在庆祝中国社会科学院社会学研究所建所二十周年大会上的讲话）

做社会科学研究，
要面向实践，要到实践中去

今年是中国社科院建院 30 周年，院老专家协会约我写一篇文章，几经商酌，定了这个题目。我 1962 年考入中国社科院的前身——中国科学院哲学社会科学部所属的哲学研究所，师从容肇祖教授，学习宋明思想史。加上在北京大学哲学系学习 5 年，我从事哲学、社会科学工作，整 50 年了。半个世纪来的生活，可以用三句话概括：读书学习，调查研究，写文章做学问。

社会科学院现在有 31 个研究所、200 多个研究室，大体可以分为两大类，一类是人文哲学科学；一类是社会科学。我 1962—1985 年在哲学研究所工作，1985 年 5 月调农村发展研究所，1987 年初到社会学研究所。45 年间，我先后到了三个研究所，从时间上划分，前一半在哲学所中国哲学史研究室，后一半在农村发展所和社会学所。实际上我从 20 世纪 60 年代初期开始，就注重农业、农村问题的调查和研究，所以，我应该是一个社会科学工作者。

在中国社会科学院做社会科学研究，有得天独厚的有利条件，也有不利的局限。我在全国各地的不少大学、研究机构、党政部门讲过课，开过会，有的还兼过学术职务，到过几个大国，考察过他们的社会科学的教学、研究机构，比较而言，像中国社科院这样好的科学研究的环境和条件，是很少有的。中国社科院是一个做学问的好地方。扼要地说，有这样几条，第一，社科院是全额拨款的国家级的事业单位，有最基本的生活条件保障，工资水平不高，但有十分充裕的研究时间；第二，社科院聚集了多门学科学有专长的一批一流专家，有一个庞大的学者群，可以请教、可以研讨，他们每个人都有一部成功史，这是中青年学者成长的好教材；第三，社科院有很好的图书馆，文献、信息资料十分丰富，像哲学所、经济所、历史所、文学所等老所的图书馆，都经营了几十年，书刊资料的积累是无与伦比的；第四，社科院有同世界上著名学府、主要学术机构合作交流的多种渠道，每年有很多著名学者到社科院来开会、讲课，开展合作研究；第五，国家把社科院定格为党中央、国务院的思想库、智囊团，下达国家和社会需要研究的重大课题；第六，建院以来，制定了比较正确的科研方针，形成了较好的学术环境，百家争鸣、百花齐放，蔚然成风。所有这些，都为专家做学问、为中青年学者成长准备了好的条件。

50多年来，哲学社会科学部、社会科学院为国家培养了一大批业有专攻的学者，为社会主义建设事业作出了卓有成效的贡献，在社会上产生了较为广泛的影响。但就社会科学院的地位和条件，就国家的需要来说，无论是成果还是人才方面，还不能适应国家经济建设、社会建设突飞猛进的需求，尤其缺少优秀的精品和杰出的人才，现在有青黄不接等问题。客观上有科研条件、科研管理还不到位等方面的原因，从学者主观方面讲，也有个人努力不够，没有能正确使用社科院诸多有利条件，错过了机遇。回顾我个人在社科院40多年经历，如果要谈体会的话，可以用一句话总结，那就是：社会科学研究一定要面向实践，到实践中去。

我们这一代知识分子，生逢盛世，正遇上我们国家经济社会发生巨大的历史性变迁的时期，正在由一个传统的农业社会向工业化、城市化的现代社会转变，我们经历了由小农经济为基础的商品经济体制向高度集中的计划经济体制转变，又经历了由计划经济体制向社会主义市场经济体制转变。这些转变发生在拥有10多亿人口的大国之中，其规模之宏大、形式之多样，波澜壮阔，跌宕起伏，崎岖艰难，错综复杂，这是千载难逢的历史机遇。不仅我国前代学人没有遇到过，就是欧美工业化、现代化国家的学者，也没有遇到过，他们只经历了工业化、现代化过程中某个阶段，而我们这一代人则经历了工业化、城市化的前期、初期，直到现在的工业化中期阶段的经济社会大变迁的全过程。这样的时代，是应该出大学问、出大学问家的时代。人民群众创造历史，历史也造就人民。

就社会科学而言，与人文科学有同有不同，社会科学更具实践性、应用性，它直接来源于实践，回应实践提出的问题，总结概括实践的规律，解释实践中出现的问题，提出解决问题的理论、方法，推动社会前进。社会学就是这样一门社会科学。19世纪初叶，欧洲的英、法、德诸国处在工业化初级阶段，一方面因为产业革命，工业化、城市化发展很快，社会创造了大量财富，极大地改变了原来传统农业社会条件下的生产方式、生活方式和交往方式，从根本上改变了原来的社会关系和社会结构；另一方面，急剧的经济社会变革导致财富分配不平等，两极分化，城乡矛盾，阶级对立，家庭破碎，离婚率上升，各种犯罪大量增加，社会治安恶化，社会冲突日趋尖锐，社会不安宁。1838年，法国学者孔德对这些社会现象、社会问题进行了研究，写成了《实证哲学教程》一书，第一次提出了建立社会学这门学科的设想，要找到理想的方案，重建新的社会秩序，促进社会进步。160多年来社会学有了很大的发展，在工业化国家，它和经济学一样是一门显学。社会学就是这样一门从实践中来、为实践服务的社会科学。

从社会科学的实践性、应用性来说，我们从事社会科学研究的学者一定要面向实践，为实践服务，而且要到实践中去，调查研究，才能有所总结，有所发现，有所创新。

1. 研究的主题、题目、课题，要从实践中来

前述社会学的先驱者孔德构建社会学学科的设想是从社会实践中提出来的，同时代的斯宾塞，以及后来的迪尔凯姆、韦伯、帕森斯等社会学家研究的主题，都是从他们所处时代的社会实践中提出来的，他们研究了这些主题，回答了问题，产生了重要著作，形成了社会学的重要思想和理论。经济学、法学、政治学等社会科学的重要理论、重要著作，也都是这样产生的，都是回应了时代提出的问题，不过是从不同的侧面、不同的视角，作出了各自的回答。从实践中来，回应实践提出的问题，再回到实践中去，循环往复，不断修正，不断提高，这个道理是相通的。

我研究农业、农村、农民问题，也是从实践中感悟出来的。三年经济困难时期，我正在北京大学读书，国家虽然尽力照顾大学生的生活，每月31斤定量粮食是保证供应的，蔬菜等副食则很差，对青年学生，只能维持基本温饱。寒暑假后，各地同学回来，私下里传递着各地农村里农民吃观音土、得浮肿病、饿死人的消息。1961年春天，我父亲托人捎给我一个小包，拆开一看，却是一包草籽。来人告诉我，说这是家乡人吃的一种粮食。我家在无锡县农村，那是号称鱼米之乡的地方啊！怎么把草籽当粮食吃，这对我刺激很大，至今记忆犹新，但在当时的政治气氛下，公开谈论的恰是大好形势。我们是一批虔诚的共产党员，对共产主义的理想深信不疑，只是认为农业和农村政策出了问题。当时有两句政治口号："听毛主席话，跟共产党走。"我们朴素地想，饿着肚子怎么跟着共产党走。所以要找到能解决农业问题的理论和办法，提高农业生产，满足国家和人民对粮食和农产品的需求。有三两知己，就开始讨论和研究农业农村问题。这种私下的、业余的研究农业、农村问题，一直持续了10多年。收集研读有关国内国外关于农业农村方面的文献资料，找机会、创造机会到各地农村去调查研究，找各级各类干部和农民访谈，了解人民公社体制和农业农村政策方面的问题。

世纪之交以来，我主要在研究中国的社会结构变迁，研究社会分层与社会流动。这个课题本身也是实践提出来的。改革开放以后，经济体制改革了，经济大发展，经济结构调整了，社会结构也发生了很大的变化，有些社会阶层分化了，有些社会阶层新生了，有些阶层的社会地位提高了，有些阶层的社会地位下降了，整个社会阶层结构显现出向多元化、现代化方向发展的趋势。原有的"两个阶级一个阶层"的理论框架，显然与现实已经严重背离了。社会实践要求，要对这种巨大的社会结构变迁作出新的理论概括，用以正确认识已经变化了的基本国情，据以制定新的经济社会政策。对此，学术界，特别是社会学界的学者，在1980年代中后期就已有所感悟，就开始了对社会分层、社会流动问题的研究和探索。但是，这是一项宏大的基本国情的调研课题，确非某一学者、某一单位的力量能够独立完成的。1998年秋天，中国社科院的领导向社会学研究所提出了要进行中国社会结构变迁研究的课题。我当时是社会学所的所长、中国社会学会的会长，知道这正是社会学所的同事、社会学界同仁早就想做，也正在做的重要课题，所以就很自觉、很积极地承担了这个课题。组织了研究所同事为主的课题组，还约请了社会学界的很多同仁，共同开展了这个重要课题的研究。在院所领导和部门的大力支持下，在各地同行学者和干部群众的积极配合、帮助下，8年多来，课题组先后出版了《当代中国社会阶层研究报告》和《当代中国社会流动》两本专著，发表了数十篇学术论文。现在第三本专著《当代中国社会结构研究》即将问世，第四本专著《当代中国社会阶层关系研究》已经开展了数个省市的调查研究，正酝酿写作成稿。

2. 解决问题的方法、方案，要到实践中去发现

我们要在一个半殖民地半封建的大国建设社会主义现代化事业。新中国成立初期，我们以苏联为榜样，建立了高度集中的计划经济体制，虽然也取得了很大的成就，但代价太大，效率也不高。国内外的实践都证明，这套体制不行。后来又搞了个"文化大革命"，把经济弄到了崩溃的边缘。党的十届三中全会拨乱反正，确定了党的工作转到以经济建设为中心的轨道上，开始了新的长征。邓小平同志提出了建设有中国特色社会主义的战略目标，并提出了一系列改革开放的方针和政策，提出了建立社会主义市场经济体制的战略设想。实践已经证明，邓小平同志这一整套深谋远虑的战略设计是完全正确的。大家尊称邓小平同志为改革开放的总设计师，是非常恰当的。回想改革开放初年，有多少要解决的难题啊！既要解放思想、改革开放，又要维持社会的基本秩序；既要平反大量的冤假错案，又要保证社会稳定；既要保证十多亿人的基本生活供给，又要筹措大量资金，扩大生产，推进经济快速发展。面对这样复杂艰难，前人从未遇到过、解决好过的堆积如山的问题，邓小平同志提出来一个方法："摸着石头过河"。近三十年来，我们就是这样在中国特色社会主义现代化建设的实践长河中，摸着、摸准了一块石头，解决了一个难题，就向前跨进了一步，从而取得了一个又一个的胜利，才有了今天的巨大成就。我们社会科学工作者也是"摸着石头过河"的广大干部和群众中的一员，不过社会科学工作者还要多一项任务，要在同群众过河的实践中，及时去发现、总结群众摸石头的过程和经验，发现和总结出一些规律性的认识，以利于更快更多地摸到石头，解决更多的问题。社会科学工作者还要把这些经验和规律性认识写成论著，加以宣传和推广，以使更多的干部群众踩着已经摸到的石头、顺着已经开辟的道路向前走去。而所有这些，社会科学工作者必须以各种形式投身到建设中国特色社会主义现代化的伟大实践中去，才能有所发现、有所总结、有所成就。

1978年夏天，我根据十多年来对农业、农村、农民问题的调查研究和思索，写成了《关于加速我国农业发展若干政策问题的建议》一文，共有12条政策建议，四万多字。新华社采用了这篇稿子，于1978年10月，分三期摘要刊登在《国内动态清样》上，受到了有关领导和部门的重视。时任中国社科院副院长宋一平同志看到此文后，在和哲学所党委书记孙耕夫同志商量后，专门找我谈话：农业、农村问题是国家要解决的重大问题，要我以后专门从事农业、农村问题的调查研究，叮嘱我一定要到农村去实地调查，并且说，你下去调查，可以用有院里公章的介绍信，出差经费由院所提供。谈话结束，他还专门领我到机要室，交代给工作人员，以后我可以到他们那里去看司局级干部可以阅读的文件和资料。从此，我研究农业、农村问题，就由业余转为专职，这是我学术生涯的一次重大转折。

1978年12月，党中央召开了十一届三中全会，作出了一系列重大决定，其中一项是通过了《关于加快农业发展若干问题的决定（草案）》，文件提出了加快农业发展的25条政策。于是，中国的改革开放就在各地农村轰轰烈烈地率先开始了。我自宋一平同志交代要专门从事农业、农村问题调查研究的谈话以后，就一直在研究思考农村改革和发展的问题，先是到京郊农村作了一次调查。1979年4月，我约了李兰亭、贾信德两位同志，一起到江苏无锡参加全国价值规律理论讨论会，随后，就到江苏、安徽、浙江和上海的农村调查，历时84天，了解了许多农村的情况。其中最有意义的是我们在安徽，在省农委领导同志的带领下，实地调查了由安徽省委、万里同志特别批准的肥西县山南区实行包产到户责任制的试点情况。那时正值小麦成熟，农民正在收割自己承包责任田里的庄稼，小麦长势极好，农民们兴高采烈，一派喜庆的景象。据当地干部介绍：这里1978年10月实行了包产到户，调动了农民的生产积极性，小麦的播种和管理，比以往任何时候都好，初步估产，比往年要增产3倍，一举就解决了过去长期没有解决好的温饱问题。试验取得了极大的成功。回到北京，我们向有关领导，作了汇报，并撰写了《包产到户问题应当重新研究》，1979年11月初，在本院的《未定稿》增刊发表。这是最早在刊物上公开正面论述包产到户问题的一篇文章，产生了较大的影响。实践证明，正是这个包产到户以及后来的包干到户,成为农村改革的突破口,成为全国农村普遍实行的生产责任制的主要形式。1983年的中央一号文件明确指出,这种家庭联产承包责任制是中国农民在党的领导下的伟大创造。农村改革的第一块石头,是安徽肥西县山南区的农民和干部先摸到的。

1980年8—10月,我和王小强同志到甘肃农村调查。当时,包产到户已在全国各地蓬勃发展,正在形成燎原之势。但是党内党外对包产到户的议论很多、争论很大,主流的看法是包产到户是权宜之计,只在贫困地区实行,中等地区实行包产到组,发达地区实行专业承包,将来,待经济好转之后,还要回到"三级所有,队为基础"的体制去。甘肃是实行包产到户较早的省区,我们在兰州市郊、榆中县、定西、陇西、渭源等区县的农村作了一个多月的调查,发现凡是实行了包产到户的乡、区,农业生产都有了大的发展,而且已经产生了很多兼业农户,在郊区还有了少数小规模的专业农户,生产形势很好。但当地的干部和农民普遍担心,怕经济情况好了,又会改变政策,不让他们继续搞包产到户。为此,我们在调查后期专门开了多个干部和农民的座谈会,听取他们对于包产到户以后怎么办的意见。这是个很重大的问题。包产到户是不得已而为之的权宜之计,还是有宽广的发展前途,各方面的意见很不统一。

我们分析研究了在甘肃等地调查的见闻,就在兰州写成了《包产到户的由来与今后的发展》一文,文章分四个部分:第一,包产到户的必然性;第二,实行包产到户效果非常显著;第三,包产到户的发展前途非常宽广;第四,对包产到户必须加强党的领导。文中专门指出:"包产到户有强大的生命力,它不仅是解决农民温饱问题的临时措施,而且可能成为农业向专业化、社会化发展的桥梁,很可能成为中国农业现代化的一个起点,从此走出一条适合中国国情的农业现代化的道路来。""包产到户之后,再要回到原来搞农业的老办法上去是不可能了。一是农民不会答应;二是生产发展了,各方面会发生新的变化,也完全没有必要再回到老一套的形式中去了。"[①] 研究报告还根据座谈会上干部群众的意见,对未来农村

---

① 陆学艺:《包产到户的由来与今后的发展》,见《陆学艺文集》,上海辞书出版社2005年版,第33页。

的发展趋势作了预测：第一阶段，包产到户；第二阶段，多种经营蓬勃发展，兼业农户大量涌现；第三阶段，专业户和专业农户；第四阶段，社员会逐步以各种形式再次联合起来，这种联合已经不再是低水平的集体经济，而是建立在商品经济发展基础上的集体经济。报告写成之后，应时任甘肃省委宣传部副部长陈舜瑶同志的约请，在省委机关作过一次报告，全文在省委内刊发表，1980年11月又在我院《未定稿》上发表。

这篇调查报告，因为提出了包产到户以后将怎样发展这样一个大家十分关注的重大问题，并且作出了实行包产到户以后不可能再回到农业老一套的形式中去，很可能成为中国农业现代化的一个起点的预测，这在当时全国包产到户还刚刚兴起、争论还十分激烈的时候，是比较新的见解，所以受到了各方面的关注。吴象同志在1982年7月为我的第一本论文集写的序言中说："关于包产到户发展前景的论述，其中有些论点当时就曾受到有关部门领导的重视，后来更被事实证明是有启发性的见解。"现在看来，包产到户将怎样发展这样一个重大问题的提出，以及在当时能作出包产到户将不会再回到原来的老一套形式，很可能成为中国农业现代化的一个起点，发展前途宽广这样一个结论，不到社会实践的第一线去调查研究，不去倾听干部群众的呼声，在大楼的办公室里是不可能想出来的。

1998年以后，我主持中国社会结构变迁课题的研究。首先是要对变化了的中国社会阶层结构进行分析研究。遇到的第一个问题是怎样划分阶层。过去我们有怎样划分阶级的经验，用什么标准划分阶层还没有先例。为此，我们到各地去调查访问，向群众求教，开了许多次的座谈会，找各种人员访谈，最后终于有了结论。在现阶段怎么判断一个人的社会地位？群众告诉我们：第一要看这个人是干什么的，第二看这个人有权没有，第三要看这个人有钱没有，第四要看这个人有文化没有。根据在实践中干部群众对划分阶层的说法，我们提出了以职业分类为基础，以组织资源、经济资源和文化资源占有状况为标准来划分社会阶层的理论框架。正是根据这个分层原则，我们把全国在业的7亿多劳动者和建设者划分为10个阶层，勾画了当代中国社会阶层结构的基本轮廓。这10个阶层是：国家与社会管理者阶层、经理人员阶层、私营企业主阶层、专业技术人员阶层、办事人员阶层、个体工商户阶层、商业服务人员阶层、产业工人阶层、农业劳动者阶层、城乡无业失业和半失业阶层。对中国这样一个拥有十多亿人口的大国进行社会阶层分析，不到实践中去调查研究，不找干部群众访谈讨教，只在办公室里讨论，肯定是分析不出来的。

3. 在大楼里争论不清的问题，到实践中去能得到答案

当代中国正在发生自周秦以来最深刻最重大的社会变迁，正在由一个效率很低、经济落后的小农经济为主体的发展中国家，转变成为以制造业、服务业为主体的世界级的经济大国，变化范围之广、速度之快，包括人们思想观念变化之深刻，这在历史上是少有的。新的人、新的思想、新的事物层出不穷，每天都在产生，但是原有的人物、原有的体制、原有的理论和观念，总是要维持已有的秩序和传统，所以，在整个改革开放过程中，在建设中国特色社会主义事业的过程中，新旧冲突、思想矛盾、理论争论几乎是贯彻始终的。好在我们国家的改革开放一开始就提出了实践是检验真理的唯一标准，后来邓小平同志又提出了"三个有利于"作为评判某项事物的标准，对建设过程中重大问题的争论立下了个规矩。

农村率先改革，几年工夫，家庭联产承包责任制就在全国推广了。解散了人民公社，摒弃了原来集体经济、统一经营的老一套做法，生产关系大调整了，农民得到了自主经营，也得到了实惠。农业生产连年丰收，1984年粮食总产超过了8000亿斤，棉花总产1.2亿担，第一次出现了卖粮难。在农业形势大好的背景下，有些同志过分乐观，认为农业靠政策就行了，于是就改变政策，减少对农村、农业的投入，调低粮棉收购价格，这就挫伤了农民生产的积极性，1985年粮食减产7%，棉花减产33%，出现了改革后第一次农业的大减产。面对农业减产，有的人认为这是因为改变了惠农政策，打击了农民生产积极性的结果；有的人认为这是农村实行家庭联产承包制弄错了，本来就不该这样改的；还有的同志不承认农业生产出了问题，认为是从超常规增产转向常规增产；还有人说，这是计划安排的结果，不必过虑。其时，我正在山东陵县长期蹲点，包产到户以后的大增产和1985年的大减产的全过程都经历了。因为陵县是我院办的县级改革试点县，并由中央农村政策研究室指导，那几年开中央农村工作会议，我参加了，上述关于农业减产的争论我也了解。我发现北京有些同志对农业的认识与农村基层的实际情况差距很大，于是我写了《农业面临比较严峻的形势》一文，在1986年5月19日中国社科院《要报》分三期发表。这在当时，对农村、农业形势一片叫好的情况下，是比较特殊的，在决策层引起了注意。但反映不一，有称赞的，也有批评的，认为是散布悲观论的代表。6月10日，邓小平同志在《听取经济情况汇报时的谈话》中指出："农业上如有一个曲折，三五年转不过来……有位专家说：农田基本建设投资少，农业生产水平降低，中国农业将进入新的徘徊时期，这是值得注意的。"① 邓小平同志讲话后，农研中心、农业部、水利部等五大部委作出了解决农业问题的8条措施，对以后的农业发展起了一定的作用。

前面说过，1998年秋开始，我主持做《中国社会结构变迁研究》课题研究，2001年发表了《当代中国社会阶层研究报告》一书，提出了把中国的社会成员划分成十个大的社会阶层的看法，在社会上引起了很热烈的反应，有赞成的，也有反对的。总工会的同志很不同意，他们说：宪法规定，"中华人民共和国是工人阶级领导的，以工农联盟为基础的人民民主专政的社会主义国家"，工人阶级是领导阶级，你们怎么把工人阶级排在第八，是有问题的。我们给他们的回应是两条：第一，工人阶级是中国的领导阶级这是宪法规定的，当然要肯定，但这是政治范畴的概念。我们讲的产业工人阶层，是社会学作社会分层研究的学术概念，两者是不一样的，不能相提并论。第二，不是我们把产业工人阶层排在第八，而是这些年经济社会发展变化过程中，产业工人的经济社会地位变化的结果。我们划分社会阶层的标准，一要看你从事什么职业；二要看你拥有的组织资源、经济资源、文化资源有多少，以此来确定你的社会地位。我们作了多年的各种调查，现在产业工人的地位就是这样，不是我们排的结果，而是现在中国的经济社会中，产业工人阶层的社会位置就在这里。但是对于这样重大问题的不同意见，我们课题组还是很认真对待的。所以在《当代中国社会阶层研究报告》发表以后，在做第二个子课题的研究时，我们带着这个问题到各地去调查，但无论是作抽样调查，还是做个案访谈，结果都是这样，产业工人阶层的社会地位确实就是我们上本书综合分析研究确定

---

① 《邓小平文选》（第3卷），人民出版社1993年版，第159页。

的位置。所以，在 2004 年发表第二本研究报告《当代中国社会流动》时，仍坚持了原来的观点。

4. 面向实践，到实践中去调查研究的几种形式

前面说过，1978 年 10 月以后，我就专门从事农业农村问题的调查研究。1987 年初，我奉调到社会学研究所，一面做社会学所的行政和科研组织工作，进行社会学的研究，一面仍比较关注农村发展方面的问题，有机会还是常常到各地农村去调查，运用社会学的理论和方法，观察和分析农业、农村、农民问题。近 30 年里，粗略估算，我每年平均约有三个月的时间是在各地的社会实践中作调查研究。归纳起来，有以下几种形式：

第一，走马看花，到各地农村去做巡回式的调查研究。一般是带着问题去，到实践的第一线去研究产生问题的原因，寻求解决问题的做法和方案。例如 1970 年代末 1980 年代初，那是包产到户正在各地试点兴起的时候，我专门到安徽、甘肃、四川、云南和苏北、鲁西南、鲁西北等农村去，这些比较贫困的农村恰是包产到户搞得比较早、正是出农村率先改革的经验和思路的地方。1979—1982 年，那几年，我年年到安徽去。1980 年代中后期以后，乡镇企业蓬勃发展，县域经济逐渐成为主体，我就转到苏南、上海、珠江三角洲、福建等经济发达的地区去调研。在 1990 年代以前，我的社会活动还不多，可以安排出较长的时间，到各地农村去调研，有一次是两个多月，好几次是一个多月的，专门就某一个问题作比较深入的专题研究。1990 年代中期以后，社会兼职多了，就没有这样宽裕的时间作调研了，常常只能乘在某地开学术会议的机会作顺访式的调研。因为现实生活中经济社会问题层出不穷，你只要留心、用心，这种短期的调研也常常能发现问题或者找到解决某一问题的方案。2006 年，宁波市江东区邀请我们去调研讨论城市社区建设问题，顺便到郊区农村作调研，发现江东区这几年在城郊农村搞"三改一化"，做得很好。江东在省市委领导的支持下，对郊区农村实行撤村改居，把村委会改为居委会，把农业户口改为非农业户口，把农村经济合作社改为股份制合作社，把原有的集体资产全部折价，按人口股、农龄股全部量化到个人，社员全部成为股东，每年可按股分红；把旧村全部拆迁，按城市规划新建居民楼，拆一赔一，就近安置，农民住进了楼房，就地实现了城市化，从而比较好地解决了"城中村"和农民失地、失业和社会保障等老大难问题。"三改一化"的结果，城市化发展了，农民得到了妥善安置，有了稳定的收入，又有社会保障，全体农民满意，大大促进了当地经济社会的发展，为城郊农村50年集体经济做了一个圆满的总结。回京后，我们专门写了《城郊农村实现城市化的好模式》。

第二，下马看花，蹲点调查，也称参与式调研。这是做社会科学研究的一项重要的调研方式，我先后参与了好几次这样的调研，受益匪浅。1964年8月—1965年7月、1965年10月—1967年1月，我先后在湖北省襄阳县和河北省徐水县参加"四清"工作。在襄阳，我主要是在一个区政府里搞四清；在徐水，我一直蹲在一个生产大队里。四清运动是一种当时条件下的政治运动，主要是清干部，其中有一项是清财物、清工分、清现金等活动。前后一共两年多时间，我对区、人民公社和生产大队、生产队等农村基层组织的演变、内部结构和运转情况是比较熟悉了。1983年10月—1986年12月，我带领一个课题组到山东省陵县搞县级政治体制改革试点，我担任组长，兼任县委副书记。因为要作县级政治体制改革，我们先是对县级机构作了周密的调查，当时陵县有61个部、委、局、办，我们对大部分主要的机构，一个接一个地进行了详细的访谈、调查，收集了大量文献资料，写出了调研报告。以后又对乡镇、行政村、村民小组和农户分别进行了调研。在三年多的时间里，我们主要的时间是在做调研。经过调查、访谈，我们也制定了在县级进行政治、经济体制改革的方案和建议，在山东省委、德州地委的支持下，在陵县进行了几项改革，取得了一点成绩，但因为这项改革涉及整个上层建筑，牵动各个方面和各种利益关系，改革的难度很大、阻力很大。这不是一个省一个县能改的，必须由中央下决心进行才行，所以陵县的试点没有能持续地进行下去。县是一级完整的政治、经济实体，工农商学兵、党政财文法一应俱全，它既是执行机构，同时也是一级决策机构，代表党和政府领导几十万群众，进行社会主义的政治经济建设。我在陵县，主要工作是调查研究，也参加县里的一些工作。县里工作参与进去了，才能真正了解当前中国的政治、经济、社会、文化建设是怎样进行的，内部结构是如何组成的，是哪些体制、机制在起作用，国家干部、农村干部和农民群众都在做什么，真实的生活状况怎么样，各自的喜怒哀乐是什么，他们的心态怎样，所有这些，单靠从旁观察、靠访谈，是了解不来的，必须靠长期深入下去，同他们一起工作、一起生活，才能逐渐体知。我在陵县三年，实在是又上了一次大学，这对我以后的社会科学研究，特别是对农村问题的深入认识，有很重要的意义。至今，我对"三农"问题有一点发言权，也是靠在陵县打下的基础。

第三，要交一批在实践第一线工作的朋友。1980年代中后期以来，到了每年的8、9月份，我会对当年农业的丰歉、农民收入的增减作个预测。一般说，这个预测大致是差不多的。这一方面是因为我长时间关注三农问题各个方面的动向，如气候、政策、价格、民心、民气等，时间长了，会慢慢熟能生巧，靠经验、靠直觉，综合各方面信息，能推出结果来。另一方面，我多年在全国各地农村调查研究，交了一批在省、市（地），特别是在县（市）里，长期在农村工作的老朋友，他们的帮助，也是一个原因。他们一般是办公室主任、研究室主任、农工部长，或者是做过这类工作出身的市、县领导。他们长期在农村工作，对当地情况非常熟悉，是当地经济社会发展来龙去脉的活字典，是县委、县政府的高参，也就是本地的专家。我到这些地方去调查，他们是我的领路人，常常一陪就是好几天，我也常常给他们讲些北京和全国的情况，一来二去，谈得投机，就成了好朋友，常常保持着联系。我在北京有弄不清的问题，打个电话，几句话就说清楚了。这样的朋友，北方、南方各地都有几个，每到夏秋，或者是我打电话问他们，或者是他们打电话来，综合起来，农村的发展、农业的丰歉、农民的心境，就比较清楚了。

前面讲的，是我做社会科学研究要面向实践、到实践中去的一点心得，当然，做社会科学研究还必须读书，要读很多的书，这是又一方面的基本功。以后有机会再讨论这个问题吧！

(2007年2月18日为中国社会科学院成立三十周年纪念作)

构建和谐社会需要社会学有个大发展

2005年2月21日，在中共中央政治局第二十次集体学习会上，胡锦涛同志指出："各级党委、政府和领导干部要切实加强对本地区本部门和谐社会建设有关情况和工作的调查研究……要加强对社会结构发展变化的调查研究，深入认识和分析阶层结构、城乡结构、区域结构、人口结构、就业结构、组织结构等方面情况的发展变化和发展趋势，以利于深入认识在发展社会主义市场经济和对外开放的条件下我国社会发展的特点和规律，更好地推进社会建设和管理。"学习会结束时，胡锦涛同志还对当天讲课的李培林、景天魁同志说："现在提出建设和谐社会，是社会学发展的一个很好的时机，也可以说是社会学的春天吧！你们应当更加深入地进行对社会结构和利益关系的调查研究，加强对社会建设和社会管理思想的研究。"他还问了国内社会学研究的情况，鼓励中国社会科学院社会学所做出表率。

胡锦涛同志的这个讲话，是继1979年3月31日邓小平同志在理论工作务虚会上指出"政治学、法学、社会学及世界政治的研究，我们过去忽视了，现在也需要赶快补课"之后，党中央主要负责同志又一次对社会学学科的发展明确表示的关怀和支持。李培林、景天魁两位同志回来作了传达，社会学界的同仁普遍感到振奋和鼓舞。近几年，社会主义和谐社会建设在全国蓬勃展开，形势很好，中国的社会学工作者们也都积极投入这场伟大的实践中，深入广大农村、城市社区，开展调查研究，倾听群众意见，钻研理论，总结经验，和广大民众一起为建设和谐社会忙碌着、奋斗着，社会学呈现空前的繁荣景象。

著名社会学家费孝通教授在20世纪80年代重建社会学学科时曾经说过：社会主义现代化建设需要社会学，中国的社会学也要在为社会主义现代化建设服务的过程中重建和发展起来。20 多年来的实践证明了他的观点是正确的。现在则可以说：构建社会主义和谐社会需要社会学，中国的社会学也要在为构建社会主义和谐社会服务的过程中发展和繁荣起来。

当前中国社会学面临的问题是，一方面构建和谐社会、调整社会结构、协调利益关系、进行社会体制改革，加强社会建设和管理都需要社会学提供理论和方法的支撑，需要有大量的社会学工作者积极投入并开展工作；另一方面现在的社会学学科由于各种原因，无论是社会学理论和方法的学科建设本身，还是社会学学科队伍，都可以说是势单力薄，远远不能适应和谐社会建设的需要。这是一个很大的矛盾。我在中国社会科学院工作已经45年，20世纪80年代中期以后，一直在社会学系统工作，曾经当过社会学研究所所长，担任过中国社会学会会长，现在是中国社会学会的名誉会长，对中国社会学的过去和现状比较熟悉。面对国家建设和谐社会这个伟大的战略任务同中国社会学目前还处于弱势状态的矛盾，我心里很忧虑。近期，我对中国社会学学科的情况专门做了一点调查，同时也对经济学学科的发展概况做了一些了解，并对国外经济学、社会学这两门学科的关系做了对比研究，形成对社会学未来发展的几点想法，提出来供有关部门参考。

社会学是一门比较年轻的社会科学。19世纪初叶，欧洲的英、法、德等国家处在工业化初期，通过产业革命，经济高速增长，工业化、城市化发展很快，改变了农业社会的生产方式和生活方式，改变了原来的社会关系和社会结构。与此同时，社会急剧变革，社会财富分配不公，两极分化，城乡矛盾，阶级对立，犯罪增加，社会治安恶化，社会冲突日趋尖锐，社会很不安宁。1838年，法国学者孔德对这些社会现象和社会问题进行了研究，写成了《实证哲学教程》一书，第一次提出建立社会学学科的设想，企图找到合理的方案，重建新的社会秩序，促进社会进步。170年来，特别是第二次世界大战以来，社会学因为适应工业化、城市化的需要，有了很大的发展。现在在欧美等发达国家，社会学和经济学并驾齐驱，同样是一门显学。在这些国家里，学社会学、研究社会学、从事社会工作的人很多。例如美国在2004年有651个社会学系，有271个社学硕士点、138个博士点；2004年有26939人本科毕业、2009人硕士毕业、558人博士毕业。2004年美国的社会工作者（social worker）有56.2万人，平均每千人拥有1.9个社会工作者；美国全国从事社会学教学和研究的专业人员约有2万人。从表1可以看出美国社会学的教育机构和毕业的学生只比经济学略少一些，专业人员队伍数量和社会地位是基本相当的。

表1　美国2004年社会学、经济学系别设立和毕业生情况

学科	社会学		经济学	
	学科点（个）	毕业生数（人）	学科点（个）	毕业生数（人）
学士学位	651	26939	—	24069
硕士学位	271	2009	331	2824
博士学位	138	558	178	849

资料来源：美国教育部、美国教育统计中心。

中国的社会学在20世纪初自欧美传入以来，历经坎坷，几起几落，是改革开放以后才重建的。直到20世纪90年代初，全国还只有15个社会学系和社会工作系。20世纪90年代中期以后，随着经济繁荣、社会发展需要，特别是1999年高校扩招，各地高校的社会学和社会工作专业像雨后春笋般地建立起来。现在全国高校的社会学专业、社会学系有70多个，社会工作专业、社会工作系有186个。在校的本科生（四个年级）和专科生约4万人，专任教师约4000人。全国社科院系统和党政部门的社会学研究所有50多个，专业研究人员近千人。

现在中国社会学学科发展面临的主要问题有两个。第一，队伍偏小，远远不能满足社会发展、社会建设、社会管理的需要。十六届六中全会通过的《关于构建社会主义和谐社会若干重大问题的决定》中有一节专门论述，"建设宏大的社会工作人才队伍，造就一支结构合理、素质优良的社会工作人才队伍，是构建社会主义和谐社会的迫切需要"。有关方面计算过，如按工业化国家每千人口有1.5—2个社会工作人员计算，中国需要195万—260万社会工作者。这还只是就社会建设和社会管理等几个专门

领域说的，如果按十六届六中全会决定中讲到的"坚持正确的用人导向，选好配强领导班子，注重培养选拔熟悉社会建设和管理的优秀干部"的要求，缺的社会学人才就更多了。

第二，整个社会学队伍的素质有待进一步提高。社会学恢复重建才20多年，新中国成立前一批学有专长的社会学专家已相继谢世或已退出学术界。现在社会学专业的主要骨干是两类人：一类是从哲学、历史学、外语等专业转行过来的；另一类是20世纪50—60年代出生的，改革开放后学习过、进修过或从国外学习归来的中青年专家（他们中有相当一部分大学本科也不是学社会学的）。如以教授、研究员计算，前者不足百人，后者有300余人。据有经验的老学者谈，一门学科的专业队伍，没有几十年培养和锻炼是建不起来的，更何况要建设像社会学这样一门重要的学科。

1979年社会学重建初期，受到意识形态、思想认识方面的阻碍，重建工作很困难。1980年费孝通教授出任中国社会科学院社会学研究所所长，在招聘研究人员时，他的不少朋友和学生，因为心有余悸，不敢来应聘。费先生到过不少著名大学去动员他们建立社会学系，还遭到拒绝。直到1990年，有关部门的领导还以"社会学是敏感学科"为借口，勒令社会学停止招生。1992年邓小平同志南方谈话后，情况大有改变。特别是在20世纪90年代中期以后，社会学开始有了较大发展。但大发展的良机已经错过了，社会学发展的后期遇到了一些部门的规章制度的限制。例如，有关部门规定大学建立社会学专业必须由教育部批准，社会工作专业各省教委可以批，这就形成了目前社会工作专业数量大大多于社会学专业的情况（国外一般都是社会学专业多于社会工作专业）。再如，现行规定每两年申报批准一批硕士点、博士点，一般都只在原有学科点的基础上按比例增加。社会学的硕士点、博士点原来基数小，新批准的点也就少，同经济学等老学科点的差距就越来越大。直到2005年，社会学学科有硕士点115个、博士点25个，同年经济学学科有硕士点1477个、博士点405个（见表2）。前述，在国外经济学和社会学的学科点数量基本相同，我们则相差10多倍，实在太不相称了，这也是经济社会发展不协调的一种表现。

表2　　　　　　2005年中国社会学、经济学学科点及招生数比较

学科	学科点（个）		招生数（人）		
	博士点	硕士点	博士生	硕士生	本科生
社会学	25（社会学16个、人类学9个）	115（社会学87个、人类学28个）	1083	2000（约）	
经济学	405	1477	2662	15950	145512
经济学/社会学	16.2倍	12.8倍	16.6倍	14.7倍	12.1倍

资料来源：《中国统计年鉴（2006）》和教育部相关资料。

构建社会主义和谐社会需要大批社会学专业人才。从目前社会学学科点设置和布局情况看，本科专业已经有250多个，多数是近几年新建的，近期面对的是提高质量、调整结构、合理布局的问题。硕士点只有115个，且分布很不恰当。在社会学87个硕士点中，华东27个，华北22个，中南13个，东北10个，西北7个，新疆、青海没有，西南8个，西藏没有，偌大个四川只有2个，近期还应有个适当的发展。

目前，影响社会学学科发展的瓶颈是博士点太少，且布局极不合理。在社会学专业16个博士点中，华北5个，华东6个，中南4个，东北1个，西南和西北两个大区，一个博士点都没有（见表3）。这种状况对于构建和谐社会、加强社会建设和社会管理需要高素质的社会学专业人才非常不利，对于社会学学科发展需要的充实提高师资队伍、增加研究力量也非常不利。

表3　　　　　　中国各地16个社会学专业博士点设置情况

地区	单位	设置年份（年）
	中国社会科学院	1985
	北京大学	1985
	中国人民大学	1993
	清华大学	2001
华北	南开大学	1985年设立，1991年撤销，1997年恢复
	南京大学	1996
	上海大学	1999

续表3

地区	单位	设置年份（年）
华东	复旦大学	2005
	华东理工大学	2005
	河海大学	2005
	厦门大学	2005
中南	中山大学	1999
	武汉大学	2001
	华中师范大学	2001
	华中科技大学	2005
东北	吉林大学	2001
西南	—	—
西北	—	—

为了适应建设社会主义和谐社会的迫切需要，社会学要有大的发展。对此作如下建议。

第一，建议中央、国务院或委托中央宣传部召开一次社会学工作会议，讨论研究贯彻落实胡锦涛同志关于社会学"应当更加深入地进行对社会结构和利益关系的调查研究，加强对社会建设和社会管理思想的研究"的指示精神，就社会学面临的形势、社会学发展的目标和任务、社会学进一步发展应采取的步骤和措施等问题做出相应的决定，并形成文件。社会学要适应和谐社会建设的需要，更好地为建设和谐社会服务，统筹经济社会协调发展，促进社会全面进步，采取这样的重要措施是很有必要的。

第二，建议教育部、国家学位委员会能讨论批准社会学学科为与经济学、法学学科相并列的一级学科。在工业化国家，社会学这门大学科有很多分支学科。国际社会学学会下有城市社会学、农村社会学、家庭社会学等110个分学会。我国也已经有了40多个分支社会学的研究和教学。但在我国的学科目录中，社会学学科下面只有人口、民族、民俗、人类学4个分支学科，这很不利于社会学的发展。近期应该在学科目录中增加社会工作、社会保障、城市社会学、农村社会学、经济社会学、组织社会学、社会心理学、发展社会学、政治社会学、体育社会学、文化社会学等分支学科。

第三，建议国家学位委员会能仿照2005年采取的特别方式（当时增设马克思主义一级学科博士点21个，使二级学科博士点增加到103个），使社会学的博士点在2007年和今后几年能增加到50个左右，并增加100个左右的硕士点。前面说过，现在全国只有8个省市有博士点，数量太少，分布又不合理，应在近期做到使各省、市、自治区至少有一个博士点。社会学硕士点也太少，应在有条件的地区再增设一批。社会工作这样重要的学科至今还没有一个硕士点，更应加快发展。

第四，建议国家新闻出版总署能特别批准增加5—10个社会学专业学术期刊。现在社会学的专业学术期刊只有两个（北京、上海各一个），与经济学有100多个专业期刊相比较，相差实在太大了。希望近期能在每个大区有一个社会学的专业学术期刊。

第五，建议中国社会科学院增设社会心理研究所、社会政策与社会管理研究所、社会保障与社会工作研究所、社会体制改革研究所。改革开放初期，为贯彻落实党中央关于把中心工作转向经济建设的方针，适应经济体制改革与经济发展的需要，中国社会科学院及时把经济研究所一分为四，增建工业经济研究所、财贸经济研究所、农业经济研究所，以后又新建了数量与技术经济研究所、人口研究所和金融研究所等。实践证明，这个决策是完全正确的，适时地扩大了经济学研究的队伍，聚集并培养了一大批人才，出了大量的研究成果，为国家的经济体制改革、经济发展作出了贡献。十六届六中全会指出，我国已经进入改革发展的关键时期，"把中国特色社会主义伟大事业推向前进，必须坚持以经济建设为中心，把构建社会主义和谐社会摆在更加突出的地位"。为贯彻落实这个方针，社会科学院增建几个研究所，适时扩大社会学研究队伍，更好地开展建设社会主义和谐社会的理论和实际问题的研究，是很有必要的。

第六，建议把社会心理学作为一个重要学科建设起来。在工业化、城市化社会，产生心理障碍的人很多（据有关部门调查，我国现在城市的成年人中，患抑郁症的人占8%—9%），开展社会心理学的调查和研究非常重要。在工业化发达国家，社会心理学是一门大学科，由于各种原因，我国社会心理学学科的教育和研究队伍至今还没有成体系地建立起来。全国极少数高校已经建立了社会心理学系或专业，但大学学科目录里没有列中国社会科学院社会学研究所有一个社会心理研究室,只有8个人。中国社会心理学学会建立了,但会员很少,有一个社会心理学研究的内刊,公开出版的专业学术期刊一个也没有。这种情况需要改变。建议有关方面专门讨论研究这个问题,把社会心理学这个重要学科建设起来,这对和谐社会建设、促进社会稳定是很有必要的。

(2007年3月25日)

社会学的春天和社会学家的任务

一 社会学的春天

"社会学的春天",这句话是胡锦涛同志在 2005 年 2 月政治局第二十次集体学习会后,对景天魁、李培林同志讲的。原话是:"现在提出建设和谐社会,是社会学发展的一个很好的时机,也可以说是社会学的春天吧!现在是社会学发展的难得的好机遇。"

纵观当今中国改革开放 30 年来的形势,可以用两个出乎意料来概括:一是经济建设取得的巨大成就出乎意料。从 1978 年至 2008 年,我国的 GDP 由 3645 亿元人民币增加到 30 万亿元人民币(约合 4 万亿美元),人均 GDP 从 381 元人民币飞跃至突破 3000 美元大关,进入了世界中等收入国家的行列。目前我国经济总量排名位居世界第三,而且经济发展的势头很好,有望继续保持发展。经济发展、经济建设能有如此巨大成就,这是改革开放发轫时许多人没有想到的。《邓小平年谱》曾经多次讲到改革开放后经济建设取得的辉煌成就,他事先是没有预料到的。2007 年基辛格在上海曾经说过,我 1972 年第一次到上海,如果那时有人说 35 年后上海会是现在这个样子,我是不会相信的。

另一个出乎意料的是社会发展和社会形势。经济形势好了,社会矛盾、社会问题反而大量增加了,这也是改革开放初期没有预料到的。改革开放之初,社会上曾经有个比较普遍的说法,我们现在遇到的堆积如山的社会问题和困难都是因为穷,听党中央的话,把经济搞上去了,这些问题就迎刃而解了。30 年过去了,经济形势好了,但社会问题和社会矛盾不是少了,反而是更多了。不错,经济发展了,原来的问题是解决了一批,但新出现的问题，比原来的问题更多、更复杂。有些原有的问题现在更加严重，如城乡、地区、贫富的差别问题；有些在新中国成立后已经解决了的问题，现在又死灰复燃，如黄、赌、毒、黑问题；又如干部贪污腐败的问题，自20世纪90年代中期以来，已有数十名省部级、300多名厅局级、3000多名处级干部被查处。2009年上半年全国检察机关立案查处贪腐案19204件、24514人，其中大案12888件、处级以上干部1527人，我们党的历史上是从未出现过这样严重的事情的。还有些是新问题，如群体性事件。这是20世纪90年代中期以后才有的新名词。为了顺应形势需要，2002年十六大政治报告中就明确提出"社会要更加和谐"。2004年十六届四中全会提出"要提高构建社会主义和谐社会的能力"，明确提出"社会建设"的概念和理论。2006年中共十六届六中全会专门就构建社会主义和谐社会进行讨论并作出决定：要在坚持经济建设为中心的战略条件下，把构建社会主义和谐社会放到突出的位置。十七大修改党章，把社会建设列入我国社会主义现代化建设的总体布局中，使原来经济建设、政治建设、文化建设的三位一体扩展为包括社会建设在内的四位一体，并且明确提出要"加快推进以改善民生为重点的社会建设"。

十六大以来，特别是十六届三中全会以来，中央提出了贯彻落实科学发展观、构建社会主义和谐社会等重大战略思想，在社会建设方面做了大量工作，取得了很好的成绩。例如在农村进行税费改革，全部免除农业税，增加三农投入，给农业多种补贴；进行了全国范围的医疗体制改革，在农村恢复重建了新型农村合作医疗体系；对教育体制进行了改革，着手构建城乡一体的社会保障体系。国家加大了对教育、医疗、社会保障等方面的财政投入，使上学难、看病难、住房难等方面的问题有所缓解，社会建设取得了一定的进展。

但就目前的社会形势看，伴随着发展进步而产生的种种矛盾和问题仍然很多。

（1）发展不平衡，城乡之间、地区之间、社会阶层之间存在明显的差距。

（2）关系国计民生的教育、医疗、住房、社保的体制正在改革，还没有按社会主义市场经济体制的要求改变过来，上学难、看病难、住房难、养老难等问题还没有解决。

（3）人口、资源、环境的压力加大，耕地减少，能源资源短缺，污染严重，直接制约着经济的持续发展和广大人民群众的健康。

（4）社会治安事件、刑事犯罪案件频发，群体性事件增加，社会稳定的形势受到挑战。

（5）一些社会成员诚信缺失，道德失范，一些领域领导干部的贪腐现象仍然比较严重，官风业风不正，一些地区的民风也不正。

所有这些问题都直接影响着经济的持续发展，影响着和谐社会的构建。其中不少问题已经存在多年，党和政府已经采取了诸多措施，但总是屡解不决，有的还在继续恶化甚至越来越严重。而这些问题又必须解决，否则，全面建设小康社会这一社会主义现代化建设事业的目标就难以实现，这是我们面临的挑战，而这也给我们提供了分析、解决这些问题的机遇。

二 社会学家的历史任务

中国社会学家的历史任务其实也是中国面临的历史任务。中国正在经历"三千年未有的大变局"，正在由一个农业社会、乡土社会、传统社会转变为工业化、城市化的现代社会。中华人民共和国成立60年来，特别是改革开放30年来，我国的经济建设已经取得了辉煌成就，但我们的社会建设、政治建设、文化建设还相对滞后，今后改革发展的任务还很重。

现在，我们面临改革发展的关键时期，是矛盾多发期，应对处置解决得好，实现了经济社会持续协调发展，就能顺利通过关键时期，进入现代化社会。

十七大政治报告指出："当今世界正在发生广泛而深刻的变化，当代中国正在发生广泛而深刻的变革，机遇前所未有，挑战也前所未有，机遇大于挑战。"如何在这个新的历史时期，抓好用好这个千载难逢的重要战略机遇期，求真务实，善于应对，锐意进取，攻坚克难，加快推进社会主义现代化建设，使我们伟大的祖国在世界上重新崛起，这是我们党和人民面临的历史任务，也是社会学家面临的历史任务。

就现阶段来说，中国社会学家面临的任务有三个方面。

第一，积极参加社会主义现代化建设，调查研究，出谋划策，为社会转型、体制转轨、和谐社会建设提供理论和方法的支撑。

费孝通教授曾经指出：社会主义现代化建设需要社会学，社会学也将在社会主义现代化过程中发展繁荣起来。现在，我们可以说，构建社会主义和谐社会需要社会学，社会学也将在构建社会主义和谐社会的过程中发展和繁荣起来。

我们是一个刚从计划经济体制转变为社会主义市场经济体制的国家，社会主义市场经济体制还在完善过程中；我们又是个刚刚从农业、农村社会转变为工业化、城市化的国家，整个社会还处在转型过程中。对待这种新的历史阶段面临的新形势，十六届六中全会作了很好的概括和表述：

"特别要看到，我国已进入改革发展的关键时期，经济体制深刻变革，社会结构深刻变动，利益格局深刻调整，思想观念深刻变化。这种空前的社会变革，给我国发展进步带来巨大活力，也必然带来这样那样的矛盾和问题。"

过去我们主要是用经济的办法来解决问题，因而把主要精力放到经济建设上，这当然是必要的。但现在看来，经济发展虽然解决了一批问题，却不能完全解决这些问题，而且在经济发展之后，还产生了一些新的社会矛盾和社会问题。社会主义现代化建设不仅仅是经济建设，还有社会建设、政治建设、文化建设，还要靠社会的、政治的、文化的理论来综合解决这些问题。例如这次世界金融危机，就不是单靠经济的办法所能解决的。

社会学家参加社会主义现代化建设面临的就是关乎国计民生、社会主义现代化事业成败的问题。我们要运用社会学学科的理论和方法来分析这些纷繁复杂的问题，提出我们社会学家的看法，研究出解决的方案。

社会学研究社会问题有宏观方面的课题，也有微观方面的课题。从历史上看，欧美等国的社会学家早期主要是从宏观方面进行研究。第二次世界大战以后，特别是20世纪60—70年代以后，社会学研究的问题越来越具体，微观方面的研究多起来。

处在空前社会大变革过程中的中国，产生的多种社会矛盾、社会问题如何解决，新生的各种社会阶层、社会群体的关系如何协调，新的社会体制如何建立（如新的教育、医疗、社会保障的体制如何建立完善），这些都是宏观方面的大问题。研究得好，解决得好，整个社会才能协调健康运行，社会才能和谐、长治久安、可持续发展。当代的中国社会学家应该主要研究这些宏观问题。

第二，发挥社会学学科的描述、记叙的功能，把中国正在发生的千年未有的社会大变迁记录下来，这有很重要的现实意义和历史意义，既有重要的学术价值，也有重要的理论价值。"小城镇调查"、"百县市经济社会国情调查"都属于这一系列工程的一部分。

从社会学发展历史上看，我们的社会学大师们（马克思、斯宾塞、迪尔凯姆、帕森斯等），或是生活在资本主义工业化的初期，或是生活在工业化中期的某一阶段，其一生在漫长的社会变迁中只经历了几十年功夫。我们很幸运，生活在中国从传统的农村社会转变为工业化、城市化的现代社会的时代，经历了中国工业化前期、初期、中期，乃至工业化后期的全过程，同时又经历了社会主义市场经济变革的全过程。这样的经历在短短60年间，特别是改革开放以来30年间发生了。这种经历在历史上是罕见的。把中国的这场伟大而深刻的社会变革从各个方面、用各种形式尽可能如实地记录下来，是一项很重大的学科建设，意义非凡。而且以后历史越久，这些记录就越有意义，弥足珍贵。这不仅是研究社会学的宝贵资源，而且对其他学科的研究也有重要价值。

中国社会学有一个好传统，就是从社会学传入中国以来，社会学家就很重视社会调查，例如定县调查、江村经济、禄村调查等现在都成了研究中国那个时代国情的最重要的依据。社会学重建以后，费先生的小城镇调查、雷先生的全国五大城市的婚姻家庭调查、中国社科院的中国国情丛书——百县市经济社会调查和北京大学的口述史调查，都是把这场大变革记录下来的宝贵资料。

我们要继承这个传统，开展这方面的调查研究，不仅做农村城市的调查，也做各行各业的调查，做各个阶层的调查。这不仅对学科建设有意义，这种调查和记录也是进行现实课题研究的重要环节，是基础性研究的重要部分；从学科建设角度看，也是建立中国社会学理论体系的基础部分，或者是中国社会学理论的起点。

第三，要加快进行社会学的学科建设和队伍建设，建设一支宏大的社会工作者队伍。这支队伍的灵魂和骨干应该是社会学和社会学家。

中国的社会学自重建以来，30年时光虽历经坎坷仍不断发展。特别是开头10年，重建和恢复相当艰难，到1987年全国只有11个大学有社会学系。社会学是在世纪之交后，也就是1999年大学扩招后蓬勃发展起来的。

我们现在已有了80多个社会学系、180多个社会工作系，全国有1万多名在校本科生、1000多名硕士和博士研究生，高校有专职的社会学教师4000多人，社科院等单位的社会学研究工作者近千人。30年来，也有了一大批社会学的专业技术论著，应该说，恢复重建社会学已经有了飞跃式的发展，取得了很大成就，这首先要肯定。

但就社会学的学科建设和专业队伍论，与中国经济社会发展和构建和谐社会的需要来说还很不相称。从社会需要来说，要构建社会主义和谐社会，调整社会结构，协调利益关系，进行社会体制改革，加强社会建设和社会管理，都需要大量社会学工作者开展工作，提供社会学的理论和方法的支撑。然而目前社会学的发展状况还不能适应这种需要，存在的主要问题有以下几个。①队伍偏小。十六届六中全会提出，"要建设宏大的社会工作人才队伍，造就一支结构合理素质优良的社会工作人才队伍，是构建社会主义和谐社会的迫切需要"。有关方面计算过，如按工业化国家每千人口有1.5—2个社会工作者计算，中国需要195万—260万名社会工作者。现在各地正在建立社区委员会，北京率先在市和区两级建立了社会建设工作委员会，在街道建立了社区委员会（社工系毕业的学生就业状况很好）。②社会学队伍的总体素质有待进一步提高，专家和学科带头人相对缺乏。重建以后，从社会学的专业队伍看，主要是四类人：一类是费孝通、雷洁琼等一批新中国成立前学有专长的社会学专家，现在已相继谢世，硕果仅存的几位也都在90岁以上高龄，退出了学术舞台；第二类是社会学重建初期，从哲学、历史、外语等专业转过来，现在也都逐渐超过退休年龄；第三类是20世纪50—60年代以后出生的，改革开放后学习、进修过社会学专业，或从国外学成归来的中青年专家，现在是各条战线上的业务骨干；第四类是20世纪70年代以后出生的、科班出身的青年学者，他们正在成为社会学的中坚力量。目前，人才队伍中最大的问题是素质的提高，要培养一批学有专长的学科带头人和著名专家。虽然有200多个系，但硕士点博士点仍很少。截至2005年，全国社会学硕士点只有87个，博士点25个（其中9个是人类学的），每年毕业的硕士、博士很少，这是制约队伍成长的瓶颈。③社会学的学科建设还处于继续打基础、增门类、扩大社会影响的基本建设阶段。就社会学理论方法和社会学史的建设方面，从费孝通先生主编第一本《社会学概论》起至今，我们已经取得了很大的成绩，但真正建立起具有中国特色的中国社会学理论体系、找到并掌握符合中国国情需要的社会学方法，还有待努力。社会学学科是一个庞大的体系，国外社会学的分支学科有100多个，我们现在只有30多个（中国社会学会下的专业委员会只有10多个），有的还刚刚建立，连教材还未编出来。所以，就学科建设来说，仍需扩大门类。

社会学学科建设还有一项任务就是要把社会学这门学科的理论、方法，乃至社会学的一些概念、词条用多种方式、多种途径传播到社会上去，扩大社会学的社会影响，使广大干部和群众能知道社会学、应用社会学，使其在实践中起作用。

[《北京社会科学》（庆祝新中国成立60周年专刊）2009年第5期]